【臺灣現當代作家
研究資料彙編】47

七等生

國立台灣文學館
出版

部長序

　　文學既是社會縮影也是靈魂核心，累積研究論述及文獻史料，不僅可厚實文學發展根基，觀照當代人文的思想脈絡，更能指引未來的社會發展。臺灣文學歷經數百年的綿延與沉澱，蓄積豐沛的能量，也呈現生氣盎然的多元創作面貌。近一甲子的臺灣現當代文學發展，就是華文世界人文心靈最溫暖的寫照。

　　緣此，國立臺灣文學館自 2010 年啟動《臺灣現當代作家研究資料彙編》，鉅細靡遺進行珍貴的文學史料蒐集研究，意義深遠。這項計畫歷時三年多，由文學館結合學界、出版社、作家一同參與，組成陣容浩大的編輯群與顧問團隊，梳理臺灣文學長河裡的各方涓流，共匯集 50 位臺灣現當代重要作家的生平、年表與作品評論資料，選錄其代表性的評論文章，彙編成冊，完整呈現作家的人文映記、文學成就及相關研究，成果豐碩。

　　由於內容浩瀚、需多所佐證，本套叢書共分三階段陸續出版，先是 2011 年推出以臺灣新文學之父賴和為首的 15 位作家研究資料彙編，接著於 2012 年完成張我軍、潘人木等 12 位作家的研究資料彙編；及至 2013 年 12 月，適逢國立臺灣文學館十周年館慶之際，更纂輯了姜貴、張秀亞、陳秀喜、艾雯、王鼎鈞、洛夫、余光中、羅門、商禽、瘂弦、司馬中原、林文月、鄭愁予、陳冠學、黃春明、白先勇、白萩、陳若曦、郭松棻、七等生、王文興、王禎和、楊牧共 23 位作家的研究資料，皇皇巨著，為臺灣文學之巍巍巨觀留下具里程碑的文字見證。這套選粹體現了臺灣文學研究總體成果中，極為優質的論述著作，有助於臺灣文學發展的擴展化與深刻化，質量兼具。在此，特別對參與編輯、撰寫、諮詢的文學界朋友們表達謝意，也向全世界愛好文學的讀者，推介此一深具人文啟發且實用的臺灣現當代文學工具書，彼此激勵，為更美好的臺灣人文環境共同努力。

文化部部長 　龍應台

館長序

　　所有一切有關文學的討論，最終都得回歸到創作主體（作家）及其創作文本（作品）。文本以文字書寫，刊載在媒體上（報紙、雜誌、網站等），或以印刷方式形成紙本圖書；從接受端來看，當然以後者為要，原因是經過編輯過程，作者或其代理人以最佳的方式選編，常會考慮讀者的接受狀況，亦以美術方式集中呈現，其形貌也必然會有可觀者。

　　從研究的角度來看，它正是核心文獻。研究生在寫論文的時候，每在緒論中以一節篇幅作「文獻探討」，一般都只探討研究文獻，仍在周邊，而非核心。所以作家之研究資料，包括他這個人和他所寫的作品，如何鉅細靡遺彙編一處，是研究最基礎的工作；其次才是他作品的活動場域以及別人如何看待他的相關資料。前者指的是發表他作品的報刊及其他再傳播的方式或媒介，後者指的是有關作家及其作品的訪問、報導、著作目錄、年表、文評、書評、專論、綜述、專書、選編等，有系統蒐輯、編目，擇其要者結集，從中發現作家及其作品被接受的狀況，清理其發展，這其實是文學經典化**真正的**過程；也必須在這種情況下，作家研究才有可能進一步開展。

　　針對個別作家所進行的資料工作隨時都在發生，但那是屬於個人的事，做得好或不好，關鍵在他的資料能力；將一群有資料能力的學者組織起來，通過某種有效的制度性運作，想必能完成有關作家研究資料彙編的人文工程，可以全面展示某個歷史時期有關作家研究的集體成就，這是國立臺灣文學館從 2010 年啟動「臺灣現當代

作家研究資料彙編」（50 冊）的一些基本想法，和另外兩個大計畫：「臺灣文學史長編」（33 冊）、「臺灣古典作家精選集」（38 冊），相互呼應，期能將臺灣文學的豐富性展示出來，將「臺灣文學」這個學科挖深識廣；作為文化部的附屬機構，我們在國家文化建設的整體工程中，在「文學」作為一個公共事務的理念之下，我們紮紮實實做了有利文化發展的事，這是我們所能提供給社會大眾的另類服務，也是我們朝向臺灣文學研究中心理想前進的努力。

我們在四年間分三批出版的這 50 本臺灣現當代作家研究資料彙編，從賴和（1894～1943）到楊牧（1940～），從割臺之際出生、活躍於日據下的作家，到日據之末出生、活躍於戰後臺灣文壇的作家；當然也包含 1949 年左右離開大陸，而在臺灣文壇發光發熱的作家。他們只是臺灣作家的一小部分，由承辦單位組成的專業顧問群多次會商議決；這個計畫，我們希望能夠在精細檢討之後，持續推動下去。

顧問群基本上是臺灣文學史專業的組合，每位作家重要評論文章選刊及研究綜述的撰寫者，都是對於該作家有長期研究的專家。這是學界人力的大動員，承辦本計畫的臺灣文學發展基金會長期致力臺灣文學史料的蒐輯整理，具有強大的學術及社會力量，本計畫能夠順利推動且如期完成，必須感謝他們組成的編輯團隊，以及眾多參與其事的學界朋友。

國立臺灣文學館館長　李瑞騰

編序

◎封德屏

緣起

　　1995 年 10 月 25 日，在臺灣師範大學教育大樓的 201 室，一場以「面對臺灣文學」為題的座談會，在座諸位學者分別就臺灣文學的定義、發展、研究，以及文學史的寫法等，提出宏文高論，而時任國家圖書館編纂張錦郎的「臺灣文學需要什麼樣的工具書」，輕鬆幽默的言詞，鞭辟入裡的思維，更贏得在座者的共鳴。

　　張先生以一個圖書館工作人員自謙，認真專業地為臺灣這幾十年來究竟出版了多少有關臺灣文學的工具書，做地毯式的調查和多方面的訪問。同時條理分明地針對研究者、學生，列出了十項工具書的類型，哪些是現在亟需的，哪些是現在就可以做的，哪些是未來一步一步累積可以達成的，分別做了專業的建議及討論。

　　當時的文建會二處科長游淑靜，參與了整個座談會，會後她劍及履及的開始了文學工具書的委託工作，從 1996 年的《臺灣文學年鑑》起始，一年一本的編下去，一直到現在，保存延續了臺灣文學發展的基本樣貌。接著是《中華民國作家作品目錄》的新編，《臺灣文壇大事紀要》的續編，補助國家圖書館「當代文學史料影像全文系統」的建置，這些工具書、資料庫的接續完成，至少在當時對臺灣文學的研究，做到一些輔助的功能。

　　2003 年 10 月，籌備多年的「台灣文學館」正式開幕運轉。同年五月《文訊》改隸「財團法人台灣文學發展基金會」，為了發揮更大的動能，開

始更積極、更有效率地將過去累積至今持續在做的文學史料整理出來，讓豐厚的文藝資源與更多人共享。

於是再次的請教張錦郎先生，張先生認為文學書目、作家作品目錄、文學年鑑、文學辭典皆已完成或正在進行，現在重點應該放在有關「臺灣現當代作家評論資料目錄」的編輯工作上。

很幸運的，這個計畫的發想得到當時臺灣文學館林瑞明館長的支持，於是緊鑼密鼓的展開一切準備工作：籌組編輯團隊、召開顧問會議、擬定工作手冊、撰寫計畫書等等。

張錦郎先生花了許多時間編訂工作手冊，每一位作家的評論資料目錄分為：

（一）生平資料：可分作者自述，旁人論述及訪談，文學獎的紀錄。

（二）作品評論資料：可分作品綜論，單行本作品評論，其他作品（包括單篇作品）評論，與其他作家比較等。

此外，對重要評論加以摘要解說，譬如專書、專輯、學術會議論文集或學位論文等，凡臺灣以外地區之報刊及出版社，於書名或報刊後加註，如中國大陸、香港、新加坡等。此外，資料蒐集範圍除臺灣外，也兼及中國大陸、香港、新加坡、日本、韓國及歐美等地資料，除利用國內蒐集管道外，同時委託當地學者或研究者，擔任資料蒐集工作。

清楚記得，時任顧問的學者專家們，都十分高興這個專案的啟動，但確定收錄哪些作家名單時，也有不同的思考及看法。經過充分的討論後，終於取得基本的共識：除以一般的「文學成就」為觀察及考量作家的標準外，並以研究的迫切性與資料獲得之難易度為綜合考量。譬如說，在第一階段時，作家的選擇除文學成就外，先考量迫切性及研究性，迫切性是指已故又是日治時期臺籍作家為優先，研究性是指作品已出土或已譯成中文為優先。若是作品不少而評論少，或作品評論皆少，可暫時不考慮。此外，還要稍微顧及文類的均衡等等。基本的共識達成後，顧問群共同挑選出 310 位作家，從鄭坤五、賴和、陳虛谷以降，一直到吳錦發、陳黎、蘇

偉貞，共分三個階段進行。

　　張錦郎先生修訂的編輯體例，從事學術研究的顧問們，一方面讚嘆「此目錄必然能成為類似文獻工作的範例」，但又深恐「費力耗時，恐拖延了結案時間」，要如何克服「有限時間，高度理想」的編輯方式，對工作團隊確實是一大挑戰。於是顧問們群策群力，除了每人依研究領域、研究專長認領部分作家外（可交叉認領），每個顧問亦推薦或召集研究生襄助，以期能在教學研究工作外，為此目錄盡一份心力。

　　「臺灣現當代作家評論資料目錄」專案計畫，自 2004 年 4 月開始，至2009 年 10 月結束，分三個階段歷時五年六個月，共發現、搜尋、記錄了十餘萬筆作家評論資料。共經歷了三位專職研究助理，近三十位兼任研究助理。這些研究助理從開始熟悉體例，到學習如何尋找資料，是一條漫長卻實用的學習過程。

接續

　　「臺灣現當代作家評論資料目錄」的專案完成，當代重要作家的研究，更可以在這個基礎上，開出亮麗的花朵。於是就有了「臺灣現當代作家研究資料彙編暨資料庫建置計畫」的誕生。為了便於查詢與應用，資料庫的完成勢在必行，而除了資料庫的建置外，這個計畫再從 310 位作家中精選 50 位，每人彙編一本研究資料，內容有作家圖片集，包括生平重要影像、文學活動照片、手稿及文物，小傳、作品目錄及提要、文學年表。另外每本書分別聘請一位最適當的學者或研究者負責編選，除了負責撰寫八千至一萬字的作家研究綜述外，再從龐雜的評論資料中挑選具有代表性的評論文章，平均 12～14 萬字，最後再附該作家的評論資料目錄，以期完整呈現該作家的生平、創作、研究概況，其歷史地位與影響。

　　由於經費及時間因素，除了資料庫的建置，資料彙編方面，50 位作家分三個階段完成。第一階段出版了 15 位作家，第二階段出版了 12 位作家，此次第三階段則出版了 23 位作家資料彙編。雖然已有過前兩階段的實

務經驗，但相較於前兩階段，此次幾乎多出版將近一倍的數量，使工作小組在編輯過程中，仍然面臨了相當大的困難與挑戰。

首先，必須掌握每位編選者進度這件事，就是極大的挑戰。於是編輯小組在等待編選者閱讀選文的同時，開始蒐集整理作家生平照片、手稿，重編作家年表，重寫作家小傳，尋找作家出版品的正確版本、版次，重新撰寫提要。這是一個極其複雜的工程。還好有認真負責的雅嫻、蕙婷、欣怡，以及編輯老手秀卿幫忙，讓整個專案延續了一貫的品質及進度。

在智慧權威、老練成熟的學者專家面前，這些初生之犢的年輕助理展現了大無畏的精神，施展了編輯教戰手冊中的第一招——緊迫盯人。看他們如此生吞活剝地貫徹我所傳授的編輯要法，心裡確實七上八下，但礙於工作繁雜，實在無法事必躬親，也只好讓他們各顯身手了。

縱使這些新手使出了全部力氣，無奈工作的難度指數仍然偏高，雖有前兩階段的經驗，但面對不同的編選者，不同的編選風格，進度仍然不很順利，再加上此次同時進行 23 位作家的編纂作業，在與各編選者及各冊傳主往來聯繫的過程中，更是有許多龐雜而繁瑣的細節。此時就得靠意志力及精神鼓舞了。我對著年輕的同仁曉以大義，告訴他們正在光榮地參與一個重要的文學工程，絕對不可輕言放棄。

成果

雖然過程是如此艱辛，如此一言難盡，可是終究看到豐美的成果。每位編選者雖然忙碌，但面對自己負責的作家資料彙編，卻是一貫地認真堅持。他們每人必須面對上千或數百筆作家評論資料，挑選重要或關鍵性的評論文章，全面閱讀，然後依照編選原則，挑選評論文章。助理們此時不僅提供老師們所需要的支援，統計字數，最重要的是得找到各篇選文作者，取得同意轉載的授權。在第一階段進度流程初估時，我們錯估了此項工作的難度，因為許多評論文章，發表至今已有數十年的光景，部分作者行蹤難查，還得輾轉透過出版社、學校、服務單位，尋得蛛絲馬跡，再鍥

而不捨地追蹤。有了第一階段的血淚教訓，第二階段關於授權方面，我們更是如臨深淵、如履薄冰，希望不要重蹈覆轍，第三階段也遵循前兩階段的經驗，在面對授權作業時更是戰戰兢兢，不敢懈怠。

除了挑選評論文章煞費苦心外，每個作家生平重要照片，我們也是採高標準的方式去蒐集，過世作家家屬、友人、研究者或是當初出版著作的出版社，都是我們徵詢的對象。認真誠懇而禮貌的態度，讓我們獲得許多從未出土的資料及照片，也贏得了許多珍貴的友誼。許多作家都協助提供照片手稿等相關資料，如王鼎鈞、洛夫、余光中、羅門、瘂弦、司馬中原、林文月、鄭愁予、黃春明及其子黃國珍、白先勇及與其合作多年的攝影師許培鴻、白萩及其夫人、陳若曦、七等生、王文興、楊牧及其夫人夏盈盈。已不在世的作家，其家屬及友人在編輯過程中，也給予我們許多協助及鼓勵，如姜貴的長子王爲鐮、張秀亞的女兒于德蘭、艾雯的女兒朱恬恬、陳秀喜的女兒張瑛瑛、商禽的女兒羅珊珊、陳冠學的後輩友人陳文銓與郭漢辰、郭松棻的夫人李渝、王禎和的夫人林碧燕，藉由這個機會，與他們一起回憶、欣賞他們親人或父祖、前輩，可敬可愛的文學人生。此外，還有張默、岩上、閻純德、李高雄、丘彥明、朱雙一、吳姍姍、鄭穎、舊香居書店吳雅慧等作家及研究者，熱心地幫忙我們尋找難以聯繫的授權者，辨識因年代久遠而難以記錄年代、地點、事件的作家照片，釐清文學年表資料及作家作品的版本問題，我們從他們身上學習到更多史料研究可貴的精神及經驗。

但如何在規定的時間內，完成第三階段 23 本資料彙編的編輯出版工作，對工作小組來說，確實是一大考驗。每一冊的主編老師，都是目前國內現當代台灣文學教學及研究的重要人物，因此每位主編都十分忙碌。有鑑於前兩階段的經驗，以及現有工作小組的人力，決定分批完稿，每個人負責 2～4 本，三位組長的責任額甚至超過 4～5 本。每一本的責任編輯，必須在這一年多的時間內，與他們所負責資料彙編的主角——傳主及主編老師，共生共榮。從作家作品的收集及整理開始，必須要掌握該作家一生

作品的每一次的出版，以及盡量收集不同的版本；整理作家年表，除了作家、研究者已撰述好的年表外，也必須再從訪談、自傳、評論目錄，從作品出版等線索，再做比對及增刪。再來就是緊盯每位把「研究綜述」放在所有進度最後一關的主編們，每隔一段時間提醒他們，或順便把新增的評論目錄寄給他們（每隔一段時間就有新的相關論文或學位論文出現），讓他們隨時與他們所主編的這本書，產生聯想，希望有助於「研究綜述」撰寫的進度。

　　以上的工作說起來，好像並不十分困難，身為總策劃的我起初心裡也十分篤定的認為，事情儘管艱困，最後還是應該順利完成。然而，這句雲淡風輕的話，聽在此次身歷其境參與工作的同仁耳中，一定會恨得牙癢癢的。「夜長夢多」這個形容詞拿來形容這件工作，真是太恰當也沒有了。因為整個工作期程超過一年，在這段漫長的歲月中，因等待、因其他人力無法抗拒的因素，衍伸出來的問題，層出不窮，更有許多是始料未及的。譬如，每本書的的選文，主編老師本來已經選好了，也經過授權了，為了抓緊時間，負責編輯的助理們甚至連順序、頁碼都排好了，就等主編老師的大作了，這時主編突然發現有新的文章、新的資料產生：再增加兩三篇選文吧！為了達到更好更完備的目標，工作小組當然全力以赴，聯絡，授權，打字，校對，重編順序等等工作，再度展開。

　　此次第三階段共需完成 23 位作家研究資料彙編，年齡層較上兩個階段已年輕許多，因此到最後的疑難雜症，還有連主編或研究者都不太清楚的部分，譬如年表中的某一件事、某一個年代、某一篇文章、某一個得獎記錄，作家本人絕對是一個最好的諮詢對象，於是幾乎我們每本書都找到了作家本人，對解決某些問題來說，這是一個好的線索，但既然看了，關心了，參與了，就可能有不同的看法，選文、年表、照片，甚至是我們整本書的體例。於是又是一場翻天覆地的大更動，對整本書的品質來說，應該是好的，但對經過一年多琢磨、修改已近入完稿階段的編輯團隊來說，這不啻是一大挑戰。

1990 年開始，各地縣市文化中心（文化局），對在地作家作品集的整理出版，以及台灣文學館成立後對日治時期作家以迄當代重要作家全集的編纂，對臺灣文學之作家研究，也有了很好的促進作用。如《楊逵全集》、《林亨泰全集》、《鍾肇政全集》、《張文環全集》、《呂赫若日記》、《張秀亞全集》、《葉石濤全集》、《龍瑛宗全集》、《葉笛全集》、《鍾理和全集》、《錦連全集》、《楊雲萍全集》、《鍾鐵民全集》等，如雨後春筍般持續展開。

經過近二十年的努力，臺灣文學的研究與出版，也到了可以驗收或檢討成果的階段。這個說法，當然不是要停下腳步，而是可以從「臺灣現當代作家評論資料目錄」所呈現的 310 位作家、10 萬筆資料中去檢視。檢視的標的，除了從作家作品的質量、時代意義及代表性去衡量外、也可以從作家的世代、性別、文類中，去挖掘還有待開墾及努力之處。因此在這樣的堅實基礎上，這套「臺灣現當代作家研究資料彙編」，每位編選者除了概述作家的研究面向外，均有些觀察與建議。希望就已然的研究成果中，去發現不足與缺憾，研究者可以在這些不足與缺憾之處下功夫，而盡量避免在相同議題上重複。當然這都需要經過一段時間去發現、去彌補、去重建，因此，有關臺灣文學研究的調查與研究，就格外顯得重要了。

期待

感謝臺灣文學館持續支持推動這兩個專案的進行。「臺灣現當代作家評論資料目錄」的完成，呈現的是臺灣文學研究的總體成果；「臺灣現當代作家研究資料彙編」套書的出版，則是呈現成果中最精華最優質的一面，同時對未來的研究面向與路徑，做最好的建議。我們可以很清楚的體會，這是一條綿長優美的臺灣文學接力賽，我們十分榮幸能參與其中，我們更珍惜在傳承接力的過程，與我們相遇的每一個人，每一件讓我們真心感動的事。我們更期待這個接力賽，能有更多人加入。誠如張恆豪所說「從高音獨唱到多元交響」，這是每一個人所期待的。

編輯體例

一、本書編選之目的，為呈現七等生生平、著作及研究成果，以作為臺灣
文學相關研究、教學之參考資料。

二、全書共五輯，各輯內容及體例說明如下：

輯一：圖片集。選刊作家各個時期的生活或參與文學活動的照片、著
作書影、手稿（包括創作、日記、書信）、文物。

輯二：生平及作品，包括三部分：

1.小傳：主要內容包括作家本名、重要筆名，生卒年月日，籍
貫，及創作風格、文學成就等。

2.作品目錄及提要：依照作品文類（論述、詩、散文、小說、
劇本、報導文學、傳記、日記、書信、兒童文學、合集）及
出版順序，並撰寫提要。不收錄作家翻譯或編選之作品。

3.文學年表：考訂作家生平所進行的文學創作、文學活動相關
之記要，依年月順序繫之。

輯三：研究綜述。綜論作家作品研究的概況，並展現研究成果與價值
的論文。

輯四：重要文章選刊。選收國內外具代表性的相關研究論文及報導。

輯五：研究評論資料目錄。收錄至 2013 年 6 月底止，有關研究、論述
臺灣現當代作家生平和作品評論文獻。語文以中文為主，兼及
日文和英文資料。所收文獻資料，以臺灣出版為主，酌收中國
大陸、香港、日本和歐美國家的出版品。內容包含三部分：

1.「作家生平、作品評論專書與學位論文」下分為專書與學位
論文。

2.「作家生平資料篇目」下分為「自述」、「他述」、「訪談」、
「年表」、「其他」。

3.「作品評論篇目」下分為「綜論」、「分論」、「作品評論目
錄、索引」、「其他」。

目次

輯一◎圖片集
影像◎手稿◎文物

1950年，七等生就讀苗栗通霄國民小學五年級。前排右二為七等生，
中排右一為導師余清雲。（七等生提供）

1950年代，七等生初中時的大頭照。　　1962年，時年23歲的七等生，攝於九份。
（文訊文藝資料中心）　　　　　　　　（翻攝自《七等生全集1·初見曙光》，
　　　　　　　　　　　　　　　　　　遠景出版公司）

1963年6月10日，當兵時的七等生（右），攝於關子嶺水火同源。
（七等生提供）

1965年，時年26歲的七等生，攝於萬里。（翻攝
自《七等生全集2‧我愛黑眼珠》，遠景出版公司）

約1967年，七等生於承德路巷裡的住處留影。
（翻攝自《七等生全集2‧我愛黑眼珠》，遠景
出版公司）

1968年，七等生與妻子許玉燕、長子劉懷拙合影於臺北士東國民小學。（翻攝自《七等生全集4‧離城記》，遠景出版公司）

1970年9月，七等生復職任教，攝於苗栗通霄城中國民小學。（七等生提供）

1970年代，七等生與攝影家蘇宗顯（右）合影於臺北街頭。（翻攝自《七等生全集6‧城之迷》，遠景出版公司）

約1970年代，七等生與文友合影於林海音家中。前排左起：楊牧、林懷民、陳之藩；中排左起：羅蘭、外國文友二位、齊邦媛、朱立民；後排左起：何凡、殷允芃、琦君、林海音、季季、心岱、七等生。（翻攝自《與我同車》紀念珍藏版，九歌出版社）

1983年，七等生應美國愛荷華大學「國際寫作計畫」之邀訪美，與各國優秀作家交流文學經驗。左起：七等生、聶華苓、許世旭。（七等生提供）

1985年，七等生與文友合影於林海音住所。左起：李渝、林海音、七等生、金恆煒。（七等生提供）

1985年，七等生與友人合影於遠景出版公司編輯部。左起：七等生、沈登恩、簡志忠。（翻攝自《七等生全集5‧沙河悲歌》，遠景出版公司）

約1986年，陳若曦偕友人拜訪七等生。左起：友人（黃氏夫婦）、陳若曦、七等生、許玉燕。（七等生提供）

約1988年，沈登恩（右）路經苗栗通霄，拜訪七等生。（七等生提供）

1980年代，七等生與家人合影於苗栗通霄山區住所陽臺。左起：
劉小書、劉保羅、七等生、許玉燕。（七等生提供）

1980年代，七等生一家人遊高雄西子灣。左起：許玉燕、劉保
羅、劉懷拙、劉小書、七等生。（七等生提供）

1990年，七等生退休後，在樹林裡寫生。（翻攝自《七等生全集9・譚郎的書信》，遠景出版公司）

約2000年，《沙河悲歌》改拍為同名電影，七等生與導演張志勇（右）討論劇情。（翻攝自《七等生全集5・沙河悲歌》，遠景出版公司）

2001年12月，七等生與其畫作，攝於木柵寓所；為國立文化資產保存中心籌備處（今國立臺灣文學館）與攝影師林柏樑合作之「文學的容顏——臺灣作家群像攝影展」作品。後於2004年8月～2005年2月間在國立臺灣文學館展出。（國立臺灣文學館提供）

2010年10月22日，七等生獲頒第14屆「國家文藝獎」，攝於國立臺灣博物館頒獎典禮現場。（文訊文藝資料中心）

2012年8月24日，由遠景出版公司主辦的「《為何堅持——七等生精選集》新書茶會暨一幅畫展」於臺北OD咖啡館舉行。前排左起：林文義、舞鶴、尉天驄、七等生、陳芳明、季季、張恆豪；後排左起：葉麗晴、劉懷拙。（遠景出版公司提供）

1.

木鴨、沙馬蟹和牛仔的故事
第一章　木鴨

「久違了，福爾摩沙！」木村先生下飛機時充滿激動的感情這樣說。他說這句話是有淵源的，當他稍識懂事的年紀，他是隨父母親和更年小的弟弟在戰敗的那年被遣送回本國去的，而他的祖父是最初登陸佔領這個割讓的島嶼的一名威武的陸軍軍官。「我曾在這裡渡過金黃色的童年時光，」木村先生的語聲裡有濃厚和被壓抑的鼻音，在他那近乎偽裝的和權威的神祕感的眼鏡的陰影下，歪斜著他的倒勾型鼻樑。許多人都還會記得，在佔領期間，日本人和台灣人的小孩是分別在同一個學校而不同的教室上課的，因此常有打架的情事發生，而在他們等待被遣走的那段時間也有遭人痛毆的事。木村先生不喜歡台灣大城市像東京早期現代化的那種混亂無章的模樣，陪伴他的女郎和隨侍的嚮導人員率去地和他爬涉風景優美的鄉村和山地。有一天他們路經一處高嶺地的檜木樹林，木村先生習慣吐出有涵養的讚美，他說「好美啊，森林！」陪伴的人靠近他解釋說這樣的樹木是專用來雕刻的木材，它們供佛像的雕刻是用也用不完的，在輪序砍伐和栽植之間永遠可以保持這片廣大土地的青綠，除非……「由於這一說明，似乎觸動木村先生富於創見力的靈機。這片優美樹林的印象讓他帶回日本依

1983年，七等生〈木鴨、沙馬蟹和牛仔的故事〉手稿。（七等生提供）

P1.　　　　路　　　　喳喳　　　　H16

克里辛娜

七等生

我感覺克里辛娜的明亮目光已經注意我良久，當我走近去在圓鏡的人群中觀看三個穿黃袍理光頭的詳和尚坐在草地上宣講，吟唱，攤在地面的布巾擺著人歡合體，像貌半面人半面狐狸的照片，他們中的一位帶著墨綠的片，他的一位削尖的鼻樑中央貼著筒形米色的小紙的太陽鏡，削尖的鼻樑，光頸後面還留著蛇般的卷的小辮子，右旁的一位手搖著風琴風箱，另一手按著琴鍵，口中微弱地今著您的歌調？……

HARE KRISENA HARE KRISENA HARE KRISENA MANA MANA……，坐在中間粗壯的一位用他銅鑄般的手掌打著甘藍鼓，在節奏上有時用手心尾閭節的凹肉擦鼓皮，發出與鼓良相捧的五竹鳴，敲打舉在胸前半空的銅鈴，他們說出細膩的眼光，……左旁的一位音色皺縮露的是什麼，唱的是什麼，我不知道，這些古代東好奇，有人壓開有人又圍過了頭，正要徙到古代神權前才可能十分平常的姿態和歌音卻引起現代人的的灵什麼，唱的是竹麼……在老市政廳大樓前的廣場草場上，我搭公車坐過了幾分鐘正國犀利河屋餐室去喝茶。我觀望了幾分鐘要趕身離開時，才瞥望到幾多的彩色眼睛中僅有的一對像鳥禽般朋閃的黑色眸子。

我真的不能忘懷我和克里辛娜最初的交視互相疑問閃懷對方也須受到瞬解的混合意涵，當我坐在河屋餐室再見到她時，她在兩根白色撐頂的

1983年，七等生〈克里辛娜〉手稿。（七等生提供）

冷默的消遣

漸漸地，降到最冷
浸入肌膚，到內裡
牆外突伏的山嶺
灰薄如紙
和那些覆頸猶如泣婦之相思樹
靜默如斯

幾不可能
消遁或要轉化
當你僵立在簷下
被群雨圍住
你只能垂睞凝注和聆聽
據說黃昏還要更冷
在牆肉的矮樹叢下
一對白頸鳥的
舞踊和唱鳴

一九八三、三月

七等生

24×25＝600 日昇牌

1983年，七等生〈冷漠的消遣〉手稿。（七等生提供）

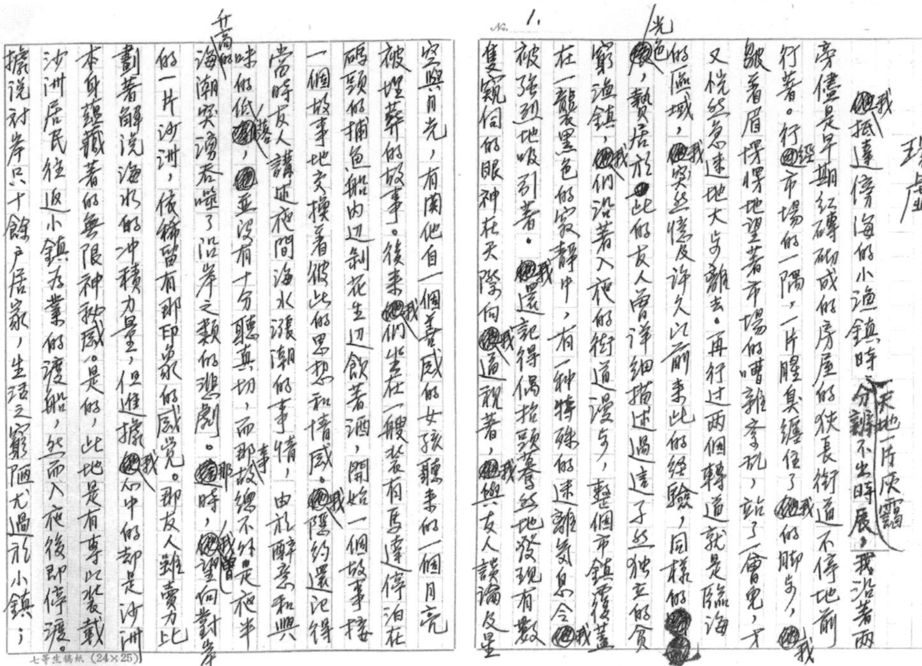

1984年，七等生〈環虛〉手稿。（七等生提供）

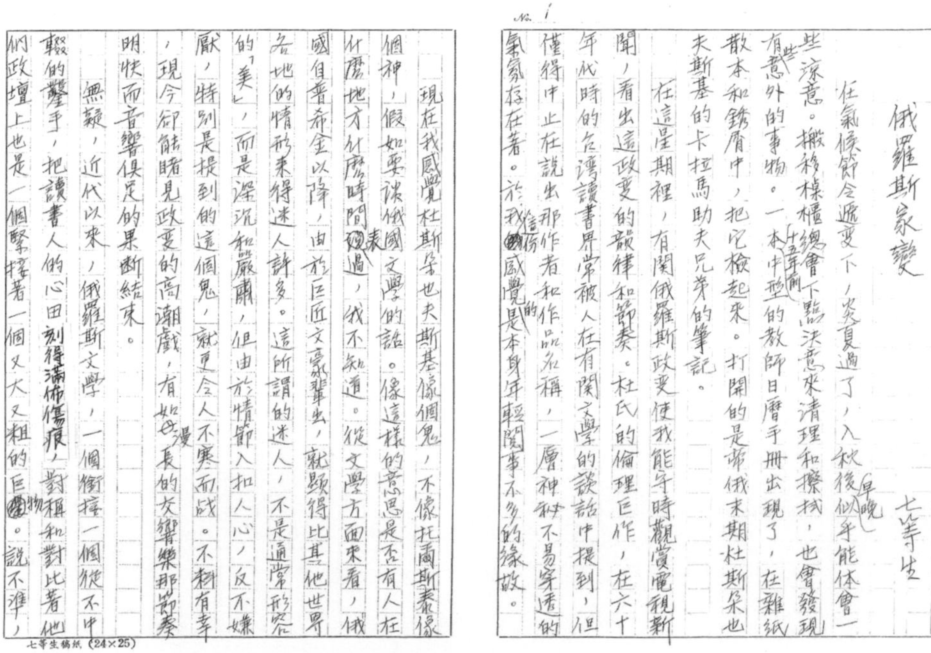

1991年，七等生〈俄羅斯家變〉手稿。（七等生提供）

（右上手稿）

愛樂斯的傳說
「後記」　　七等生

記得年輕時，初讀柏拉圖的「饗宴」，激賞望外，至今依難忘懷。移居十年，這傍山畔的陰暗居所潮濕嚴重，書與櫃皆腐蝕，群書變貌，卻捨不得將因吳錦裳先生譯注的「饗宴」拋掉，抽空再覽這本遺成散頁的書，仰臥沙發，依舊興味益然，不減當年。其中原故，不外是柏拉圖的間接筆觸的手法，使人著迷。我相信：除了勸人細嚼全書可以大獲全益外，如要單憑口述那些書中內涵給人，似乎難達意。古希臘的宴席早散，活躍於當時的菁英人物的諧語知認知的思辯，雅典的宴席早敬，活躍於當時的菁英人物的諧語

（左手稿，接前文）

言談也隨時空消逝，所謂流到現代的「愛樂斯」，已經成為一種傳說。

何來讀書會讓想筆記，為了方便記憶，常將書中的「饗宴」要旨以散文圖（改寫）之，也是一種閑情樂趣。「饗宴」本身，好比現行的小說或戲劇，人物與對話均鮮明如生，有如臨場觀看每色表演，但就筆記而言，我要做的只有兩個部分。因此如前文：第一個部分是序章，專事禮讚的說詞；到第二個部分，才是精華所在，是不折不扣的哲學的探源課題。筆記原不是甚麼希奇事兒，擬文本不擬發表，而有朋友問詢時常讀，就乾脆拿出來與大衆共題，在此聊添記之。

1991年，七等生〈愛樂斯的傳說——後記〉手稿。
（七等生提供）

（下方手稿）

No. 1
上李登輝總統書　　七等生

自中華民國在台灣以來，有半世紀了，與前半世紀日本在台灣的歲月相彷彿。日本的統治非我們所願意；而台灣光復卻是我們所迎迓和歡欣的；相較這時光相等的兩種不同政權，我們對前者由抗拒轉為馴服，對後者卻由衷意外的不同，殖民政治當然受人歡迎，效果卻兩相迥異，豈不令人返迴深思，再四究詰？其中最為淺顯而對在這兩個不同政權皆生活過的人來說，其評論的準則在於政府施政的效率；效率不彰，難是自己主政亦難從；效率彰顯，難是異族統治尚能拘安。百年已過，事實已成為歷史，前述兩

1995年，七等生〈上李登輝總統書〉手稿。
（七等生提供）

灰夏

1.

七等生

夏季中每日習常有悶熱的感覺，但今年的七月末幾日和八月初幾日卻有平靜的陰雨在不預期中呈現是從來未有過的景象，印象裡和記憶中，颱風的吹襲和夾帶的暴雨是難能磨滅消失的。所以那些天，城市裡意外地顯露出一種像瀑花似的通涼和淋浴過後的爽潔。卻居就是在這種時候由遙遠的鄉下進城來探望他的妻小。一向，他的探望過程像定規似地約每半年一次，前一日下午到來，望日早晨離開，依時間計算合成一日而已；他從來曾在這麼短暫的時間裡轉到別處去，在火車站下車後搭公共汽車，也依這反返的方式塔公共汽車到火車站乘火車離開城市。這情

形是他的幾個小孩為了畢業關係妻子必須前來組居合住照顧他們的生活起居之後，也是他自一個小工廠解體後感覺日漸老邁不想再服職而退居的這麼自然地演變到分家和自我照顧的狀況，是誰也不致於會有片言隻語的怨慰。他之所以不願再回城裡生活只有他的妻子明白，二十幾年前就是他們夫妻相攜斷然由城裡奔走下鄉的，歲月似手已經煙滅了往事，他已經變成了但謖是個卑微的鄉下人，早就沒有那種城市人的慾望的心性和需求了。照說，在夏季時節，妻小應乘學校的暑期放假回鄉來團聚一些時日，但幾個孩子由於潮流的關係還是分別忙於打工和輔導課程，因此，團聚的事就得由他前往城市去履行了。他是那麼幸運，預先連絡好他要進城的日子竟會逢到了沒有半點

1990年代，七等生〈灰夏〉手稿。（七等生提供）

沙河一景，為七等生於1980年代停筆期間的攝影作品。作品：晨河之4。
（翻攝自《重回沙河》，遠景出版公司）

七等生於1980年代停筆期間，為當時臺灣鄉村的人與景留下影像紀錄。作品：姊與弟。（七等生提供）

1992年，油畫作品《IS IT WELCOME OR INTIMIDATION?》。（七等生提供）

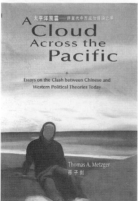

2005年12月，漢學家墨子刻（Thomas A. Metzger）之研究文集*A Cloud Across the Pacific: Essays on the Clash between Chinese and Western Political Theories Today*由香港中文大學出版社出版，該書以七等生畫作做為封面。（七等生提供）

輯二◎生平及作品
小傳◎作品◎年表

小傳

七等生 （1939～）

　　七等生，男，本名劉武雄，籍貫臺灣苗栗，1939 年 7 月 23 日生。

　　臺北師範學校藝術科畢業，曾於瑞芳、萬里、臺北市、霧社、苗栗等地擔任國小教師。1966 年與尉天驄、陳映真、施叔青等人創辦《文學季刊》，1983 年應邀赴美國愛荷華大學「國際作家工作坊」訪問。1989 年自國小教職退休後，專事書寫、繪畫與攝影等藝術創作。曾獲第一屆與第二屆臺灣文學獎、聯合報小說獎、中國時報文學推薦獎、吳三連文藝獎及國家文藝獎。

　　七等生創作文類以小說為主，兼及詩與散文。1962 年首次於《聯合報》副刊發表〈失業、撲克、炸魷魚〉、〈橋〉、〈圍獵〉等 11 篇小說，以活躍的創作力在臺灣文壇嶄露頭角。其小說的自傳色彩濃厚，筆下文本事件與人物大多具有自照的特質，如《沙河悲歌》的李文龍及其家人、《城之迷》柯克廉的進城經驗，乃至《削瘦的靈魂》(《跳出學園的圍牆》)直以本名劉武雄為主角命名。除此之外，小說中頻頻出現的「沙河、樹林、白馬、黑眼珠」等意象，都是與其生命經歷相關的投射。張恆豪曾說：「他的所有作品，都是生活經歷的寫實」。然而對作家而言，現實必須透過想像才能展開意義，故結合現實與幻想、象徵、寓言等手法，再以散文化、詩化的語言節奏敘事，是作者小說書寫的主要模式。

　　1960、1970 年代是七等生創作量最豐厚的時期，1969 年第一部小說集《僵局》出版，收錄其中的〈我愛黑眼珠〉所涉及的倫理議題引起文壇的震驚及關注，一度掀起作家與評論者的爭論。遠行出版社於 1977 年同時出版「七等生小全集」與作品評論集《火獄的自焚》，使其成為臺灣新文學史發展以來，第一位同時擁有全集與評論集的作家。

　　在現代詩與散文創作上，七等生以記錄作家生活、閱讀感想以及對文化建設的想像、政治環境改造的相關看法為主題，散文集《耶穌的藝術》、詩集《五年集》與其他散篇〈我年輕的時候〉、〈致愛書簡〉、〈上李登輝總統書〉、〈懷念和敬佩安格爾〉、〈認知與共識〉等文章均為代表作品。為突破創作困境，重新捕捉創作靈光，曾於 1980 年代停筆並專研攝影，1986 年出版的《重回沙河》為此時期創作成果。在繪畫創作上亦成就蔚然，曾於 1991、1992 年舉辦「鄉居隨筆粉彩畫觀摩」及「油畫與一張鉛筆畫」個展。2012 年由遠景出版公司出版《為何堅持──七等生精選集》，同時舉辦新書茶會暨同名畫作《為何堅持 What for insist on？》一幅畫展，為七等生長達半世紀的文學歷程留下見證。

　　七等生經由文學思辨個體與人類的活動及其價值，其筆下特異的意象、議題與開放的創作精神，除了使他的寫作生涯廣受矚目和爭議，同時亦記錄作家對於追求真實與美學堅持不懈的軌跡，正如馬森所言：「他是少有的一位敢於把他的光明與黑暗面同時呈現於人的作家。」七等生的作品深邃挖掘人性隱微面，認為文學能擔當塑造作家自我生命與誘導讀者建立人格的使命，在見證臺灣經濟起飛卻也人心苦悶的時代氛圍中，不為時下社會體制及意識形態收編，堅持以小說書寫內在抵達真實、啟示之境。2010 年以「語言文字具奇特的魅力，成為臺灣現代主義文學獨特的風格之一，內容、形式都具有藝術上的原創性。」為由獲國家文藝獎，對七等生之於當代文藝的影響力劃下肯定的一筆。

作品目錄及提要

【詩】

五年集

臺北：林白出版社
1972 年 9 月，32 開，107 頁
河馬文庫 21

本書收錄作者 1965～1970 年於基隆、臺北、通霄三地遷移時，所創作的詩作。全書收錄〈詩〉、〈倒影〉、〈狹路〉等 24 首。正文前有七等生〈自序〉，正文後附錄七等生〈後記〉。

【散文】

耶穌的藝術

臺北：洪範書店
1979 年 4 月，32 開，181 頁
洪範文學叢書 42

本書以想像與透視的手法詮解《新約聖經》中的「馬太福音」，依耶穌誕生、被釘十字架，至死後復活的脈絡分章敘事。呈顯作家對神、人與哲學的思辨。全書收錄〈誕生〉、〈逃去埃及〉、〈約翰大兄〉等 27 篇。正文前有七等生〈前言〉。

重回沙河

臺北：遠景出版公司
1986 年 8 月，25 開，258 頁
七等生作品集 14

本書爲作者於 1980～1981 年停筆期間，以研習攝影技術捕捉寫作靈光的創作成果。全書收錄〈晨河〉、〈山畔〉、〈感觸〉、〈卑微的人〉、〈暗房〉等 89 篇。正文前爲攝影作品，正文後附錄〈七等生創作年表〉。

【小說】

林白出版社 1969　半島書樓 1975
（感謝舊香居書店提供）

遠行出版社 1976

僵局

臺北：林白出版社
1969 年 1 月，40 開，245 頁
河馬文庫 1

香港：半島書樓
1975 年 10 月，32 開，262 頁
小草叢刊之八

臺北：遠行出版社
1976 年 3 月，32 開，260 頁
小草叢刊 2

短篇小說集。本書探述個體追求自由、真理並獨立於社會規範之外的處境。全書分三部分，收錄〈僵局〉、〈虔誠之日〉、〈我的戀人〉、〈爭執〉、〈呆板〉、〈空心球〉、〈天使〉、〈隱遁的小角色〉、〈讚賞〉、〈回鄉的人〉、〈父親之死〉、〈浪子〉、〈慚愧〉、〈結婚〉、〈俘虜〉、〈獵槍〉、〈林洛甫〉、〈我愛黑眼珠〉、〈灰色鳥〉、〈私奔〉、〈AB 夫婦〉、〈某夜在鹿鎮〉、〈跳遠選手退休了〉共 23 篇。
半島書樓版：正文前新增七等生〈論文學（代序）〉。
遠行版：「七等生小全集」之一，內容與半島書樓版相同。

大林出版社 1970

遠行出版社　1977

放生鼠

臺北：大林出版社
1970 年 12 月，40 開，209 頁
大林文庫 62

臺北：遠行出版社
1977 年 3 月，32 開，223 頁
小草叢刊 15

中篇小說集。本書爲作者早期發表於《文學季刊》的作品，其中〈精神病患〉經作者親自刪訂，與原發表內容有差異。全書收錄〈精神病患〉、〈放生鼠〉共二篇。正文前有尉天驄〈隱遁者的剖斷面──給七等生做的速寫〉。

遠行版：「七等生小全集」之一，正文前刪去尉天驄〈隱遁者的剖斷面──給七等生做的速寫〉，新增七等生〈序〉，正文後新增〈七等生創作年表〉。

巨蟹集

臺南：新風出版社
1972 年 3 月，32 開，160 頁
紅葉文叢 10

短篇小說集。全書收錄〈巨蟹（一～十）〉、〈木塊〉、〈訪問〉、〈回響〉、〈銀幣〉、〈希臘，希臘〉、〈來罷，爸爸給你說個故事〉、〈海灣〉、〈流徙〉、〈離開〉、〈笑容〉、〈墓場〉、〈眼〉、〈漫遊者〉、〈使徒〉、〈絲瓜布〉、〈十七章〉共 17 篇。正文前有紅葉文叢編輯委員會〈我們的聲音──「紅葉文叢」編輯宗旨〉、郭楓〈橫行的異鄉人──序《巨蟹集》並談新小說〉，正文後附錄七等生〈冬來花園〉、葉石濤〈論七等生的《僵局》〉。

離城記

臺北：晨鐘出版社
1973 年 11 月，32 開，113 頁
晨鐘文叢 47

中、極短篇小說集。全書收錄〈離城記〉與「無葉之樹集」〈在蘭雅〉、〈是非而是〉、〈餐桌〉、〈滑動〉、〈難堪〉、〈禪的學徒〉、〈盼望〉、〈絕望〉、〈無葉之樹〉共十篇。正文前有七等生〈序〉，〈離城記〉後附錄七等生〈〈離城記〉後記〉。

來到小鎮的亞茲別

臺北：遠行出版社
1976 年 1 月，32 開，259 頁
遠行叢刊 3

本書為「七等生小全集」之一，短篇小說集，主要描寫愛情在理想與現實的矛盾衝突中呈顯的樣態。全書收錄〈讚賞〉、〈結婚〉、〈漫遊者〉、〈絲瓜布〉、〈訪問〉、〈綢絲綠巾〉、〈分道〉、〈蘇君夢鳳〉、〈初見曙光〉、〈來到小鎮的亞茲別〉共十篇。正文前有七等生〈序〉，正文後附錄高全之〈七等生的道德架構〉。

遠行出版社 1976　　遠景出版公司 1978

Ph. Picquier 1993

沙河悲歌

臺北：遠行出版社
1976 年 7 月，32 開，179 頁
小草叢刊 8

臺北：遠景出版公司
1978 年 11 月，32 開，191 頁
遠景叢刊 103

Arles, France：Philippe Picquier
1993 年 2 月，25 開，138 頁
Catherine Blavet 譯
Chanson au bord de l'eau

本書為「七等生小全集」之一，中篇小說，描寫主角李文龍自追求藝術至內在醒悟的生活史，刻畫人類在成長與追求理想的過程中，受內在良知引導而自省、自覺的意義。小說依李文龍離鄉追求吹奏技藝至返鄉在酒家奏唱的過程敘事，描寫他突破家庭、社會價值觀、身體殘缺等限制，

追求自我價值的一生；當肺病轉趨嚴重時，李文龍便更換吹奏樂器，小喇叭、薩克斯風、黑管三項樂器分別象徵其生命階段與狀態。正文前有七等生〈序〉，正文後附錄七等生〈後記〉。

遠景版：正文後新增七等生〈三版後記〉。

Philippe Picquier 版：法譯本，內容與遠行版相同。

削廋的靈魂

臺北：遠行出版社
1976 年 10 月，32 開，192 頁
遠行叢刊 10

本書為「七等生小全集」之一，長篇小說，以作者本名「劉武雄」做為小說主角，揭露師範學院中的種種現象，並以教育環境隱喻現實世界，揭示對社會與教育體制的反思。

〔《削廋的靈魂》後更名為《跳出學園的圍牆》，收錄於《七等生作品集》第六冊。評論家與出版社多誤指原題「削廋」為「削瘦」，以《削瘦的靈魂》名之。本彙編經作者及主編聲明，為還原作品面貌，收錄內容如有論及此作，一律編輯為《削廋的靈魂》，唯篇名、題名中出現《削瘦的靈魂》者則維持原貌。〕

隱遁者

臺北：遠行出版社
1976 年 10 月，32 開，200 頁
遠行叢刊 11

臺北：遠行出版社
1977 年 11 月，32 開，211 頁
遠行叢刊 11

本書為「七等生小全集」之一，中、短、極短篇小說集，藉由多元的文本人物觀察臺灣社會、生活與歷史，揭示不同階層及領域的社會圖象。全書收錄〈隱遁者〉、〈大榕樹〉、〈年輕博士的劍法〉、〈巨蟹〉、〈希臘・希臘〉、〈回響〉、〈銀幣〉、〈眼〉、〈墓場〉、〈來罷，爸爸給你說個故事〉與「無葉之樹集」〈在蘭雅〉、〈是非而是〉、〈餐桌〉、〈滑動〉、〈難堪〉、〈禪的學徒〉、〈盼望〉、〈絕望〉、〈無葉之樹〉共 19篇。

1977 年再版：改〈巨蟹〉篇名為〈巨蟹集〉，正文後新增七等生〈七等生生活與創作年表〉。

城之迷

臺北：遠行出版社
1977 年 5 月，32 開，244 頁
遠行叢刊 20

本書爲「七等生小全集」之一，長篇小說，敘述主角柯克廉
五年前離開城市後又重返的故事。小說內容部分改寫自作者
的親身經歷，描寫遭受出版商惡性對待；重逢友人斐梅後，
停居城市與其他知識分子交遊的生活，呈現城市的文化特色
及精神風貌。

白馬

臺北：遠行出版社
1977 年 9 月，32 開，285 頁
遠行叢刊 24

臺北：遠景出版公司
1980 年 7 月，32 開，285 頁
遠景叢刊 165

本書爲「七等生小全集」之一，短篇小說集，結集作者最早
發表的 13 篇短篇小說與其他散篇作品。全書收錄〈失業、
樸克、炸魷魚〉、〈橋〉、〈圍獵〉、〈午後的男孩〉、〈會議〉、
〈白馬〉、〈黑夜的屏息〉、〈早晨〉、〈賊星〉、〈黃昏，再
見〉、〈阿里鎊的連金發〉、〈囂浮〉、〈狄克・平凡的女人・漁
夫〉、〈真實〉、〈木塊〉、〈海灣〉、〈流徙〉、〈離開〉、〈笑
容〉、〈使徒〉、〈美麗的山巒〉、〈德次郎〉、〈代罪羔羊〉、〈山
像隻怪獸〉、〈逝去的街景〉、〈九月孩子們的帽子〉、〈諾言〉
共 27 篇。正文前有鍾肇政〈文學使徒七等生〉、七等生〈情
與思（小全集序）〉，正文後附錄七等生〈七等生生活與創作
年表〉。遠行版絕版後，改由遠景出版公司延續出版。

老婦人

臺北：洪範書店
1984 年 11 月，32 開，192 頁
洪範文學叢書 118

短篇小說集。本書以多樣的視角刻畫人類與現存環境、經驗世界的關係。全書分三輯，收錄〈老婦人〉、〈幻象〉、〈憧憬船〉、〈我的小天使〉、〈哭泣的墾丁門〉、〈垃圾〉、〈木鴨、沙馬蟹和牛仔的故事〉、〈李蘭州〉、〈真真和媽媽〉、〈克里辛娜〉、〈行過最後一個秋季〉、〈連體〉、〈環虛〉共 13 篇。正文前有七等生〈序〉，正文後附錄七等生〈《環虛》後記〉。

譚郎的書信

臺北：圓神出版社
1985 年 11 月，25 開，243 頁
圓神叢書 4

臺北：圓神出版社
1985 年 12 月，25 開，257 頁
圓神叢書 4

長篇小說。本書以書信體寫成，由敘事者「我」寫信給在美國求學的女友。書寫時間歷時九個月，共完成九封，每封皆以日記的方式呈現。正文後附錄〈七等生著作年表〉。
1985 年 12 月再版：正文後新增附錄七等生〈致答《譚郎的書信》讀者的信函〉。

我愛黑眼珠續記

臺北：漢藝色研文化公司
1988 年 9 月，25 開，169 頁
詩文之美 25

短篇小說集。本書結集小說〈我愛黑眼珠〉的相關作品〈我愛黑眼珠續記〉及其他散篇。〈我愛黑眼珠續記〉與前作發表時距 20 年，書寫主角李龍第多年後在城市遊行隊伍重遇妻子的情形。全書收錄〈我愛黑眼珠續記〉、〈綠光〉、〈目孔赤〉共三篇。正文後附錄小說〈我愛黑眼珠〉、凱文·巴略特著；青春譯〈七等生早期短篇小說中的哲學、神學與文學理論〉、Kevin Bartlett, "Literary Theory, Philosophy and Theology in Ch'i-teng Sheng's Early Short Stories."、〈七等生創作年表〉。

兩種文體──阿平之死

臺北：圓神出版社
1991 年 9 月，32 開，213 頁
圓神叢書 115

長篇小說。本書以書信體與第三人稱的小說筆法寫成，爲兩位友人之間的魚雁往返，串接他們對文學、藝術、生活方式、生命奧義的思維與領略。全書從「他」寄還自別處借取原屬於「阿平」的畫冊給「阿平」開始，同時並附筆談及對「阿平」作品《傾城》的看法。自此兩人成爲相知卻不相見的朋友。本書看似由兩個虛構角色發聲，但更可能是七等生和本名「陳平」的三毛，在三毛生命最後兩年的真實來往與對話改寫。

七等生集／張恆豪主編

臺北：前衛出版社
1993 年 12 月，25 開，272 頁
臺灣作家全集・短篇小說卷／戰後第二代 10

本書爲「臺灣作家全集」之一。全書收錄〈我愛黑眼珠〉、〈AB 夫婦〉、〈跳遠選手退休了〉、〈聖月芬〉、〈大榕樹〉、〈小林阿達〉、〈回鄉印象〉、〈散步去黑橋〉、〈老婦人〉、〈幻象〉、〈憧憬船〉、〈垃圾〉、〈木鴨、沙馬蟹和牛仔的故事〉、〈我愛黑眼珠續記〉共 14 篇。正文前有鍾肇政〈緒言〉、張恆豪〈削瘦的靈魂──《七等生集》序〉，正文後附錄楊牧〈七等生小說的幻與真〉、洪銘水〈〈我愛黑眼珠〉的道德挑戰〉、許素蘭、方美芬、張恆豪編〈七等生小說評論引得〉、七等生撰；張恆豪增補〈七等生生平寫作年表〉。

沙河悲歌外一章

臺北：臺灣商務印書館
1998 年 10 月，25 開，183 頁
OPEN3／10

中、極短篇小說集。全書收錄〈沙河悲歌〉與「無葉之樹集」〈在蘭雅〉、〈是非而是〉、〈餐桌〉、〈滑動〉、〈難堪〉、〈禪的學徒〉、〈盼望〉、〈絕望〉、〈無葉之樹〉共十篇。

為何堅持──七等生精選集／張恆豪主編

臺北：遠景出版公司
2012 年 8 月，25 開，413 頁
遠景文學叢書 42

中、短篇小說集。本書精選作者發表於 1990 年代前的經典作品。全書收錄〈灰色鳥〉、〈我愛黑眼珠〉、〈慚愧〉、〈精神病患〉、〈結婚〉、〈分道〉、〈流徙〉、〈禁足的海岸〉、〈期待白馬而顯現唐倩〉、〈在霧社〉、〈睡衣〉、〈德次郎〉、〈散步去黑橋〉、〈銀波翅膀〉、〈夏日故事〉、〈環虛〉、〈目孔赤〉、〈我愛黑眼珠續記〉共 18 篇。正文前有七等生〈何者藉她發聲呼叫我──第十四屆國家文藝獎得獎感言〉、張恆豪〈編者序──讓理想與熱情再度燃燒〉，正文後附錄劉懷拙〈個人主義的前瞻者──給勇於自我的年輕人及敬愛的七等生〉、七等生撰；張恆豪增補〈七等生小說年表（新增定版）〉。

【合集】

我愛黑眼珠

臺北：遠行出版社
1976 年 3 月，32 開，217 頁
遠行叢刊 6

本書為「七等生小全集」之一，小說與散文合集。全書收錄小說〈余索式怪誕〉、〈期待白馬而顯現唐倩〉、〈貓〉、〈夜〉、〈禁足的海岸〉、〈在山谷〉、〈聖月芬〉、〈在霧社〉、〈牌戲〉、〈阿水的黃金稻穗〉、〈午後〉、〈睡衣〉、〈誇耀〉、〈碉堡〉、〈自喪者〉、〈我愛黑眼珠〉共 16 篇；散文〈致愛書簡〉一篇。正文前有七等生〈文學與文評──代序〉，正文後附錄周寧〈論七等生的〈我愛黑眼珠〉──李龍第的信念與本性〉。

情與思

臺北：遠行出版社
1977 年 9 月，32 開，229 頁
小草叢刊 24

本書爲「七等生小全集」之一，詩與散文合集，結集作者自印詩集《五年集》與其他散篇作品。全書分三部分，「詩」收錄〈詩〉、〈倒影〉、〈狹路〉、〈日暮的蝙蝠〉等 35 首，並附《《五年集》自序》、《《五年集》後記》；「散文」收錄〈黑眼珠與我（一）〉、〈黑眼珠與我（二）〉等五篇；「論文」收錄〈八又二分之一的觸探〉、〈維護〉等三篇。正文前有七等生〈情與思（小全集序）〉，正文後附錄七等生〈七等生生活與創作年表〉。

散步去黑橋

臺北：遠景出版公司
1978 年 9 月，32 開，253 頁
遠景叢刊 90

本書爲小說與散文合集，結集作者於「七等生小全集」出版後發表的新作。全書收錄小說〈復職〉、〈小林阿達〉、〈回鄉印象〉、〈迷失的蝶〉、〈散步去黑橋〉、〈夜湖〉、〈寓言〉共七篇；散文〈書簡〉、〈我年輕的時候〉共二篇。正文前有七等生〈自序〉。

銀波翅膀

臺北：遠景出版公司
1980 年 6 月，32 開，202 頁
遠景叢刊 167

本書爲小說、詩、散文合集。全書分三輯，收錄小說〈銀波翅膀〉、〈夏日故事〉、〈等待巫永森之後〉、〈雲雀升起〉、〈途經妙法寺〉、〈歸途〉、〈白日噩夢〉共七篇；詩作〈戲謔楊牧〉、〈隱形人〉等四首；散文〈聊聊藝術——席慕蓉畫詩集品賞與隨想〉、〈愛情是什麼？〉等六篇。正文後附錄楊牧〈七等生小說的幻與真〉。

七等生作品集

臺北：遠景出版公司
1986 年 5、6、7 月，32 開

《七等生作品集》共 12 冊。本全集以遠行出版社的「七等生小全集」十冊與
1978～1980 年完成的《散步去黑橋》、《銀波翅膀》兩冊爲基礎，將 12 冊書籍重
新排序出版。每冊內容均同前作，於正文前新增〈《七等生作品集》序〉，正文
後新增〈七等生創作年表〉。

白馬

臺北：遠景出版公司
1986 年 5 月，32 開，272 頁
七等生作品集 1

本書收錄《白馬》（遠行出版社），正文後刪去七等生〈七等
生生活與創作年表〉。

僵局

臺北：遠景出版公司
1986 年 5 月，32 開，260 頁
七等生作品集 2

本書收錄《僵局》（遠行出版社）。

我愛黑眼珠

臺北：遠景出版公司
1986 年 6 月，32 開，217 頁
七等生作品集 3

本書收錄《我愛黑眼珠》（遠行出版社）。

來到小鎮的亞茲別

臺北：遠景出版公司
1986 年 6 月，32 開，259 頁
七等生作品集 4

本書收錄《來到小鎮的亞茲別》（遠行出版社）。

城之迷

臺北：遠景出版公司
1986 年 5 月，32 開，244 頁
七等生作品集 5

本書收錄《城之迷》（遠行出版社）。

跳出學園的圍牆

臺北：遠景出版公司
1986 年 6 月，32 開，192 頁
七等生作品集 6

本書收錄《削瘦的靈魂》（遠行出版社）。

隱遁者

臺北：遠景出版公司
1986 年 7 月，32 開，200 頁
七等生作品集 7

本書收錄《隱遁者》（遠行出版社），正文後刪去七等生〈七
等生生活與創作年表〉。

沙河悲歌

臺北：遠景出版公司
1986 年 6 月，32 開，191 頁
七等生作品集 8

本書收錄《沙河悲歌》（遠景出版公司）。

散步去黑橋

臺北：遠景出版公司
1986 年 5 月，32 開，253 頁
七等生作品集 9

本書收錄《散步去黑橋》（遠景出版公司）。

銀波翅膀

臺北：遠景出版公司
1986 年 6 月，32 開，202 頁
七等生作品集 10

本書收錄《銀波翅膀》（遠景出版公司）。

精神病患

臺北：遠景出版公司
1986 年 7 月，32 開，215 頁
七等生作品集 11

本書收錄《放生鼠》（遠行出版社），正文前刪去七等生
〈序〉，正文後刪去〈七等生創作年表〉。

情與思

臺北:遠景出版公司
1986 年 7 月,32 開,215 頁
七等生作品集 12

本書收錄《情與思》(遠行出版社),正文後刪去七等生〈七
等生生活與創作年表〉。

思慕微微

臺北:臺灣商務印書館
1997 年 10 月,25 開,154 頁
OPEN3／1

本書為小說與散文合集。全書分三輯,收錄小說〈思慕微
微〉、〈一紙相思〉、〈灰夏〉、〈草地放屎郎〉共四篇;散文
〈讀寫給永恆的戀人手記〉、〈俄羅斯家變〉等三篇。正文前
有七等生〈序〉,正文後附錄七等生〈七等生創作年表〉。

七等生全集／張恆豪主編

臺北:遠景出版公司
2000 年 7 月;2003 年 10 月,25 開

《七等生全集》共十卷,按作品發表時序分卷。每卷正文前有七等生〈《七等生
全集》總序〉與作家照片身影,第一～四卷、六～十卷正文前另有張恆豪〈編
輯說明〉,正文後有七等生撰;張恆豪增補〈七等生生活與創作年表〉,第二～
十卷正文後另附錄作品相關評論。

七等生全集 1‧初見曙光

臺北:遠景出版公司
2003 年 10 月,25 開,372 頁

本書結集作者 1962～1965 年間發表的作品。全書收錄小說
〈失業、撲克、炸魷魚〉、〈橋〉、〈圍獵〉、〈午後的男孩〉、
〈會議〉、〈白馬〉、〈黑夜的屏息〉、〈早晨〉、〈賊星〉、〈黃
昏,再見〉、〈阿里鏘的連金發〉、〈囂浮〉、〈狄克、平凡的女
人、漁夫〉、〈隱遁的小角色〉、〈讚賞〉、〈綢絲綠巾〉、〈獵
槍〉、〈林洛甫〉、〈回鄉的人〉、〈九月孩子們的帽子〉、〈來到
小鎮的亞茲別〉、〈初見曙光〉共 22 篇;散文〈黑眼珠與我
(一)〉一篇。

七等生全集 2‧我愛黑眼珠

臺北：遠景出版公司
2003 年 10 月，25 開，342 頁

本書結集作者 1966～1967 年間發表的作品。全書分三部分，「小說」收錄〈阿水的黃金稻穗〉、〈午後〉、〈牌戲〉、〈夜〉、〈放生鼠〉、〈我愛黑眼珠〉、〈慚愧〉、〈私奔〉、〈AB 夫婦〉、〈某夜在鹿鎮〉、〈精神病患〉共 11 篇；「散文」收錄〈冬來花園〉、〈黑眼珠與我（二）〉共二篇；「論文」收錄〈八又二分之一的觸探〉一篇。正文後附錄周寧〈論七等生的〈我愛黑眼珠〉──李龍第的信念與本性〉。

七等生全集 3‧僵局

臺北：遠景出版公司
2003 年 10 月，25 開，350 頁

本書結集作者 1968～1971 年間發表的作品。全書分二部分，「小說」收錄〈僵局〉、〈虔誠之日〉、〈我的戀人〉、〈爭執〉、〈呆板〉、〈空心球〉、〈浪子〉、〈跳遠選手退休了〉、〈結婚〉、〈俘虜〉、〈誇耀〉、〈碉堡〉、〈天使〉、〈真實〉、〈父親之死〉、〈分道〉、〈木塊〉、〈訪問〉、〈使徒〉、〈流徙〉、〈離開〉、〈笑容〉、〈漫遊者〉、〈絲瓜布〉、〈禁足的海岸〉、〈巨蟹集〉、〈希臘‧希臘〉、〈回響〉、〈銀幣〉、〈眼〉、〈墓場〉、〈來罷，爸爸給你說個故事〉、〈海灣〉共 33 篇；「詩、散文」收錄詩集《五年集》與〈棕膚少女〉、〈兩個月亮〉兩篇散文。正文後附錄廖淑芳〈諷刺鬧劇或感傷寫實──七等生短篇小說〈結婚〉之探討〉。

七等生全集 4‧離城記

臺北：遠景出版公司
2003 年 10 月，25 開，360 頁

本書結集作者 1972～1974 年間發表的作品。全書收錄小說〈離城記〉、〈期待白馬而顯現唐倩〉、〈自喪者〉、〈在山谷〉、〈聖月芬〉、〈在霧社〉、〈睡衣〉、〈年輕博士的劍法〉、〈蘇君夢鳳〉、〈削廋的靈魂〉、「無葉之樹集」〈在蘭雅〉、〈是非而是〉、〈餐桌〉、〈滑動〉、〈難堪〉、〈禪的學徒〉、〈盼望〉、〈絕望〉、〈無葉之樹〉共 19 篇；論述文章〈維護〉一篇。小說〈離城記〉正文前有《離城記》原序。正文後附錄舞鶴〈「自我世界」的追求──論七等生一系列作品〉。

七等生全集 5．沙河悲歌

臺北：遠景出版公司
2000 年 7 月，25 開，354 頁

本書結集作者 1975～1977 年間發表的作品。全書收錄小說
〈沙河悲歌〉、〈余索式怪誕〉、〈貓〉、〈大榕樹〉、〈德次
郎〉、〈隱遁者〉、〈美麗的山巒〉、〈諾言〉、〈代罪羔羊〉、〈山
像隻怪獸〉、〈逝去的街景〉、〈復職〉、〈夜湖〉、〈寓言〉共
14 篇；散文〈致愛書簡〉一篇；論述文章〈真確的信念——
——答陳明福先生〉一篇。正文後附錄黃浩濃〈隱遁者的心態
——論七等生〉、胡幸雄《沙河悲歌》中藝術家的執著與退
讓〉。

七等生全集 6．城之迷

臺北：遠景出版公司
2003 年 10 月，25 開，424 頁

本書結集作者 1977～1978 年間發表的作品。全書分二部
分，「小說」收錄〈城之迷〉、〈小林阿達〉、〈回鄉印象〉、
〈迷失的蝶〉、〈散步去黑橋〉、〈雲雀升起〉、〈途經妙法
寺〉、〈歸途〉、〈白日噩夢〉共九篇；「散文」收錄〈喜歡它
但並不知道它是什麼〉一篇。正文後附錄張恆豪〈七等生小
說的心路歷程〉。

七等生全集 7．銀波翅膀

臺北：遠景出版公司
2003 年 10 月，25 開，338 頁

本書結集作者 1978～1979 年間發表的作品。全書分三部
分，「散文」收錄〈耶穌的藝術〉、〈書簡〉等八篇；「詩」收
錄〈戲謔楊牧〉、〈隱形人〉、〈無題〉等 14 首；「小說」收錄
〈銀波翅膀〉、〈夏日故事〉、〈等待巫永森之後〉共三篇。正
文後附錄凱文・巴略特著；青春譯〈七等生早期短篇小說中
的哲學、神學與文學理論〉、高全之〈七等生的道德架構〉。

七等生全集 8・重回沙河

臺北：遠景出版公司
2003 年 10 月，25 開，384 頁

本書結集作者 1981～1983 年間發表的作品。全書分三部
分，「散文」收錄〈晨河〉、〈山畔〉、〈感觸〉、〈卑微的人〉、
〈暗房〉等 89 篇；「小說」收錄〈老婦人〉、〈幻象〉、〈憧憬
船〉、〈我的小天使〉、〈哭泣的墾丁門〉、〈木鴨、沙馬蟹和牛
仔的故事〉、〈李蘭州〉、〈真真和媽媽〉、〈克里辛娜〉、〈行過
最後一個秋季〉、〈連體〉共 11 篇；「愛荷華行旅」收錄〈中
國文學討論會講辭〉與詩作〈五月花公寓〉、〈秋之樹林〉等
3 首。正文後附錄七等生〈給安若尼・典可的三封信〉、楊
牧〈七等生小說的幻與真〉。

七等生全集 9・譚郎的書信

臺北：遠景出版公司
2003 年 10 月，25 開，298 頁

本書結集作者 1984～1988 年間發表的作品。全書分二部
分，「小說」收錄〈譚郎的書信〉、〈垃圾〉、〈環虛〉、〈目孔
赤〉、〈我愛黑眼珠續記〉、〈綠光〉共六篇；「詩（散詩撿拾
集）」收錄〈幼稚而脆弱的心嚮往山巒〉、〈海浴〉、〈夏日之
落〉等 14 首。正文後附錄阮慶岳〈永遠現代的作家——七
等生〉。

七等生全集 10・一紙相思

臺北：遠景出版公司
2003 年 10 月，25 開，320 頁

本書結集作者 1990～1999 年間發表的作品。全書分三部
分，「小說」收錄〈思慕微微〉、〈一紙相思〉、〈灰夏〉、〈草
地放屎郎〉共四篇；「散文」收錄〈兩種文體（阿平之
死）〉、〈上李登輝總統書〉、〈懷念和敬佩安格爾〉等 12 篇；
「序集」收錄〈《來到小鎮的亞茲別》序〉、〈論文學——
《僵局》代序〉等七篇。正文後附錄蘇峰山〈七等生的夢幻
——兼論社會學實在論〉。

文學年表

1939 年 （昭和 14 年）	7 月	23 日，生於臺灣苗栗，本名劉武雄。父劉天賜，母劉詹阿金。生爲次子，在父母十個子女中排行第五。
1943 年 （昭和 18 年）	本年	時值大東亞戰爭後期，爲躲避美軍空襲，舉家遷入附近山區的呂家農莊（位於通霄鎭圳頭里），居住於此的生活經驗後成爲〈散步去黑橋〉的重要材料。
1946 年	本年	就讀通霄國民小學。 父親自鎭公所失業，家庭陷於貧困。
1952 年	本年	畢業於通霄國民小學，考入大甲中學初中部。 父親劉天賜胃癌逝世，家庭狀況轉加窮困。
1953 年	本年	每週日在家中以四開紙自行編撰「太平週刊」，開始以筆名「七等生」署名。
1955 年	本年	畢業於大甲中學初中部，考入臺北師範學校藝術科。 入師範學校藝術科後的第一堂素描課，因不想和同學爭取受光較好的位置，獨自坐背光處畫出一黑瓷瓶，遭老師嚴厲責罵，致使七等生開始體會追求藝術的孤獨感受。
1958 年	本年	由於學校伙食不好，在學生餐廳用筷子敲碗，最後跳上餐桌而遭勒令退學。二週後，由系上洪文彬教授作保復學。隨後因教材教法不及格重修一年。種種校園生活經歷，後成爲長篇小說《削瘦的靈魂》（後更名爲《跳出學園的圍牆》）寫作素材。

舉辦師範學校創校以來第一個學生個人畫展。

1959 年　　本年　　畢業於臺北師範學校藝術科。分派至臺北縣瑞芳鎮（今
　　　　　　　　　　新北市瑞芳區）九份國民小學執教。

1960 年　　本年　　對九份國小一位擁有純真黑眼睛的女學生特別有好感，
　　　　　　　　　　由於受到 1956 年諾貝爾文學獎得主胡安・拉蒙・希梅內
　　　　　　　　　　斯（Juan Ramón Jiménez）之名作《小灰驢與我》
　　　　　　　　　　（*Platero y yo*）影響，便以該位女學生爲創作原型，書
　　　　　　　　　　寫以「黑眼珠」爲題的系列散文與小說。

1962 年　　4 月　　3 日，發表短篇小說〈失業、樸克、炸魷魚〉於《聯合
　　　　　　　　　　報》第 6 版，爲其創作生涯的開端。

　　　　　　　　　　8 日，發表短篇小說〈橋〉於《聯合報》第 6 版。

　　　　　　　　　　18 日，發表短篇小說〈圍獵〉於《聯合報》第 6 版。

　　　　　　　　　　27 日，發表短篇小說〈午後的男孩〉於《聯合報》第 6
　　　　　　　　　　版。

　　　　　　5 月　　3 日，發表短篇小說〈會議〉於《聯合報》第 6 版。

　　　　　　　　　　11 日，發表「黑眼珠與我」：〈黑眼珠〉、〈出征日〉
　　　　　　　　　　於《聯合報》第 6 版。

　　　　　　　　　　16 日，發表「黑眼珠與我」：〈神廟〉、〈展覽會之
　　　　　　　　　　畫〉於《聯合報》第 6 版。

　　　　　　　　　　22 日，發表「黑眼珠與我」：〈小劇場〉、〈春夜〉、
　　　　　　　　　　〈嫉妒〉於《聯合報》第 6 版。

　　　　　　　　　　29 日，發表「黑眼珠與我」：〈摘花〉、〈媽祖生〉於
　　　　　　　　　　《聯合報》第 6 版。

　　　　　　6 月　　9 日，發表「黑眼珠與我」：〈送葬〉、〈獸藝團〉於
　　　　　　　　　　《聯合報》第 6 版。

　　　　　　　　　　13 日，發表「黑眼珠與我」：〈暫別〉、〈信〉於《聯
　　　　　　　　　　合報》第 6 版。

23 日，發表短篇小說〈白馬〉於《聯合報》第 6 版。

7 月　21 日，發表短篇小說〈黑夜的屏息〉於《聯合報》第 8
版。

28 日，發表短篇小說〈賊星〉於《聯合報》第 8 版。

8 月　7 日，發表短篇小說〈黃昏，再見〉於《聯合報》第 8
版。

發表短篇小說〈狄克・平凡的女人・漁夫〉於《皇冠》
第 102 期。

9 月　16 日，發表短篇小說〈阿里鎊的連金發〉於《聯合報》
第 8 版。

21 日，發表短篇小說〈早晨〉於《聯合報》第 8 版。

改調萬里國民小學任教。

10 月　發表短篇小說〈囂浮〉於《皇冠》第 104 期。

赴新竹入伍服兵役。

12 月　新兵結訓回通霄。

1963 年　4 月　14 日，發表短篇小說〈清晨的願望〉於《聯合報》第 8
版。

發表短篇小說〈青春鳥〉於《皇冠》第 116 期。

本年　在工兵輕裝備連服役，由岡山調嘉義。

1964 年　1 月　發表短篇小說〈隱遁的小角色〉於《現代文學》第 19
期。

3 月　發表短篇小說〈讚賞〉於《現代文學》第 20 期。

10 月　發表短篇小說〈綢絲綠巾〉於《現代文學》第 22 期。

於嘉義退伍，返萬里國小執教。

1965 年　2 月　發表短篇小說〈獵槍〉於《現代文學》第 23 期。

7 月　發表中篇小說〈初見曙光〉於《現代文學》第 25 期。

發表短篇小說〈回鄉的人〉於《臺灣文藝》第 8 期。

9 月	與許玉燕結婚。
10 月	發表短篇小說〈九月孩子們的帽子〉於《臺灣文藝》第9 期。
11 月	發表短篇小說〈來到小鎮的亞茲別〉於《現代文學》第26 期。
12 月	5 日，發表〈傲視的山〉於《徵信新聞報》第 7 版。因被刪去重要部分，翌年更改篇名爲〈女人〉重新發表。辭去教職。寄居木柵姊夫劉亮之的臺電宿舍。
1966 年　1 月	發表短篇小說〈黃阿水的黃金稻穗〉於《臺灣文藝》第10 期。
2 月	發表短篇小說〈牌戲〉於《現代文學》第 27 期。
4 月	10 日，臺灣文藝雜誌社舉行創刊二週年紀念暨第一屆「臺灣文學獎」頒獎典禮，以短篇小說〈回鄉的人〉獲頒佳作獎。
	發表短篇小說〈午後、昨夜、午後〉於《臺灣文藝》第11 期，後改篇名爲〈午後〉。
	發表短篇小說〈等待巫永森之後〉於《幼獅文藝》第148 期。
5 月	發表短篇小說〈女人——作品一號〉、〈夜聲——作品二號〉於《現代文學》第 28 期，〈女人——作品一號〉後改篇名爲〈林洛甫〉。
10 月	與尉天驄、陳映真、施叔青等人創辦《文學季刊》。
	發表短篇小說〈灰色鳥〉於《臺灣文藝》第 13 期。
	發表中篇小說〈放生鼠〉於《文學季刊》第 1 期。
本年	任臺灣電力公司臨時職員。
	經鍾肇政介紹，於聖誕節前夕至臺中東海花園楊逵家暫住數週，同時寫作〈冬來花園〉記述此段經驗之感思。

1967 年　1 月　發表〈8½的觸探〉與中篇小說〈精神病患〉於《文學季刊》第 2 期。

3 月　發表短篇小說〈結婚〉於《純文學》第 1 卷第 3 期。

4 月　16 日，第二屆「臺灣文學獎」舉行頒獎典禮，以短篇小說〈灰色鳥〉獲頒佳作獎。

以「七等生二短篇」為題，發表短篇小說〈我愛黑眼珠〉、〈私奔〉與「黑眼珠與我」：〈畫像〉、〈吵嘴〉、〈學徒〉、〈週日午後〉、〈現況〉、〈迷失的小男孩〉、〈暈旋〉於《文學季刊》第 3 期。

7 月　發表短篇小說〈慚愧〉、〈AB 夫婦〉於《文學季刊》第 4 期。

發表短篇小說〈男孩與女孩〉於《臺灣文藝》第 16 期。

11 月　發表短篇小說〈昨夜在鹿鎮〉於《文學季刊》第 5 期。

發表〈冬來花園〉於《草原雜誌》創刊號。

本年　任廣告公司企劃、皮鞋店職員、經濟日報社會議速寫。

長子劉懷拙出生。

1968 年　2 月　發表短篇小說〈真實〉於《幼獅文藝》第 170 期。

11 月　任士東國民小學代理教員，至翌年九月。

本年　任職於文藝沙龍咖啡廳。

任懷生國民小學代理教員。

1969 年　1 月　短篇小說集《僵局》由臺北林白出版社出版。

9 月　離開臺北獨往霧社，任教於萬大發電廠分校。

發表短篇小說〈木塊〉於《幼獅文藝》第 189 期。

本年　長女劉小書出生。

1970 年　3 月　29 日，攜眷回出生地通霄定居。

9 月　22 日，在城中國民小學復職任教。

	10 月	以「六個短篇」爲題，發表短篇小說〈訪問〉、〈回響〉、〈銀幣〉、〈希臘、希臘〉、〈來罷，爸爸給你講個故事〉、〈海灣〉於《現代文學》第 41 期。
	12 月	中篇小說集《放生鼠》由臺北大林出版社出版。
1971 年	1 月	發表小說〈巨蟹一～十〉於《文學雙月刊》第 1 期。
	4 月	發表小說〈流徙〉、〈離開〉、〈笑容〉、〈墓場〉於《文學雙月刊》第 2 期。
	5 月	發表小說〈絲瓜布〉於《現代文學》第 43 期。
	9 月	調職於五福國民小學。
1972 年	3 月	短篇小說集《巨蟹集》由臺南新風出版社出版。
	6 月	15 日，發表〈維護〉於《中國時報》第 9 版。
	9 月	詩集《五年集》由臺北林白出版社出版。
1973 年	3 月	發表短篇小說〈自喪者〉於《中外文學》第 1 卷第 10 期。
	9 月	發表極短篇小說〈無葉之樹集——無葉之樹〉於《現代文學》第 51 期。
	11 月	中篇小說集《離城記》由臺北晨鐘出版社出版。
	本年	次子劉保羅出生。
1975 年	10 月	短篇小說集《僵局》由香港半島書樓出版。
1976 年	1 月	短篇小說集《來到小鎮的亞茲別》由臺北遠行出版社出版。
	3 月	短篇小說集《僵局》與《我愛黑眼珠》由臺北遠行出版社出版。
	4 月	發表中篇小說〈隱遁者〉於《中外文學》第 47 期。
	5 月	19～31 日，中篇小說〈沙河悲歌〉連載於《聯合報》第 12 版。
	6 月	1～21 日，中篇小說〈沙河悲歌〉連載於《聯合報》第

12 版。

發表〈真確的信念──答陳明福先生〉於《中外文學》第 5 卷第 1 期。

7 月 8 日，受《聯合報》副刊之邀，發表對第一屆「聯合報小說獎」的看法與期待：〈黃得時、彭歌、朱炎、顏元叔、七等生看「聯合報小說獎」〉，刊於《聯合報》第 12 版。

23 日，發表〈寫作者的職責──《沙河悲歌》出版前言〉於《聯合報》第 12 版。

中篇小說《沙河悲歌》由臺北遠行出版社出版。

9 月 16 日，《聯合報》舉行第一屆「聯合報小說獎」頒獎典禮，以短篇小說〈大榕樹〉獲佳作獎，得獎作品刊於本月 21 日《聯合報》第 12 版。

10 月 中、短、極短篇小說集《隱遁者》與長篇小說《削瘦的靈魂》由臺北遠行出版社出版。

短篇小說〈我愛黑眼珠〉收錄於 Joseph S. M. Lau、Timothy A. Ross 編 *Chinese Stories from Taiwan: 1960-1970*，由美國哥倫比亞大學出版。

本年 受心岱專訪。訪談文章〈七等生記──我確信天使是啞默者〉後刊於《小說新潮》第 1 期「七等生小說研究專輯」。

1977 年 1 月 2 日，受梁景峰專訪。訪談文章〈沙河的夢境和真實〉後刊於《臺灣文藝》第 55 期「七等生專輯」。

3 月 發表短篇小說〈美麗的山巒〉於《臺灣文藝》第 54 期。

發表短篇小說〈德次郎〉於《小說新潮》第 1 卷第 1 號。

中篇小說集《放生鼠》由臺北遠行出版社出版。

5 月　10～11 日,短篇小說〈山像隻怪獸〉連載於《聯合報》第 12 版。

長篇小說《城之迷》由臺北遠行出版社出版。

以短篇小說〈大榕樹〉首次入選年度小說,收錄於《六十五年短篇小說選》,由臺北書評書目社出版。

6 月　發表短篇小說〈諾言〉於《臺灣文藝》第 55 期。

受《婦女雜誌》專訪之〈七等生要追求心靈創作的自由〉刊於《婦女雜誌》第 105 期。

受齊暖暖、陳聯榜、陳昌明專訪之〈以孤絕自燃的靈魂——「七等生」〉刊於成功大學中文系刊《文心》第 5 期。

7 月　發表短篇小說〈逝去的街景〉於《現代文學》復刊第 1 期。

9 月　短篇小說集《白馬》與《情與思》由臺北遠行出版社出版。

10 月　發表短篇小說〈夜湖〉於《現代文學》復刊第 2 期。

發表短篇小說〈復職〉於《小說新潮》第 2 期。

11 月　中、短、極短篇小說集《隱遁者》由臺北遠行出版社再版。

本年　「七等生小全集」於 1976～1977 年由臺北遠行出版社出版,直至《白馬》、《情與思》於本年推出,小全集十冊出版完成。

「七等生小全集」與張恆豪主編的《火獄的自焚》由臺北遠行出版社出版,使其成為臺灣新文學史發展以來,第一位同時擁有全集與評論集的作家。

1978 年　1 月　23～27 日,短篇小說〈小林阿達〉連載於《臺灣日報》第 12 版。

4 月　　1 日，應邀出席由《聯合報》副刊舉辦之聯副第一次作家雅集：「尋找中國小說自己的路——『小說的未來』座談會」，與會者有七等生、小野、司馬中原、朱西甯、吳念真、季季、花村、東年、周浩正、康芸薇、張恆豪、張大春、馬叔禮、曾心儀、鍾肇政、蕭颯 16 位作家。座談紀錄連載於本月 28～30 日《聯合報》第 12 版。

6 日，發表〈我年輕的時候〉於《中國時報》第 12 版。

13 日，發表〈七等生書簡〉於《聯合報》第 12 版。

26～27 日，短篇小說〈回鄉印象〉連載於《聯合報》第 12 版。

6 月　　發表短篇小說〈散步去黑橋〉於《現代文學》復刊第 4 期。

9 月　　《散步去黑橋》由臺北遠景出版公司出版。

10 月　發表短篇小說〈寓言〉於《現代文學》復刊第 5 期。

發表〈善唱洗淨的悲歌〉於《書評書目》第 66 期。

11 月　中篇小說《沙河悲歌》（遠行出版社）絕版後，由臺北遠景出版公司延續出版。

21～22 日，發表短篇小說〈歸途〉於《聯合報》第 12 版。

12 月　8 日，發表詩作〈戲謔楊牧〉於《聯合報》第 8 版。

發表短篇小說〈白日噩夢〉於《臺灣文藝》第 61 期。

1979 年　4 月　　《耶穌的藝術》由臺北洪範書店出版。

7 月　　19 日，發表短篇小說〈途經妙法寺〉於《聯合報》第 8 版。

8 月　　26～27 日，發表短篇小說〈銀波翅膀〉於《聯合報》第 8 版。

1980 年	6 月	《銀波翅膀》由臺北遠景出版公司出版。
	7 月	短篇小說集《白馬》（遠行出版社）絕版後，由臺北遠景出版公司延續出版。
	本年	決定暫時停筆撰寫小說。
1981 年	本年	個人遷居至坪頂山畔，研習攝影與暗房工作、撰寫生活札記。
1982 年	11 月	18 日，發表短篇小說〈哭泣的墾丁門〉於《聯合報》第 8 版。
	12 月	1 日，家屬自鎮上搬遷至坪頂一同居住。
	本年	美國華盛頓大學研究生安若尼・詹姆斯・典可（Anthony James Demko）致信七等生，向其提出有關文學養成、筆名由來、與《文學季刊》之關係等學術研究問題，為第二位七等生所知以其文學做研究對象的外國人。七等生回覆安若尼・詹姆斯・典可的私人信函，以〈給安若尼・典可的三封信〉為題，刊於《臺灣文藝》第 96 期。
1983 年	8 月	受美國愛荷華大學「國際寫作計畫」之邀訪美，12 月底返臺。
	10 月	18 日，發表小說〈李蘭州〉於《聯合報》第 8 版。20 日，發表小說〈木鴨、沙馬蟹和牛仔的故事〉於《聯合報》第 8 版。26 日，發表小說〈真真和媽媽〉於《聯合報》第 8 版。
1984 年	3 月	11 日，應邀出席日本神戶大學文學研究團於自立晚報社舉辦的文學交流座談會。
	11 月	短篇小說集《老婦人》由臺北洪範書店出版。
1985 年	9 月	發表〈重回沙河（一）〉於《聯合文學》第 11 期。
	10 月	26 日，第八屆「時報文學獎」舉行頒獎典禮，以〈幻象〉、〈憧憬船〉、〈垃圾〉、〈環虛〉四篇獲小說類

推薦獎。

發表〈重回沙河（二）〉於《聯合文學》第 12 期。

11 月　17 日，發表〈我的文學行程〉於《聯合報》第 8 版。

24 日，獲第八屆「吳三連文藝獎」短篇小說類文學獎。

發表〈重回沙河（三）〉於《聯合文學》第 13 期。

長篇小說《譚郎的書信》由臺北圓神出版社出版。

12 月　長篇小說《譚郎的書信》由臺北圓神出版社再版。

發表〈重回沙河（四）〉於《聯合文學》第 14 期。

本年　短篇小說〈結婚〉由飛騰電影公司改編拍攝成同名電影，陳坤厚導演，楊潔玫、楊慶煌主演。

1986 年　1 月　短篇小說〈結婚〉重刊於《光華雜誌》第 11 卷第 1 期，另附七等生對此作的自述短評。

5 月　《七等生作品集 1・白馬》、《七等生作品集 2・僵局》、《七等生作品集 5・城之迷》、《七等生作品集 9・散步去黑橋》由臺北遠景出版公司出版。

6 月　《七等生作品集 3・我愛黑眼珠》、《七等生作品集 4・來到小鎮的亞茲別》、《七等生作品集 6・跳出學園的圍牆》、《七等生作品集 8・沙河悲歌》、《七等生作品集 10・銀波翅膀》由臺北遠景出版公司出版。

7 月　《七等生作品集 7・隱遁者》、《七等生作品集 11・精神病患》、《七等生作品集 12・情與思》由臺北遠景出版公司出版。

8 月　10～27 日，臺北環亞藝術中心舉辦七等生首次攝影個展「重回沙河」。

《重回沙河》由臺北遠景出版公司出版。

1988 年　8 月　1～2 日，短篇小說〈我愛黑眼珠續記〉連載於《中國時報》第 18 版。

發表短篇小說〈綠光〉於《聯合文學》第 46 期。

9 月　發表〈試讀〈迷天迷霧迷人雨〉〉於《聯合文學》第 47 期。

短篇小說集《我愛黑眼珠續記》由臺北漢藝色研文化公司出版。

1989 年　本年　自小學教師的工作退休，研習畫筆，設繪畫工作室於通霄。

1990 年　本年　潛心作畫。

1991 年　4 月　8 日，發表小說〈草地放屁郎〉於《中國時報》第 27 版。

5 月　17～31 日，長篇小說〈兩種文體〉連載於《中國時報》第 27 版。

6 月　1～16 日，長篇小說〈兩種文體〉連載於《中國時報》第 27 版。

9 月　1、3 日，發表〈愛樂斯傳說〉於《中國時報》第 27 版。

22～23 日，發表〈俄羅斯家變〉於《中國時報》第 27 版。

長篇小說《兩種文體——阿平之死》由臺北圓神出版社出版。

10 月　臺北東之畫廊舉辦「鄉居隨筆」七等生繪畫觀摩展。

1992 年　6 月　受《新新聞周刊》採訪之〈我不想讓人覺得我有做大事的使命感——訪作家七等生〉刊於《新新聞周刊》第 274 期。

12 月　臺北欣賞家藝術中心邀請舉辦「油畫與一張鉛筆畫」個展。

本年　與美國漢學家墨子刻（Thomas A. Metzger）初次會面於

通霄，至此成爲莫逆之交。

| 1993 年 | 2 月 | 中篇小說《沙河悲歌》法文本 *Chanson au Bord de L'eau* 由亞耳 Philippe Picquier 出版。（Catherime Blavet 翻譯） |

12 月　張恆豪主編《臺灣作家全集・七等生集》，由臺北前衛出版社出版。

本年　移居花蓮，設繪畫工作室於吉安鄉。

1994 年　本年　移居臺北市，在阿波羅大廈畫廊區設「七等生畫鋪子」，推出「七等生與臺灣畫家對決展」。

1995 年　本年　結束「七等生畫鋪子」，退居木柵溝子口。

1996 年　10 月　發表〈思慕微微〉於《聯合文學》第 144 期。

1997 年　10 月　2 日，受徐淑卿專訪之〈七等生——彈奏一曲蒼邁的戀歌〉刊於《中國時報》第 41 版。

發表〈一紙相思〉於《拾穗雜誌》第 558 期。

《思慕微微》由臺北臺灣商務印書館出版。

本年　受南管樂手吳欣霏教導，學習彈唱南管。

1998 年　1 月　12 日，聯合報社於誠品書店（臺北敦南店）舉辦「讀書人 1997 最佳書獎贈獎典禮」，《思慕微微》獲選得獎好書。

4 月　13 日，《聯合報》推出「重建閱讀現場」系列報導，首輯以「回到沙河」爲題，由張殿報導、張良綱攝影，與七等生一同踏查文學現場的成果專文〈回到沙河——七等生／通霄〉刊於《聯合報》第 45、46 版。

5 月　29～30 日，〈誰是曾滿足？——阮慶岳小說的真情結構〉連載於《臺灣日報》第 27 版。

9 月　4 日，應邀出席「第 12 屆《聯合文學》小說新人獎」決審會議，與會者有七等生、朱天心、李黎、初安民、陳

映真、詹宏志六人。決審紀錄與評審意見後刊於《聯合文學》第 169 期。

10 月　20 日，阮慶岳拍攝的七等生紀錄片《離城記》拍製完成，於誠品書店（臺北敦南店）舉辦首映會。

中篇小說集《沙河悲歌外一章》由臺北臺灣商務印書館出版。

本年　民視推出「臺灣文學作家劇場」，包括七等生的短篇小說〈結婚〉在內，共製作小野、王拓、王禎和、汪笨湖、李喬、阿盛、林雙不、陳若曦、黃春明、葉石濤、楊青矗、廖輝英、鄭清文 14 位作家作品播映。《結婚》由張中一導演，張鳳書、柯叔元、王滿嬌主演。

妻子許玉燕誠心向佛，剃度出家。

1999 年　2 月　5 日，短篇小說集《我愛黑眼珠》獲選為行政院文建會委託《聯合報》副刊評選的 30 部「臺灣文學經典」之一。

10 月　14～15 日，〈竹手杖行記〉連載於《自由時報》第 39 版。

國家臺灣文學館籌備處舉辦「七等生文學世界」個展，展期為期一個月。展出七等生歷年出版的作品集、外文翻譯版本、私人信函、早期部分畫作、畫冊、作者肖像及作者文學地圖。

2000 年　7 月　張恆豪主編《七等生全集 5・沙河悲歌》，由臺北遠景出版公司出版。

本年　中篇小說《沙河悲歌》由中影公司改編拍攝成同名電影，張志勇導演，陳義雄、劉懷拙、左世強編劇，黃耀農、蕭淑慎、曾靜、趙美齡、蔡振南主演。

2003 年　10 月　張恆豪主編《七等生全集》共十卷，由臺北遠景出版公

司出版。

| 2004 年 | 8 月 | 10 日，國家臺灣文學館籌備處舉辦「文學的容顏：臺灣作家群像攝影展」，包括七等生在內，共展出由林伯樑攝影之 23 位臺灣文學作家肖像，至 2005 年 2 月 28 日止。 |

12 月　由行政院文建會策劃之《臺灣現代美術大系・攝影類：現代意識攝影》收入《重回沙河》攝影作品。

| 2005 年 | 6 月 | 1 日，發表〈無題〉，悼念沈登恩逝世一週年，後收錄於沈登恩紀念專輯：《嗨！再來一杯天國的咖啡——沈登恩紀念文集》，由臺北遠景出版公司出版。 |

| 2006 年 | 本年 | 深居簡出，偶爾做簡易木工。 |

| 2010 年 | 10 月 | 22 日，應邀出席第 14 屆「國家文藝獎」頒獎典禮，獲頒文學類獎章。發表〈得獎感言〉於《第十四屆國家文藝獎頒獎典禮專刊》，由財團法人國家文化藝術基金會出版。〈得獎感言〉後經張恆豪更改篇名為〈何者藉她發聲呼叫我——第十四屆國家文藝獎得獎感言〉，收錄於《為何堅持——七等生精選集》。 |

| 2011 年 | 4 月 | 30 日，「文化容顏——第十四屆國家文藝獎得獎者紀錄片」之《第二集：七等生《削瘦的靈魂》》於公視播出。本紀錄片由財團法人國家文化藝術基金會與公共電視臺合作製播，邱顯忠製導。 |

| 2012 年 | 8 月 | 24 日，遠景出版公司於臺北 OD 咖啡館舉辦「《為何堅持——七等生精選集》新書茶會暨一幅畫展」。發表會由張恆豪主持，與會者有王聰威、林文義、季季、胡幸雄、尉天驄、陳芳明、陳若曦、黃春明、舞鶴等人。同名畫作《為何堅持 What for insist on？》展期為期兩週，至 9 月 7 日止。 |

張恆豪主編《爲何堅持——七等生精選集》，由臺北遠景出版公司出版。

參考資料：

・〈七等生創作年表〉，《放生鼠》，臺北：遠行出版社，1977 年 3 月，頁 217～223。

・〈七等生生活與創作年表〉，《隱遁者》，臺北：遠行出版社，1977 年 11 月，頁 201～211。

・〈七等生著作年表〉，《譚郎的書信》，臺北：圓神出版社，1985 年 11 月，頁 239～243。

・〈七等生創作年表〉，《僵局》，臺北：遠景出版公司，1986 年 5 月，〔6〕頁。

・〈七等生創作年表〉，《重回沙河》，臺北：遠景出版公司，1986 年 8 月，頁 253～258。

・〈七等生創作年表〉，《我愛黑眼珠續記》，臺北：漢藝色研文化公司，1988 年 9 月，頁 162～168。

・〈七等生生平寫作年表〉，張恆豪主編《七等生集》，臺北：前衛出版社，1993 年 12 月，頁 267～272。

・〈七等生創作年表〉，《思慕微微》，臺北：臺灣商務印書館，1997 年 10 月，頁 147～154。

・〈七等生生活與創作年表〉，張恆豪主編《七等生全集・一紙相思》，臺北：遠景出版公司，2003 年 10 月，頁 313～320。

・張雅惠，〈七等生作品及其作品評論對照表〉，《存在與慾望：七等生小說主題研究》，政治大學中國文學系碩士論文，2004 年 7 月。

・〈紀事〉，《第十四屆國家文藝獎頒獎典禮專刊》，臺北：財團法人國家文化藝術基金會，2010 年 10 月，頁 22～25。

輯三◎
研究綜述

現代文學史上的七等生及其作品

◎蕭義玲

一、文壇的異數與寫作的藝術

　　《第十四屆國家文藝獎頒獎典禮專刊》（2010 年）寫道小說家七等生的得獎理由：「表達個人的夢想而能呈現真實，對人的存在意義具有深層的思辨性。對隱微的人性能深入挖掘，勇於衝撞僵化的成規。語言文字具奇特的魅力，成為臺灣現代主義文學獨特的風格之一，內容、形式都具有藝術上的原創性。創作量累積豐富，具有持續性的影響力。」從 1960 年代到此刻，七等生在臺灣文壇的特立獨行形象：語言文字的魅力、個人色彩鮮明的小說形式與寓意，乃至藝術家形象的啟示……等等，七等生及其作品的影響力仍在持續燃燒中，故可稱為文壇的異數，而此一異數背後所傳達的訊息，亦正是一位致力於以書寫來成就自身，以寫作的藝術來探詢生命可能性之藝術家形象。透過七等生及其作品，我們可以一窺本土現代主義之風格與成就；透過七等生及其作品，我們亦能重新反思與甦活創作／詮釋技藝所賴以發生的，精讀生活／文字文本之能力，而不論是創作或詮釋，對文學形式的探求，亦正是對人類種種生存情狀之探討；透過七等生及其作品，我們亦能獲致現代文學史上，由作家、作品與評論者，在時間推移的交相對話中所譜出的一頁頁光譜，而帶來文學史上詮釋經驗、美學價值的反思與啟示。因而可以說，「七等生及其作品」的魅力所在，亦便是其散發著持續影響力之所在。

　　研究成果之豐碩，足以證明作家與作品的持續性魅力與影響力。自

1962 年於文壇嶄露頭角後，與作家持續不墜的書寫動能與創作成果相伴而生的，便是七等生及其作品在文壇所引發的被討論，以及被詮釋的興趣。1960、1970 年代間是七等生大量發表的期間，而褒貶皆有之的評論意見亦於 1970 年代大量出爐；1976、1977 年，一系列（十冊）的七等生「小全集」出版，首開作家生前出版個人全集之例，更引發眾多評論者的焦距目光，如《臺灣文藝》、《小說新潮》便相繼推出「七等生研究專輯」；重要的七等生研究者，張恆豪先生所編的七等生作品評論集《火獄的自焚》亦問世，書末並附有〈七等生的小說評論引得〉、〈七等生生活與創作年表〉；1980、1990 年代以後，隨著研究觀念的不斷推陳出新，七等生及其作品仍是研究者關注的對象，張恆豪並再編著《認識七等生》（1993 年）、前衛版《七等生集》亦出版；至 2003 年，遠景出版社沈登恩先生再次出版完整的一套《七等生全集》，按照作品發表順序的編排，以及所附的相關評論，乃至詳縝地列出作家親自參與校訂的生活與創作年表，更提供了研究者極大的便利性，得以在既定研究成果上再加推進與翻新，且蔚然成長，至今，對七等生與其作品的相關評論，已達 200 篇以上；在學位論文上，自 1990 年廖淑芳以《七等生文體研究》為碩士論文後，迄今，碩博士學位論文至少有七本；邁入新世紀後，除了單篇評論、學位論文外，黃克全與蕭義玲亦分別於 2008、2010 年出版七等生研究專書；2012 年張恆豪主編之《為何堅持──七等生精選集》出版，收錄了作家獲得國家文藝獎的得獎感言，並新收全集所遺漏的〈灰色鳥〉一文，又增補和校訂了七等生的創作年表，書末並附有劉懷拙先生對作家作品的近身印象一文；此外，學院中亦開始開設七等生作品研究專題。觀諸以上的研究活力，想必在 2012 年之後，七等生及其作品，仍將會是文壇持續關注的對象，是現代文學史上不可忽視的璀璨一頁。

　　文學創作與研究皆是需要以時間去精煉與成長的技藝。今日重新審思作家的書寫風格與研究者的詮釋成果，當作家作品已一系列完整呈現讀者面前，諸多評論意見亦已被時間淘洗沉澱後，此際，或許是我們重新從作

家的整體寫作歷程與成果，以及評論史所留下的諸多未釋疑處，來重新解讀作家作品，以及看待這段評論史的好時機。然而應該如何掌握七等生及其作品的核心隱喻？我們又能從過往的眾聲喧嘩之「七等生及其作品」評論史中獲致什麼寶貴訊息？

二、文學史考察：尋求七等生及其作品的核心隱喻

（一）從詮釋的爭鋒處重啟與七等生及其作品之對話[1]

　　論者一般都能注意到七等生作品中的焦點是「自我」，也多能扣緊「自我」之線索展開小說寓意與寫作手法之論述。然而，七等生作品中的「自我」包含哪些內容？它與作家創作之關係為何？應該如何進行理解？僅是此一「自我」之提問，文學史上，便呈現了評論者言人人殊之分歧樣貌。以故，在探入七等生小說的核心隱喻與關鍵寓意前，或讓我們先重返文學史上，七等生作品評論的爭議現場，而尋找與作家與作品更深刻對話的關鍵鑰匙。

1. 寫作的動力：自我與世界之關係

　　七等生曾言：「寫作依然是我的職志，孤獨不合群是我的本性」[2]，如此的夫子自道正好呈現出作家在文學史上孤傲不群的身姿，及以寫作來追尋自我、完成自我之理想。事實上，這也是文學史上，七等生長期最具爭議與被攻擊處，批評者或指其為反社會、虛無主義傾向的個人主義者，甚至以為七等生不只在道德觀念上不理會社會「約定」的觀念，連其小說的形式也是他自定的。[3]然而諸多負面評價之外，亦有給予極高肯定者，如長

---

[1]本節係根據筆者著作《七等生及其作品研究》（臺北：里仁書局，2010 年 11 月）之第六章〈自我追尋與他人認同——從「自律作家」論七等生的寫作風格及其爭議〉重新改寫，特此說明。

[2]參見七等生著，〈歲末漫談〉，《七等生全集・銀波翅膀》（臺北：遠景出版公司，2003 年），頁 187。

[3]參見劉紹銘，〈三顧七等生〉，收入張恆豪編，《火獄的自焚》（臺北：遠景出版公司，1977 年），頁 142～143。劉紹銘認為：「七等生所採用的體裁，雖是小說，但他對小說這種藝術形式，正如他對一般『約定』的社會倫理道德一樣不感興趣。如果七等生的作品是小說，那麼那個形式也是他自定的。」

久以來致力於七等生作品研究的張恆豪，便說道：「有人說七等生是個叛道憤世的作家……我寧願說他是深具惻隱之心、冷眼觀人性、熱腸愛塵世的創作者」。[4]或許是七等生個性化的語言與行事風格所致，其作品引發諸多評論者對其寓言型態、象徵義涵，乃至語言風格的解讀興趣，在分歧的文學評價中，甚至觸及作家寫作動機、道德判斷與人格型態之評比。以最被評論者注意的小說〈我愛黑眼珠〉為例[5]，論者或以為它是一篇無道德、腐蝕人心的作品[6]，或以為小說主角李龍第具有「人格分裂」的特質[7]，或從理性主體的角度認為李龍第是一位虛無的失敗主義者[8]，評論者各從自己選定的角度展開批評，言人人殊，莫衷一是。不過這裡所謂的「爭議」，並不止於作品本身，值得注意的，還包括七等生對於文評界的反擊。如 1981 年七等生在〈何必知道我是誰：再見書簡〉一文中如此陳述：

> 我十分肯定我的作品的主旨絕對不是某些批評家所說的晦澀和難懂，甚至認為我的文字構造背反傳統；他們實在胡說極了！[9]

七等生不遺餘力地回擊評論者的意見，且撰寫〈維護〉（1972 年）、〈真確的信念〉（1976 年）、〈《來到小鎮的亞茲別》序〉（1975 年）……等文。[10]在回應評論者意見同時，七等生也為自己虛構了一群理想的讀者。這些理想的讀者從「直覺」即可辨明藝術作品的真假[11]，七等生強烈主張作者、作品

---

[4]參見張恆豪，〈七等生小說的心路歷程〉，收入七等生著，《七等生全集‧城之迷》（臺北：遠景出版公司，2003 年），頁 413。

[5]對七等生作品的評論可參見張恆豪編，《火獄的自焚》。尤其是劉紹銘、葉石濤、雷驤、周寧、陳明福、高全之等人的文章。

[6]參見劉紹銘，〈現代中國小說之時間與現實觀念〉，《火獄的自焚》，頁 59～62。

[7]參見周寧，〈論七等生的〈我愛黑眼珠〉〉，《火獄的自焚》，頁 63～76。

[8]參見陳明福，〈李龍第：理性的頹廢主義者〉，《火獄的自焚》，頁 113～140。

[9]參見七等生，〈何必知道我是誰：再見書簡〉，《中國時報》，1981 年 1 月 10 日，第 8 版（人間副刊）。

[10]參見張恆豪編，《火獄的自焚》，頁 2。

[11]七等生相信：「譬如我們在展覽會場裡，我們幾乎無需爭辯地很直覺地認定出某些作品是藝術的，或不藝術的。」無疑地，這種訴諸直覺體悟的詮釋方法，將批評者從藝術鑑賞中排除出去了。參見七等生，〈《七等生作品集》序〉，《城之迷》（臺北：遠景出版公司，1986 年），頁 2。

與讀者之間有一個獨特的氣氛在運作[12]，這獨特氣氛也就是作品的「文學性」，它是一種不需言傳的力量。作者的首要任務（甚至是責任）就在於「呈現文學性充足的作品給讀者」。而讀者在「閱讀時就能憑知覺感覺得出來」，「文學性」成了統貫在作者、作品、讀者三者之間的力量。[13]而七等生所以要強烈回擊文評界，正是因爲這些批評破壞了他與讀者間的「獨特氣氛」。[14]

　　證之七等生與評論者的爭議一事可見，七等生將其讀者群作了理想的設定，認爲這些讀者可以在「閱讀時就能憑知覺感覺得出來」作品內蘊的義涵[15]，因此拒絕批評者干擾他與讀者間的交流。今日倘使我們從創作者的內在焦慮看此一爭議事件，我們將有新的解讀之可能──七等生對評論者的回擊，此一看似極端自我的反應，其實背後更透露了作者意欲與世界交往，並被世界理解與認同的渴望，因而會十分憤愾於評論者的曲解，其作品的孤寂，也正是強烈感受到與世界交往之破裂所致。七等生的創作歷程中，特別在早期，回擊的需求常常成爲其寫作的參考座標，他每每藉著書中角色以自我辯解或反應批評。如〈隱遁者〉一文，七等生讓魯道夫跟陳甲辯論「個人主義」，並插入柏格森哲學話語，當陳甲在辯論中落居下風時，陳甲開始施加於魯道夫的人身攻擊，暴露出他的非理性及陰惡，小說這個喬段的高潮結束在湯阿米女教師憤怒地摑了陳甲一巴掌。在七等生虛構的世界中，這一巴掌可能象徵著七等生對加諸於他身上的「惡意」批評

---

[12] 這一點可能是七等生強烈反擊批評者，甚至猜疑批評者的表面原因。從七等生的回應中，我們可以發現七等生認爲這些意見是惡意的攻擊，有意的曲解，而非偶然的失誤。對此，可參見在〈維護〉一文中，七等生指責葉石濤：「至此我知道他有意要曲解那行走在心中而不是在字間的正文主題。」（頁 185）以及斥責陳明福：「他咬定李龍第的信念是『曖昧』的之後，一切都會很順利地把任何事都能解釋爲『反面』而能滿足他陷害和排斥的用心。」見七等生，〈真確的信念〉，《情與思》（臺北：遠行出版社，1977 年），頁 193。從這角度看來，七等生似乎有強烈的防衛之圖。另外，七等生在〈文學與文評──代序〉一文，對於反對評論者一事有比較深入的剖析，可證實本文此處的論點。見七等生，《我愛黑眼珠》（臺北：遠景出版公司，1986 年），頁 4～5。

[13] 參見七等生，〈《七等生作品集》序〉，《城之迷》，頁 1～2。

[14] 如道：「他（葉石濤）的說明不但沒有使人更能了解七等生，而且是一種擾混，破壞七等生與讀者間用來傳達的那種獨特氣氛。」參見七等生，〈維護〉，《情與思》，頁 183。

[15] 參見七等生，〈《七等生作品集》序〉，《城之迷》，頁 1。

的回擊。[16]此一反應所隱藏的訊息,是我們重新更深刻理解作家與世界關係的一重要線索。

2. 兩條並存的內在理路:「追尋自我」與「尋求他人認同」

　　七等生與評論者之關係,隱含了創作者與世界交往的關係。我們可以借助德國學者齊美爾(Georg Simmel, 1858～1918)對現代社會時尚追逐之看法,以更深刻地看待七等生所以回擊評論者的行動之意。齊美爾指出時尚現象本身擁有相互矛盾的二重性質:社會化與個體化。個體化與社會化將人帶往不同層次的追求,個體化想要凸顯自我的差異性,追尋自我的特色、面目與本質;但社會化的需求卻使人們渴求被接納,希望得到他人的認同。齊美爾的分析,最具啟發性的地方是告訴我們,這種對群體的依賴與希望自身獨立的二重矛盾特性源自於人類的天性,人天生上是一種矛盾的動物。[17]

　　隱藏在七等生不容評論者動搖的「獨特氣氛」要求下,其實體現出七等生渴望被他人理解與認同的焦慮。易言之,大多數研究者在指出七等生的自我獨白時,忽略了他與世界交往的強烈欲求,而這個欲求正深埋於七等生表象的不合群中。舉例如早期作品〈跳遠選手退休了〉(1968 年),已經預示了七等生與世界的格格不入——此一格格不入便是無法獲致世人對他的正確理解與認同;而無法獲致理解與認同的失落／憤懣,又促使作家走向更與世人格格不入的道途中。〈跳遠選手退休了〉寫道:男主角在某夜被一隻象徵神祕力量的黑貓喚「醒」後,突然間「他窺見了『美』」[18],七等生巧妙地以隱喻表達意念:故事中的「城市」便是現代人的生活場域與

---

[16]七等生在作品中隱遞的信息,顯然被讀懂了,劉紹銘即針對〈隱遁者〉這部分說:「但近期的七等生,顯然是沉不住氣,要替自己的作品『意念』辯護了。」參見劉紹銘,〈三顧七等生〉,《火獄的自焚》,頁 148。

[17]參見齊美爾著;顧仁明譯,〈時尚心理的社會學研究〉,《金錢、性別、現代生活風格》(臺北:聯經出版公司,2001 年),頁 103。齊美爾著;費勇譯,《時尚的哲學》(北京:文化藝術出版社,2001 年),頁 158。

[18]參見七等生,〈跳遠選手退休了〉,《七等生全集‧僵局》(臺北:遠景出版公司,2003 年),頁 40。

生活方式，男主角因「醒」，而被酣眠的城市孤立起來，此一孤立的感受又在「醒」以窺見「美」的「覺知」過程中被加強。小說鋪陳了男主角的孤寂後，又展開兩條線索，一條是男主角努力培訓自己往「美」的彼岸前進；另一條是，因「醒」而窺見了「美」的覺知，卻令其再不能與朋友心靈交流。可見，〈跳遠選手退休了〉的情節主要由兩條理路所決定，一是向著「美」的自我追尋；一是與世界交往的破裂，因而倍顯孤寂。故事中，一扇神祕的亮窗象徵「美」，男主角與亮窗之間則由一條「深黑的巷術」隔成此岸與彼岸，爲了通達彼岸，男主角努力練習跳遠，以期一舉越過鴻溝，不意因而成爲世人眼中可以破紀錄，可以爲團體增添光榮的「跳遠選手」。「跳遠選手」的命名，正好標誌著社會對「他」的定義與誤解：「他」追求的是自我的完美，而世人卻僅從日常生活所需來測量他，將「他」躍向完美的自我超克，理解成運動項目中的「跳遠」，最終甚至出於增進社會利益的要求，強迫「跳遠選手」爲城市爭取榮耀。最後，爲了逃避「跳遠選手」這個身分而來的迫害，他逃離了所居住的城市，來到一個新的城市。此一歷程，隱喻著「他」的自我流放，以及與世界的難以溝通，而致疏離。然而，流放與疏離又反倒成了「他」躍進亮窗的通道，終於有一天「他」失蹤了，而行李依舊留在旅店。〈跳遠選手退休了〉預示了七等生日後作品對於此岸與彼岸的一連串思索，與從城市隱遁的自我追尋之路。

　　假如〈跳遠選手退休了〉顯示了世人對七等生的誤解，那麼七等生對誤讀其作品的強烈反應，與強力地維護自己與讀者間獨特氣氛的決心，就可以獲得理解——「尋求他人認同」是七等生寫作的主要動力之一（但其作品表面呈現的與世界的疏離之姿，常常令人忽略了此一面相）。因爲無法獲得世人的理解與認同，與世界的格格不入，遂迫使七等生須藉由虛構的世界來頂替與他人的交往，於是不斷虛構一些「知音型」的人物，作爲書寫的對話對象。例如〈重回沙河〉中便虛擬了一位高雄愛人，由於他不斷在日記、筆記本中對她傾吐衷懷，終至於引起妻子的懷疑，以至於不得不

坦言:「在高雄根本沒有所謂的愛人,有的只是我個人的幻想」。[19]「追尋自我」與「尋求他人認同」,人性的複雜性在此,創作的驅動力亦在此,而一條理解自我、完成自我的創作／生命之路亦從此綿延展開。

3. 自審式的反覆觀看:自我敘事與塑造自我

然而,七等生所遭遇的問題還在於:因為希望可以獲致理解與認同,但極度堅持追尋個體的特殊性,又令其常常遭受世人的誤解或不理解,於是在失落／憤懣的情緒下,又提升為更強烈的被排斥之感。以故,在被排斥的心境中,七等生每每感覺自己是世界的「局外人」。這種「局外人」處境,在〈隱遁者〉中表現的十分清楚,主角魯道夫在地上畫了一個臺灣小孩常玩的戰爭遊戲的圖形,其中幼年的魯道夫被排出敵對雙方的陣營外,此一遊戲的相對位置,巧妙地隱喻出魯道夫的局外人處境。魯道夫的矛盾,表現在雖則隱遁到此岸卻未完全忘情於彼岸,因此當他凝視著彼岸時,被排斥的隱痛又啃噬著他的心靈,遂自動升起一股聲音:「魔鬼居住的所在,我是被群魔放逐的人」。[20]因此,魯道夫此類的人常常出現在七等生作品中。在個人與世界、離開與被放逐的雙重壓迫下,可以說,「追尋自我」與「尋求他人認同」是並存於七等生作品中的兩條「內在理路」(“inner logic”)。

然而在「追尋自我」和「尋求他人認同」交織的張力下,我們必須對魯道夫(或七等生)提問:當他從與他人共有的世界,自我放逐至虛構的想像世界時,是否亦會產生將自我膨脹成暴君的危機?當知音或愛人成為「我」所虛構的對象時,如何不讓自己成為自我創造世界中的上帝?當現實必須藉由幻想而呈現時,我如何避免在現實中的宰制知音、愛人之欲望?以上問題遂成為七等生寫作要一一去回應與思考的問題,而這些問題也自然地構組成作家的書寫內容。

如何不讓自己在「成為局外人」的過程中自我膨脹為暴君?是魯道夫

---

[19]參見七等生,《七等生全集‧重回沙河》(臺北:遠景出版公司,2003 年),頁 196。

[20]參見七等生,〈隱遁者〉,《七等生全集‧沙河悲歌》(臺北:遠景出版公司,2003 年),頁 156。

（七等生）所必須面對的問題，也是貫穿在他的書寫歷程中，一條重要的生命軌跡。在創作後期，七等生曾如此道出他不斷創作（不斷進行虛構）後的感受：

> 我現在正遭受自身痛苦的折磨，這種痛苦的本質是我自許的完美所帶來的。我一向自認能從善，日久成為一種自律的法則，不但持著這法則待人，也拿它來衡量別人；如果別人的行為不合這個標準，便認為他是不良善，蓄意要來抵觸我和反叛我；我成了要執行和擁有這法則的人，把自己高高地架起，要比別人站在更高的位置，視所有的人都在這法則的批判之下，而且凡這世間的事也在這法則中分出好壞。現在我正蒙受這份自傲本身崩潰的慘敗教訓，因為我根本就沒有那份清明來擁有它。[21]

1985 年發表《重回沙河》時，七等生已深深體會在維護自我的需要下所引發的自我膨脹危機。透過這段自省，我們亦可掌握七等生作品中同一類型的主角，如：賴哲森、羅武格、李龍第、詹生、余索、魯道夫……等身上所體現的相同問題。這些人的共同特色是具有極其強烈的權力意志[22]，他們就像《舊約》中的先知，獨自面對世界，強力斥責世界的淪落。但與先知不同之處，在於他們的權威根源不是來自於上帝，而是來自於他們內心的主觀判斷，他們像是傳統知識分子所扮演的角色，以「立法者」的姿態為這個世界的良知做出仲裁。[23]其次，這些角色在面對世界時，亦不像先知一

---

[21] 參見七等生，《七等生全集・重回沙河》，頁 115。

[22] 尼采提出，權力意志是存在最內在的本質，它是生命的基本特徵，其反面是「無能」（"ohnmacht"）。參見海德格著；孫周興譯，《尼采》下卷（北京：商務印書館，2003 年），頁 895～904。根據海德格的解釋，權力在此不是指通向自身之外的某物，「因為意志作為超出自身的駕馭乃是朝向自身的展開狀態。」「意志就是能夠賦予自身以權力的強大權能。」（頁 44）我在此引用尼采的「權力意志」，主要是為了反駁將七等生小說的主角們視為「無能者」的常見的說法，我想指出，這些角色不惟不是「無能者」，反而是具有「權力意志」的存有者。

[23] 「『立法者』角色這一隱喻，是對典型的現代型知識分子策略的最佳描述。立法者角色由對權威性話語的建構活動構成，這種權威性話語對爭執不下的意見糾紛作出仲裁與抉擇，並最終決定哪些意見是正確的和應該被遵守的。」參見鮑曼（Zygmunt Bauman, 1952～）著；洪濤譯，《立法者與闡釋者》（上海：上海人民出版社，2000 年），頁 3。

樣挺身直斥人間的墮落，而是選擇以拉開距離的自我抉擇來確立自己的存在信念。如〈余索式怪誕〉（1975 年）的主角余索：余索就像七等生許多作品中的主角一樣，是一位被擺錯位置的局外人，他帶著知識分子的啓蒙眼光俯視著沙河鎮鎮民的習俗、音樂與蒙昧無知。因而當他與沙河鎮鎮民發生理念的衝突時，便選擇離開城鎮到山林去，這趟出城的旅程隱喻著自我存在信念的確立。

　　自我存在信念的確立與人生抉擇，在〈我愛黑眼珠〉的李龍第中亦充分呈現出來。許多評論者依照一般品評人物的俗見，從李龍第的失業、爲老婆所供養，從而將李龍第視爲「失敗者」，一個心靈的佝僂者。[24]但在以上詮釋脈絡下，李龍第不惟不是弱者，相反地，他根本是權力意志的化身（按照七等生自己的解釋，李龍第是個「勇者」[25]，他的勇氣是以「存在」與「抉擇」呈現）。[26]基本上，李龍第與魯道夫一樣，總是站在局外人的角度注視著社會，他們的勇氣展現在不顧任何威脅的存在抉擇中，因此面對滔天洪水，李龍第所關注的焦點卻是落在：「他慶幸自己在往日所建立的曖昧的信念現在卻能夠具體地幫助他面對可怕的侵略而不畏懼。」[27]李龍第的觀看，是透過旁觀大眾在災難來臨之際的自私與恐慌，來回頭審視自我。〈我愛黑眼珠〉是一篇寓言性極強的小說，故事中的大洪水，儼然是一則現世的洪水神話。其本質是「再創世」，具有死亡及再生的雙重隱喻。李龍第不顧大洪水所象徵的死亡威脅，堅持著自己往日所建立的信念，李龍第對妓女的愛與憐憫，對晴子的暫時絕情，正是爲實踐自己的信念。通過洪水的洗禮，亞茲別從李龍第的生命中誕生了，亞茲別就是獲得新生的李龍第。因此我們以爲，李龍第在此所呈現的應是有否自我膨脹之虞，而非道

---

[24]參見周寧，〈論七等生的〈我愛黑眼珠〉〉，《火獄的自焚》，頁 66。以及參見陳明福，〈李龍第：理性的頹廢主義者〉，《火獄的自焚》，頁 124。

[25]參見七等生，〈真確的信念〉，《情與思》，頁 194。

[26]七等生自己也認爲：「我個人認爲『抉擇』是那篇正文更爲恰當的主題，但也不僅僅是如此，也許可以目爲『存在』。」參見七等生，〈維護〉，《情與思》，頁 185。

[27]參見七等生，〈我愛黑眼珠〉，《七等生全集・我愛黑眼珠》（臺北：遠景出版公司，2003 年），頁 177。

德之問題。一如七等生於《重回沙河》所透露的：「我成了要執行和擁有這法則的人，把自己高高地架起，要比別人站在更高的位置，視所有的人都在這法則的批判之下」，充分顯現出七等生以自律法則來測度世界之姿。

　　面對「自我追尋」與「尋求他人認同」兩種生存需要所交織的張力，七等生必須為自己尋找到定位的答案，而其尋找答案的方式，便是不間斷地「塑造自我」，從而要不間斷地進行「自我敘事」。換言之，七等生是藉由賴哲森、羅武格、李龍第、詹生、余索、魯道夫這些角色來超越世界對他的質疑與自我懷疑。此一自我敘事，便是七等生的自傳性寫作風格之所在。但如此個人化的寫作風格，亦使得他屢屢遭受批判與質疑。在評論／詮釋者的批判與作者的回應中，我們要問的是：七等生小說為何會屢遭誤解？他又為何要堅持這種寫作方式？這樣的寫作風格對於他的意義何在？

（二）重新對焦：省思閱讀習慣與審美判斷

　　七等生自我敘事型小說的筆法與一般小說筆法有很大差異，在閱讀時必須通過主角的眼光看世界，不能如閱讀一般小說一樣，藉分析其他角色的性格，以掌握角色互動所呈現之情節張力（這點顯然是七等生小說引發評論者爭執的原因所在）。七等生對自己進行一種自審式的反覆觀看，透過這種觀看，作家在他的作品中反覆咀嚼自己的人生經驗，以型塑自我。我們或可將七等生的這些結合自我敘事與寓言體的小說，稱為「自傳式寓言小說」。七等生的創作與自我的型塑息息相關，同一經驗，可以透過重新解釋賦予不同的理解與意義，這個過程展現了自我塑型與再塑型的意圖，只要一息尚存，對於自我存在意義的重新詮釋就不會停止。

　　個人的歷史是在寫作中凝塑的，七等生總是反覆觀看他的生活過往，在自我過往的反覆觀看下，七等生完成了許多「自傳式的寓言小說」。[28]有些生活斷片的理解前後大同小異，有些則被重新審視，重新賦予詮釋。例

---

[28] 如張恆豪便認為七等生小說的角色多數屬於「自照」，他指出：「如武雄、劉教員、杜黑、亞茲別、土給色、賴哲森、羅武格、李龍第、詹生、余索、蘇君、魯道夫等，都是作者每一階段生活的化身。」此一說法總結了七等生「自傳式寓言小說」的特徵。參見張恆豪，〈七等生小說的心路歷程〉，收入七等生著，《七等生全集・城之迷》，頁391。

如〈父親之死〉，主角眼中的父親是他憎惡的對象，他不能認同其父親的孱弱。但是到了〈隱遁者〉，魯道夫所要探問的父親形象，卻成了他認同的對象。因此，在這裡應該進一步詢問的是：對七等生言，如此反覆地觀看過往的意義為何？又應該以怎樣的詮釋策略來解讀這樣的寫作？

我們或可將文學史上長期存在的七等生與評論者間的意見齟齬，視為是兩種不同的閱讀與寫作類型所致，它們分別代表兩種世界觀。在擺脫掉早年的激憤後，〈《來到小鎮的亞茲別》序〉（1975 年）中，七等生便以冷靜理性的筆調指出，眾人的誤解，根本源自于使用有別於他的創作類型來品評他。〈《來到小鎮的亞茲別》序〉中，曾對這兩種創作類型有所闡述：

> 人需先獨立才有自由，我將特別著重人需先健全自己才能爭取到自由。我不諱言在這一層上有教誨別人的意圖，但它包括警惕自己過活不要失去這個原則。它的意義使我在任何的情況裡都想去加以發揮和闡明，因此他在個人的生命意志與宇宙的關係意義上較之個人與政治立場上的關係更為明顯和重要。而毀謗加之於我，可能就在這裡的誤解之中。我畢竟非 1930 年代或某一個時期某些作家特意標榜自己為某種階層，裝作想為某階層做為代言人；如能統觀我過去的所有作品，將更能明白；因為把自己立於某一派別或某階級的作家而言那是一種驕狂；我不是個合群的人，絕不會產生那種意識形態。[29]

這可能是七等生所有說明創作理念的文字中，最為重要的段落。它標誌著七等生對自己是哪一類型作家之認知，他以為所有對他作品的不理解，甚至是誤解，都是不明瞭他是一個「在個人的生命意志與宇宙的關係意義上較之個人與政治立場上的關係更為明顯和重要」的作家所致。在以上的自我敘事中，七等生區分了兩種類型的作家，一是像他一樣關心「個人的生

---

[29] 參見七等生，〈序〉，《來到小鎮的亞茲別》（臺北：遠景出版公司，1986 年），頁 2～3。

命意志與宇宙的關係意義」者，這類作家創作的目的，在於求個體的獨立自由；另一類則較關懷「群體」，關心個人與政治的關係。

　　七等生對作家的分類，以及對自我寫作特質之理解，可以藉助理查德・羅蒂（Richard Rorty, 1931～2007）在《偶然、反諷與團結》中對寫作的分類來說清楚。羅蒂將作家區分成「自律作家」（"writers on autonomy"）與「正義作家」（"writers on justice"）兩類。「自律作家」的特徵是關心自我創造與私人的完美，同時告知人們自律的人生是什麼；至於「正義作家」則努力要我們相信我們和其他人擁有共同的人性，他們關心的是社會的正義與人類團結（solidarity）。[30]Rorty 認為「自律作家」與「正義作家」具有兩套不同的語言策略，二者之間無法在理論層次上統一起來：

> 自我創造的語彙必然是私人的，他人無法共享，而且也不適合于論證；
> 正義的語彙必然是公共的，大家共享的，而且是論証交往的一種媒介。[31]

Rorty 上述說法提醒我們一個詮釋七等生小說的重要切入點——七等生應被定位為一位「自律作家」，他關心的課題是自我創造，而自我創造是個體分內之事，他所使用的語彙是私人的，非公共的。從七等生的自我敘事觀之，他早已在〈〈離城記〉後記〉中說明立場：

> 我的每一個作品都僅是整個的我的一部分，他們單獨存在總是被認為有
> 些缺陷和遺落。寫作是塑造完整的我的工作過程，一切都將指向未來。[32]

---

[30]參見理查德・羅蒂著；徐文瑞譯，《偶然、反諷與團結》（北京：商務印書館，2003 年），頁 5。羅蒂在是書中，主要是鎖定偶然與團結的對比，同時他的立場主要是想建構一種「自由主義的反諷主義者」，以此建立一個理想的、包容多元的公共領域。羅蒂雖然在書中將作家分成兩個陣營，並提出「自律作家」與「正義作家」的名目，但這不是該書的重點，因此，本文對羅蒂理論的使用，是一種我與羅蒂的對話。其次，羅蒂區分二者的用意是為了藉以分析啟蒙運動以來的思潮，將之施用於分析七等生的寫作背景是否適當呢？我認為基於七等生小說的存在主義與現代主義背景，這樣的聯繫基本上並未歪曲羅蒂的想法。
[31]參見理查德・羅蒂，《偶然、反諷與團結》，頁5。
[32]參見七等生，〈〈離城記〉後記〉，《離城記》（臺北：晨鐘出版社，1972 年），頁 67。

寫作是七等生「塑造自我」的重要活動，因此作品對於七等生而言，是構成他存在的理由。自我創造的工作總是指向於未來，這是在自我生命的歷程中對生存活動（existenz）有所領會的人的基本認知，亦即自我總是創造的，而非被發現的。

由於自律作家總是從偶然性（contingency）去面對價值信念，不相信這些信念擁有超越時間性的基礎，所以總是被指控是與人類團結爲敵，以及破壞社會秩序[33]——問題便隨之產生了：眾多批評者卻以「正義作家」的立場對其進行評價，如此遂不免造成七等生作品評價爭議的局面。以高全之〈七等生的道德架構〉爲例，他對七等生所強調的「自由」主題之質疑是：七等生對於社會人在社會的功能缺乏精微冷靜的思考。[34]而劉紹銘則在評論中將社會正義與人類團結的價值立場發揮得淋漓盡致：

> 他們覺得與這個社會處處格格不入，幾乎可說是想當然爾的結果。可是我們若把整個形勢倒過來，結果又會怎樣？譬如說，我們這班社會「俗物」全都死光了，世界上就剩下羅武格這種有使命感的藝術家，我們想想，這會變成一個什麼世界？[35]

在這種質疑下，七等生徹頭徹尾被再現成一個虛無、反社會團結的作家。然而我們或可進一步思考：質疑社會當前所奉行的道德、習慣與規約，難道不是避免落入意識形態調控的有力方式嗎？其次，質疑眼前的社會規約難道就是本質上的反社會？或許如同 Rorty 所指出的：

> 與一個受到特殊歷史所制約的、可能短暫的團結形式相互為敵，並不就是與團結本身為敵。[36]

---

[33]參見理查德・羅蒂著；徐文瑞譯，《偶然、反諷與團結》，頁 6～7。
[34]參見高全之，〈七等生的道德架構〉，《火獄的自焚》，頁 95。
[35]參見劉紹銘，〈三顧七等生〉，《火獄的自焚》，頁 150。
[36]參見理查德・羅蒂著；徐文瑞譯，《偶然、反諷與團結》，頁 7。

一針見血地指出了在詮釋上可能產生的誤區。

　　從詮釋的誤區來看，七等生及其作品研究確實體現了一重要問題：中國近代強調與重視群體的世界觀，以及由此世界觀所型塑的文學傳統。易言之，整個中國近代知識階層關注的焦點往往重視集體甚於個人，在這種社會認知下，群體高於個體的集體意識自然形成，小我的存在必須以大我為依歸[37]，「最後形成一個國家高於個人，統攝個人的權力狀態」。[38]在國家高於個人的時代氛圍中，夏志清認為五四以來的文學主題是「感時憂國」，「他們非常關懷中國的問題，無情的刻畫國內的黑暗和腐敗」。[39]夏志清「感時憂國」的說法所以為文學界所認可，是因為這個結論準確地捕捉了中國現代文學的基調。1949 年國府遷臺後，在政府的刻意管治下，提倡戰鬥的文藝、反共的文學，雖未直接繼承五四以來的文學主流，但對「國家高於個人」的強調實有過之而無不及。至 1960 年代，雖然流行存在主義文學，但據夏志清（1921～ ）的看法：

　　　　這些作者們雖然與 1930 年代的作家在意識形態、心情、以及地區關注之大小各方面都有不同，他們卻與那些前輩一樣，特別關心年輕人與窮人。[40]

　　換言之，中國現代文學史上的作家類型大多是屬於「正義作家」，他們關懷的文學主題是團結以及社會正義。在「正義作家」所形成的文學傳統下，人們的閱讀習慣受到制約，變成較容易接受反映社會結構與批判社會

---

[37]就連在民國初年標榜個人主義的胡適亦難免於此，余英時如此說道：「胡適雖然是近代中國知識分子當中最重自由、最強調個人主義的思想家，但仍然強調大我，此乃中國的傳統觀念：小我必須在大我的前提下，才有意義。」參見余英時，〈中國近代個人觀的改變〉，《中國文化與現代變遷》（臺北：三民書局，1995 年），頁 169。

[38]參見黃金麟，《歷史、身體、國家──近代中國的身體形成（1895～1937）》（臺北：聯經出版公司，2001 年），頁 105。

[39]參見夏志清，〈現代中國文學感時憂國的精神〉，《中國現代小說史》（臺北：傳記文學雜誌社，1991 年），頁 535。

[40]參見夏志清，〈臺灣小說裡的兩個世界〉，《火獄的自焚》，頁 243。

黑暗的作品。此一文化主流且暗中影響著評論者對藝術的審美判斷，它不僅塑造了讀者的閱讀習慣，更形成了美學判斷之標準。在這種敘事典範下，讀者們已習於從「具體關係網絡」來看小說的情節結構。

（三）寫作即是創造自我：自傳式寓言小說的寫作風格

1. 對「自我」之重新理解

　　因為「自我」向來是七等生寫作小說的焦點[41]，研究者更根據這個印象將七等生定義為：「七等生是一個頗為『內省型』的作者，不論其作品形式如何扭曲，本質上均可歸於主觀自我世界的抒發。」從自我世界的抒發看七等生的作品，逐發現、提出七等生作品圍繞著一個重大主題展開：「就是『自我世界』與『現實世界』相互衝突、對抗、消長及價值抉擇的過程。」[42]

　　在「世界」被劃分為「現實世界」與「自我世界」之二元結構下，「自我世界」與「現實世界」的對立，逐成為七等生研究的典範性詮釋架構，並由此帶來評價七等生作品之標準模式——七等生向來被視為活在「自我世界」的作家；至於「自我世界」與「現實世界」的二元對立，又容易導出了七等生是一反社會作家的結論。然而倘使我們從以上詮釋脈絡而下，或可在既定的研究成果上更深入推進一些。首先，對「自律作家」言，小說不是作者對世界的客觀呈現，而是小說的呈顯型塑了作者的自我，即：自我是發明的，而非發現的。因此，「寫作」之於七等生，不僅是所謂的「主觀自我世界的抒發」，更是「創造自我」。其次，自律作家的另一個基本特徵是：在偶然性中建立價值信念，因不相信有超越時間性的理念基礎，以故，自律作家往往對流俗信念抱持懷疑態度，甚至表明不相信「真理就在那兒」的觀念。[43]易言之，並沒有一個「我實際上一直是誰」的那個

---

[41]張恆豪如此說道：「他的作品串聯了其個人多種生活的經歷，自傳的色彩極其濃厚」。參見張恆豪，〈七等生小說的心路歷程〉，收入七等生著，《七等生全集‧城之迷》，頁392。

[42]如陳國城，〈「自我世界」的追求——論七等生一系列作品〉，《火獄的自焚》，頁77、78。

[43]以 Rorty 的說法深入思考之，Rorty 認為人若相信世界或自我具有一內在本性，便會相信某些語彙比其他語彙更本質，更能再現這個世界，如此將會讓自己落入「真理就在那兒」的窠臼，這也

本質性的我，去構成「主觀自我世界的抒發」，因為只有在孜孜不倦的寫作中，七等生才完成自己。此外，由於創作是在不斷地進行的，因此自我的完成也要不斷指向未來，如此我們才能真正地理解七等生為何說道：「寫作是塑造完整的我的工作過程，一切都將指向未來」、「因為那些作品是構成七等生存在的理由」。[44]

　　「自我」是創造的，而非有一本質的我存在於那兒。對於強調自我偶然性的「自律作家」言，「自我」與「世界」是無法截然切割的[45]，因為任何切割「自我世界」與「現實世界」（或者稱之為「精神世界」與「現實世界」）的作法，都會陷入此一個世界比另一世界更真實的二元對立中，在語言上也都會陷入 Rorty 所說的：相信某些語彙比起其他語彙更能再現這個世界。最終，其真理觀會變成「真理就在那兒」的信奉者，因此「自律作家」雖有自己的價值信念，但並不傾向於在質疑權威之後讓自己再成為一個權威——這一點對於七等生的研究是很重要的，因為若堅持從某一社會正義看世界，容易忽略這些真理與特定社會價值體系的關係。例如陳明福如此懷疑〈我愛黑眼珠〉的男主角：

　　李龍第的價值取向與俗世所不同者，只是他以無價值取向、否定價值取向為最後的價值取向。[46]

因受制於以「正義作家」為典型的閱讀習慣所致，陳明福認為李龍第身上

是「自律作家」所以懷疑超越時間性的信念，並強調「自我是創造的」原因所在。

[44]參見七等生，〈維護〉，《情與思》，頁 186。

[45]對此，基本上我同意蘇峰山的看法，他在評論楊牧在〈七等生小說的幻與真〉一文中的「幻想」與「現實」的概念時，如此說明七等生作品中如何呈現「社會現實」：「我們不否認七等生關注沉重的現實問題，但現實不是既有的（as given），而幻想並非只是擴張現實的手段。在七等生的小說世界中，沒有幻想的作用，則現實根本無以展開，無法呈現，社會內的現實之有意義乃因通過自我個體的幻想作用，逐步被置於自然整體中乃使之成為有意義的事件與行動。」參見蘇峰山，〈七等生的夢幻——兼論社會學的實在論〉，收入七等生著，《七等生全集‧一紙相思》（臺北：遠景出版公司，2003 年），頁 298。

[46]參見陳明福，〈李龍第：理性的頹廢主義者〉，《火獄的自焚》，頁 126。

具有「一種理性的頹廢主義者之失敗主義傾向」[47]，正因為他無法在李龍第身上找到任何習以為常的道德準則[48]，故在陳明福眼中，李龍第永遠只是個畸零人。事實上，七等生自己對問題的癥結亦十分明瞭，在陳文發表後，七等生亦撰文回應之，他認為陳明福沒有將據以批判李龍第的「以外的理念」、「某些價值」說清楚，他說道：

> 他的這些東西顯然有別於李龍第的東西，他之所以會擺出霸道、專斷、搬出辯證法、應用詭辯術、推我於不能抬頭的境地，恐怕是這兩種價值的爭執罷？[49]

的確如七等生所言，陳明福始終未清晰地明說他所謂的理念、價值是什麼？這是因為社會有著一套不言自明的概念，而這卻正是七等生所質疑的。上述爭執的重要，或許是對詮釋者的我們帶來啟示：詮釋策略之有效，在於詮釋前提的擬定：必須與作家作品的核心寓意切合。同時，我們亦能在想當然爾的「自我」概念中更深入一層：「自我」並不本質地存在那兒，自我是創造的——唯有重新關注「自我是創造的」這一課題，我們才能將焦點重新放置到「寫作」來，亦才能在文學研究中，讓「寫作」之於「自我創造」的意義全然敞開

2. 自我創造與寫作：語言與權力規訓

自我是創造的。對七等生而言，「寫作」是他參與創造自我品味的存在活動，「寫作」使得「作家七等生」能夠以「寫作者」之姿切己地活著，而不至於渙散在人云亦云的常人言談中，這是理解七等生，及解讀其小說寓意的一重要前提。從寫作的動機與意義看，為了區隔人云亦云的常人，七等生的所有作品皆顯現出尋找、確認自我的意圖。他說道：

---

[47]同前註，頁 133。
[48]參見陳明福，〈李龍第：理性的頹廢主義者〉，《火獄的自焚》，頁 132。
[49]參見七等生，〈真確的信念〉，《情與思》，頁 201。

　　我不是一個學者，也許沒有能力來論述藝術創作的諸原則問題，而我是
　　個切身的寫作者，無論正錯，所有的故事均要先由我本身立場做為出
　　發，寫出與我的性靈相接近的事物；不但是寫出我心中所知的事，而且
　　要寫出我本人也許可能做到和參與的事，倘若我如臨其境的話。[50]

七等生的寫作是從切近於自己的生活開始寫起，這就是他的「自傳式寓言
小說」，總是在生活中汲取斷片稍微加工的寫法之由來，因此可以把七等生
的每一部「自傳式寓言小說」視為是他自我生命的階段性完成。而自我敘
事必須使用自己的語言，才可避免既定傳統的描述，以免於環境的脅持——
——「尤其在我生活的環境裡，他們幾乎是集體地朝向某種虛假的價值的時
候」。

　　因此基於尋找自己語言的需要，七等生在努力尋求創造自我的過程
中，亦必須不斷地嘗試「不讓自己心靈的範圍被其他人所遺留下來的語言
所局限」，但如此便也使七等生在一般評論者心中留下反叛／蔑視社會現實
的書寫傾向。[51]然而在這裡我們要進一步追問的是：七等生反叛／蔑視社會
嗎？假如這樣的理解不盡正確，那麼，七等生所要反叛的是什麼？關於這
一問題，我們可以在傅柯（Michel Foucault, 1926～1984）所說的「主體
化」中獲致極好的啟示。傅柯指出：

　　我把「主體化」稱為一種程序，通過這種程序，我們獲得了一個主體的
　　構成，或者說主體性的構成。[52]

從七等生的作品與寫作風格看來，他所要反抗的不是社會本身，而是傅柯

---

[50]參見七等生，〈維護〉，《情與思》，頁182。
[51]劉紹銘說：「七等生刻意要刻畫的個人和社會的衝突問題。」參見劉紹銘，〈三顧七等生〉，《火獄的自焚》，頁142。
[52]參見傅柯著；嚴鋒譯，〈驚奇與欺騙的雙重遊戲〉，《權力的眼睛：傅柯訪談錄》（上海：上海人民出版社，1997年），頁117。

說的「主體化」。「主體化」即是通過權力使個體成為主體的意思。所謂的
「個體成為主體」即在於透過一種完全的規訓，令人心悅誠服地服從紀
律，甚而以這套紀律來監視自我，當紀律深達人的心靈與靈魂時，一個被
紀律化的新人亦被生產出來。傅柯指出的主體意思有二：一是指人與人間
的支配關係，這種支配關係是藉由控制和依賴使人主從於（subject to）別
人。二是透過意識與自我認知，將人與自我認同聯繫起來。[53]傅柯晚期更指
出，在主體的兩種含義中，蘊含著兩種主體的實踐策略，一種是依賴於群
體，為群體所化；另一種是塑造自我。[54]這兩種實踐策略我們都可以在七等
生及其作品中看到：七等生終其一生對於群體的權力話語所施加的主體化
抱持著十分厭惡的排拒之情，他反抗學校、文學集團以及任何權威的權力
規訓，也抗拒任何從群體而來的主體化的規訓。

　　因為對群體的權力話語所施加的主體化十分敏感，因此七等生一直強
調個體的特殊性，以抵禦各種各樣主體化的統治。在〈《五年集》後記〉
中，他說：

> 個人所思所為實在不足以去和世界的萬物比價。我以我所顯露的殊異之
> 性諧和共存，而不是為了一個整體的世界喪失我的個性。世界的完整靠
> 個別力的協調，而不是以少數人的意志為世界的意志。[55]

在這段話當中，七等生提出以維護個體的殊異性為己任，他的前提在於維
護健全的個體性，反對以犧牲小我來成全大我。在另一段文字中，七等生
更清晰地傳達出此一信念：

---

[53]Michel Foucault, "Afterword: The Subject and Power," *Michel Foucault:Beyond Structuralism and Hermeneutics* (Chicago: The University of Chicago Press, 1983), p212.
[54]德國學者彼得・畢爾格認為傅柯的主體是一個分裂的概念：「它將相互排斥的因素連接到了一起。主體由此而成為權力實踐和自我塑造的圖式。」參見彼得・畢爾格（Perter Burger）著；陳良梅、夏清譯，《主體的退隱》（南京：南京大學出版社，2004 年），頁 7。
[55]參見七等生，〈《五年集》後記〉，《情與思》，頁 127。

我永遠不會為「理想」這種廣泛而近乎無邊際的事體去和人爭辯，我永遠尊重別人心有理想，不管他們想的是否和我一樣，但是當有人蓄意危害到我生存的權益時，我將會奮而戰鬥，或有人蓄意侵犯別人的人權時，也會喚起我的道義心。這些話好像和我的作品是兩回事，其實不然，假如他能真確地了解……在原則上我注重個體的健全修養，唯有個體的健全才能促成社會群體的健全，才有餘力去服務他人，時尚的所謂「人道的理想主義」它是排斥個人有自由的自主權，只提出理想的社會形模，無疑忽視個人人權的社會絕不可能是種好理想。[56]

七等生以為只有「個體的健全」才能真正地促進社會的團結，任何以社會正義、人類團結為名的理想都不能剝奪人的個體性。將七等生及其作品放置在所處的時代中，我們可以清楚地發現，七等生所面臨的主體化威脅，主要來自於「時尚的所謂『人道的理想主義』」，在 1970 年代，這是指以《文學季刊》為首的鄉土文學主張，然而七等生排拒的並非鄉土文學的具體主張，更重要的，是主張背後的主體化個人的傾向。[57]正因為七等生堅持以自我的獨特性去對抗主體化的話語實踐，因此他努力地透過寫作，來不斷地找尋自我的語言。

　　「寫作」之於七等生，是一項塑造自我並維護個體獨立的重要活動，因而他會為個體主權的被侵犯，而奮起戰鬥。然而在「寫作」與「創造自我」的關係性中，我們亦不可忽略，七等生的自我是在歷次的寫作中塑造出來的。他對自己意念的說解，對自己回憶的重新敘述，並非僅是對某一段真實歷史的再現，而是在不斷說解中建立起來的。因此，當我們引述七等生對自己生存理念的說明的文字時，必須注意這個以「寫作」來塑造的自我是會隨著寫作而轉變的。七等生雖然在後期作品〈書簡〉中說道：「我

---

[56]參見七等生，〈書簡〉，《七等生全集‧銀波翅膀》，頁 160。
[57]同前註，頁 240。關於《文學季刊》對七等生的影響，也可以參考廖淑芳，《國家想像、現代主義文學與文學現代性──以七等生文學現象為核心》，清華大學中國文學系博士論文，2005 年，頁164。

永遠尊重別人心有理想，不管他們想的是否和我一樣」，以及「或有人蓄意侵犯別人的人權時，也會喚起我的道義心。」多元主義的描述，但我們也必須後設地了解，這是七等生在作品中對自我理念的描述，但這種自我描述的理念卻不是向來如此地存在於其作品中。

　　為了對抗群體化的威脅，七等生走向了一條高舉自我以力抗群體化的道路。在七等生早期的作品中，這種高舉自我的傾向極其明顯。換言之，在早期作品中，為力圖對抗主體化程序的荒謬，七等生同時也將自己描述成一個抗拒權威的「我」。而此一過程，便如同我們前文分析的，當他將權力話語摒棄為他者的同時，便也將自我構築成一個良知主體，在抱持著天真的信念對抗世俗時，遂也不免讓自我成為裁判世間的中心。或許由於這種對抗性的張力極度強大，因此在七等生早期的作品中，小說的主角總是散發著一股強大的權力意志，甚至拒絕與其所身處的世界交往，因而如此的寫作傾向，亦讓七等生作品中的主角透出一股夢幻的氣質。例如〈余索式怪誕〉一文中，七等生便令余索所身處的週遭世界去意義化，世界不是作為余索依寓其中而交往的世界，余索被塑造為一個「我思故我在／我思索」式的主體，在余索那裡，世界是作為被余索所思索的對象而出場，只是他置身其中的場域，因此場域的置換是無意義的，他僅致力於以自己的標準批判整個世界[58]，這種人物性格特質，在魯道夫身上表現得更為明顯。透過對回憶的重新描述，魯道夫其實只要肯定兩件事，一是他在生命的各階段如何為他人所排斥，一是將自我與他人的排斥理解成一場戰鬥，而「每一個人都要學會不依靠而戰勝」以及「自我獨立」。[59]

　　魯道夫過甚的權力意志，展現在他與雀斑姑娘的交往上，在〈隱遁者〉中，我們看到的是魯道夫對雀斑姑娘的物化，此一物化的明顯徵兆表現在魯道夫對未來生活所預想的清單。在清單中，生活須按著他的欲望加

---

[58] 這種讓週遭世界去意義化的態度，在海德格稱為「物化」（"verdinglichen"）。參見海德格（Martin Heidegger）著；陳嘉映、王慶節譯，《存在與時間》（臺北：桂冠圖書公司，1993年），頁551。
[59] 參見七等生，〈隱遁者〉，《七等生全集‧沙河悲歌》，頁165。

以計畫，雀斑姑娘成爲擺置的對象，這個計畫包含每個星期要喝一瓶酒、做愛兩次、看一場電影、讀一本書等等鉅細靡遺的規劃。[60]魯道夫、李龍第、余索等類似的角色，因而陷入一基本困境當中——在自我追尋與尋求他人認同的天秤中，自覺與不自覺地朝向強大的自我意志中傾斜，從而阻斷了與世界合諧交往的可能，在越來越孤立的處境中，苦惱、怨恨、忌妒等情緒亦一一竄出，且不斷地啃噬他們心靈，他們被迫不斷咀嚼受辱、被排斥的感受，並以此將他們自我建構成一個存有者——局外人。此一「局外人」的原型意象，成了貫穿在七等生作品中的一個重要意義符號。

　　對抗性自我意志之強大，至〈散步去黑橋〉一系列作品中顯現超越之跡。在〈散步去黑橋〉中，透過我與童年靈魂邁叟的對話，一個全新的自我被塑造出來：從高舉自我以對抗世界的主體化，到超越君臨世界的意志，我們看到七等生一步一步地透過寫作來構築新的自我。如早期作品中，仇視鄉俗音樂而被迫流亡的余索，到了《重回沙河》，則現身爲第一人稱敘述者「我」，這便是另一個自我的誕生：

> 我坐在屋內讀書，不能免除會受到他們由擴音器播放出來的音樂和喚聲的騷擾。過去我甚感頭痛，心裡產生對這情形的厭惡；後來我突然明白了，接受它，以欣賞的態度來聆聽那一片嘈雜，發現由那些聲響裡聽出形成這個民族的性格的緣由。這些民俗是有很饒趣的內涵存在的。[61]

這個新的自我，打破了昔日自我高張的意志，打破了將世界物化的測度方式，而以聆聽之姿，與世界重新進行交往。至七等生晚期作品，愈發明白地顯示出他對自己早期權力意志過甚的修正，甚而呈現出深刻的自省特質，而帶來豐富的人性丰姿。這一條以對抗群體化所展開的寫作之路，亦正是以「寫作」來自審、創造自我的生命之路。對詮釋者言，對此一書寫

---

[60]同前註，頁 193。
[61]參見七等生，《七等生全集・重回沙河》，頁 202～203。

之路／生命之路之掌握，亦正是我們重新思索作家定位，以及作品寓意之重要座標。

三、本書選錄之「七等生及其作品」評論篇章

　　本書總共收錄七等生評論篇章 15 篇，相信可以提供給對七等生及其作品有興趣，並意欲進行進一步研究的讀者，一幅較爲清晰的作家圖像，以及探勘作品內在寓意的多重可能途徑。首先，本書收錄了七等生自撰的〈我年輕的時候〉、〈給安若尼‧典可的三封信〉（節錄第二與三封）、〈致愛書簡〉三文。〈我年輕的時候〉是我們理解作者爲何走上寫作之路，在艱困的成長經驗中，世界如何予他美的啓示，並令其化爲文字結構，乃至啓動他生命無盡探索的一篇動人散文，有助於我們直探作家創作心靈與作品核心寓意。〈給安若尼‧典可的三封信〉（節錄第二與三封）提供我們理解作家所以自命爲「七等生」的原因，此一筆名驅動了作家展開重返愛的家園之書寫，而這回返愛的家園之書寫，便是一位藝術家所要追求的「美」；該文中，我們也可以看到七等生誠實自道自己與同輩文人與集團交往之齟齬，可以注意的是，作家並非要以「自我」來取代「群體」，也並不代表那一人、那一派的主張更接近確然不移的真理。透過自我辯明，作家凸顯的是對隱藏在群體之中的特定意識形態統治之隱憂，而個體性的追求與確立，卻是「美」的命題基礎。〈致愛書簡〉則是作家以真摯的心靈自剖而覺察生命暗影。作者誠實地道出在自許爲一個「寫作藝術家」，在以心靈演化爲文學形式的過程中，因爲需要不斷朝向未知的彼岸啓航，心中不免生出種種恐懼與怯懦，因而呼喚神的臨寵——愛，或亦便是苦難心靈的救贖、書寫的起點與終點。以愛爲名，七等生的個人化書寫遂亦有了朝向世界，與人一起的溫柔質地。

　　除作家自撰的篇章外，本書還收錄了重要的七等生研究篇章，在文本的開放性中，他們分別以其學術或創作者（或二者兼具）的敏銳視域，帶來了對七等生及其作品定位與寓意的種種解讀，甚值得參考。張恆豪〈七

等生小說的心路歷程〉一文，以作家與作品的相互呼應，為作家的生命史
與創作成果分期，完整地勾勒一幅七等生小說的心路歷程圖像，對後來研
究者整體性地掌握作家書寫主題與寓意甚有助益。馬森〈三論七等生〉則
以閱讀七等生作品的前後不同印象，探討七等生語言文字風格的形成與美
學價值，並將其創作成就置於臺灣文壇以審美判斷，以先知之姿，提出七
等生是「隱藏在本土中的一塊美玉」，並相信在後來研究者的切磋琢磨中，
此一美玉將會持續散發動人光澤。呂正惠〈自卑、自憐與自負──七等生
「現象」〉與陳麗芬〈臺灣現代主義文學的另類想像──以七等生為例〉二
文，則分別以文學史家與文化論者的宏觀視域，將七等生及其作品置於社
會、文藝思潮、與同代作家比較之解讀脈絡中，以凸顯「七等生及其作
品」在文學史上的定位。論述中更涉及諸多重要課題，如作家與讀者、作
家與文學群體、創作主體與藝術成就、現代主義的閱讀策略……等等，可
提供後續研究者以文學史與文化研究角度進行對七等生及其作品的進一步
研究。

　　凱文・巴略特（Kevin Bartlett）〈七等生早期短篇小說中的哲學、神學
與文學理論〉、周芬伶〈意識流與語言流──內省小說的宗教反思〉（節錄
七等生部分）與黃克全〈七等生小說中的自然、自由、神〉三文則整體性
地掌握了七等生創作主體之特質，並討論作品可能達致的意義深度與人文
景觀，提供後續研究者在此一詮釋路徑上繼續向深度開掘的極好座標。楊
牧〈七等生小說的幻與真〉、廖淑芳〈青春啓蒙與原始場景：論「青年」小
說家七等生的誕生〉、阮慶岳〈永遠現代的作家──七等生〉與蕭義玲〈內
在甦醒的地方，才是吹奏開始的地方──從七等生《沙河悲歌》論生命藝
術性的探求〉四文，則聚焦於根源的文學性課題，分別從作家的創作驅
力、創作主體與世界的關係、文學表現的形式要求，乃至作家對後代創作
的影響切入，豁顯文學性與存在體驗的密切關係，以作為更深入理解七等
生及其作品的內在線索。至於郝譽翔〈當李龍第老時──論七等生〉，則敏
銳地捕捉到「愛情」之於七等生成就為藝術家的樞紐意義，更論及七等生

創作後期對此一課題的深化思索。以上論文，不同視域所帶來的不同解讀方向與意義，使「七等生及其作品」之栽植園地顯得豐美與多元，其蔚然成長之貌，更待後來研究者繼續以辛勤汗水灌溉之，使其綻放為現代文學史上，一片美麗花園景觀。

四、結論——璀璨花兒朵朵

七等生作為「文壇的異數」，便是透過一個一生致力於藝術的藝術家形象，將讀者帶到「寫作的藝術」之課題前。不論是語言文字的奇特魅力，或是文學形式與內容上的原創性，從 1960 年代迄今，我們看到了七等生及其作品之於臺灣文壇的持續影響力。然而文學史上，由七等生的影響力所帶來的曾經眾聲喧嘩的「七等生現象」，卻是在詮釋的歷程中，以「如何閱讀七等生及其作品？」的種種爭鋒意見展開。因此，為了理解七等生作品的核心隱喻，本文嘗試從不同詮釋架構所產生的意見爭鋒處切入，以釐清這些爭議產生的原因與可資深究之處。在如何理解七等生寫作風格之爭議中，本文以為以個人與群體、個人與世界所交織的「自我追尋」與「尋求他人認同」的兩條理路之張力，正是驅動七等生要不斷以「寫作」來尋找自我定位的動力所在。而個人與群體、個人與世界的破裂與欲彌合處，亦便是愛的破裂與需求之處。易言之，隱藏在七等生極端個人化的創作心靈背後，其實是一個帶著人類普遍性意義的「愛」之命題：「愛」之所在，便能在一片醜陋的現象世界顯出「美」的形貌，這是驅動作家創作不墜的動力所在，亦是貫穿在其作品中的終極關懷，更是我們打開其作品寓意的關鍵之鑰。在研究路徑與解讀策略上，本文亦藉由「自律作家」與「正義作家」的劃分，重新檢討七等生研究中某些值得深究的概念與方法，如「自我世界」、「現實世界」、「自我」等，透過重新審視這些既有的研究成果，掘出七等生及其作品中的關鍵線索：「自我」、「寫作」與「創造」——透過對「自我」、「寫作」與「創造」之關係性說解，希望可以在既定的「七等生及其作品」的研究成果中，提供一個立體且有效的詮釋架構。

　　最後，從本書所收錄的諸多論文，以及所展開的不同課題中，我們彷彿看到七等生花園中的一朵朵姿態殊異的花朵，花兒綻放中的一片美麗景像，或可更讓我們理解七等生持續的魅力與影響力所在。更進一步說，在對「七等生及其作品」的核心隱喻之開掘中，我們亦能從中迎向現代性課題的探問：「文學的藝術性／文學性繫乎哪些環節？文學如何以其文學性本身，回應世界，乃至人類心靈的探問？」此一提問背景下，或能讓創作者與詮釋者共同站在以人類心靈共構的文學領地上，以探尋世界表象下的，更遠更深的存在祕境。

輯四◎
重要評論文章選刊

我年輕的時候

◎七等生

　　當我年輕的時候，非常的寂寞和孤獨。那是 17 年前，我年紀 23 歲時。已經在礦區九份當了兩年多的小學教師，沒有異性朋友，沒有什麼值得安慰我心靈的事物。夏季我徘徊於山下瑞濱的海灘，赤裸地暴曬在波浪排向岸沿的岩石之間的小沙灣，或潛入清澈透藍的深水裡，探尋水草與游魚同伴。那時我的心在海洋上的空際鳴響著，想呼求什麼與我在這宇宙自然結合，但我很愚蠢，找不到方法將我獻出和迎取。我深自苦惱，在浪費時光；我懷疑我是誰，是什麼事物，為何獨自漫步於這曲折、岩石與沙灘和漁村的地方，而山上是令男人疲倦和蒼白的礦區。世界的表面看來平靜而美麗，但我的內心很不安寧。有一天我路過一個礦工們的休息處，幾個蒼白的男人在樹下蔭涼處歇息，頭部戴著裝有小燈泡的工作帽，身上穿著半濕的灰綠色粗布衣褲，腳部套著膠鞋，臂部掛著一塊橢圓形厚木板，他們正利用那木板墊在地面上坐著。他們垂著眼瞼，一面吸煙一面在談話。有一位矮胖年紀較大的人特殊地躺在一張長板橙上，眼望著樹葉的華蓋，那頂上陽光從隙間透出一個一個閃亮的白光，他眼望手擺做出觀窺的姿態，然後發表一些他的觀察心得。我坐在附近的石頭上，疑問著那單純平常的現象於他有何深動的感觸，為何以一種平易的語言向周圍的人講述喻象；他是誰？為何能處在寂寥的處所而怡然自得，他說的與旁邊的人有什麼關係作用，為何他能津津道出，顯然有點荒唐和奇怪。後來我隱避的探詢他人，才知道他是先輩有名的畫家洪瑞麟，一個經常與礦工為伍的人。我回到租居的斗室後依然還是像一個蠢物般生活著。不久，我漸漸感覺到

我的身體像被一種無形的網布纏繞著，越來越緊也越厚，我開始掙扎想擺脫這種讓我深感窒息的束縛。

夏季過去之後，冬天來了；然後冬天過去之後，春天來了。我像平常一樣的工作、遊玩和消遣，沒有任何驚奇的事發生。我在潮濕的斗室裡像一條蠕蟲。

但是突然我意外地發覺我能思想，那是三月，我能知道我長期的禁錮和憂鬱，我像有另一對眼睛看到我過去的形體，它在時間的流動裡行走，我清楚地窺見到那行走的陰沉姿態；然後我又驚奇地發覺我能夠說出與別人不同意思的語言，也許我一直就如此，在這之前，我沒有知覺我能語言，但現在我十分驚喜地聽到我自己的聲音。我像在夢景中看見了這樣荒謬的事，我像一個做夢者，除了意識一個睡眠的自我形體外，還有一個在那夢景中活動的相同人物存在，我看見他行動，他說話。當我醒來時，我不知道我是那夢中的人或是原來的我，但我的清新意識有如一個包裹在絲繭裡睡眠的蛹，它成為一隻蛾突破了那層包繞的殼，然後拍翅顛簸地走出來下蛋。

　　已經退役半年的透西晚上八點鐘來我的屋宇時我和音樂家正靠在燈盞下的小木方桌玩撲克。

這是我的第一篇作品〈失業、撲克、炸魷魚〉的第一句話，長而沒有停頓的標點，一口氣說出來。在這句話裡，已經完全顯示我的個自思想的條理，清楚的描述我的世界的現象，以及呈現出語言結構的秩序。我的語言也許並不依循一般約定成俗的規則；它是代表我的運思所產生的世界的形象，由形象的需要所排列成的順序，它並不含糊混沌，而是解析般地清楚的陳列，就像自然所需要呈現的諸種形象。因此語言是為了構成情景境界的工具，它的語態是為了這情景境界而自然流露。因此，我的語言便容許主詞的重複，動詞或述語的重疊堆砌。這並非故意造奇，而是表示我的

胸懷的容納能量；它隨著我的思想的方向紛紛跳躍出來，不是我刻意學習的結果，而是我的性情的自然流露。

所以，當我寫出第一句話後，當我踏向寫作的第一步後，我從不因我沒有在學園的薰陶下受到栽培而感到惶恐，也沒有因我未曾受過良師的指引而感到憂慮，更沒有因沒有志同道合的寫作友伴而裹足不前，我是為了我非要不可的欲意而寫作。所以我純然為我掌握的理念寫作，我開始就踏入於純粹的文學，雖然歷經 17 年的艱辛的現實生活的折磨，我從未改變這條路，這條路使我不斷地在自我個體與整個宇宙世界間的關係逐步做哲理性的思考。

回憶我能寫之前，在那年輕的時候，甚至遠在我童年的時代；在這個由誕生到幼年，由幼年到青年的茁長時期裡，任何一點如今能記憶的細節，無不是都在隱密地為這 23 年後的迸發的衝動做準備。非常不幸地，沒有人連我自己都不知道，在那個受教育的漫長階段裡曾呈現出它的跡象，不像絕大多數在創作的天地裡縱橫馳騁的人那樣，在他們年幼的時代裡就露了端倪而已經躍躍欲試了。我們都知道創作的天才，常常在十歲之後，已經能表現出他們的真正的秉賦，同時受到喝采的鼓舞，以及讚美的激勵。他們也幸運地受到環境和長輩們的小心培育和照護，自早就已為他們預做了各種準備，鋪上一條輔助行走的道路。而我，在那段年代裡，我的家庭卻必須為日日三餐而焦慮，辛苦工作而忘忽了我，為了這點，我只有一條權宜的選擇，進臺北師範藝術科讀書，以便將來做一個教師，緊緊捧握一隻鐵飯碗。我的外表是馴服的，但我的內心已在抗辯和苦悶。路是沉寂的，沒有人為我照明，一切均憑我的直覺的本能。首先我只能去覓食，為這心靈的饑渴到處尋找一點一點的食料，也因為如此而自覺和認識肉體生命的卑賤，而養成隨遇而安的性格，甚至養成貧乏不憂、豐富不奢的生活習性。我在隨手可得的音樂和繪畫的領域裡，發散我的熱情。我勤勉收集和參與，對音樂的知識和對繪畫技巧的認識，這二者成為我發展文學的踏腳石，它們永遠賦給我在文學的世界裡具有美感的質素，永遠具有聲音

的格律和動人的形姿，產生我個人的真正風格。我的文字是音樂的聲律和圖像兩種意義的結合，塑造出內在心靈和外在形象俱全的完整人格。這豈非不是我不幸的成長中真正幸運的慰藉？

但悲劇性的靈魂卻是來自遺傳，不快樂是我的宿命，每當月圓我會感到特別的憂鬱，即使今日我能擁有人間的一切價值的事物，我依然不會全然處屬於快樂，因為烙傷已不能去除。解脫和悟道已經成為我現在和未來的文學追求的一項重要課題了。我在 13 歲時喪父，正當在我開始要認清我唯一直接尊崇的對象時，他突然從我的眼前消失。在這之前，因為時代的陰影，造成年幼的我與我父有些敵意和疏遠。他在我記憶的黑幕中顯現的是一個憂患的形體，他高瘦的身軀和臉上痛苦的眼神，以及他在病魔的纏繞之下的掙扎扭曲的情態，我常常為此而逃到無人的角隅去獨泣。本來我和他開始時是互相和諧和友愛的，但有兩件事破壞了這份情感。第一件是我在七歲時，我抗拒入學，他痛打我，我不明白那時任何小孩都會歡天喜地地想要做的事我會感到深深的恐懼，這點惹怒他有如毀棄了他的希望，我被吊綁在屋樑下，在他憤怒殘酷的拷打下擺盪著，痛苦和恐怖深入我的心底，至今這個印象依然在我的記憶裡。不久，在姑母的撫慰和誘騙下，她背著傷痛的我進入小學校。第二件是我稍長懂事後，我厭煩於替病痛的父親向他的友朋尋求援助，在我小小的心胸裡認為這是羞恥的行為，我表現的很堅決，認為人無論在何種痛苦和貧困的情況中，都應保持鎮靜和獨立自尊的人格。我深深為以上的兩件事感到懺悔，直到現在，經由漫長歲月反覆不已的個自沉思省察，在我的心中才逐漸恢復我應對他的敬愛；當我獨自告悔時，每每泛起我對他的追憶，祈願著能與他再度重逢修好。他死時的淒涼打擊著我的心靈，我開始逃避人群，自尋安慰，學習自我處理事務的本領，另一方面幻覺的產生成為我的存活世界的一部分。

因此，有關生死之事，我從不肯用冷酷無情的態度來解釋它的現象；當一個人不能從死亡的現象裡延生一線永生的希望時，此人已不助於有情世界的建造，當他自身滅亡時常會連禍於別人。所以有關處理文學現實功

利的闡揚，在我的思考裡最為謹慎，我不願輕率地為現實被目的曖昧的思潮或片面的真理利用和服務，而輕易地道出在時光中會迅速消蹤的結語。文學可視為認知生命現象的工具，甚至它與其他藝術形式一樣代表生命現象的內涵。在我踏出第一步發展我的文學生涯裡，我唯一的使命乃是勤勉地學習和探索，祈望有一天能與過往的人類的仁善精神相接續。有人指責現今的文學，以為它頹廢地不斷在創作與自身相似的悲戲，只是對西洋文學的模仿，沒有為大眾做代言人，於是對生命的認知探索所應用的手段，也由個自內心的思緒移轉到表面世界人與人之間的議論，如此真可謂喪失了追求知識的本意，喪失追求知識的本意，只有破壞人生而不會改善人生。對人類權益的維護，我們所鼓起的熱情，應該直接去參與社會的服務，我們的社會也真正需要這種明朗作風的寫實人物，因為「人道」或「憐憫」是一種直接的帶有濃厚的「捨己為人」的情感。至於文學的了解，它是一種體驗的「緣」，絲毫沒有強制的意思，不能因境界的不同而有殊異。佛教裡的「善知識」，以及老子的「無為」是我個人傾近文學的本意。

　　日夜在交替，當我踏進寫作的第一步後，對於過往成長的歲月所遭到的貧困和苦難，遭到人事的折磨等種種夢魘，一步一步地獲得了舒解和擺脫，使我不平靜的心透過這層修鍊的認知，蔑視仇恨的報復而獲得了平靜。人間的美好事物是我天性中所喜愛和追求的，但追求有「道」。「愛」不直接指物質的欲望，它是一種精神的責任感，不是單純肉體渴欲的滿足；「愛」不但是融合和喜悅，而且是苦痛和憂患的分擔。在理想的國度裡，愛不是全然的歡樂、無止境的滿足，而是清楚地規劃出人的權利和義務，使成為秩序；在此天地裡，不再有獨特的個人英雄的事功，只有依秉賦能力所分布的責任工作。這是人類歷史文明追求它的理想的法則。當時代進入於動亂不安的時候，那不是某些人的錯誤，而是人人的錯誤；在此不幸的時刻裡，每個個人應從內在產生改善自己的能力，甚而關愛別人。

　　我的寫作一步一步地在揭開我內心黑暗的世界，將我內在積存的污

穢，一次又一次地加以洗滌清除。我的文字具有兩層涵義：它冷靜地展示和解析各種存在的現象，並同情地加以關愛。當我現在還依然年輕的時候，我的智力和體力都還完好，我不應該懶怠，應勤於對污塵的擦拭和拂掃，因為我知道不久我就不再年輕了。當我老時，我一定會感到精疲力盡，而年輕的一代已經接替了掃除的工作，我就應該退讓去休息，那時我應該可以享受到一份清閒，過恬淡的生活，因為我已不會有欲望和熱情；如果我現在的努力沒有白費，我應該可以獲得真正的平靜。母親告訴我，我的誕生在午夜之後，我的父親曾為此急忙地跑到街上，喚開一家雜貨店，買幾個雞蛋，煮給我母親吃後補暖。因此清晨太陽出來的時候，正是我第一步開始掃除黑夜留下的暗影的年輕時候；現在我隨時光走到了中午壯年的年紀，黃昏的老年已在不遠處等候著我，愛人的小氣離我而走，我不再悲痛，因為小時我已經哭過。我依然寂寞和孤獨，可是人生我已活過，責任我已盡過，我就不會像在年輕時那樣徬徨憂慮，焦躁而恐懼。晚間是我的安息。當第二天的凌晨再來臨時，我的靈魂已經投入於另一個嬰孩的誕生，因為我的肉體生命也是原本為了寄存一個原先的靈魂而產生。那新誕生的嬰孩依然會醞釀成長，依然有他的年輕時代，依然有他的工作。但那是另一個時光的天地，就與我這個肉體不再有關係了。

——選自七等生《散步去黑橋》
臺北：遠景出版公司，1979 年 10 月

致愛書簡

◎七等生

請你耐心地傾聽，也許我不能用最簡潔的語言，甚至不足氣力把它說完，對於現在觸引我想說出的，我的許多遭遇之中的一節，不僅使我多麼以為和嚮往畫家 Marc Chagall 離開了那使他痛恨又懷念的俄羅斯家鄉的幸運。你應了解我的生活充滿了我正要說出來的遭遇，我的性格使我與這種腐蝕我的心靈的不合理制度連結在一起，而升起抗衡的情緒。我是如此單薄孤獨，沒有一絲旁的助力，能使我鼓足勇氣堅持我的立場，因此就陷於顫抖和氣憤，使我的情緒昇達到無比的複雜的悲哀。我的幻想無止境地朝著生命的哀愁擴展，我需要（在現實中無助力的情況）愛情的撫慰，並且是祈求最為無條件的溫柔的服侍，讓怯懦的身心得到安寧。

我如要把它說出來，便需把細屑的情節一一道出。我有這傾吐的欲意，卻發現沒有表達的力量；就像在現實中，沒有任何人站在我的一邊。這提醒我，即使我用最無誤的文字寫實出來，也不會感動距離甚遠的你。所以我徘徊在要與不要之間，我感到無比的痛苦。唯一的希望是，當事情在我身上發生時，你站在我的身旁觀睹，即使你不能在當時插進一句話緩和事態，也能在事後讓我坐下來，為我倒一杯安頓作用的酒，且慢慢地用你的能力，使我對你感到愉悅，而暫時忘懷那遭遇的無情打擊的挫敗事實。做為一位現代文學的寫作者的我啊，早就卑視那浮表的事件的記述的不能共鳴的事實，這使得我必須把心靈演化成形式，用幻想做內容直接來感應你，當你接住我的傳播的感應時，能使你從我的幻想再恢復到現實，那麼你看到的將不是發生在我身上的單獨的特殊遭遇，而是生命的你也同

樣會遇到的普遍事實。藝術藉形式傳達，以便使你也發現你的心靈的滄桑；而我，本是一個拙笨又不幸的人，卻轉變成為單薄孤獨的你的支持者；我由弱化勇，只因我們同處在生命之中。但是我自私的希冀並沒有達到，對於在觀念裡相愛的我們而言，我們並不真的在一起，我不能獲得你親手的撫慰，我在火獄中成為一個寫作的藝術家，揭露我的心靈在這天地間。

　　相愛與了解而不能在一起，我不能相信這是真實。我們是相互陌生才合乎邏輯和實情。那麼讓我有勇氣嘗試說出那遭遇的事實的一個小片段，像新聞報導一樣地直接說出來，不要讓詩情作為橫阻我申述的理由；但是我已在過去的歲月發表了許多寓言，我已經習於如此表達，我在過去的時光中沉默而孤獨地活在現實裡，我似乎無勇氣站起來在公眾之前說話一樣，我萬不能把事實經過洩漏一點點。讓我活著成為一個自封的寫作的藝術家罷；這個變態已經替代了我的身軀；我的真我就是一個寫作的藝術家。但我還是多麼祈望愛情的可能，即使要我放棄擁有一個寫作的藝術家的名銜的虛榮，我寧擇現實中的愛和溫飽的生活，就像一個僧人多麼欲望再恢復為俗世人，就像一個涉急流的人多麼希冀彼岸有一隻伸出來攙扶的手。我生存一日，便對這種愛情的企望永不斷念。

　　我對盼顧的愛情的信約是銘刻在心裡，它不能撕毀和磨損，它隨時日的長久而愈來愈擴大，像刀刻在幼枝上的創傷，在樹的成長中變成浮凸顯明的記號。我唯一的喜悅，就是有一天你的到來，當你看到記號而記起我們的邂逅，我將從植物的冥頑轉化為鳥的鳴唱。請你相信罷，沒有愛情，人類的心靈將日漸枯褪而消失。我是為我的自私呼求你，但這不外乎是自私的人類在呼求他們的人類嗎？違抗社會是我的痛苦淵緣嗎？誰是正確分析我和透視我的作品的人？是一位姓雷的聰明而才智的人嗎？我在前面已經說過了，我的遭遇是我成為寫作的藝術家的激情的刺針，我對愛情的願望才是我的痛苦的全部內容。我要自命為寫作的藝術家，那就是我對我所追求的事物的一本無知，就像為幻想而無知地航向美洲的哥倫布。這不能

是人人嘲笑我的理由；請認清事實的真相罷，這也不是虛榮，這是發自我內心的使命；因爲我對這宇宙世界的無知，對神的無知，成爲自迫性的冒險，是值得令人同情的；請讓我爲這使命而知覺我的生命的存在罷。

也讓我在這盲目和黑漆中知覺我的航行的神聖爲唯一的報酬罷。在這不能預料未來的茫然日子裡，孤單產生了恐懼和怯懦，因爲凡有過航行的只見其行跡卻不知結果如何，我也不能逃過這注定的命運。而我正處在即將同趨一途的無痕消失中的自知裡過日子，我等待那一刻的到來，恐懼浩瀚得整個淹蓋了我的神聖使命；我在無助中有時陷於迷信的陷阱，有時走入混亂的歧途，有時受到逃避的引誘；恐懼成爲我緩慢自毀的疾病，但我相信愛情是治它的藥石。

讓我說清楚罷。而你也會以爲我只不過想用這種理由容易的獲得愛。我愈迫切祈求愛情救我，給我力量，我會在最後變成只有依賴。我如此智昏，已經不能說清楚我自己而陷於前後矛盾。就在此刻結束罷，自言自語像一隻徘徊森林上空的鳥，是不會尋求得到任何的同情和諒解，人們將會因我無條理而騷擾人的文字而進一步反對我。你也顯露了不耐煩；不如收住，在狹小的斗室閉眼靜默片刻。我突然在這渴望的時刻證實了心電感應的說法，而認爲你的靈魂散布在我的周圍；我在這虛無中的求愛，在現代的智識裡是能夠成立而成爲真實的。

——選自張恆豪編《七等生全集 5・沙河悲歌》
臺北：遠景出版公司，2003 年 10 月

給安若尼‧典可的三封信（節錄）

◎七等生

安若尼‧典可：

　　我對筆名的陳述或許會使您覺得平凡，但我並不要為使您有驚奇感而另外編造一個。見過這個筆名的人都想問我為何要用這個筆名。我很不願意回答這個問題；迫不得已時我總是擇取整個事情的其中一段去回答，而不說出全部；我希望他們能有他們另外的對這樣的一個筆名所產生的不同想法，而不必依循當初我取用這個筆名時的幼稚心靈，雖然直到現在，無論從那一方面來說，它是能經得起任何考驗，因為它不是什麼了不起的學問，而是從生活中得來的。它不是最好，也不是最壞，也不在中間。它什麼都不是，但它是。我童年時的孤獨和無助，是因為家庭生活貧窮的緣故，幾乎沒有辦法在小學畢業後進入中學讀書；雖然我在繪畫和作文被稱為天才，可是老師看我家窮也不願幫助我，我去城市投考時沒有鞋子穿，赤著腳，而別的孩子們都穿最好的衣服和皮鞋，還帶許多吃的東西，因此我在火車上和旅館裡自卑得躲在角落暗暗流淚。我進入中學後，幾乎沒有朋友，我每個星期日在家用四開紙編寫一張週報，取名為《太平週刊》。有一天我路過一家私人醫院，看到牆上一張畫簽著「七等兵」的名，於是我回到家在自己的週報上署上「七等生」的名。這些刊物一共延續了有一年，我後來離家時把它們存放在櫃子裡，但六年後的一次大水災，房屋倒了，它們也流失了。當我再到臺北讀師範藝術科時，我不知道為什麼原因，那裡的教官和教師對於有自己的意思而不按他們的意思去做的人非常

不高興，這也許與他們爭取成績有關係。那時我的繪畫作品就簽上這個筆名，我要開畫展，他們命令我把畫從牆上拿下來。我在這個學校受盡了永生難以忘懷的欺辱和痛苦。後來我發表第一篇小說，我想用這個筆名是爲對我的童年和學生生涯的一種紀念。當每一次有人問及我的筆名時，我便會對這個筆名無由的去做無盡的思考。後來我所過的暗淡和飄泊落魄的日子，也使我一次又一次地去追認這個筆名的存在和意義。只要我從閱讀和生活多增加一些知識而深覺自己的渺小時，我就愈覺得這個不很好聽的筆名對我的合適，而現在我的思想、行爲，一切的一切無不都是這個筆名了。

　　我早年熱中於繪畫和音樂，因此我並不熟知外國語言，只略識一點點英文，如果有一天我要到國外去遊歷，就只好學一點英語會話了。我所讀的書全都是翻譯來的。我甚至更喜歡翻譯的文章，我非常感謝那些翻譯法國作家史當達爾的《紅與黑》和莫瑞亞柯的《荒漠的愛》以及雷翁那圖、達文西的傳記《諸神復活》和蒙田的散文集的作者，他們完全採取直譯的手法以及保留原文真髓的精神，給我對文字的莫大啓示。除了中國古文外，我不喜歡當代中國文學創作家及文字，他們有的雖很簡潔，卻沒有多大表現。文學藝術是要靠表現的，有表現才合乎「美」。因此我要寄一份一位遠在倫敦的中國教授的論文給您，您會從這篇論文中獲知他在批評上的見識。還有楊牧那篇在德州大學發表的討論我的作品的論文〈幻與真〉，附錄在《銀波翅膀》這本書的後面。以下我補述您要的年表：

民國 67 年（1978 年）40 歲／小林阿達、回鄉印象、迷失的蝶、散步去黑橋、夜湖、寓言、白日噩夢、歸途、雲雀升起

長篇：耶穌的藝術

散文：書簡、我年輕的時候

詩：戲謔楊牧

出版：散步去黑橋（遠景出版社出版）

民國 68 年（1979 年）41 歲／途經妙法寺、銀波翅膀、夏日故事、河水不回流

詩：隱形人、無題

聊聊藝術——席幕蓉詩畫集品賞與隨想

出版：耶穌的藝術（洪範出版社）

民國 69 年（1980 年）42 歲／決定暫時封筆

銀波翅膀（遠景出版社）、楊牧的論文〈幻與真〉

民國 70 年（1981 年）43 歲／個人離家搬到坪頂山畔居住　寫生活札記（研習攝影和暗房工作）

民國 71 年（1982 年）44 歲／12 月 1 日把鎮上的家眷搬來坪頂　老婦人、幻象、憧憬船、我的小天使、哭泣的墾丁門

馬森的論文〈隱藏在本土的一塊美玉〉

——劉武雄，1983 年 2 月 2 日

安若尼・典可：

　　我的第一篇作品〈失業……〉發表於聯副即受到注意，之後連續發表十多篇，並且投稿給《現代文學》。我真正的失業不久，他們（尉天驄等）就邀我於鐵路餐廳談創辦《文學季刊》的事。在最初的 1～5 期，我都有實際參加編輯和選稿；我和老尉在他的政大宿舍一起工作，他去服役受訓時，我完全做那些瑣碎工作（跑印刷廠、校對、設計版面）。有一次大家去訪問兩位美國青年，一位是留學生，一位是地理雜誌的攝影和撰稿記者。那時是越戰和美國國內的學園反戰的時代。這兩位美國人向我們大談嬉皮和大麻煙的境界，以及放披頭四的歌並分析它們。由於陳永善設計的這次訪問的居心是想藉美國人來反對美國（他的作品可以看見這點，那次的訪問紀錄亦可證明），因此我在這次的訪問之後，內心即有所決定，不再和他

們在一起。當然不只爲了這樣的訪問，還有很多他們的言行，讓我看出他們內心的跋扈，當我發表〈精神病患〉、〈放生鼠〉時，他們都表稱讚；我隨著發表〈我愛黑眼珠〉、〈灰色鳥〉等作品，他們就搖頭，以爲我走的路線不對，以爲我沒有理想和使命感，而且不寫實。包括很多文藝界的人，都認爲我是個人主義和虛無主義者，認爲我病態。從此以後，我就不再和其他的作家有熱切的交往，只寫我的作品，過我自己的生活，從城市回到鄉下。

　　除了投稿給報紙有稿費外，我的大部分作品都沒有稿費。生活雖然窮困，但我還是寫，寫出我心裡想寫的東西，來安慰我自己。我從來沒有感覺到我的文學高峰在那裡，別人的觀感如何我不知道，我只是想要一次比一次有更高的境界來滿足我自己而已。有一天張恆豪突然來找我，表示他要編一本有關我的作品的評論集，我才知道那些論文有的對我有很深的誤解，有的很同情我，但卻不知怎樣去說。然後國外的學者才漸漸關切我，說了一些比較客觀和公平的話。在國內的批評界，他們就沒有這種智見和雅量。

　　參加《文學季刊》使我對寫作界有較廣的認識，也懂一點中國文人的某些可鄙的野心。我在離開文季後寫的作品更多更順手，更能表現我個人的風格。我一點也沒有感覺、沒有參加什麼團體會影響到我的寫作，反而覺得參加什麼團體一定會喪失很多個人的創見。所以有人認爲我不是文季的人是完全正確的，那不是什麼光榮，反而是一個陷阱。我自由的寫自由的投稿不是很好嗎？我的稿被退的很多。有雜誌要創辦總是很熱切的邀我去，要我給他們稿子，可是後來總是把我的稿子退回來，像《中外文學》。又有些編輯因爲我的作品而爭吵和辭職，有的爲我的作品辯護，有的很膽怯，不敢用我的稿，像《純文學》。我投稿的辛酸很難盡訴，我並不想向別人訴說這有多大的不公平，但這一切不都是使我有所覺悟和選擇，以及迎接心境的和平嗎？順便一提，今年八月底我可能到美國愛荷華大學去住四個月。另外，我很高興我提供的東西有助於你的論文的進步，你不必感謝

我，你應該感謝這個世界，如你們西方人所說的感謝上帝。

——武雄，1983 年 3 月 23 日

——選自張恆豪編《七等生全集 8・重回沙河》
臺北：遠景出版公司，2003 年 10 月

自卑、自憐與自負

七等生「現象」

◎呂正惠*

一

> 七等生……永遠那麼憂悒，永遠為我們創造著午睡時的夢魘一般的世界。好在我們有了七等生，否則我們這種無由排遣的煩悶會逼得我們去自殺呢。
>
> ——魏仲智（七等生的讀者）

> 而我，本是一個拙笨又不幸的人，卻轉變成為單薄孤獨的你的支持者；我由弱化勇，只因我們同處在生命之中。
>
> ——七等生〈致愛書簡〉

這兩段話來自不同的脈絡，但並列在一起，卻天造地設的形成了一次生動的對話，這對話透露了七等生「現象」——七等生大量的寫作產品，以及七等生獨特的讀者群——的「祕密」。七等生和他的讀者同處在他們所隸屬的生命之中，七等生藉著不斷的寫作來為自己生命的困境化險為夷，而七等生的讀者則透過閱讀七等生的作品來抒解他們自己的危機。七等生和他的讀者，雖然採取了寫作或閱讀的不同方式，但他們生命的基本內核卻是相同的。

---

*發表文章時為清華大學中國語文學系副教授，現為淡江大學中國文學系教授。

　　七等生的寫作導源於生命的不幸與卑微、困窘與屈辱。他的父親原是海邊一個小鎮的公務員，因個性的特異而在光復初期被人解除職務，從此全家陷入長期的貧困之中。我們可以從七等生對於父親的回憶，看到他年幼的心靈如何在這樣的家庭中，成長為特殊的形態：

> 因為時代的陰影，造成年幼的我與我父有些敵意和疏遠。他在我記憶的黑幕中顯現的是一個憂患的形體，他高瘦的身軀和臉上痛苦的眼神，以及他在病魔的纏繞之下的掙扎扭曲的情態，我常常為此而逃到無人的角隅去獨泣。
>
> 　　　　　　　　　　　　　　　　──〈當我年輕的時候〉

父親形象的不彰，無疑暗示了自我認定的曲折與困難。

　　因為家境的艱難，七等生不得不為了公費而進入臺北師範就讀。被迫走上這一條路，等於是在七等生已經形成的性格上抹上更深的色彩。早期師範教育那種極端保守而不合理的作風（參見《跳出學園的圍牆》），使得苦悶至極的七等生，以一種滿不在乎的姿態來加以反叛。結果是，因此被勒令退學。以後雖然由於某一老師的講情而復學，但隨後卻又因另一老師的刁難，不得不重修某一主科，而延遲一年畢業。這些遭遇，當然會在七等生敏感的心靈上留下深刻的印跡。

　　關於這些，七等生是清楚自覺到的。七等生所沒有想到，或者想到而未說出的是，師範教育的另一嚴重「後果」。他沒有成為「大學生」，因而在前程上就變成「次等青年」。很少人能夠了解早期師範生和大學生對比的辛酸。許許多多的師範生只不過因為家境的貧寒而不得不提早選擇公費，在資質上來講，他們卻未輸給將來的大學生，然而環境卻把他們的「次等」發展（相對於大學生的「頭等」）安排好了。身價的「卑微」，以及對於這種卑微的不甘，更加強了七等生在自我肯定上的艱難。

　　於是我們看到，七等生在畢業之後被分發到偏僻的九份礦區去當小學

教員，在孤獨之中去面對那不可知的前途。在小說〈精神病患〉、〈復職〉
和〈迷失的蝶〉中，七等生相當程度的描述了這一段苦澀的日子。但把當
時的心境說得最爲鮮明的，恐怕還是要數那一篇自述文字〈當我年輕的時
候〉。七等生說：

> 當我年輕的時候，非常的寂寞和孤獨。那是 17 年前，我年紀 23 歲時，
> 已經在礦區九份當了兩年的小學教師，沒有異性朋友，沒有什麼值得安
> 慰我心靈的事物。夏季我徘徊於山下瑞濱的海灘，赤裸地暴曬在波浪排
> 向岸沿的岩石之間的小沙灣，或潛入清澈透藍的深水裡，探尋水草與游
> 魚同伴。那時我的心在海洋上的空際鳴響著，想呼求什麼與我在這宇宙
> 自然結合，但我很愚蠢，找不到方法將我獻出和迎取。

這是一個「次等青年」在遠離文明城市的偏僻礦區裡，對自我生命的呼
求。當然，他找不到可以和自己結合的東西，他既無法獻出，也無法迎
取，他唯一的「自贖」之道就是：寫作。

> 但是突然我意外地發覺我能思想，那是三月，我能知道我長期的禁錮和
> 憂鬱，我像有另一對眼睛看到我過去的形體，它在時間的流動裡行走，
> 我清楚窺見到那行走的陰沉姿態。

對於七等生來講，在剛開始時寫作不是一種志業，不是一種自我肯定的方
式，而是一種自我「拯救」。是把敏感的心靈在長期的鬱積之後所沉澱的東
西清除出去，是在寂寞與孤獨之中的自我傾洩與自我呼求，以此來獲得暫
時的舒坦。所以，他說：

> 我的寫作一步一步地在揭開我內心黑暗的世界，將我內在積存的汙穢，
> 一次又一次地加以洗滌清除。

　　寫作作爲實際生活的一種代替，作爲一種無可訴求的訴求方式，作爲生命的不得已的顯現方式，在七等生的另一篇散文〈致愛書簡〉裡，說得更是淒婉動人：

　　　　我是如此單薄孤獨，沒有一絲旁的助力，能使我鼓足勇氣堅持我的立場，因此就陷於顫抖和氣憤，使我的情緒昇達到無比的複雜的悲哀。我的幻想無止境地朝著生命的哀愁擴展，我需要（在現實中無助力的情況）愛情的撫慰，並且是祈求最無條件的溫柔的服侍，讓怯懦的身心得到安寧⋯⋯即使要我放棄擁有一個寫作的藝術家的名銜的虛榮，我寧擇現實中的愛和溫飽的生活，就像一個僧人多麼欲望再恢復爲俗世人，就像一個涉急流的人多麼希冀彼岸有一隻伸出來攙扶的手。我生存一日，便對這種愛情的企望永不斷念。

長期的寫作使七等生發展出另一種藝術觀，這種藝術觀以偏執的方式片面肯定藝術的獨立而崇高的價值。但是追源溯始來說，我們必須認清七等生寫作活動的最初的驅動力，只有從那裡，我們才能真正了解七等生的作品，了解七等生做爲一個作家的獨特性，並了解到，即使他的作品毫無文學價值（這當然不可能），作爲一個「現象」，他和他的作品在近三十年來臺灣社會、文化的變遷中，仍有其特殊的意義。

　　這一意義可以從七等生獨特的讀者群看得出來。對很多人來說，七等生的作品是 nonsense，絲毫沒有閱讀的價值。但對另外一群人來講，七等生卻是某種「精神上的救星」（劉紹銘語）。七等生的讀者群是一個私密性的小團體，是沒有組織但卻具有強烈共同「信念」的一群人。他們對於自己的救星與信念，極爲嚴肅而堅定的護衛者，不容他人加以批評，加以侵犯。

　　我們不知道七等生這樣的讀者到底有多少，但我卻相信，這種特殊的作家和他擁有的特異的讀者群，是臺灣某種社會現象的反應。爲了說明方

便，我想把臺灣的知識界分成兩部分，即上層知識分子和下層知識分子。
上層知識分子是在臺灣工業化早期較早都市化、較早接受現代文明，因而
在發展上站在一個較有利地位的人。比較來講，那些起步較晚，發展上較
不利的人，就是下層知識分子。舉幾個明顯的對比來說，早期的大學生之
於師範生，外省青年之於本省青年，本省都市化的青年之於窮鄉僻壤的青
年，在這三項對比之中，前者常發展爲上層知識分子，後者常淪爲下層知
識分子。社會的現象當然極爲複雜，不容我們以幾條公式加以分析。我所
要指出的是，在臺灣社會轉型的過程中，由於客觀環境的影響，有些知識
分子的成長與影響是要比另外一些人艱難得多。

　　在某種程度上來說，陳映真、黃春明和七等生的命運在剛起步時是有
一點類似的，他們都是陳映真所謂「市鎮小知識分子」，但以後的發展就不
一樣了。陳映真早年的生活也是苦澀而卑微的，這從他早期的小說就可以
看得出來。但後來他進了大學外交系，逐漸的匯入現代都市文化的主流之
中。黃春明則是一個比較「素樸」的鄉下人，他以一種「自由自在」的方
式肯定鄉下人的特長，在都市中雖然無法免掉羞澀與卑微，但他始終沒有
喪失鄉下人那種相對於都市人的「自信」。七等生對於自己身分的敏感近於
陳映真而不像黃春明那樣「混沌」。問題是，陳映真「上升」了，而七等生
仍停留在原地打轉。相對於陳映真和黃春明，七等生可說是下層知識分子
的「典型」：他的出身限制了他的發展，他的敏感讓他知道自己的命運，他
的命運使他對社會產生深刻的敵意，從而把自己從社會割離出來，把自己
封閉起來，然後在自己的思想意識所建造的哲學王國之中自封爲王。七等
生是下層知識分子的「極端發展」，他成爲這些知識分子沒有出路之中的一
種「出路」。他是他們的主觀的代言人，是他們主觀世界的「精神領航
人」。這是我所了解的，七等生和他的讀者的「祕密」。

二

　　我的每一個作品都僅是整個的我的一部分，它們單獨存在總是被認爲有

些缺陷和遺落。寫作是塑造完整的我的工作過程，一切都將指向未來；我雖不能要求別人耐心等待，但我有義務藉解釋來釋清一些誤解。

　　　　　　　　　　　　　　　　　　——〈離城記〉後記

至於想在文字中去捕捉特定的涵義，實在「枉費心機」。真正屬於優秀的好作品，除了被察覺到作者心脈的跳動外，再沒有其他更重要的意義。

　　　　　　　　　　　　　　　　　　——《我愛黑眼珠》序

　　前面已經說過，七等生寫作的動力是生活的不能滿足；寫作成為生活的代替，成為生活的不得已的顯現方式。在這種情況下，寫作是一種自我記錄、自我省察、自我塑造的過程。所以歸根結柢來說，所有七等生的作品綜合起來，就是他心靈的自傳。而對七等生來說，心靈就等於他生命的全部，心靈的自傳也就是他一生的自傳。

　　這樣的寫作方式所引起的問題，在前面兩段引文裡已經透露出來。七等生要求讀者，除了察覺他「心脈的跳動外」，不要去追索作品的特定涵義。而且，他「心脈的跳動」要就所有的作品來觀察，每一篇作品單獨來看都是不完整的。七等生不敢要求讀者「耐心等待」，等他未來在作品中終於把自己塑造完成。但做為他的批評家就非常的不幸了，因為七等生要求他們「明白作者的真正成長歷程」。我想，在某種意義上來說，七等生對他的批評家所提的要求是正當的，但批評家是不是也可以提出反問說：七等生先生，你有沒有把你的心路歷程寫得一清二楚？如果七等生不以批評家的解釋為對，而要另加說明，批評家似乎也可以說：對不起，七等生先生，你的作品好像沒有把這個意思表達清楚。

　　為了對得起七等生先生，也為了盡到一個評論者應盡的責任，我把七等生的 13 本小說集（從《白馬》到《老婦人》，未計入《耶穌的藝術》），配合著七等生所親自編列的寫作年表（見舊版的《白馬》與《情與思》，及張恆豪編《火獄的自焚》），從頭到尾讀了一遍。一遍也許還不夠，但憑著

這一遍的經驗（以及以前零零星星閱讀的印象），我卻覺得，七等生早期的寫作方式跟寫作觀念可能有問題。

七等生曾經談到他獨特的寫作方式，他說：

做為一個現代文學的寫作者的我啊，早就卑視那浮表的事件的記述的不能共鳴的事實，這使得我必須把心靈演化成形式，用幻想做內容直接來感應你，當你接住我的傳播的感應時，能使你從我的幻想再恢復到現實，那麼你看到的將不是發生在我身上的單獨的特殊遭遇，而是生命的你也同樣會遇到的普遍事實。

——〈致愛書簡〉

這一段話把七等生的寫作理念表達的相當清楚，我們可以從這裡開始，來討論七等生早期作品（民國 63 年寫《跳出學園的圍牆》之前）的一些問題。

七等生的早期作品，基本上是以幻想的方式來表達他所謂的生命的「普遍事實」，他說這是「把心靈演化成形式，用幻想做內容」。這當然是受卡夫卡影響。而自從劉紹銘把這種作品稱為「寓言」，並獲得七等生本人的首肯以後，這種看法早已成為批評界的常識。問題是，大家的焦點都放在「如何解開寓言的涵義」這一點上，而很少人問：這是否是成功的寓言？而且，似乎也很少人去比較七等生的幻想故事和卡夫卡的不同。

如果跟卡夫卡的故事相比，我覺得七等生的作品明顯具有兩大缺點，即缺乏生動的細節描寫和精心設計的結構。說到細節描寫，我想讀過卡夫卡的《蛻變》的人，對於男主角變成一條大蟲的情景，極少不留下深刻印象的。很多人都認為卡夫卡是在寫「幻想」故事，但很少人留意到卡夫卡的「幻想」是透過精細生動的描寫來達到震撼人心的效果的。盧卡奇說，卡夫卡具有偉大的寫實主義作家那種選擇適當細節的才質，能夠以極簡潔的描寫來喚起人們的幻覺。如果沒有注意到這點，而只漫無限制的「發

揮」卡夫卡的幻想成分，那就完全誤解卡夫卡藝術的特質了。

　　作爲對比，我們可以去讀一讀七等生寓意較爲清楚的短篇小說，譬如《僵局》一書裡的〈爭執〉和〈灰色鳥〉。在那裡，我們看到七等生把一些「平常」的「人生真相」以一種較怪異而彆扭的方式述說出來，卻說得一點也不動人，那裡面的描寫毫不令人感到興味，只覺得做作。那真是爲幻想而幻想。如果採取平實的說故事的方式，我想更能夠讓人得到七等生要人感覺到的「普遍事實」。

　　在七等生的早期作品中，〈AB 夫婦〉的細節處理可能最爲成功。整篇小說的主要部分是 A 在寂寞荒蕪的空室中捕捉白壁上那隻醜惡的八腳。A以虐待狂的方式玩弄八腳，讓八腳把自己的腳一隻隻的丟掉，而 A 則獰笑的欣賞牠殘傷掙扎的情狀。在這一連串窮極無聊的惡作劇中，A 逐漸懷念起逝世已三年的太太 B，而終於醒悟到，他所給予太太的，是怎樣的一種生命。另外，在素描式的〈俘虜〉裡，海邊的軍官殘忍的作弄無意中闖進禁區的小孩。全篇雖然沒有特殊的寓意，但作者以生動的對話堆垛而成的場景，卻令人感到興味十足。

　　其次，再說到結構。在這方面，我們可以拿七等生最著名的短篇〈我愛黑眼珠〉作例子。關於這篇小說的主題，可說眾說紛紜，莫衷一是。七等生曾公開的駁斥葉石濤和陳明福的闡釋（見《情與思》），從這些自我「維護」中可以看出，七等生完全肯定主角李龍第的道德理念：我自己的閱讀印象也是如此。那麼，這篇小說的主題不是很明顯嗎？爲什麼會引起大家胡亂猜測呢？問題出在於：在七等生所描述的情節下，李龍第根本不需要那麼殘忍的對待太太晴子。七等生以爲，在他的情節設計下，李龍第已有充分理由宣布他的道德理念，可以依此理念來拯救那一妓女，而置太太的死活於不顧。但讀者把小說從頭讀到這裡，按照情節結構，根本看不到李龍第有必要如此做，他們因此迷惑了。但他們真心的相信七等生是個「好」小說家，他們沒有懷疑七等生並未把小說寫好，因此只好絞盡腦汁去提出各種可能的解釋。坦白講，我對臺灣的許多詩人和小說家（當然包

括七等生）的「技巧」常抱著懷疑的態度。在我「虛心」的細讀了三遍以後，如果我還看「不懂」，我寧可相信這是作者自己出了問題。

因此，我甘冒大不韙的說，七等生絕大部分的早期小說都沒有寫好。我相信，七等生是個自然主義式的「自發論」者。他相信，他的感覺和想像只要稍加安排，就可以寫出來而成為藝術品。如果我們仔細的讀七等生那些篇幅短小的素描，以及許多片斷組成的中篇（如〈巨蟹〉、〈無葉之樹集〉），我們會了解到，七等生小說的基礎是他日常生活中許許多多的印象片段。七等生似乎認為，這些片段只要稍加變形，或稍加發展，就可以具有「意義」，就可以反映人生的「普遍事實」。

透過另外一種方式，我們也可以看到七等生「自發式」的寫作過程。如果我們遍讀七等生所有的小說，我們會發現許多傳記性的資料，這些資料彼此呼應，而且具有高度的真實性。我們可以看到，七等生從自己的經歷中取用的材料，常常沒有和整篇小說完整的搭配在一起，而成為這一藝術品的有機成分。我們只要去讀〈放生鼠〉的前半部，就可以具體的了解七等生這種錯誤的寫作「技巧」。如果要知道，「自發式」的寫作可以變得多麼瑣碎無聊，我願意推薦大家去看《老婦人》一書中的〈行過最後一個秋季〉（這是七等生最近期的作品）。

也許有人會說，既然七等生寫得那麼糟，為什麼他會吸引一群特殊的讀者，並成為他們「精神上的救星」？我想，這可以從兩方面來說。首先，當七等生要表達下層知識分子那種「社會棄子」的心態時，他會傾洩出大量的「自憐情緒」。這種情緒雖然常常過分氾濫，但很合乎當事人的胃口。在最早的作品裡，如〈隱遁的小角色〉、〈來到小鎮的亞茲別〉和〈初見曙光〉，這種情緒完全沒有節制，實在令人難以卒讀。事實上，那種社會棄子的心態，如果能夠客觀的加以呈現，很有杜斯妥也夫斯基筆下的〈地下室人〉的味道。在這一類作品裡，〈精神病患〉要算是最成功的（同性質的〈放生鼠〉則差多了）。〈精神病患〉有較明朗的故事格局，能夠讓我們看到男主角自棄心態的一點來龍去脈。男主角對於世人的警戒，對於社會

的敵視，對於深具母性特質的女子丘時梅的迷戀，對於同是社會棄子的女子阿蓮的依附，都具有相當的心理深度。看了這篇作品，我們會覺得，七等生未能效法果戈理和杜斯妥也夫斯基，而以卡夫卡爲師，好像是有一點走錯路了。

事實是，七等生並不「客觀」的描繪他的社會棄子，反而以卡夫卡式的幻想來「提升」他的主角，並企圖賦予他們「哲學」的氣質，或者肯定他們承受人類苦難的價值。但是，七等生並沒有以合理的情節，「藝術地」呈現，他的角色從自卑、自憐到自負的過程。其結果就是，不太能「同情」七等生的葉石濤和劉紹銘，根本無法了解〈我愛黑眼珠〉裡李龍第的道德理念。而七等生及擁護七等生的讀者，則剌剌不休的爲李龍第的理念辯護，好像這是他們「賴以存在的主權」（七等生答葉石濤語）。於此，我們就明白了七等生式的幻想故事的吸引力：在那半朦朧、半神祕的不可思議的故事架構裡，硬生生的放進了貌似深奧的道德與哲理；在那艱難的索解過程中，讀者以爲他已經掌握到，或者有可能掌握到一把人生的鑰匙。

三

不論是正常的人，還是病態的人，只要放在客觀的社會結構下，放在明顯的社會環境中，都可以透過直接的生活經驗去描繪，而不需要詳盡的加以分析。但是，如果只是個人的病態心理，則要不斷的加以說明，加以分析，或者透過浪漫的、幻想的、異國情調的襯托，才能使人相信。

——盧卡奇

盧卡奇所要區分的是兩種藝術類型，前者是他所偏愛的寫實主義，後者則是各種形態的浪漫主義（包括現代主義）。客觀的講，兩種類型都可以產生偉大的作品，但是所依循的創作原則卻有所不同。我們在前一節所要說明的是，七等生應用第二種方法，基本上是失敗了。民國 63 年以後，他逐漸轉向第一種方法。令人驚訝的是，反而寫出了更好的作品。在三個

中、長篇《跳出學園的圍牆》、《沙河悲歌》、《城之迷》，以及短篇小說集
《散步到黑橋》裡，我們看到了成熟的七等生。

七等生改變風格以後的第一個長篇《跳出學園的圍牆》（原名《剡瘦的
靈魂》），可能是他所寫過的最好的作品。這是一部自傳性的小說，以他當
年就讀臺北師範的經驗為題材，甚至主角都保留他自己的本名（劉武雄）。
主角劉武雄以一種極為特殊的嘲諷語調，描繪了學校裡許多性格「怪異」
的師長。在他的敘述之中，我們同時也看到了劉武雄這個人的具體形象。

劉武雄基本上也是七等生式的主角的一員，但比起以前過度沉溺在自
憐情緒中的社會棄子，這個人物就顯得具體而生動了。主角自己的嘲諷氣
質，對於他自己的不幸遭遇所可能引發的感傷，實在是最好的平衡。更重
要的是，七等生已經能客觀的描繪做為自己之化身的主角，因而擺脫了以
往那種主觀的縱情。譬如，在深夜裡，劉武雄站在女生宿舍外面，望著他
所迷戀的林美幸的影子：

> 但是我相信，我只被林美幸一個人迷住，你只注視著她的影子，不讓她
> 離開你的眼睛。你深吸了一口氣，在嘴巴裡發著悶音，歌唱「我的太
> 陽」。他的少婦影子，使你完全忘掉了疲勞和飢餓，甚至忘掉貧窮和一切
> 不幸……你已把她奉為宗教的希望；只有她能撫癒你的傷痕。你說不出
> 多麼愛她；你也說不出多麼看輕自己。

但是，在一長串的沉溺之後，七等生突然寫出這麼一段：

> 突然，你看到你沒有希望看到的景象，從窗玻璃清楚地映出兩個影子扭
> 打在一起；起先是推來推去……彷彿還聽到她們的相罵，然後是相打，
> 其他圍觀的鬼女生發生尖銳的叫聲……電燈突然在她們難分難解之時熄
> 掉了，你仰望的眼睛面前一片漆黑和寂靜，只有稻田裡的青蛙求偶聲。

前後兩段冷酷的對照，可以證明七等生在寫作時的某種冷靜。最後一句尤其是神來之筆，是對於劉武雄的浪漫熱情的反諷。

但是，這部小說最精采的部分還不在這裡，而是在七等生對於學校師長的描寫。那一個偽善的葛文俊老師，平時裝作講理和尊重學生的樣子，心裡卻牢牢記住學生的每一次「藐視」，再伺機報復。那一個留美的教務主任閔真先生，以十足的自由派的方式接待學生，在學生有困難時卻只會在學生面前唉聲歎氣，骨子裡是個懦夫。還有滿肚悶氣，既沉默又缺少笑容的鋼琴老師高鏡；算畫圖張數計算成績的美術老師巫榮；在校外畫花布賺錢的導師殷雨天；以及那個叫人家「沒有錢，不要來讀書」的鄂教官；以及這一切的總頭頭倪莫樂校長，七等生這麼描寫他：

> 但是只要你再注視他的臉，他似乎不全然是胃痛，表情裡帶有令人不解的極端複雜的悔恨，而把人拒斥於千里之外。於是你只有分心去猜想，那種表情大概與家庭、事業等情感有關……沒有人知道他心裡有多少窩囊事表不清；但你可以確信，他在你的面前顯露了醜相。

正如劉武雄心裡所想的，這是一個「充滿精神不正常的教師的窩囊學校」。七等生以一種稍近漫畫的筆法，向我們呈現了臺灣教育界某一角落的某一面相。我相信，在早期的臺灣社會，這是相當具有「典型」性的。我有一個從小頑劣的朋友，他曾生動的向我「介紹」他所就讀的中學的許多「怪異」的老師。我的朋友的描述和七等生的小說若合符節，我所要說的不只是教育界，而是臺灣社會的每一個層面的某些上層人物。讓我們仔細的想一想，而把七等生的話改為「充滿精神不正常的ＸＸ的窩囊ＸＸ」，我們就會了解到這句話的「典型」性。七等生就是憑他自己的經歷，從臺灣教育界的某個角落，向我們提供了這個社會的「典型」。因此，我相信，《跳出學園的圍牆》不只是七等生最好的作品，也是三十多年來臺灣文學界有數的小說。

看到這部小說，我不禁覺得，〈精神病患〉可惜寫得太早了。〈精神病患〉的前半，再加上〈復職〉和〈迷失的蝶〉的某些部分，透露了七等生早期在九份國小和萬里國小教書的某些經歷。這些經歷足以讓七等生寫成另一本「社會小說」。而且，七等生在那裡所感受到的「社會棄子」情緒，似乎要遠超過臺北師範時。如果他能夠把〈精神病患〉裡的主角，放在一個更具體的社會情境中，一定可以把主角的形象寫得更清楚，更富心理深度。同樣的情形，〈精神病患〉的後半，男主角和阿蓮在都市艱困謀生的部分，實際上是七等生辭了教職以後，在臺北長期失業的精神狀況的反映。這一部分，又是另一部動人的自傳小說的題材。〈精神病患〉是七等生早期最好的作品，可惜的是，把許多好題材堆積在一個略嫌混亂的架構中，沒有好好加以利用。如果〈精神病患〉發展成兩部水準約略等於《跳出學園的圍牆》的自傳小說，就憑著總共這三部作品，七等生可以成為臺灣最優秀的小說家之一。

七等生後期的另兩部中、長篇《沙河悲歌》和《城之迷》，雖然比早期的作品更具可讀性，但卻比不上《跳出學園的圍牆》和〈精神病患〉。《沙河悲歌》寫的是七等生的大哥，淪落不偶的鼓吹手。七等生把自己的「棄子」情緒放到一個他較陌生的行業之中，總有隔一層的感覺。這本小說也比較的縱情，但因安放在明朗的情節中，還可以被人所接受。《城之迷》的缺點是，因追求哲學的深度，把人物和環境抽象化了，反而喪失了《跳出學園的圍牆》和〈精神病患〉的真切感。《城之迷》寫得最好的是第十章，柯克廉的自棄心態描述得淋漓盡致，可以比美〈精神病患〉。我們感到最遺憾的是，七等生還沒有在一本完整的小說中，把他的「社會棄子」完美的描繪出來，如果〈精神病患〉缺點不是那麼明顯，倒也可以算是這樣的作品了。

七等生後期的短篇，應該從民國 65 年算起。前兩年他集中精力寫《跳出學園的圍牆》和《沙河悲歌》。寫完《沙河悲歌》後，他的短篇也明顯的走向明朗平易的路子。事實上，七等生早期偶然也嘗試這一類作品，如

〈阿水的黃金稻穗〉和〈結婚〉，在我看來，是要比他的幻想故事好得多了。從民國 65 年開始，他的短篇就以此爲主流了。不過，奇怪的是，較早寫的《白馬》最後六篇及《散步到黑橋》，似乎要比後出的兩個集子《銀波翅膀》和《老婦人》來得好。

《白馬》裡的〈大榕樹〉、〈德次郎〉和《老婦人》裡的〈幻象〉、〈垃圾〉都可以算是佳作。但就七等生個人的情感歷程和藝術發展而言，最值得注意的是《散步到黑橋》的前五篇。這五篇的主題彼此相通，我們可以稱之爲五樂章的「安魂曲」，是七等生對於自己過去騷亂的靈魂所作的寧靜回顧。

從小貧困而敏感，長大後歷盡艱難的七等生，在遠行出版社替他印行了十冊小全集（民國 64 年到 66 年）後，似乎因爲得到了某種肯定，而逐漸消弭了長久以來的憤激與自棄。他現在可以坦然的面對自己的過去，在回顧之中好像終於找到了自己。

〈散步到黑橋〉是一篇田園式的散文詩，七等生和他的靈魂，一起漫步去撿拾孩童時期的遺跡。在「他們」的一路檢閱和輕鬆對答中，我們看到，昔日的一切恥辱與困頓似乎都已煙消雲散，長空似洗，青天渺渺，心中一片舒坦。作爲這一連串安魂曲的尾聲，這一篇真是克盡厥職了。

但從短篇小說觀點來說，五篇之中寫得最好的可能是〈小林阿達〉。小林阿達在城市混不下去以後，回到自己的家鄉，企圖從富有的父親那邊繼承到一筆財產，但卻受到全家的唾棄，最後連他的女友也棄他而去。在完全被社會所棄的情況下，他終於了然於人生的一切，在一種至高的純淨下，投身到大自然中。在這裡，七等生可能是第一次藉著和他全然不同的人物，成功的表達了他所追求的人生境界。有了這一篇，我們會覺得，七等生以前的一切苦難與掙扎似乎都有價值了。

如果除去《耶穌的藝術》和《譚郎的書信》（這兩本都不是嚴格的小說），七等生結集成書的小說，不論長短，共有 116 篇。在我看來，他最大的特色是，以自己艱困的經歷做基礎，在小說裡塑造了一種具有病態傾向

的人格類型。他從來沒有創造出一部完整的作品，來完美的描繪這一類人物。不過，以現有的小說來看，〈精神病患〉在這方面要算是寫得最有力的。其次，憑著他獨特的感性，他能夠看到社會「不正常」的一面，而且，很幸運的，在《跳出學園的圍牆》一書裡，他以此眼光爲我們展現了臺灣社會的一角。最後，在他「功成名就」之後，他以寧靜的心情回顧了他騷亂的一生，因而寫下了《散步到黑橋》那五個相關連的短篇。我認爲，小說家七等生的成就，主要要以這三部作品去衡量。

——選自呂正惠《小說與社會》

臺北：聯經出版公司，1988 年 5 月

三論七等生

◎馬森[*]

一、隱藏在本土的一塊美玉

我對七等生的作品有段由誤解漠視，而終至自以爲了解、激賞的過程。

我第一次看到的七等生的作品，是多年前在英屬哥倫比亞大學執教的葉嘉瑩教授借給我的《來到小鎮的亞茲別》。當時翻了幾頁，覺得文字很彆扭、又很囉嗦，不容易看下去，因此沒有看完就還給了原主人。問主人的意思，她說她也沒看完。

後來在復刊的《現代文學》上又看到了七等生的作品，忽覺七等生的文筆並不如我原來想像中的那麼彆扭、囉嗦，相反的卻十分細膩、精確而能自成一格。先時我所得的印象，很可能是由於我自己的成見和不夠耐心的緣故。

橫在七等生的文體和讀者之間的最大的一個障礙，是他的聖經式的文筆。是聖經體，也是翻譯小說體。從七等生自己在小說中對童年生活的描述，我們可以想像七等生幼年時是一個相當孤獨而落落寡合的孩子。這種類型的兒童最大的特點，就是內在的獨白多於外在的對話。當時七等生在內在獨白時所用語言，一定是他自己的方言，而不是五四以來通行的書寫白話；甚至不一定是通行的方言，因爲內在的獨白常常混雜了許多模糊不

---

[*]發表文章時爲成功大學中國文學系教授，現爲成功大學科技與人文講座教授、佛光大學名譽教授。

清的印象和個人獨特的色彩。這種內在的獨白在外化時，常常需要加以修飾，有時不免屈己以從俗，不得不扭曲自己的意象以符合既有的語言模式。一個外向的兒童，在語言的學習過程中，比內向的兒童更容易拋棄個人的色彩以從既有程式。因此外向的兒童常給人學習語言能力較強、說話較流利的印象。但內向的兒童則更能保留住個人的色彩。在七等生成長的過程中，也正是五四以來的現代文學作品遭受禁錮的時代，年輕人所能接觸到的比較嚴肅的作品泰半來自西方，因此翻譯體對在臺灣長大的 40 歲以下的人影響非常之大。在翻譯體中，聖經的翻譯又是特別具有代表性的一種。多數的譯文，包括聖經在內，直譯的成分都很大；為了保持原義的精確，常常犧牲掉符合中文語法程式的流利性。但對現代人的生活經驗來說，西方語言的句式，倒正可以補救語義模稜富於詩意的中國語言在表意的精確性上的缺失。七等生的文體，表明了他一面極受翻譯文體的影響，另一面由個性的內向，使他在學習語文的過程中更能少顧及社會上通行的語式，而保留了相當重要的個人化的表意的特點。

如果我們只以語言上流行程度為標準來衡量文學，那麼《紅樓夢》、《金瓶梅》、《醒世姻緣》等是比較好的作品，《三國演義》、《西遊記》、甚至《水滸傳》都遠為不如。在現代文學中，則除了老舍、趙樹理等少數幾個運用口語寫作的作家外，其他都不入流了。但是我們沒有理由把「文學」降到「口語文學」的範圍。所以衡量文學的標準不但應該相當廣泛，而且應該相當多樣化，才不至於把文學的創作局限於某一種單一的程式之中。我覺得七等生並非在文字上故弄玄奇，而是他個人學習環境加上他個人獨特稟賦所自然形成的結果。七等生所應用的語言文字，雖然並不合於日常的口語，但確是一種表現文學的意象相當有效的文字工具；在人物心理的刻畫和比較微妙的情意表達上，甚至比日常習用的口語、俗語更為精確，實在起到了豐富和促進日常通用語文的作用，使這樣的語文更容易獲得進一步發展的可能，而不致停滯在一種僵化的軀殼之中。所以七等生的文體，不但不應構成欣賞七等生的小說的障礙，而且正足以彰顯他的小說

的特色。至於在初接觸七等生的文體時讀者所遭遇到的困難，則應由讀者自己來負責超越之。

以上原則性的論點，並不表示我個人認爲七等生在語言文字運用上絕無缺陷。七等生早期的作品中常常有犧牲了日常習用語言的程式，而並未贏得其他方面的長處的地方。但這種情形在他較後的作品中則甚爲罕見。

七等生也一定曾遭遇過是否在描述文和對話之間求取文體一致性的困難。如果在描述時運用了他自己特有的文體，而對話中又盡力求取符合日常實際對話之真實，勢必造成通篇文體上的乖張。但另一方面，如果把對話也完全依照他自有的文體錄出，則又勢必十分遠離了日常生活的真實。七等生多數的作品趨向於後者，就是維持了通篇文體的統一性，而犧牲了實際對話中的語法與語氣。這一點使他的作品在改編爲舞臺劇時可能要發生很大的困難，但做爲小說則無大礙。只要讀者習慣了七等生式的語言，就像面對後期印象主義繪畫一般，不會在顏色與線條上苛求其與真實的逼肖程度。所以我們在多讀了七等生的作品之後，就自會進入七等生的世界，面對七等生的人物。這時候我們也自會透過七等生的語言，體認到一種以我們日常通用的語言所無法表達的真實（但仍是一種真實而非虛構），也使我們體會到正由於他語言上的銳利與準確，才更能剔撥出真實中更爲豐富深刻的層面。因此，一經習慣了七等生的文體，倒覺得他有些句式太過平常的作品（像《削廋的靈魂》），反而失去了相當大的一部分他個人那種文字上的魅力，顯出過於淺露的弊病。

當然文字上的特點只是形成七等生作品凸出的一個方面。另一個重要的因素是七等生作品的內視性極強。如果我們說 19 世紀以前，文學作品的主流主要是「外視」的，那麼到了 20 世紀，由於心理學的發達、個性的解放和個人的地位與權利在社會中受到應有的重視，「內視」的作品便逐漸地發展起來。「內視」的作品最大的特點就是自繪、自剖與自憐。縱觀七等生的作品，其主要的題旨與內容，不出以上三種類型。亞茲別也好，土給色也好，羅武格也好，李龍第也好，柯克廉也好，都不過是作者的另一個化

身。在《削瘦的靈魂》中,七等生更以劉武雄的本名作為主人翁的姓名,寫成一本更為逼肖的自傳體小說。作者個人的具體經驗,像跟母親與姐妹的關係、父親的陰影、在飯桌上跳舞為嚴苛成性的教官所斥喝的場面,都夢魘似地一再出現在七等生不同的作品中,只有《沙河悲歌》等少數的例外,主要寫的是作者的兄長,或其他作者所熟悉的人;但這些人物也無不與作者童年的生活緊緊地密接在一起。這種內視性的小說雖然形成西方現代小說的主流,但在中國五四以來的新文學中還甚為少見。1930 年代大概只有郁達夫算是一個「內視」小說的作者。當代的作家中也只有王文興和七等生等少數幾個人而已。

內視的小說不一定與作者內傾的個性有必然的關聯,雖然內傾的個性可以助長內視的傾向。內視的小說最主要地說明了作者在自我解放中所做的掙扎與努力。只有在心靈上獲得紓解的情形下,才有能力把自我形之於外,或藉繪畫、或藉音樂、或藉文學做為媒介。內視作品的出現,除了說明作者的自我解放以外,也代表了一個社會已經達到了可以提供其中的個人自我表達的可能條件。在此一層面上,這種個人的自我表達同時也就具有了群體的意義。

自繪屬於內視的外在層面,自剖屬於內視的內在層面,自憐屬於內視的情緒層面。自憐在中國文學的傳統中具有相當嘲諷的意味,這是因為中國亘古以來就是一個個性隱沒在家族式的群性中的社會。納爾塞索斯(Narcissus)式的自憐情緒是希臘的神話,但也有他的普遍意義。並不是中國人不具有這種特性,只是以往為社會文化的迷障所蔽而已。在 20 世紀中,伴隨著西方文化的衝激,這種情緒也在中國人的心靈中甦醒了過來。個性的覺醒與自憐的情緒勢必相連。一味地沉湎於自憐之中固然可釀成自溺的悲劇,但完全排除自憐的情愫,毋寧否定了自存與自覺的根源。七等生的作品中有非常強韌的自憐情緒,這可能也是不易取悅於中國傳統視野的關係所在。但我以為七等生式的自憐,正足以糾正中國文學中故意自抑的矯偽和無力伸張的窒息情緒。

　　在技巧上最能淋漓地展布內視小說的特性的，自然是早期意識流的作家——像法國的居惹赫丹、英國的喬伊斯、吳爾芙和美國的福克納等——所樹立的典範。從意識流小說家的觀點來看，無論 19 世紀的寫實主義或是較晚的以表現人物心理擅長的精製小說（well-made novel），都無能捕捉生活之真實。因爲人的感覺經驗，就如波動不居的潮流，並不受制於人的意志力。人的日常行爲被意志所左右的只是極小極小的一部分，絕大部分則屬於本能或潛存的意識的範圍。吳爾芙就認爲真實並非一戲劇化的外在行動，而是內在的平凡人物的心理意識之展現。[1]在這種視角下，傳統小說中所應用的「感覺—動機—行爲」的三聯式，毋寧是一種相當荒謬而缺乏根源的主觀杜撰的程式。人的行爲並不經常具有明確的動機，而動機與感覺之間也並不一定有必然的關係。因此在意識流小說家的眼中，唯一真實可據的就是人的感覺世界，並據此觀點撰寫了 20 世紀比寫實主義更爲寫實的輝煌的實例。我們晚來的從事小說寫作的人，無不感受到此一時代潮流的震撼與衝激。七等生在撰寫內視小說時所採用的間接和直接的內在獨白，應該說是受到 1930 年代意識流作品的影響。但更明顯的是他在意象和場景的轉接上，受到了經受意識流小說影響的電影作品——諸如義大利導演安東尼奧尼和費里尼等的作品——在剪輯上的巨大影響。但七等生與早期的意識流作家及踵武意識流的電影所不盡相同的一點，就是七等生也同時流注有卡夫卡的血液。卡夫卡式的夢魘的圖境時常出現在七等生的作品中，使他的作品呈現了至少有真與幻兩個以上的層面。這一點王靖獻在〈七等生小說的幻與真〉一文中已做過富有啓發性的分析。[2]

---

[1]吳爾芙除了寫小說以外，也寫評論性的文章，是 1920 年代意識流小說作家的一個主要代言人。除了數目不少的研究吳爾芙的專著外，其對文學與意識流小說的意見主要見下列的集子：*Mr. Bennett and Mrs. Borwn*（New York, Harcourt, Brace, 1924）．"Modern Fiction" and "How It Strikes a Contemporary" in *The Common Reader*（New York, Harcourt, Brace, 1925），*A Room of One's Own*（New York, Harcourt, Brace, 1929）．

[2]王靖獻在美國一次討論臺灣小說座談會上的論文，原題 "Fancy and Reality in Chi-teng sheng's Fiction" in J. L. Faurot （ed.），*Chinese Fiction From Taiwan*（Indiana University Press, Bloomington, 1980），pp.194–205. 中文題〈七等生小說的幻與真〉，收入七等生，《銀波翅膀》（臺北：遠景出版公司，1980 年）附錄，頁 187～202。

　　意識流作家所遭遇的最大困難是如何把無定型的人類意識透過一定的形式表現出來。在理論上幾乎所有熱中於意識流的技巧與原則的作家都否認一種固定的傳達形式，認爲一落入任何一種固定的形式，就不得不扭曲了意識波動之真實。這就正如豆腐作坊裡製造了一大鍋豆腐出來，本沒有固定的形態，但在出賣的時候卻不得不切成一定的形狀，切成方形的是方豆腐，切成圓形的是圓豆腐，切成三角形的是三角豆腐。這些形狀自然均非豆腐之本體。不幸購買的人只體認到賣豆腐的爲了出賣方便而僞造的形體，忽略了豆腐的本體原本是無固定形式的，如此一來對豆腐的認識毋寧是上了賣豆腐者的當。小說的讀者對人生的認識也不得不透過小說家的固定形式，鑽進小說家的圈套。但是如何來找出更能表現無形式之形式，就是意識流作家努力的方向，也是意識流作家終未能根本解決的一個難題。在這一方面，七等生似乎比當代其他作家更爲關注與用心。像在《隱遁者》及很多其他短篇小說中，作者都做著企圖突破固定的形式使其更接近真實人生的努力。當然，前人未能成功的地方，七等生未必能夠成功，但他的努力確實使他達到了一定的境界，爲當代的中國小說創出了另一可以使人接受的新面貌。

　　這種不易固定的傳達形式與七等生所應用的語言也有密切的關聯與一致性。流動的形式中常常出現的連綿的意象，需要一種連綿的文字予以表達。中國的文字因爲沒有演化出像西方文字中那種關係代名詞來，所以素以簡潔爲尚，難以表達連綿的意象。在中小學的作文中，如果有學生寫出一個太長的句子來，不是被老師罵爲不通，就是給截作數段。所以在習慣上，我們常常不得不強迫我們的思考方式來遷就我們文字的特性，而很少有人敢於從文字上著手來逼使文體符合思考的方式。七等生是在這方面做出嘗試和貢獻的極少數的作家。在其他作家的作品中，我還不曾見過這樣的長句：

　　假若不是由於我的那隻輕的小皮箱從汽車的欄架上，因搖動不定而滾下

來正打在他的剪短黑髮的好看的頭頂上的話，我想我要到很久以後也許永遠沒有機會來了解我現在定居的萬里鄉的被廢去的舊地名「瑪索」代表著什麼意義；還有這位受到意外打驚的鄰客老頭所住的「阿里鎊」，這些令我迷惑的奇異的地名。

　　　　　　　　　　　　　　　　　　　　——〈阿里鎊的連金發〉

　　這個在原出版物[3]中長達四行多的句子，確是一個無法割切的語意單位的整體，也確代表了人們思想上的真實的思想線索。平常我們不願把話說得如此囉嗦，不過是出於習慣上的惰性作用。這種惰性固然一方面保障了語言傳統模式的純潔性，但另一方面卻也阻礙了語言的發展，毋寧是把現代的思考方式和語言表達盡其可能地逼限在遠古的農業生產方式和狹隘的家庭人際關係的基調中。我無意把過去我們素所敬仰的文體家派作是使中國二千年來社會進展遲緩的罪人，但思想受制於文字的結構確是今日研究中國社會發展不可忽視的一個重要的問題。七等生敢於寫出這種不怕為文評家痛詈的句子，一方面表現了他更具有忠於自我思考方式的勇氣，另一方面也可能出於他有意識地求取在文體上的突破。沒有突破，就沒有創新；沒有創新，一種文化就失去了發展的活力，終將走上僵化而斃的命運。

　　其實這種句式逐漸增長的傾向，不獨見之於中文，西方的語文也早出現了同樣的趨勢。普魯斯特（Marcel Proust）的一個句子有時可以長達半頁，這固然代表了他獨特的文體，但也是在他以前的作家中少有的現象。喬艾斯和白凱特一口氣道出無法點斷的長篇獨白，也表明了現代人無法斷折思潮的苦衷。比起這些作家來，七等生的文體應該說簡鍊得很呢！

　　七等生文字上的另一個特點，是在顏色上的感染力。在他的作品中，我們很容易獲得一種強烈的色感，晦暗的顏色自然也是一種顏色。這一點

---

[3]見七等生，〈阿里鎊的連金發〉，《白馬》再版本（臺北：遠景出版公司，1980年），頁83。

很容易使我們聯想到另一個對顏色特別敏感的西方作家——勞倫斯（D. H.
Lawrence）。二人很偶然地也有許多生活背景的相似之處，都出身於貧寒的
家庭，都曾在文學以前醉心於繪畫。[4]勞倫斯的小說，像《兒子與情人》
（*Sons and Lovers*）、《戀愛中的女人》（*Women in Love*）、《彩虹》（*The
Rainbow*）等，無不豐富地呈現著英格蘭鄉野的亮麗色彩。雖然文學史家總
喜歡拿自然主義的作品與印象派的繪畫相提並論，但今日看來，毋寧是勞
倫斯的作品中所顯示出的顏色世界，更接近法國印象派的大師諸如莫內
（Claude Monet）、雷諾瓦（Pierre Auguste Renoir）等的風格。當然七等生
作品中所展示的顏色世界，給人的感覺與勞倫斯的色感不盡相同。七等生
沒有印象派畫家的那種溫暖明麗的色調，他的作品常常為黎明或黃昏的蒼
灰色和黯夜的黑色所統馭。灰黑之色如不特為中國人所喜愛，至少是國人
特別習慣的顏色，這一點從中國人的服飾上可以看出來。潑墨畫之所以獨
見於中國，恐也非偶然。七等生在無意中發揚了中國的國色。但是日午的
亮綠與海藍也形成了七等生作品中另一種強烈的對比。我覺得在某一種程
度上，七等生較之同輩的作家對熱帶臺灣所呈現的沉鬱的綠與濕度很濃的
灰黑色有更確切的把握。這種對顏色的敏感力，可能是受他過去習畫的訓
練所賜。

　　另一方面，在篇章組織上的音樂性與節奏感也甚是不弱。作者把〈山
像隻怪獸〉、〈夜湖〉、〈寓言〉、〈歸途〉提作四部曲，是有意識地比之於樂
章。其他短篇像〈銀波翅膀〉、〈雲雀升起〉等都給人以強烈的音樂性與節
奏感。唯一使我覺得迷惑的是在《沙河悲歌》中，主要的人物既是一個劇
團中的奏樂者，作者反倒不曾把濃厚的音樂氣氛描繪出來。特別缺失的是
主要人物李文龍心懷中的音樂感覺。這種感覺只靠形之於外的描述是非常
不足的。我們所感到的是李文龍的情感生活和人生遭遇，音樂在其中沒有

---

[4]勞倫斯與七等生還有個共同點，就是都不在乎別人的看法而忠實於一己的感覺。勞倫斯在死去 20
年以後（死於 1930 年），始漸被世人所接受，從 1950 年代至今，勞倫斯成為英國最受重視的作
家，特別是文評家李衛斯（F. R. Leavis）在 *D. H. Lawrence: Novelist*（Penguin Books, 1955） 一書
中認為勞倫斯是莎士比亞以後，英國最偉大的作家。比起勞倫斯來，七等生算是幸運的。

形成一條主線，也沒有構成一種潛在的感染力。這是很可惜的一件事。

在七等生細膩精確彩色濃郁的筆觸下透露的人生體驗，相當豐富而深刻。雖然他總是以自我為中心，淋漓盡致地描繪著反映在他的心靈中的客觀實體，但超越主觀的印象對外在的把握，是否可靠，是很值得懷疑的一件事。只要我們翻開近三十年來那些自詡為客觀寫實的作品，就不免為那處處隱藏不住的偽造與臆測的痕跡而驚異不止。七等生總算是一個值得叫人佩服的忠於一己感受的作家。特別是在他所描寫的人物的心理過程和不顧習俗壓迫地追求一己信念的骨鯁作風，更顯示出一個磊落不羈的人格。他的人物常常在人群中落落寡合，為了保持自我的信念，或者更明確地說，為了保持自由的抉擇，而甘於貧窮淡泊，有時候且不惜與群體與社會相頡頏。雖然個體的力量極為有限，但卻象徵了在素以密切結合的家族為核心的一種群體社會中的個人之覺醒。覺醒了的個人，不只是七等生一個人而已，而實在有著更為廣大的社會基礎。這也正是其他社會由農業進入工業社會必經的轉型期中所經歷過的現象。因此這具有代表性的個人，非獨不可輕視，而實際上是相當龐大的一股力量。

七等生在較早的作品中，好像很熱中於存在主義的討論與思考：他小說中的人物也多多少少可以與西方存在主義小說中的人物聲氣相通。存在主義其實就是西方社會在個人覺醒後對自我問題以及與宇宙和神的關係的一次徹底的檢討與反省，從荒謬與虛無而接引到自由與責任。七等生的思想似乎更接近由齊可果（Søren Kierkegaard）而來的基督教的存在主義，與薩特（Jean-Paul Sartre）的氣味不盡相同。因為在七等生的小說中缺失那種無神與虛無的震撼力，而多了一份頑強的但較為狹隘的道德感。比起卡繆的《異鄉人》來，李龍第就是一個道德意識相當強烈的角色。為了堅持他一己的信念與感覺，他堅不承認與晴子的關係之真實，甚至親眼見她為洪水沖去也無動於衷。所幸七等生並沒有 1930 年代作家那種膚淺的自信與領袖群倫的野心，他並沒有樹立一個李龍第式的新英雄的明顯企圖，所以反倒增生了讀者對李龍第的不少了解與同情。當然在一個素來不容忍異端的

單一文化的社會中，李龍第的行為所引起的誤解和指責也在所難免。然而在中國文學中李龍第的出現，正如《家變》中范曄的出現，象徵了一個走向較為民主開朗的多元化社會的開端。

20 世紀的作家與 19 世紀的作家間最大的區別，莫如在與讀者的關係這一點上。20 世紀是一個教育逐漸普及的時代，是一個資訊發達的時代，是一個個人在群體中覺醒的時代，是一個人權比較受到尊重的時代（雖然在某些地區還不曾如此），因此，20 世紀的作家已不可能再具有充當人類靈魂工程師的那份狂妄。甚至於企圖為人民喉舌、為人民導師可貴的抱負，都勢必要引起讀者莫大的反感而為人嗤之以鼻。這就如在家庭生活中，昨日尚且滿口斥喝威嚴獨尊的父親，今日只可伏身在地給小兒女做馬騎。這種改變是有其歷史性意義的。今日的藝術家對人類所可做的貢獻乃在現身說法，只有忠實地展現出自己的人，才會贏得同情與知音。七等生在〈我年輕的時候〉一文中說：「我的寫作一步步地在揭開我內心黑暗的世界，將我內在積存的汙穢一次又一次地加以洗滌清除。」[5] 沒有耐心或者本性怯懦的讀者，對這樣的洗滌可能很覺不耐，但心胸寬闊成熟的讀者，反會因此引起憐憫與自勵的情懷。因為一個作者敢於暴露一己的弱點，肯於剖析他的痛苦與徬徨，正足以說明他把對整個社會的信心投入做個人榮辱的賭注，他相信讀者可以做他的朋友，而不是趁人於危的市儈與惡徒。對一個成熟的讀者而言，還有什麼比這種深信不疑的坦誠相與更值得感激的？但更重要的是出於作者的謙懷，他把讀者當作寬忍的強者，而不認為是應該教育的無知之輩；假想讀者不但有面對悲慘現實的堅忍和勇氣，而且懷有無限的悲憫之情；他乞求他們的憐惜與同情，引發他們的愛人之心。這是一種在過往的人類的歷史上少見的藉彼此心靈的觸發而促生愛情的教育。今日當然也仍有一部分心理不成熟的讀者不配面對這樣的作家。他們習慣於為人牽著鼻子走路，習慣於父性師尊的威嚴，甚至於已形成一

---

[5] 見七等生，《散步去黑橋》再版本（臺北：遠景出版公司，1979 年），頁 252。

種被虐後的快感，因此而忽視了任何摯友式的懇切與平等相待的優遇。這也就是爲什麼像七等生這樣坦誠的作家，反倒不曾爲廣大的讀者群所注意的原因。但目前的教育和文化影響無不在奔向一個更寬容、更民主、更自由、更有個人自主性的社會，那麼成熟的讀者群自然也會一天天擴大。

七等生的有些作品是很富有哲學意味，但我覺得這並不是他主要的優點。誰都知道，小說是藝術而不是哲學，感性在小說中的作用比任何其他因素都來得重要。我很同意七等生在〈文學與文評〉一文中所說：「凡由心靈流出的作品常能在文字的律動中令人覺察到，而絕不在於全篇的涵義上去估斷。」[6]七等生可說很有自知之明。他的小說最大的優點就在於一種自然的律動，而不在其涵義與匠心的結構。特別是一種詩意的律動，是在中國小說作家的作品中很少見到的。基於這個緣故，我覺得他在有些題材類似的作品中譬如〈山像一隻怪獸〉四部曲就優於《城之迷》，雖然《城之迷》似乎有較完整的結構。比起他的長篇作品來，我個人更偏愛他的短構，像〈阿水的黃金稻穗〉、〈我愛黑眼珠〉、〈結婚〉、〈真實〉、〈回鄉印象〉、〈迷失的蝶〉等都是結構完整而又十分感人的短製。其中尤以篇幅較長的〈小林阿達〉在人物的塑造上特別出色。但實在使我低迴不已的卻是那在人物塑造上比較模糊、在結構上不甚完整的作品，那就是〈林洛甫〉、〈AB夫婦〉、〈某夜在鹿鎮〉、〈跳遠選手退休了〉、〈散步去黑橋〉、〈銀波翅膀〉等。我覺得這一類的作品更爲自然，更接近七等生所標幟的「心靈律動」，也更能反映時代的脈波和心聲。

在這篇文章中，我無意解析七等生的作品以自討無趣，這只是在讀了七等生作品後一些按捺不住的感想。我雖然並不同意七等生對文學作品不需要解析的主張，但我也覺得很多文評家的解釋相當多餘，反不如任其自然爲好。但這也並不意味著除了作家以外，不應再有文評家存在。文評是很需要的，特別在中國的文學界，似乎更需要有資格的文評家。我說的有

---

[6]見七等生，〈文學與文評——代序〉，《我愛黑眼珠》再版本（臺北：遠景出版公司，1976 年），頁6。

資格文評家，是有鑑賞能力的，而不是自封爲大師的那一類。真正有益的文評家，應該後於作者而不是先於作者的，應該是幫助讀者了解一個尚不爲時代所接受、所了解的新作家，而不是爲未來的作家訂立清規戒律的人物。人類的文化是不停地發展的，所有的文藝的理論只是對歷史的追認，而不是對未來的預言。如果文評家誤會了自己的責任，狂妄地企圖爲後人樹立什麼風範與規矩，那還是像七等生所希望的不要文評家較好了。

1960 年代以來，臺灣出現了不少有水準的作家，這自然與臺灣的經濟發展與社會的走向現代化有密切的關係。七等生很幸運地能夠生逢其時。不像其他學院出身的作家曾經過名師的指點，七等生則似乎全靠自己的摸索。但是七等生好像天賦有一種對文學的敏感性，一起步就走上了正途與捷徑。像一個天賦有純粹音感的彈奏者，一開始就定準了弦，所以彈下去無一不是純正優美的音符。不若有些很不幸的作者，一起步就定錯了弦，以致終生所彈無非僞音。七等生從他自己的感觸範圍開始，述寫的無不是最最切身的人與事。就此而論，七等生是一個以自我爲中心的作者。但歷來成功的作者，有哪一個不是以自我爲中心呢？因爲在取信於人之前，首先必得取信於己。要取信於己，就必須先在可及的範圍內忠實於自己的感覺與思考。如何才能忠實於自己的感覺與思考？在所採取的途徑與辦法上就因人而異了。通常走向忠於自己的感覺與思考的道路上的障礙很多，最常見而又最難以破除的莫若傳統的勢力與社會的成俗。有創造力的藝術家無不是先由這些控馭的勢力中求取自我解放開始，因爲創造的涵義就包含了反傳統、反成俗的意蘊在內。七等生的著作也等於是作者在尋求自我解放的過程中的一部活生生的紀錄。這種過程的本身並不一定要觸及到物質世界的廣大層面，因爲任何有限的時空範圍內的感覺與思考，都可以有汪洋似的變化，也都可以達到無限的深度。因此，在文學創作上，肉身實驗的時空範圍之大小並不重要。

在自我的教育與學習中，七等生似乎從西方的作家中受益匪淺。在表現的技巧和對世界觀察的角度上，他吸取了很多前人的經驗，使他在走向

自己的藝術路途上避免了不少曲折摸索之苦，而很自然地與前人的創造心靈取得了一定程度的溝通與默契，使得他的作品既富有個人的特點，又不失有普遍性，亦未落入狹隘的鄉俚文學的窠臼。就目前七等生已出版的著作而論，不論在表達的方式上，或表達的內涵上，比之於當代歐美最好的小說，都毫不遜色，可說是當代中國文學中極難得的一塊美玉。按理說，七等生早應成為暢銷作家，也早該贏得幾座國家或社會頒予的大獎。[7]其所以尚沒沒無聞地成為「一個隱遁的小角色」，大概是由於近代中國文化導向太過於外視的緣故，常常在艷羨鄰家的富足之餘，忽略了自家的珍藏。想到這裡，我實在很覺惋惜，不是為七等生，而是為當代我的廣大同胞們！

二、我看《譚郎的書信》

書信體的小說在我國甚為罕見，在西方卻是常用的一種體裁。英文稱作 epistolary novel，在小說史上自成一格。18 世紀的小說家特別喜歡用書信的形式來寫小說。英國雷查森（Samuel Richardson）的三部作品《芭梅拉》（*Pamela*, 1740 年）、《克拉蕾莎·哈爾婁》（*Clarissa Harlow*, 1748 年）和《查理士·格蘭第森爵士》（*Sir Charles Grandison*, 1753 年）就都是以書信體寫成的。法國的皮耶·紹得羅·德·拉克勞斯（Pierre Choderlos de Laclos）那部為人目為敗德的小說《危險的偷情》（*Les liaisons dangereuses*, 1782 年），用的也是書信體。

採用書信體的好處，是易於剖析人物的內心世界，短處則在不易處理富有戲劇性的動作。像《水滸傳》和《紅樓夢》這種以人物的外在活動為主要描寫對象的小說，是絕對難以使用書信體的。但丁玲的《莎菲女士的日記》如果不是用了日記的體裁，改用書信來呈現也一樣合適。

七等生的新作《譚郎的書信》，以九封信組成了一段尚沒有結局的愛情。作者採用書信的體裁，特別是只採用了單一觀點的書信（對方的回信

---

[7]此文發表後，七等生已獲得幾個重要的文學獎。

不曾呈現），足以說明了作者的用心乃在剖露書中主人翁譚郎的一段隱微的心路歷程。作者以坦率誠信的自剖方式，赤裸地呈露了譚郎的感情和思維，同時也表現了譚郎所處的時代背景和地理景觀，把一種有限的時空中的生活氣息活鮮鮮地展示了出來。

　　七等生一向是一個敢於自剖的作家。在這部作品中，讀者也難免會拿書中的主人翁譚郎來附會作者，認為是七等生的又一次化名。其實在文學作品中，任何附會都是多餘的，能夠感人的作品多半關涉到作者個人的切身經驗，書中的人物與事件卻不必、也不會與作者等同。文學作品不過是作家心境的投影，正像湖中反映的月光，企圖投入湖中撈月的人，難免要落一個空。

　　《譚郎的書信》是近年來我讀過的小說中少有的一部耐讀的作品。在讀著這部作品時，會不期然地產生創作一般的欣悅之情，從作者心田中自然流瀉的靈泉，也同樣會從讀者的心田中流瀉出來。達到這種境界的作家，在這個世界上實在也並不多見。

　　也許我們會問：好的文學作品與次好的或不好的文學作品的區別何在？我想文字的藝術是唯一衡量的標準。但文字的藝術又如何來衡量呢？也許這時候我們就不得不來仔細思索作品何以會引起我們那種創作般的欣悅情懷。首先自然應該歸功於作者選擇調配文字的精確性，使我們感到字字的背後都涵泳著豐盛的感情。第二，這種借助於文字傳達出來的感情，使我們覺得十分真誠，不管是痛苦、喜悅、猶豫、徬徨，或是悽慘得需要憐憫的悲境，都真誠到足以使我們不得不情願與作者來共同承擔與分享。最後，也許是更重要的一點，是作者呈現的已經不只是瑣碎的素材，而是一種完整的風格，成為作者整體人格的一種象徵。在這樣的思維中，我便非常地喜歡起七等生的這部《譚郎的書信》來。如換用感性的字眼來描述，作者所彈奏的心弦，一聲聲注入讀者的心中，拆卸了讀者所有個人自防的裝置，像一股潺湲的細流流過幽靜的山谷，因此我用「清純」或「清醇」兩字來界定我對這部小說的整體印象。

　　這種主要的部分只反映一己的內心感情之湧動的作品，格局不免失之於小，視野不免失之於狹，沒有那種磅礡的氣勢。然而在藝術的呈現上，深入與博大應該同樣可貴。譬如我自己一向偏愛卡夫卡之深，但也相信定有他人更喜愛托爾斯泰之寬廣。當然在欣賞上最好不要把二者看作是魚與熊掌的問題。不幸的是在創作上，二者卻真正形成了魚與熊掌的局面，寬廣的便難以深入，深入的便難以寬廣。有一次聽到七等生也在艷羨托爾斯泰的大格局、廣視野，我不禁竟因此一驚，因為我不能想像七等生的筆觸如何能與托翁的取齊，內心不禁為可能失去一個已具有自己風格的藝術家而擔憂。

　　沒有一個作家不會遭遇到如何突破自我的困境。七等生也自然不甘願一再重複過去的成就。但是《譚郎的書信》就並不是對過去七等生既有成就的重複，除了保有了作者一貫的內心獨白的風格和映襯了我們所熟悉的七等生的世界以外，作者第一次有力地證明了小說的敘述體的力量。近幾十年來，在國內受了《紅樓夢》的典範的局限，在國外又受了像呂柏克（Percy Lubbock）、比赤（Joseph Warren Beach）等偏愛戲劇性的外在呈現的文評家的誤導，一些年輕的作者，都有捨棄敘述體而追求戲劇式的呈現方式的傾向。如果過度地失去分寸地貶抑敘述體，毋寧在否定小說之為小說了。《譚郎的書信》是純粹的敘述體的小說，其中沒有人物的對話和動作的外在模擬，但是靠了作者有力的筆觸，我們不得不承認敘述體也會具有戲劇式的呈現體同等的魅力，一樣可以把我們帶入實在的場景之中，也許比戲劇體的方式更有能力涉入人物抽象的思維。因而使我們覺得好的敘述體竟是真好，是不能放棄，也不容貶抑的。感謝七等生在他這部新作中為我們呈現出了如此具體的證據。

三、七等生的情與思

　　離城隱遁的七等生，似乎被囂鬧的臺北市文藝界人士逐漸地忘懷了。他自己卻頗能耐得住孤寂，始終不曾擱置下那枝紙耕的筆。隨著歲月的流

逝，篇篇清醇的文章繼續不斷地從他那特有的內視自省的心田中汩流出來。

厭惡鑽營囂聚的場合，似乎是出於七等生的天性，所以從大都市裡逃脫出去，選擇了濱海臨山的野趣生活，毋寧是七等生自取的一種生活方式；然而同時，像所有的藝術家一樣，七等生想來並不甘願把隱居的生活當做從人世中的完全撤離。每一顆藝術家的心靈，不管外表顯現出如何的冷漠、淡泊或孤僻，內心中無不熊熊地燃燒著擁抱世人的火焰；若不是真正熱愛這一個世界，哪裡會有如許大的動力去從事創作的活動呢？因此七等生內心之中不能不存在著幾分俯就世人與索求了解同情之間的矛盾與痛苦。他的繼續不斷的奮力筆耕，至少證明了他無能與這個不完美的世界斷然決裂，也仍然具有十分的熱情去擁抱那些使他不屑，甚至於痛恨的世情與人物。在這樣的一個時機，《中國時報》把今年的小說推薦獎頒給了七等生，實在恰逢其時地顯示出雙重的意義：一是表明了七等生並不曾因他的自甘隱遁而為世人所忽略，二是向世人，特別是文學的讀者，肯定了多年來多少遭到冷遇的一個真正藝術家的價值。

七等生，原名劉武雄，1939 年生於臺灣省苗栗縣通霄鎮。大甲中學初中畢業後，即進入臺北師範學校藝術科。畢業後曾任教師及電力公司、廣告社、報館、文藝沙龍、皮鞋店等職員及店員。24 歲時開始寫作，一開始便以獨特的文字風格起文壇的注目，二十多年來佳作不斷。七等生給人的印象一直是一個不諂世、不媚俗、不搞小圈圈的很有風骨的作家。來到小鎮的亞茲別就是個十分落落寡合的人。《我愛黑眼珠》中的李龍第寧願抱著石柱在洪水中淹死，也不願與他人一同奔爭奪命。《放生鼠》的羅武格在感到上帝的靈光時離棄了教堂。在雨中踽踽獨行的詹生，終於捨棄了繁華美麗的城市而去。隱遁者魯道夫棄離城鎮，步入森林。這許多人物雖屬虛構，但可以說都是七等生自我心境的呈現。與七等生的真實生活兩相印證，我們就不得不訝然驚覺七等生是一個多麼真誠而坦率的作家。他從不曾欺哄過他的讀者，他是少有的一個敢於把他的光明與陰暗面同時呈現於

人的作家。他在〈我年輕的時候〉一文中曾說：「我的寫作一步步地揭開我內心黑暗的世界，將我內在積存的汙穢一次又一次地加以洗滌清除。」這種真誠的態度，正是所有的大藝術家的共同特質。

七等生贏得本屆評審委員們的肯定與讚賞而獲獎的作品是近年來發表的四篇短篇小說，就是收在《老婦人》一書中的〈幻象〉、〈憧憬船〉、〈垃圾〉和〈環虛〉。七等生這四篇得獎的作品是近年來我們小說創作中的難得收穫，同時也保持了作者創作上一貫的素質，成為七等生的文學世界中不可分割的一部分。

雖然這一屆的評審委員是根據七等生的這四篇近作頒獎給他，但是也未嘗沒有考慮到七等生過去已有的成就。七等生已出版的作品，像《離城記》、《僵局》、《來到小鎮的亞茲別》、《我愛黑眼珠》、《隱遁者》、《放生鼠》、《沙河悲歌》、《白馬》、《城之迷》、《削瘦的靈魂》、《散步去黑橋》、《銀波翅膀》等長、中、短篇小說不下十餘部之多。此外尚有詩作和《情與思》及《耶穌的藝術》兩種極富哲理情趣的文集。在量上說，當代的小說作者罕有人可以與之匹敵。就質而論，七等生也是一個少有的極富獨創性的作家。我引用一段我自己過去對七等生的評語，我認為「七等生從一開始寫作，就顯示出了強烈的獨創性。為了正確地表達他心目中的意念，他不避乖謬的句子和文法。他對世界的觀察，也從不假借他人的眼睛。他個人的觀點與視野，為我們帶來了外在世界的另一種清新的印象。他也絕不隱蔽一己的內心世界，透過他的作品，我們可以直入作者內心的深處。像這樣的作家，不但是在具有強烈的道統共識不易超脫成俗藩籬的中國文化中是一個異數，就是在其他比較開放的文化形態中也並不多見。」

但是最易於引起訾議的是七等生所運用的文字。文學既是文字的藝術，那麼文字運用得是否得體便是衡量文學作品良窳的一個基本的要素。文學評論家劉紹銘曾經說過七等生的文字患上了小兒麻痺症，不過後來也修正了這種意見。我承認七等生的文字驟讀來有彆扭和囉嗦的缺失，特別在他早期的作品中為甚。但是我仔細耐心地讀遍了七等生的作品之後，才

覺得他追求精確性與獨創性的長處實在遠達超過了以上所說的缺陷。甚至於在領略了他文體上的優點之後，會覺得原有的缺陷是並不多麼重要的了。在為七等生的文體辯護的同時，我也想趁此機會說一說年輕一代的作家在文體上所遭受的共同影響。

　　七等生這一代的作家，不像上一代幼年時早已熟讀了傳統小說及所謂五四一代的新文學作家的作品，在文字和語言的運用上受了五四一代深刻的影響，也受到了相當的限制。他們這一代在幼年時對傳統小說並不多麼感興趣，跟五四一代的新文學作家，則幾乎是絕緣的。他們所接觸到的比較嚴肅的作品而肯於心領神會地向之學習的，泰半是來自西方的翻譯作品，要想不受多少帶些西方語句結構的翻譯文體的影響也就很難了。其次，七等生本人，從他一再對幼年情景的描述看來，他本是一個孤獨而落落寡合的孩子。這種類型兒童的特點是內在的獨白多於外在的對話。當時七等生在內在獨白時所運用的語言，一定是他自己所熟悉的方言，而不會是五四以來通行的書寫白話；甚至於不一定是通行的方言，因為內在的獨白常常混雜了許多模糊不清的印象以及個人獨有的色彩。這種內在的獨白在轉化為日常語言時，常常需要加以人工的修飾，以俾屈己以從俗地俯就既有的語言模式。一個外向的兒童，在語言學習的過程中，比較容易拋棄個人的色彩，以從既有的程式，因此常予人一種說話較流利的印象，甚至於使人誤以為是較聰明的。其實內向的兒童更能保留住個人的色彩和獨創的能力。七等生的文體正表明了他一方面曾受了極大的翻譯文體的影響，另一方面由於個性的內向，使他在學習語文的過程中更少顧及到社會上通行的語式而保留了相當重要的個人化的表意的特徵。

　　我以前在一篇評論七等生的文章中，曾稱七等生的文體為「聖經體」，因為當時直覺他的文體不論在形式、韻味和義涵上都頗接近聖經的譯文。現在讀了七等生的《耶穌的藝術》一書後，才知當日的直覺竟是正確的。七等生不但在文體上受了聖經的影響，在思想和心靈上也深深地烙上了聖經的印記。沒有讀過聖經的人，沒有深刻地體會到耶穌的行止的人，是沒

有能力來談論七等生的道德的架構的。在讀過了七等生幾乎所有已出版的作品之後，我深深地感到七等生的心靈隱隱中與二千年前的那個偉大的心靈有互通聲息之處。我和七等生一樣，都不是基督徒，也都不把耶穌看作是上帝的兒子，但是都感覺到天國的意象是人類超越野蠻狀態的一次「德行」的昇華。耶穌的行止毋寧是此一「德行」的具體表現。七等生在《耶穌的藝術》中有一句極具意義的自我表白的話，他說：「我活著只有一條天律，勤勞工作和保持自身的健康，時時具有清明的理智，而不被幻象所迷惑，而能聚精會神來追求真理。」我竟無來由地被他這句話深深地感動著，竟像聆聽著千古沉寂的幽谷中一聲破曉的鳥鳴。

要想直接了解七等生對文學和人生的一些觀念，最好是看他的《情與思》和《耶穌的藝術》兩本書。

像這樣一個特出的傑出作家，尚沒有獲得世俗的肯定，未免顯示出我們的讀者實在是過於世俗了。我們歷年的各種文學獎，都要求作家卑躬屈膝地自行申請，因此遺埋了不少不屑於自鳴自薦的優秀作者。唯有《中國時報》的推薦獎是模仿了諾貝爾文學獎的方式，不必作家自薦，甚至於當事人不必自知已經為人提名了。在這種優良的程序下，有成就的好作家是不該埋沒的。擔負大眾傳播的新聞媒體，也有責任把真正傑出的作家推薦給廣大的群眾。如果屆屆都能夠使真正優秀的作家獲獎，那麼這個推薦獎的地位與聲譽就自然可以聲名卓著的建立起來了。因此我覺得本屆七等生的獲獎，與其說是七等生的榮光，不如說是《中國時報》小說推薦獎的榮光。

——選自馬森《燦爛的星空：現當代小說的主潮》

臺北：聯合文學出版社，1997 年 11 月

臺灣現代主義文學的另類想像

以七等生爲例

◎陳麗芬[*]

一、七等生研究

　　七等生是臺灣現代文學的一個奇觀異景。已是正統典律化的臺灣文學史論述一向以 1960 年代的「現代主義」運動與 1970 年代的「鄉土文學」論戰作爲區隔兩個文學階段的創作主流的指標，1960 年代被視爲「純文學」或「嚴肅文學」的肇始開端，1970 年代則相對的爲「寫實主義」文學的登場。如此截然劃分的階段性文學史觀又時常以相當概括性的語彙二元兩極化臺灣文學發展脈絡，極力鋪演 1960 年代的「現代主義」文學的「怪異」、「虛幻」及 1970 年代「鄉土文學」的「平實」、「通俗」。在「現代主義」的文學系譜脈絡下，七等生常被視爲此中之佼佼者之一。而當七等生的小說被歸類或界定爲「現代主義」時，這來自西方的「現代主義」在臺灣被本土化後，於評論者各人心中容或有不同的理解，但大體而言都以一個大而化之，頗爲模糊的概念框架——即「現代主義」乃詭異又隱晦——爲預設，藉此探討「現代主義」作家的內省哲思或其文學表現形式的結構技巧。在面對七等生的作品時，評論者尤其喜歡誇張強調其怪誕唐突色彩及晦澀難懂。大部分的評論者都承認不了解他的作品，然而在同時代的作家中，七等生卻又是引起最多討論與爭議的一位，雖然「不了解」他，評論者又最偏好解讀他並予以價值判斷。以下引自葉石濤的一段話頗能顯示

[*]發表文章時爲香港科技大學人文社會科學學院人文學部助理教授，現爲香港科技大學人文社會科學學院人文學部副教授。

出當「理性」的學者遇上「非理性」的七等生時的衝擊:「他的小說給人帶來的是一片惑亂的迷惘,也許還可以加上一丁點兒不安和恐懼;這也實在難怪,當我們費了九牛二虎之耐心好不容易讀完了他的小說,最後我們不得不承認,我們根本不知道他到底企圖表現些甚麼?也不知道他底小說對我們具有何種意義?……我們苦於找尋一種妥切的詮釋以便解開心裡的死結。」[1]

　　1962 年七等生於文壇嶄露頭角,在當時仍頗為保守的臺灣讀書界瞬即引起了一陣騷動。他的創作欲旺盛,作品產量之豐同輩作家中無人能出其右。1960、1970 年間是七等生創作的高峰期,有關他的評論於 1970 年間劇增,褒貶皆有之。後緣於出版家沈登恩的賞識,遠行於 1976、1977 年系統且大規模地出版了一系列七等生「小全集」:《來到小鎮的亞茲別》、《我愛黑眼珠》、《僵局》、《沙河悲歌》、《隱遁者》、《削瘦的靈魂》、《放生鼠》、《城之迷》、《白馬》及《情與思》共十冊。與此同時,評論界對七等生的興趣更達頂峰,單是 1977 那年,《臺灣文藝》於六月間、《小說新潮》於八月間相繼推出「七等生研究專輯」,隨之有張恆豪蒐編的《火獄的自焚》,選錄了 20 篇論評七等生的文章,書後並附有〈七等生生活與創作年表〉與〈小說評論引得〉。這種以個別作家為對象的評論專書在當時的臺灣可以說是前所未見,即使是 1990 年代的現在,亦不常見,七等生的小說對評論界的魅力可見一斑。

　　這裡我要指出的一點是,七等生的小說對評論家所產生的誘惑以及一般對七等生的詮釋模式——尤其於 1960、1970 年代——有我們不可忽視的歷史客觀因素。它深刻反映了 1960、1970 年代臺灣文學界特定的社會、政治、文化環境下所發展出的一套獨特美學價值觀。1960、1970 年代的臺灣讀者在「虛構」裡尋找「現實」,認同隱晦的文字及內容,其欲言未言的形式乃文學藝術。「不可解」乃「現代」文學之本色;最好的(意即最能展現

---

[1] 葉石濤,〈論七等生的小說〉、〈論七等生的《僵局》〉,二文皆收入張恆豪編,《火獄的自焚:七等生小說論評》(臺北:遠行出版社,1977 年),頁 1、11。

「現代」氣質的）文學作品必是要能將可辨識的特殊現實問題昇華提鍊至有普遍性意義的一種內斂的絕對經驗。1960 年代是文學批評在臺灣作為一個學科紀律（discipline）的崛起之初，以西方文學理論為本的、外文系主導的學院派在臺灣當代文學的詮釋權上取得了一定的地位，與官方的以政治意識形態為主的文學檢查制度分庭抗禮。標榜「文學」的獨立自主性的西方現代主義與以文學作品為中心，強調論評文學時不必受「文學以外」因素影響的「新批評」學派思考模式，為當時的臺灣文學批評界開闢了一個獨立於政治以外的空間。「文學的本質是甚麼？」「文學應該表現甚麼？」逐漸成為討論的問題核心。文學自有其獨特的一套語言與價值系統，大抵是當時文學批評界的執念與共識。即使不是外文系出身的評論家，基本也都秉持著「文學的歸文學」的理念與姿態，極力衛護文學不可受外力侵犯的尊嚴。與此同時，文學創作與批評之間的關係也隨之密切起來，文學既是被設定在其特有的體系下操作，有其特有的美學內在邏輯，閱讀文學於是躍升成為一項需要經過學習與訓練的技能，「批評家」的角色遂被凸顯出來，經過評論家的介入參與，普通讀者才有可能進入作家內蘊的文學世界。

在這樣的氛圍下，一致被公認為難懂的七等生作品的確給當時在政治高壓下思想被箝制的讀書界提供了一個可以想像的，以及更重要的，可以發言的空間。藉著評論七等生的途徑，以發抒心中塊壘，七等生的作品成了一個逃離熟悉的教條口號、陳腐的倫理道德的閘口。結果，為了「陌生化」七等生，所有的評論，不管是抱著同情或敵對的態度，無不採取一種標準閱讀方式，即是竭盡所能地將七等生自「現實」中抽離。論者意見雖各有千秋，但都不約而同地認為七等生的奇奧境界遠超乎「普通」、「正常」人的理性與道德範圍之外。他的小說因此千篇一律地被界定為「寓言」或「觀念小說」，無數功夫便花在競相解讀這些寓言的真正涵義上。有的將七等生的小說以「哲學」處理，鋪演其內省玄思，有的以「理性的頹廢者」合理化其（非）道德觀，有的從宗教的角度闡釋其天啟的經驗，有

的則心理分析七等生的「人格分裂」或「藝術的自虐傾向」。[2]眾說紛紜，
但皆傾向於以形而上的理念演繹七等生的作品，以將其不可索解之處消納
淨盡。至於七等生的文字風格，其翻譯式句法，獨樹一幟的小說文體，評
論家更是莫衷一是，在價值判斷與詮釋方向上甚至常趨兩端。對劉紹銘來
說，七等生的文體患了「小兒麻痺症」[3]，對馬森來說，卻是「聖經體」。[4]
無論如何，我們在林林總總的評論中所看到的，是極力建構出一個在「現
實」與「本土」之外的異質「現代主義」文學，並以這超越的美學觀模塑
作家異於常人的形象，於是七等生若非聖人再生則必是離經懺情的叛道
者。

　　嘗試於「藝術」與「現實」之間求取一平衡的是楊牧於 1979 年所作的
論文 "Fancy and Reality in Ch'i-teng Sheng's Fiction"（〈七等生小說的幻與
真〉）。[5]楊牧將七等生作品中的虛構／比喻框架以「幻想」一詞涵蓋之並表
明「幻想」在七等生的小說世界中的重要性：

> 幻想與現實同時存在於七等生的小說世界。若是現實已經勾劃清晰，則
> 幻想擴張之，深刻之；若是現實僅見梗概──在一般情形下，七等生的
> 現實相當隱晦──則幻想揭而顯之……七等生是臺灣 30 年來最具哲學深
> 思的小說家之一，而他的創作更是小說中最富於抒情詩意的創作。……
> 七等生借助幻想來確定他現實部分的主題面貌。我們在這位小說家的藝
> 術中發現原來詩最接近我們的經驗。詩本是通過幻想之合理和有效運作

---

[2]參閱張恆豪編，《火獄的自焚》中以下諸文：周寧，〈論七等生的〈我愛黑眼珠〉──李龍第的信
念與本性〉，頁 63～76；陳國城，〈「自我世界」的追求──論七等生一系列作品〉，頁 77～90；
高全之，〈七等生的道德架構〉，頁 91～112；陳明福，〈李龍第：理性的頹廢主義者──再論七等
生的〈我愛黑眼珠〉〉，頁 113～140；黃浩濃，〈隱遁者的心態──論七等生〉，頁 199～218。

[3]劉紹銘，〈七等生「小兒麻痺」的文體〉，原載《靈臺書簡》（臺北：三民書局，1972 年），亦收入
《火獄的自焚》，頁 39～42。

[4]馬森，〈隱藏在本土的一塊美玉──談七等生的小說〉，《時報雜誌》第 143、144 期（1982 年 8 月
29 日、9 月 4 日）。

[5]C. H. Wang, "Fancy and Reality in Ch'i-teng Sheng's Fiction," 收入 Jeannette L. Faurot, ed. *Chinese
Fiction from Taiwan: Critical Perspectives* (Bloomington: Indiana University Press, 1980), pp.194-205.

而產生，如今我們發現當詩和他通過現實世界之體驗而創造的故事結合的時候，竟能逼開他獨特神祕的世界，透露出普遍可以接受的音響和色彩。[6]

楊牧筆下的「幻想」（"fancy"）意即詩學中的「想像」（"Imagination"）。這兩個在「浪漫主義」美學理論中互相對立的觀念名詞在此文中被混為一談，二者根本不同處楊牧顯然不欲追究，遂以「幻想」與「想像」之別於柯氏（Coleridge）理論中本就曖昧不明云云，如此簡單一句含糊帶過。[7]楊牧的主要目的在借助「幻」與「真」的相對修辭以方便詮釋。他雖然指出七等生「所感受體驗於一個變化多端的社會中的現實才是他小說中心關注」[8]，但一如他所有其他的論文，楊牧的最終意圖乃在壓抑移置在他心目中屬於較低層次，未經雕琢的粗糙的特殊「現實」層面，以便道出「原來詩最接近我們的經驗」的個人信念。這裡所隱含的階級等第（hierarchy）除了顯現比較文學美學訓練下的價值觀外，更有楊牧個人在「藝術神聖」論上的一貫堅持。「幻想」的文學世界不容分說地為一最高理想與完美秩序的具體而微的宇宙，當下的「現實」自身不具價值，而有待融匯於一個更富意義的幻想境界。這套設定文學乃為一個絕對的客觀存在，一個超越時空之「永恆」的傳統美學觀當然是在西方宗教與神話的系統基礎上得以運作的。對於這套將文學極度理想化的文學本質論，連特屈阿（Frank Lentricchia）曾經在敘述傅萊（Northrop Frye）的《批評的解剖》（*Anatomy of Criticism*）──一本比較文學學生必讀的經典教科書──主題時便一語道盡：「對傅萊來說，真實的歷史世界不過是一個剝奪人性的舞臺，枷鎖與磨難的所在，而文學則為此提供了一條救贖的出路。」[9]

---

[6]中譯取自楊牧，〈七等生小說中的幻與真〉，收入楊牧，《文學知識》（臺北：洪範書店，1979年），頁107～108。

[7]見楊牧〈七等生小說中的幻與真〉之註1，《文學知識》，頁122。

[8]同前註，頁107。

[9]Frank Lentricchia, *After the New Criticism*（Chicago: University of Chicago Press, 1980），p.26.

　　楊牧順著這條詮釋脈絡所發展出的評論固然在一方面頗能洞識七等生作品的幽趣奇巧，但他最終的詩化七等生卻不無疑問。過分強調七等生作品中的普遍與超越性質，一如其他評家的「神祕化」七等生，都理所當然地把七等生納入一個想像的、陳義頗高的一元化的「現代文學」傳統，而忽視了七等生的小說創作中比較複雜的一面，更忽視了作家與其身處的社會文化環境、同時代作家與作家之間的多元互動、以及文學創作行爲與文學史建構之間的辯證矛盾關係。這裡我要指出的是，七等生的創作想像裡有一股非常強大的力量，驅使他自覺的與以「臺北」都會爲中心的菁英文化／文學系統保持相當的距離。他的非學術背景、鄉土邊緣身分在在都引發他與當時的所謂「現代主義」或「現代」之間的曖昧關係。七等生總是以一個相對於文化「中心」的臺北的外緣位置去寫作他心目中的「現代小說」的。他始終刻意疏離於現代化經驗大本營的臺北，他以一個苗栗通霄人的身分心醉迷戀於臺北，同時又抗拒甚至帶著自卑與自戀的混合情緒蔑視臺北。屢屢出現於七等生小說中表徵妖魅誘惑但又是罪惡、僞善、敗德的「城」當然就是臺北。他的長篇小說《城之迷》與中篇小說《離城記》中敘事者愛憎交集的城市不僅是具體地理上的臺北，更是臺北知識界所代表的品味、價值觀，甚至文學霸權。他在《離城記》後記中的一段話因此意味深長：「我的個人意志驅迫我邁向這樣的一條路；我必須退讓出大耕耘的土地範圍，在一個沒有人注意或有意疏忽的角落固執地來種植我的花朵。」[10]七等生曾參與《文學季刊》的創辦與編輯工作，後因志趣不合而退出。對於陳映真的文學理想與使命感尤其不敢苟同，甚且指責之爲「跋扈」。[11]其實不但對有著強烈批判風格的《文學季刊》，七等生對有文學潔癖的《中外文學》與《純文學》都有微辭。[12]1970 年七等生攜眷離城，返回臨海的故鄉通霄定居，並在通霄小學就職，鮮少與外界往來，直至 1994，

---

[10]七等生，《離城記》（臺北：晨鐘出版社，1973 年），頁 67。
[11]見七等生，〈給安若尼・典可的三封信〉，《臺灣文藝》第 96 期（1985 年 9 月），頁 76。
[12]同前註，頁 77。

55 歲那年，才又遷居臺北。

　　於是，七等生在那個語言文字、文學傳統斷層的年代，以閉門造車的方式經營其個人的現代想像。這是一個處處流露著賣弄的「現代」想像。與當時作家一樣，七等生在參與複製模仿西方現代主義及各取所需的過程中，盡情地斷章取義，扭曲、衍生、變異出臺灣版本的「現代主義」。但置於同時期的「現代主義」臺灣作家群中，七等生又更顯得任性與恣意。他不但常不按牌理出牌，而且因為有意與主流文學界劃清界線，使得他常有更大的揮灑空間，在摸索的過程中也就不太患得患失，不懼怕從錯誤中學習。最有趣的而且也是最值得我們注意的一點是，七等生時常把他的「錯誤」，也就是創作實驗中的殘渣廢餘也一併納入作品中，成為小說的一部分，而且堅持如此。七等生作品中因此總是瀰漫著一股非常原始的躁動，對於這股在創作過程中的衝動本能，七等生不但不予過濾昇華，反理所當然地原封不動的保留下來。職是之故，七等生的許多作品從當時正統學院訓練下所理解的「現代主義」的角度來看，可以說都是不合格的。然而，我認為正是這一般奇特的文學氣質蠱惑了當時正熱衷於求新求變的文學／文化界。雖然七等生對當時的出版界頗多不滿，但無可否認的，他的備受某些編輯的青睞又是個不爭的事實，七等生在他的年代是一個能見度頗高的作家。他大量「技術犯規」的作品之所以能夠成功發表於報紙副刊與雜誌，不能不說是拜當時在僵化封閉的低迷氣氛下文化／文學出版界的反動回應與接受尺度之賜。

　　將七等生與王文興並置比較，我們便可清楚看到七等生的自矜不羈。在一個層面上，王文興與七等生都在「虛構」與「現實」、「藝術」與「人生」的弔詭關係上取擷題材，不過這題材到了七等生手上便產生了不同的結果，這結果便是開拓出來精神上的自由。在王文興的創作活動中，形式化與全盤駕馭素材的強烈慾望常扮演著極重要的角色，無論何其混沌與令人困惑，他所描繪的現實註定要為早經預設的美學秩序所羈勒。王文興的文學氣質對於「偶變不居」（"contingency"）有一份絕對的抗拒，讀者無不

知道他是如何執著於創作完美的文「藝」[13]，他的「形式」（"form"）規範誠然是「古典」的，楊牧就曾經指出王文興小說的戲劇發展模式正脫胎自希臘悲劇。[14]如果美學／文學形式在王文興那裡被推至一個非人格化的崇高層次，從而獲得了包舉一切的意義所在，這種形式的終極性卻正是七等生所要摒棄的。最反諷的是，王文興的桀驁不馴必得依附在文學形式主義的顯赫神話下，才得以反抗質疑任何的神話權威體制。在美學秩序的層層牽制下，王文興被逼至一個困境終局，對藝術的熱切追求，到頭來卻要被藝術所背叛，在《背海的人》裡尤其令人怵目驚心。

相對於王文興，正是由於非學院出身的緣故，少受文學科班知識與訓練的制肘，七等生可以更從心所欲地從事寫作。這種態度本身已是叛逆的重要姿態，與此叛逆相傍行的便是對詮釋的排斥，亦即抗拒建制化批評實踐的馴化與歸類。我以為，我們研究七等生時所面臨的困難，主要在於「形式」在其文本之中旋起旋滅。比較起來，王文興乍看難以入手，其實頗能理想配合形式及主題的分析，所引起的方法論難題，比七等生要來得少。形式的不穩定性正標誌著七等生文學成就中最凸出的創意，構成他作品中特殊的吸引力。

「形式」在七等生小說裡顯得不穩，正由於他專注於經濟本身，甚於經驗所能示意的、承擔主題的情節（mythos）。事實上，七等生頗沉迷於呈現經驗面的粗糙駁雜。與大多數論者的美學或哲學化七等生相反，我對七等生的閱讀即在正視七等生小說中總是被論者抹除的種種真實生活上的無謂細節痕跡。我認為在大部分的情況下，七等生是為了現實本身才去寫現實的，它絕對不只是充當一個背景而已。在七等生的文學求索裡，本人生命拉拉雜雜、瑣瑣碎碎的經驗層面對他來說是如此重要，以致他不斷力圖將其所體驗的生命混沌感引進文學的領域，並逼使讀者的我們對之加以注

---

[13] 王文興嘗以小說寫作擬於作曲及繪畫，見單德興與王文興的訪問對談，Shan Te-hsing, "Wang Wen-hsing on Wang Wen-hsing," *Modern Chinese Literature* 1.1 (September 1984) :61.

[14] 〈王文興小說裡的悲劇情調〉，此文為王文興《龍天樓》的序。另收入楊牧，《傳統的現代的》（臺北：志文出版社，1974 年），頁 200～207。

意。在七等生的敘事話語中它凝聚成一個極爲顯著的文本存在，實在教人無法對之視若無睹。七等生的野心在於，一方面企圖將生活資料的零碎斷片轉化成一個虛構的藝術世界，一方面又強烈地希望以其純粹偶然的狀態展示原始經驗的強度。這兩股力量並不能互相補足，相反，它們在敘述過程中是無從協調的，因此醞釀成一種導致小說意義離散的張力來。

　　以下我將透過細讀七等生的作品，揭示他經營幻想與理念的同時，這形式上的「高檔」論述往往伴隨著一轉移視線的反論述，而這一反論述庸俗平凡化了並且干擾了小說的主題面貌，這一自相矛盾的結構瓦解了七等生的世界，使之無法圓滿完整。七等生的虛構幻想因此並沒有「重組世界的真面貌，使其盡可能接近完整的形態，使這世界不致過份出人意表」[15]，相反，他雖嘗試爲難以捕捉的現實構築意義，卻對意義開發運作的暫時性極其自覺。七等生小說中那刻意的永遠「不完整」的狀態，我以爲正是他身爲作家的存在理據，因爲七等生的所有作品都在引導我們把它們串連在一起看作是一「還未寫完」的大部頭著作。我相信唯獨不偏離七等生文本的不完整性問題，我們才能更直接地進入他小說藝術的核心，對他作爲臺灣「現代」作家的重要性有進一步的理解，更重要的是，從這角度來檢視七等生，我們才能看出他的作品的歷史和社會意義。楊照曾經指出 1960 年代的臺灣社會爲「一個系統橫流，強要削生活之足來適系統之履的社會」，在這一方面，官方的反共論述與現代主義文化／文學論述不過是一體兩面罷了。[16]七等生熱衷於彰顯呈現個人真實生活層面的流動經驗，在那個意念先行、主義掛帥的年代作出如此個人的對應，在「現代性」的另類想像上，尤其有其重大意義。

---

[15]楊牧，〈七等生小說中的幻與真〉，《文學知識》，頁 120。

[16]楊照，《文學、社會與歷史想像——戰後文學史散論》（臺北：聯合文學出版社，1995 年），頁 128、117。

二、形式與形式以外

　　有別於同期的臺灣小說家，七等生努力不懈地將現實生活中的私人身分與他在公共領域中的作家身分緊密結合。在多年的實踐過程中，他始終堅持他的作品應被視爲真人真事的寫照，也期望讀者會將他的作品互相參照地閱讀。[17]他剛涉足文壇之初，便已流露出要爲自己立傳的傾向。七等生最早期的作品多屬印象、回憶及種種個人際遇的短述[18]，其紀實的濃厚意味已顯而易見。對於生命中種種細枝末節，即便尚未消化出任何意義，他仍執意於把它們以文字存錄下來。

　　當七等生把這種偏好帶進篇幅較長的創作裡時，便導致文本結構上的解體。〈隱遁者〉即是一個好例子。[19]小說起首描述自我放逐的主角魯道夫在「沙河」岸邊徘徊，想渡河到對岸的城鎮去。礙於水流湍急，他只好退回岸邊的樹林，以望遠鏡觀察對岸那個他曾一度熟悉的城鎮。望遠鏡在此顯然充當內省之眼的象徵，透過它往事一幕接一幕地重現。那是充滿苦痛回憶的過去：與長兄一起度過的童年、心理深受創傷的少年期、還有走訪已故父親的舊識以期理解父親鬱鬱終生的原因等等。敘事的主要部分布滿隱喻，其象徵意味明顯不過。主角對往昔的追憶全部以「沙河」爲中心——這是七等生鍾愛的「時間」和「大自然」的象徵，此河包含了他整個生命，蘊藏著他對過去的依戀與痛苦掙扎，並把他與父親共同的命運連繫起來。有時敘事又是一首牧歌，將主角塑造成一個漫步林間的「高貴原始人」（"noble savage"）；河流把他隔絕於世外。大自然又是一股神祕的力量，誘發主角的性幻想，小說中便有巨蟒夢中探訪隱遁者的性暗示。

　　但小說進行到約三分之二，當主角正想念著他從前的愛人時，敘事者

---

[17]見七等生，〈〈離城記〉後記〉，《離城記》，頁 67〜74；七等生，《情與思》（臺北：遠行出版社，1977 年），頁 1〜11、125〜128。

[18]早期的大部分短篇均收入七等生，《白馬》（臺北：遠行出版社，1977 年），少數於七等生，《情與思》。

[19]收入同名小說集《隱遁者》（臺北：遠行出版社，1976 年），頁 1〜60。

對這戲劇性的表現方式突然失去了興趣，敘事發展至此突兀中斷。主角突然從「他」變成了「我」，小說接下來變成了一連串的書信（其中一部分可能是日記）與詩篇，這些都是敘事者自己從前寫給一個他稱爲「雀斑女郎」的戀人。在這段頗牽涉個人隱私的直接敘述中，「我」渴求著這位女郎的愛與尊重，其中不時夾雜著一些只有他倆才知道的私事。因此，小說整體上給人一種斷裂的感覺，甚至好像把兩個毫不相干的部分拼湊一處。

　　此篇正是七等生寫作風格的典型，他愛好把隨意選取的材料加插在虛構的框架裡。於是，讀者閱讀像〈隱遁者〉一類的作品時，總感到「本事」（"fabula／story"）與「情節」（"sujet／plot"）之間的角力，在敘事理論中，「本事」指供文學作品吸納的原材料，「情節」則是「本事」經梳理組織之後而成。[20]根據敘事理論的美學觀，「情節」無疑是敘事的靈魂，透過篩選和安排，引導讀者感知事件之間的關聯，從而領略箇中的意義模式；「本事」則是次要的，因爲它終須經過轉化，它必從屬於更高的目的──「情節」的建構，以求敘事與語調上的一致。對於許多作家來說，小說寫作基本上是一種二者協調的藝術。然而在七等生的作品中，它們互不相容，甚至形成一股衝突與張力，不僅如此，他似乎還刻意把「情節」與「本事」的界線弄得模糊不清，二者孰輕孰重的階級等第觀念亦變得甚爲含糊，這才是七等生作品中最耐人尋味之處。其實，我們甚至覺得七等生將個人生活作藝術轉化之餘，對於透過情節設計而達致的意義操控頗爲抗拒。「情節」或「上層建築」（"superstucture"），均被過多生活瑣屑小節的自由聯想所岔亂，幾乎變得不相貫屬。七等生展示了一個書寫「尚未完

---

[20]「本事」與「情節」是俄國形式主義理論中兩個重要的基本概念名詞，二者之分別首由舍格洛夫斯基（Victor Shklovsky）提出，見其 "Sterne's *Tristram Shandy*: Stylistic Commentary," 收於 Lee T. Lemon and Marion J. Reis, trans. *Russian Formalist Criticism: Four Essays* (Lincoln: University of Nebraska Press, 1965), pp.25−57. 其後多位學者據此引申並運用於小說分析上，對結構主義與小說敘事學（narratology）有極大影響。對此二概念的延用與鋪演最力者當推美國結構主義學者查特曼（Seymour Chatman），查氏繼俄國形式主義之後，依據「本事」與「情節」二概念的分野，將敘事（narrative）大致分爲「故事」（"story"）與「論述」（"discourse"），參其 *Story and Discourse: Narrative Structure in Fiction and Film* (Ithaca and London: Cornell University Press, 1978)。

成」的狀態，亦暗示了人們在了解自身生命上的困難。敘事之未能完成，正是由於作者找尋意義的過程中反覆被生命中許多叫人大惑不解的事情所打斷。

此一風格上的癖好顯然給我們帶來解讀上的困難。形式主義的敘事學審美觀一向視文學作品為一自圓其說的藝術有機體，能成功地再現現實。然而面對七等生的作品，形式美學便立時成了有問題的方法論。要公平的對待七等生的文學藝術，我們必須考慮其中看似多餘、不能融入敘事結構中的成分。這種風格取向對我們的形式美學假設提出了有力的質疑，深化了虛構與現實的關係。它顯示作者一種具創造性的渴望和衝動，即冀求傳達一種經驗意識，要把現實從戲劇性的層面釋放出來，如實地展現在讀者眼前，這正是以「想像」（"Imagination"）、「文學性」（"literariness"）為依歸的文學範式所不能滿足的。長久以來，在理想美學的影響下，「文學」（即小說、詩與戲劇）與「非文學」（如歷史性敘述、自傳，傳記或其他以陳述論說為主要模式的寫作）涇渭分明。七等生這種既是「文學」又是「非文學」，既是「小說」又是「非小說」的寫作方式，與讓物質現實的材料塊切入畫中的立體派拼貼（cubist collage）有異曲同工之妙。這種現實的竄入擾亂了藝術成品的空間幻覺，讓觀者停留在一個不穩定的狀態中。

〈困窘與屈辱〉是一個更明顯的例子。[21]這篇作品亦有混合的風格，短篇故事夾雜以書信體裁。在一封致「敬愛的」的信裡，發信人道出最近發生在他身上的一件事：那間他在其中出生、長大、如今與妻子同住的房子，因為極度破爛而須重建。然而他旋即發現數十年前鎮上的官員竟欺騙他那目不識丁的雙親，占據了他們本已不多的房產中一個可觀的部分，因此他必須把它買回，才可進行修葺。做為一個小說家，七等生馬上把這整件事轉化為生動的對話與描寫。小說中的官僚體制，與七等生較早的一篇作品〈復職〉[22]中的人事一般，極其詭異複雜。〈困窘與屈辱〉裡與敘事者

---

[21]收入七等生，《銀波翅膀》（臺北：遠景出版公司，1980年），頁131～144。
[22]七等生，《散步去黑橋》（臺北：遠景出版公司，1978年），頁1～34。

周旋的官員是那樣不可理喻地無情與冷漠，以致那夢魘般的境況幾近於超現實。面對那些莫名其妙而荒誕的事情，身兼敘事者的主角被弄得暈頭轉向，情況不亞於卡夫卡（Franz Kafka）的《審判》（*The Trial*）中的約瑟夫‧K（Joseph K.），他們都有被剝奪的感覺，同樣急欲為自己應有的基本權利爭辯。不過，當卡夫卡那位寓言主角的命運被明確限定於一個人性蕩然一切徒然的世界時，七等生筆下那自傳式主角的命運卻是未可逆料，其終極意義懸而未決。

　　這是因為七等生讓其主角處於一個故意延宕結局的敘事中，這延宕是由於七等生在虛構的描寫後，旋又迅速的將主角帶返現實，好讓敘事不致占據整個文本。對於從虛構模式急跳到事件的高度真實性，七等生自覺地說：「敬愛的，我不是寫小說，這不是我一向寫小說的題材，我只是說出我身受的一件被欺辱的事實。」[23]接著他便乾脆地直接以論說文方式繼續寫下去，聲稱絕不屈服於任何威嚇力量之下。這樣，七等生便讓他的創作保留著開放的結尾。我們能強烈感受到超越作品本身而延伸出來的現實，這現實正是作者兀自蛻變、隨時間和環境的變遷而有各種可能發展的生命歷程。小說最終已不單單是一篇文學作品，它印證了作者生命歷程中某一時段的掙扎，銘刻下他在某一時段中面對困難的真實處境。七等生顯然並不希望只被看成是一位小說家，他更期望讀者把他看作一個在現實生活中要求公義，跟逆境對抗時勉力保持人格完整的活生生的人。

　　這股延宕虛構世界自我完成的「現實」暗湧，在《沙河悲歌》中極為重要。[24]這是一部關於七等生長兄的傳記小說，他是個寂寞的職業樂手，以在歌劇團與酒家吹奏為生，32 歲時因肺癆去世。七等生的野心在以一個虛構想像的視野為其長兄的生命塑像。我們知道遠在他寫《沙河悲歌》以前，長兄玉明的早逝一直是一件最令他耿耿於懷的憾事，這個陰影一再潛藏於他的作品裡。這早在他 1965 年的〈九月孩子們的帽子〉裡已見端倪。

---

[23]七等生，《銀波翅膀》，頁 141。
[24]七等生，《沙河悲歌》，（臺北：遠景出版公司，1976 年）。

這是一篇由三個獨立故事組成的作品，七等生把第二個故事命名爲〈其中一個樂師死了〉，描寫已故樂手的遺孀爲丈夫的朋友所勾引。[25]其實篇名與故事內容無甚大關連，七等生看來只是單純被題目所吸引罷了，他似乎不願爲了作品內容而犧牲了這個題目，這題目在他 1972 年的詩作〈樂人死了〉中又出現。[26]稍後在〈是非而是〉（1973 年）裡[27]，七等生於敘事中段加插了意義甚爲不明的一幕情景，讓讀者瞥見一個正在咯血的樂手。同樣，這插曲並非敘事所需，卻因爲它是作者生命中一個揮之不去的真實事件，所以作者似乎認爲值得一而再再而三地展現人前。這種任意、支離的傾向，在所謂的後現代小說中頗爲常見。但對七等生而言，他把零碎的印象四處加插於作品裡面，並非爲了製造戲謔顛覆的效果。印象斷片的不斷重複出現，正好說明它們只會在七等生的作品裡暫時駐足，暗中等待著作者在性格和藝術上的成熟，以期終有一天能爲它們賦予意義。

　　《沙河悲歌》正是爲達此目的而作。作者顯然認爲自己已做好準備去爲一個悲慘的生命建立意義的網絡。通過想像虛構的運作，長兄之死的前因後果終被理清了：主角李文龍在內爲對音樂和女性的激情所折磨，在外則遭受專制的父親以至整個社會的逼壓，其早逝因此幾變成勞損一生的必然。「死亡」和「河流」這兩個意象一再出現，把零碎的片斷貫穿起來，輻湊成一個飄泊藝術家心力交瘁的齊整形象。

　　然而，小說並沒有就此打住。因爲它有著兩條平衡發展的敘事線索，一是塑造他的大哥成一傳記人物的主線；另一則是處處吸引我們去注意作者本人的伏線。書中差不多每一章裡都提及李文龍的弟弟二郎，當然那便是七等生自己——有時只是輕輕帶過，有時則是一個小小的角色，無論如何總是經常出現。通常每當李文龍的思緒驀地陷於迷失之際，我們便見到這咒語般的句子：「他想到他的弟弟二郎，他對他寄以厚望。」或者是「他

[25]收入七等生，《白馬》，頁 223～266。
[26]七等生，《情與思》，頁 93～94。
[27]七等生，《隱遁者》，頁 165～170。

想到他的弟弟二郎來，二郎的聖徒夢是很愚傻的，他現在也許正在做沉思。」[28]其實，二郎比小說中其他背景人物，如李文龍的其他家人、朋友或愛人都更爲重要。隱含的作者存在本身，其重要性絕不亞於他對主角的敘事行爲。七等生重組過去的同時，讓當即的「現在」也同時逼進。李文龍被轉化成一文學原型人物，在虛構的意義世界中達致終極完成。而他的作者比他活得長久，在《沙河悲歌》中我們可以感受到一個朝氣勃勃的生命仍繼續成長，這正是作者本人的生命，他的命運尚未確定，有待將來一個賦予它意義的時機。

　　於此，我們可見七等生的文學感性，與同期作家白先勇有多麼不同。同樣是以過去作爲題材，相比之下，白先勇所展示的世界極其封閉，正如他的人物永遠陷於感情與命運的困境，每個故事也千篇一律地框定在可預期的結局模式內。他藉著細膩的描摹，戀棧徘徊於那個時間不曾推移的靜止世界。反觀七等生，時間於他是流動與變化，而非一池死水，他的小說世界因此永遠保持開放，充斥著似完未完，一波未完一波又起的經驗。

　　這套與個人人生態度結合的美學，在七等生 1978 年的代表作〈回鄉印象〉中，發揮強大的力量。第一人稱敘事者的年輕醫生奉母親之命自城中返回鄉下，助她興建他祖父、父親、叔叔及大哥的家塚。出於他母親的古怪安排，他的父親與大哥長久以來分別葬於兩處，理由是他倆生前曾有激烈的衝突。故事開首講述母親終於放棄堅持，接納兒子的提議，把父子二人合葬一起。與他們所僱用的撿骨造墳人會面之後，敘事者便回想起多年前跟鄰鎮一名妓女的露水姻緣。他一試傾情，然而翌日重尋舊處，已芳蹤杳然。就在臨別鄉下的前幾天，年輕醫生到山上觀看造墳人父子工作，竟意外地遇上這名妓女，後者的驚訝與困窘不下於他。原來她就是造墳人的妻子，敘事者初次與她邂逅時，正值她的丈夫病困之際，她當時是家中唯一的經濟支柱。這趟意外重逢，造墳人妻子已爲人祖母，脫離那個行業很

---

[28] 七等生，《沙河悲歌》，頁 9、162。這只是其中兩個例子，類似句子在書中隨處可見。

久了。故事以歡樂場面作結，造墳人夫婦為慶祝孫子的出生，在廟前派舀圓子湯給路人。

誠然，這故事寄託了一種愛與和諧的烏托邦視境，旨在表現愛對憎恨和痛苦的征服——不只在活人的世界，死人的國度裡亦是。敘事者的情緒在小說中漸次提升，明白呈露出精神上的感悟。這感悟主要透過敘事者對造墳人夫婦所作的比喻性描繪傳達出來，在這描繪中，造墳人夫婦化身為七等生筆下大自然樸實、豐饒的象徵。這兩個角色自始至終都被謎樣的氣氛籠罩著，令敘事者兼主角對之著迷。被村人稱為「傻子」的造墳人，敘事者對他的出現有如下的描寫：

> 晚飯後，那位僱用來造墳的人來了，他悄然的出現嚇我一跳，我感覺著一股神祕瀰漫在他的形貌上，不知他從何處而來……
> 當我沉著地說到：「是啊，春天濕氣重，我會一甕一甕把身骨拿出來曬日頭」時，他看來又是可駭和親切的事物的混合化身，使我對他的本質無法洞澈。[29]

造墳人顯然代表了涵蓋一切的存在，陰陽生死的界限在他那裡消弭無形。更重要的是其妻的神祕角色，一個在敘事者少年時把他蠱惑的妓女。她與結在髮上的那朵白色香花合而為一，花香叫少年如醉如痴。她本身就是一個謎團，在纏綿過後便神祕消失，當其重現之際，「寂靜的山野突然發出激情的響動」。在他倆重逢的一段動人描寫中，她因為肩負兩個沉重的水桶而摔倒在地，敘事者奔上前看她受傷的腳踝時，白花別在她如今灰黑的髮間散發幽香，立時喚起他們之間那段親密的回憶。這一切都出之以虛幻經驗的抒情性象徵手法，再加添一份典型中國知識分子對社會低下層小人物的憐憫之情。

---

[29]七等生，《散步去黑橋》，頁 80。

　　如同七等生其他的作品，這種虛構性的抽象處理，必不乏種種與之相左的現實事件，這回現實由敘事者的母親所代表。她是作者著墨最多，又是最有個性的角色，小說對於這位固執己見而無理的老婦，作了有力的刻畫：「在她身上盤繞的心事既複雜又纏綿悱惻……她所要做的事總是憑其一股衝動的直覺意志，完全不顧他人對她提供的合乎理性的辦法實行，她的幻想只是她個人一種自安的條理，卻不合我們簡便和遠瞻的理想。」[30]她的專制與頑固使得母子之間的關係非常緊張，但這反而使她的存在對敘事者而言顯得格外真實。母親強而有力的存在，見諸其對兒子的絕對占有，令人想起勞倫斯（D. H. Lawrence）的《兒子與情人》（*Sons and Lovers*）中的母親葛兒圖德（Gertrude Morel）。

　　與《兒子與情人》一樣，這篇故事也讓人感到兒子一方面拼命相掙脫母親的擺布；另一方面又非常地愛母親，竭力設身處地去加以體諒。這個人現實世界中的心理衝突，肯定比他對妓女──幻境中的啟蒙情人──那份抽象的愛來得更為尖銳。對於妓女之愛，推而廣之以至對其丈夫之愛，皆屬於知識分子的想像世界；然而，對喜怒無常、鬱鬱寡歡的母親所持的愛，卻是屬於一個紊亂混沌的現實；這種愛在精神上給人的滿足遠不及人類之間崇高的兄弟愛。事實上，母親在任何方面無不與敘事者所持的精神理想明顯對立。當敘事者感受到一種無法抑制的衝動要往山區看掘墳工作時，立刻遭到母親的阻擋：

　　我在等待母親為我說明白她阻止我的真正理由是什麼。我今早接到的都是她另一種我不熟悉的眼光。

　　「那麼你非去不可？」

　　「正是。」我說。

　　她說她昨夜睡不好，心中充滿了恐懼。

---

[30]同前註，頁77～78。

「怕什麼？母親！」

「我警告你，你不可好奇去接近那些骨頭。」

「什麼？」

「萬一傻仔在曬骨頭。」

「為什麼？」

我不明白她在迷信著什麼，我有點惱怒。

「這不可理喻，母親。」我說。

「古人說的總是對的。」

她開始列舉某某人家的子孫如何在窺見之後家道敗落。

「敗落總有許許多多現實的因素，不是因為窺見……」

「我說的話你最好聽。」她嚴厲的打斷我。

「那麼傻仔他們怎麼辦？設想他要摸骨頭還要吃飯。……」

「普通人不能和那種人去比。」

「他們也是人。」

「他們不是。」

「是什麼？」

她的表情由嚴肅轉變成仇恨；我想我的也不會好看。

「好罷，我不去。」我垂下頭來。

突然餐桌上一片寂靜，繼續進食已不可能。我低頭沉思，但意識到母親依然用那種我所痛苦的眼光觀察我，我知道她永不會讓步。[31]

　　結尾處，敘事者離開鄉下回他工作的城市，伴隨著他的是他對於村民以至全人類的浪漫非常的尊重情懷，然而他與母親之間一團糟的關係仍未、甚而可能永遠無法解決。在未來的日子裡，母親將繼續對其知識分子思想構成挑戰。比《沙河悲歌》更有甚者，正當朝向意義的建構之際，故

[31]七等生，《散步去黑橋》，頁89～91。

事的收結卻委順於意義的不確定性；那個看來平靜的結束畢竟是曇花一現而已。末了，敘事者描述他離開前與母親相處的最後一天：

> 祭墓的事過去之後，我無法靜下來再留在鄉下和母親在一起；一方面我在城市的工作催迫著我要快快動身，另一方面母親的嘮叨造成我心煩氣躁。我和她之間常常要經由爭論的形式來做瞭解，雖然一場爭吵絕不會影響到我對她永遠的敬愛，但她對我的心理的依賴常是用關注我的態度表現出來。我極力在避免她將她的無微不至的慈愛情懷，由大哥移轉到我的身上，這無疑會阻礙我的個人人格的成長……
> 「今後是我去看你或你回來？」
> 在我走前她這樣說。
> 「媽媽——」
> 「嗯？」
> 「我是你的兒子，妳是我的母親，我們就不必訂定一條僵硬的規則，是不？」
> 她啜泣著，沒有轉開她的眼光，直視地審察我。從她漸趨冷靜和悟見的表情中，我彷彿明白她洞悉我這幾日來內心的變化所促成的緣由。但除了我祕密地隱藏著真正的真實外，她所易接觸而感動的是我深沉的外象。[32]

故事中所有回溯的活動，其中都指向未來，正如敘事者所言：「我……必須要有一段冷靜的個自思考的時間，來調理我生活的感受。一種我在生活空間偶然所發生的事件的意象的闡明，有助於我產生一種過去對未來的明確的指示。」[33]小說的篇名放在此脈絡中因此有其重要的涵義：敘事者將經歷反芻咀嚼，化爲「印象」，然則也只是「印象」而已，有待他日再重寫，以

---

[32]同前註，頁97～99。
[33]七等生，《散步去黑橋》，頁98。

深化其意義。

　　七等生這套文學風格最大膽的實踐，莫過於《耶穌的藝術》。[34]此書是七等生對新約《馬太福音》28 章所載耶穌生平與教導的解讀（七等生將之分成 27 章，把記述耶穌被釘十字架及其復活的最後兩章合併爲結論一章）。七等生對聖經故事的詮釋與闡述方式表現出他文體上的變化多端，有時他以詩人的抒情感性，把聖經聯繫到其他傳說與民間故事；有時則運用小說家狂野的想像，無中生有，不但進入耶穌及其他聖經人物的內心世界，更以幽默的筆觸彌補經中事件的罅漏。有時又轉而以嚴肅的論說文，把耶穌角色的轉變與猶大的賣主，放入以色列歷史與政治的脈絡裡分析，又肯定從聖奧古斯丁到阿奎那以至斯賓諾莎這些經學家的哲思，並以此書作爲他批判臺灣社會及政治的工具。但本書最叫人吃驚的，是七等生竟把這個超越時代的神話與他自己生活裡的平凡瑣事並置一處。各式各樣的聖經故事使敘事者想起自己過去的點點滴滴。拉結哭她在希律王令下與數千伯利恆男嬰一同處決的孩子，便喚起了敘事者對母親哀悼他大哥的回憶。眾門徒聽到耶穌說他要到耶路撒冷受死時的沮喪，把敘事者帶回數十年前愁雲慘霧的一天，當時他守寡的母親爲賺取家中唯一的收入，勞碌終日後病倒在床，她對頑劣的孩子們說，若非爲了他們，她早就樂得歸天了。如此大膽的比況與聯想，在書中俯拾皆是。一方面，這些類比顯示作者企圖拉近聖經的崇高神啓世界與我們尋常世界之間的距離，即如喬伊斯（James Joyce）的《尤歷西斯》（*Ulysses*），把 20 世紀初都柏林的生活，置於荷馬史詩的神話框架內。這種類比給普通人相對平凡的生活，賦予了一份模仿英雄式（ock-heroic）的重量，同時亦沖淡了神話古籍的神祕氛圍。在這層意義上，七等生的訊息是頗爲清楚的：人類若難無邊，耶穌作爲受苦與冀盼的縮影，故能深得人心。

　　然而，另一方面，敘事者隨意讓個人生活小節如此頻繁地穿插其中，

---

[34]七等生，《耶穌的藝術》（臺北：洪範書店，1979 年）。

有時便難免給人離題的感覺。此傾向隨著敘事發展而益見加劇。聖經中據稱的神蹟，如耶穌僅以五餅二魚大饗 5000 人，立時引起敘事者講述有次一個自稱曉法術的人威脅要在他身上施咒。又如耶穌指責法利賽人的偽善與邪惡，令敘事者憶起他小學三年級被選為班長時，心中充滿了稚氣的驕矜。或是耶穌教人不可為博取讚賞而行善，敘事者即想起在他學生時代發生的一件事，當時他在歌唱比賽中擔任合唱指揮，表現出色，所有評判都給予高度讚揚，唯獨一個與他素有積怨的人藉此機會將他羞辱一番。這事顯然對七等生造成極深的創傷，早前他即已在其他作品裡提及此事。[35]對本書的敘事者來說，彷彿只要興之所至，無論在他人看來也許是雞毛蒜皮的小事都不失成其文章。作者本人對此亦相當自覺，所以不時停下來為自己牽扯太遠而表示歉意。我們可以體會當作者把生活中的零碎斷片從記憶中釋放出來時那種痛快淋漓感覺，這與其說是為著闡明聖經的故事，不如說描述零碎斷片本身已自成為目的了。

　　至此必須再強調，這種對無關宏旨與非功能性的細節的執著，並不等同於某些現代或後現代小說所追求，而為一些評論家如巴特（Roland Barthes）等所提出的客觀性（objectivity）敘事取向。[36]七等生對瑣碎微末的縷述不倦，與其說是為了凸顯物理世界的具體質貌，不如說是對他自身的存在事實進行現象學式的探究。作為一部信仰之作，《耶穌的藝術》同時也是作者對自己的淒涼身世自憐的現身說法。大量的細節陳述目的乃在暴露鋪演自己的平平無奇，以此抗衡自我超越的遠大視境。固然七等生在擁抱耶穌的同時，有時還甚至會暗中自比為先知[37]，不過基於人之存在本是微

---

[35]詳見七等生，《削瘦的靈魂》（臺北：遠行出版社，1976 年）。

[36]見 Roland Brthes, "Litteature objective: Alain Robbe-Grillet," *Gritique* 86–87 (1954), Richard Howard 的英譯，"Objective Literature: Alain Robbe-Grillet," 刊於 *Evergreen Review* 5 (Summer 1958)，此文亦作為 Robbe-Grillet, *Two Novels by Robbe-Grillet: Jealousy and In the Labyrinth* (New York: Grove, 1965)之序(pp.11–26)。另參 Barthes, "L'effet de reel" (The Reality Effect), *Communications* 11 (1968): 84–89，英譯收入 Tzvetan Todorov, ed., *French Literary Theory Today* (Cambridge: Cambridge University Press, 1982), pp.11–17.

[37]尤見第 24 章「先知」。七等生對耶穌的認同，亦見於他的其他作品，特別是《削瘦的靈魂》（參第 17、19 兩章），在〈我愛黑眼珠〉裡亦有暗示，此短篇收入同名小說集，及另見於其他結集。

不足道的自覺，他又會對耶穌無與倫比的崇高望而生畏，認為耶穌所承擔的沉重使命，凡人根本不勝負荷。七等生讓我們看到，像他那樣的普通人，要承受生活中不計其數的繁瑣與個人危機，已是一件極為吃力的事情。他對於人們如何能超越這一切，排除萬難，堅守博愛無私的理想提出疑問。至於自己的渺小，他有如下的告白：

> 我是一個平庸的人，追逐生活，不知從何而生，死時應歸於何處，昏昏一生，沒有職志；世界不會因我生而歡躍，不會因我死而悲泣；宇宙不因我的生存死滅而有所變異。我不是聖人，天才，或瘋子；我只在一個環境界限內苟活，像蟲子，一生除了欲望的蠕動外，沒有超凡的飛越能力，沒有思想的光，沒有捨棄的超脫勇氣，沒有生命奮發爭取的自由，是天國的神和人世王權所忽視遺忘的一粒沙塵；我在此生命的中年，已變得意態闌珊，厭煩之心，日與驟增，不覺空自徒嘆，想在絕望的祈求中，盼獲一絲希望的降臨，為我著附魔障的心靈，掃除乾淨，為這軟弱的軀體，盼求健康。[38]

這裡轇轕糾纏著盼望超越現狀的殷切與面對本身局限時的頹唐，令人想起沙特（Jean-Paul Sartre）的《嘔吐》（*Nausea*）裡的羅肯丁（Roquentin）。然而，七等生為其處境所發出的感慨，在修辭與意念的表達上，流露出的是一種抒情素質，其目的在感發讀者的情緒，多於要締造一篇哲理文字。傳達其自我否定的，是一種自傲的謙卑，這裡沒有知識分子幻滅後的妄自菲薄。七等生賦予人類尊嚴，不單單因為人在精神上追求美善，更由於人在日常生活裡背負著最是形而下的重擔。

職是之故，《耶穌的藝術》不只是聖經的故事，還是自己的故事。耶穌愛世人而自我犧牲，全書便在一片安詳的氣氛中結束，但讀者卻可感到文

---

[38]七等生，《耶穌的藝術》，頁51～52。

本之外作者個人臨即的存在躍動著不息的活力，開啓出種種不確定性與永無定案的問題。我們應把此書視爲七等生不斷發展中的成長小說（Bildungsroman）大論述的合成部分，而非獨立自足的文學作品。七等生謙稱《耶穌的藝術》不過是筆記而已，強調他只以一般讀者的眼光看聖經。[39]但值得我們注意的是，此亦反映了七等生視創作無非屬暫擬性質的觀念。就像〈回鄉印象〉那樣，此書對他來說終歸只是印象的記錄，標誌著某一創作階段中爲理解生命意義所付出的努力，到了日後還是要另行重寫的。就在投身不可知的未來前，於此特定的書寫時刻中，他對耶穌故事的闡釋讓心靈得享片時的寧謐。然而，生命並不會爲某一啓悟的片刻而停駐下來，他只有茫然冀盼，閱讀聖經時的領悟能助他堅強面對無法逆料的現實。由此觀之，《耶穌的藝術》最終的寫作目的，是要成爲自己個人生命的藝術家——確保自己在生活的困厄中仍具勇氣與尊嚴。

我已論證了在七等生的世界裡，建立意義模式的企圖雖無容置疑，但與此同時還存在一股動力，使素材在虛構抽象的秩序世界裡無法臻於完整與圓滿。兩者間的互動便成了七等生文學作品的主要特色，反映出貫徹著七等生創作生涯的無疑就是追尋（quest）的主題。此主題在文學裡可謂無處不在，但在七等生充滿個人色彩的表現裡，同時也是一種對形式的追尋，這形式可無限延展，以相應於個人對意義的時時修訂的實驗性探求。

因此，七等生的文學創作隨著他對未可知的現實作進一步探測而繼續開展，事實上，他寫得愈多，便愈顯出每篇新作都是他的追尋不輟大連鎖的一部分。七等生於 1980、1990 年代的作品，不論是《譚郎的書信》或是更晚近、復出後的《思慕微微》[40]仍延續著他一路走來的寫作風格，透過可供延展的形式傳達其恆久不變的主題。以〈我愛黑眼珠續集〉爲例[41]，這篇

---

[39]同前註，頁 3、6、72、100、113。

[40]七等生，《譚郎的書信》（臺北：圓神出版社，1985 年）；七等生，《思慕微微》（臺北：臺灣商務印書館，1997 年）。

[41]初刊於《中國時報》，1988 年 8 月 1～2 日，後收入張恆豪編，《七等生集》（臺北：前衛出版社，1993 年）。

小說續寫了他 21 年前的短篇〈我愛黑眼珠〉（1967 年），他以「續集」命名，表示以前的故事從未徹底了結，續集本身則更是展示一暫時性的姿態。總括往昔的經驗過去後，接踵而來是此時此刻尚未明朗化的新體驗。續集乃是七等生對當時臺灣頻頻發生的街頭示威所引發的群眾暴亂的觀察。前集的晴子原代表李龍第在現實生活裡的家庭職責，到續集時變成臺灣社會及政治急遽變化下無政府趨向的現實。在此新故事裡，現實再一次於虛構的結尾後有著獨立的位置，回響著敘事者對理性與誠信絕望的呼喚。這篇作品又一次證實了創作對七等生來說，不獨是語言與文學上的想像，而更是一種見證存在的具體行動，表演著作者在生命歷程中對意義理解的無止境追尋。

本文第二節「形式與形式以外」中部分較早的版本原以英文寫成，題為 "Form and Its Discontent: A Rereading of Ch'i-teng Sheng's Fiction," 載於 *Modern Chinese Literature* 6.1&2 (Spring/Fall 1992).

——選自陳麗芬《現代文學與文化想像：從臺灣到香港》

臺北：書林出版公司，2000 年 5 月

七等生小說的心路歷程

◎張恆豪[*]

一

　　正像他特殊的標誌──〈我愛黑眼珠〉一般，在戰後三十多年來的臺灣文學界，七等生可說是最受人議論的小說家之一。

　　他的創作除了帶給讀者混亂迷惑的感覺外，也帶給批評者毀譽對峙的爭執。有些批評者指斥其小說充滿欺瞞性和荒謬性，違悖倫常，離經叛道，頹廢墮落，而有些年輕的批評者則推崇他是削瘦的先知，瘖默的天使，洞察人性的美醜，燭照人生的本真。細究起來，引起這些褒貶兩極的主因，自然是在於其創作形式之「隱晦」與主題之「怪異」的焦點上。

　　平心言之，和他同屬於戰後第二代的傑出同儕比較起來，他不像李喬透過歷史的凝視，以佛教的悲憫去觀照臺灣苦難的大地和生靈；也不像陳映真懷具著強烈的民族意識，去批判二次戰後死灰復燃的跨國經濟體制，對於開發中國家固有文化的侵蝕，以及對人性尊嚴的壓迫；也不像白先勇關心的是山河變色後退居臺灣沒落腐化的上流社會，他們迷戀過往，乍似風華爭艷，實則靈氣殆盡；也不像王禎和同情的是由農業社會轉型到工商社會的低下階層，他們無法抗拒資本經濟的龐大壓力，不得不屈辱地苟延殘喘。這些同儕都具有鮮明的形式和清晰的主題，予人較為明確的印象（並不意味評論者的觀點就是一致）。

　　而七等生是個喜好沉思的自我型藝術家，他慣常從一個現實的敘事，

---

[*]專事文學研究。

陡然溶入於一個神祕而非現實的自我世界，透過冥想的運作（或以象徵、或以寓言的形式），來探討繁複尖銳的現實問題，其現實問題不僅隱瞞而且零碎，七等生的著眼點自不在於現實表象而是揭露內心的感應。他苦悶的象徵，乃在於人心中自然性與社會性的衝突和抉擇，他藝術的奧祕，即對於小說節奏的追求及語言脈動的講究。

二

我以為其小說具有下列三大特點：

1. 其小說中的敘述語調與作者的思想觀點是一致的。

2. 他的作品串聯了其個人多種生活的經歷，自傳的色彩極其濃厚。

3. 其每篇小說好像各自獨立，實則它單獨存在時僅有充足與不充足、完整與非完整的差別。必須讀遍他所有的小說作品，才能了解其創作意向，較確切地知悉其小說中的演化軌跡。

以上三點的確定是必要的。在七等生的小說中，他的敘述口吻與作者的思維觀照十分貼近，亦即作者常鑽進作品中的主要人物與之認同，故其主角常著有「我的色彩」。此一型態與白先勇的〈永遠的尹雪豔〉或王禎和的〈三春記〉是不盡相同的，在這些小說中，作者與作品人物保持著適切的距離，他們藉著事件客觀的呈現，俯瞰其形形色色的世相，冷諷熱嘲，將一切的價值判斷隱化為冷智的觀照。前者的特色在於「水乳交融」，後者則是「隔岸觀火」。在七等生八十多篇的作品，多數屬於前者，但有少數幾篇例外，如〈灰色鳥〉、〈AB 夫婦〉等作。

因此，在七等生的小說中，其所塑造的角色大多是完美的人格形象，就世俗角度，他們都是卑微或叛逆的異端，但就七等生信念而言，他們是純真、善良、受難的典型。他們沒有任何操守上的缺點，如偽善、敗德、徇私、勢利，腐化，唯有做為一個受難人物性格上的弱點（或言特質），如自傲或自卑的相互表裡，感情與理智的纏擾，堅強與脆弱的矛盾，流放與發現的衝激，此一型態與黃春明的小說人物十分近似。

　　但他們二者的分野，乃在於黃春明的小説人物多數是「外射」的，如甘庚伯、憨欽仔、梅子、坤樹、江阿發、青蕃公等，都是作者藉諸客觀人物的心理投影（但也有少數例外，如〈莎喲娜啦‧再見〉中的黃君）。而七等生的小説人物多數屬於「自照」的，如武雄、劉教員、杜黑、亞茲別、土給色、賴哲森、羅武格、李龍第、詹生、余索、蘇君、魯道夫等，都是作者每一生活階段中自我的化身，尤其〈削瘦的靈魂〉中的「劉武雄」，自傳性極強。他的所有作品，都是生活經歷的寫實，所以我們將各片段串聯起來，不難窺出其生活的斷面。譬如〈來到小鎮的亞茲別〉、〈放生鼠〉、〈削瘦的靈魂〉，都反映了他就讀於臺北師專時的求學經歷；〈父親之死〉、〈初見曙光〉、〈削瘦的靈魂〉、〈沙河悲歌〉、〈隱遁者〉，則表露了他對父親的看法。因此其小説事件常有重複出現的情況，雖然個別主題常思采繽紛、感悟迸發，但就整個主題結構而言，乃息息相關而可匯集成流。

　　職是之故，七等生的創作意識渾然是一個血肉相連的體魄，處處流動著自我思維的血液。就單獨作品來看，乍似各自成篇，事實上有些意象的經營、場景的安排或主題的呈露是不夠完整的。

　　就意象為例，譬如被文評家爭論最多的〈我愛黑眼珠〉一作，其中的「黑眼珠」和「亞茲別」此二意象，在小説中乍然一現，即告消失，尤其「亞茲別」名字突然被李龍第脱口而出，似有倏忽閃現，交代不清的嫌疑，但事實上，「亞茲別」此一意象在〈隱遁的小角色〉、〈來到小鎮的亞茲別〉均有深刻的刻畫，它不僅代表七等生隱遁心態的一個原型，而且是七等生理想世界中所憧憬的生命情調的表徵。至於「黑眼珠」亦然，它是作者自始以來所苦心經營的意象，它代表七等生小説的理想女人中靈犀相通的象徵，這一意象屢現於〈早晨〉、〈黑眼珠與我〉、〈初見曙光〉、〈多來花園〉、〈放生鼠〉、〈天使〉、〈我的戀人〉、〈在霧社〉、〈削瘦的靈魂〉諸作。再如〈十七章〉裡那個神祕而古怪的騎車人物，和〈流徙〉裡騎腳踏車的老董或有關係。再如〈獵槍〉的白娥、灰色鳥，與〈灰色鳥〉中的安息、灰色鳥也有相關寓義。尤其〈灰色鳥〉的貓，神祕而撲朔，要尋覓其象徵

寓義，可參考〈某夜在鹿鎮〉、〈跳遠選手退休了〉、〈僵局〉等作。再如〈睡衣〉中所提到的天府之國，或許與〈蘇君夢鳳〉中蘇君所否定的天府之國有關聯吧？凡此等等，我們必須掌握作品的整體性才能較為了解其個別的特殊涵義。

其次，以場景為例，譬如〈九月孩子們的帽子〉一作，此文分三部分：1. 不便的世界。2. 其中的一個樂師死了。3. 回到一九五九年的火車旅客。三部分的情節都不相屬。而 2. 其中的一個樂師死了，卻顯得單薄和簡陋，題目叫其中的一個樂師死了，我們不禁會問：為何要叫一個樂師，它是否有特別寓義？而到底一個樂師死了與其中情節進展有何特殊關聯？顯然這些交代都不是夠完整。再如〈是非而是〉，忽而道出那位喇叭手的咳血情況也是一樣隱晦迷離。雖然他們都可單獨存立，但若能再參照〈沙河悲歌〉，則對作者的意念會有更深刻的認識。再如〈放生鼠〉第八節——長褲骯髒和無錢理髮事件，此係七等生求學期間不愉快的生活陰影，這場景後來又重現於〈削瘦的靈魂〉，若我們能前後對照，不難窺出其創作的心理背景。再如〈黃昏，再見〉中救人事件，後來又重現於〈回響〉。再如〈海灣〉中的游泳事件，係七等生幼年的生活經驗，爾後又重現於〈隱遁者〉。假如我們能將〈削瘦的靈魂〉、〈放生鼠〉、〈初見曙光〉、〈在霧社〉、〈天使〉串聯起來，當有助於了解七等生對「林美幸」此一角色的創作意念。

最後，就主題而言，譬如〈期待白馬而顯現唐倩〉，「唐倩」此一意象係自放移植的，見於陳映真的〈唐倩的喜劇〉；而「白馬」意象，在本篇中描述得很簡略，有關白馬與沙河的進一步關係可以說付諸闕如，欲追溯其源，則可參見〈白馬〉一作，其中對白馬顯現的神蹟，神俊活潑，奔躍下山，如何把荒地變為良田，以及所代表的寓義，均有精采描繪。「白馬」，是七等生心目中耕作者樂園的表徵，假如我們能了解此一原型，則對〈期待白馬而顯現唐倩〉的主題，將能深入體會。這種現象尤以民國 58 年的〈木塊〉、〈回響〉、〈希臘‧希臘〉、民國 59 年的〈來罷，爸爸給你說個故事〉、〈海灣〉、〈銀幣〉、〈流徙〉、〈離開〉、〈笑容〉、〈墓場〉和民國 62 年的

〈無葉之樹〉的各短篇最爲明顯。

　　對於這種情況，七等生頗有自知之明，在《離城記》後記，他說：「我的每一個作品都僅是整個的我的一部分，它們單獨存在總是被認爲有些缺陷和遺落。寫作是塑造完整的我的工作過程，一切都將指向未來，我雖不能要求別人耐心等待，但我有義務藉解釋來釋清一些誤解。」而所以如此，七等生以爲「我再想用多的描述是無益的；靈感促成我需要那樣寫」[1]，因爲「當我以緊密的精神追索我的意念之時，在小說中去計較文法是甚爲不合理的事」。[2]由此又可窺悉七等生作品的特質：創作意念決定行雲流水的形式，而此自然的形式是其內容的所有寓義。

　　寓言的型態、象徵的涵義、人名的隱喻，以及文字句法、節奏韻律等，是七等生小說中饒有情趣的，這涉及到七等生的生活經驗、思想背景和其特殊用意。由於本文採取的是「心路歷程」這一角度，故對於其小說的形式和態勢僅止於說明，進一步申述，則待以後專文再詳細探討。

三

　　民國 55 年發表於《文學季刊》第 2 期上的中篇小說〈精神病患〉，是七等生有關其小說意念呈現得較爲完整的一篇。前已述及——其小說中的敘述語氣與作者的思維觀點是一致的——在本篇中，主角賴哲森的心靈活動，即七等生思維的一個投影：

　　　第三天我（即指賴哲森）獨自到醫院，白醫師坦白的告訴了我，我的血液充滿梅毒的病菌，他還說阿蓮腹中的胎兒可能會遭到同前的厄運。我告辭出來後，這一刻，任何事都離開了我的思緒，什麼都像自行退後，一切的理想和愛慾都完全遁跡，我成爲一個空洞且悲哀的人，我是個充滿血毒的男人，我以前所發表的憤怒之詞全屬空言，我唯一想做的就是

---

[1]見七等生，〈序〉，《來到小鎮的亞茲別》（臺北：遠行出版社，1976 年 1 月）。
[2]見七等生，〈《離城記》後記〉，《離城記》，（臺北：晨鐘出版社，1973 年 11 月）。

去死。我開始疑問我血液中的病毒從何而來的？我未曾與任何和我戀愛的女人交媾，包括丘時梅女教師，我曾衝動地步入但我被嚇退了出來，阿蓮是清白的，唯一可尋的就是遺傳；我曾聽許多描述我那位風流的祖父，在我童年時候。我去死時，阿蓮怎麼辦？我坦白地告訴阿蓮時，阿蓮如何能寬諒我？我何忍再令阿蓮遭受那手術臺的經歷？以後都不可能有孩子，阿蓮將如何地絕望？我要如何補救呢？

我沒有告訴阿蓮我心裡隱懷的可怕事實，阿蓮工作回來，通常已經疲乏不堪，她一向疏於追問我的事物，連我前日表示再去謀職一事她都緘默得好似忘掉一樣。晚上，當我想起我是如何地虧待阿蓮，以及感謝她給我如此光華且充滿愛情的許多日子，我由衷地愛惜著她，不堪再加任何痛苦給她。在這個時候，我能對她表示的就是慇勤地令她多嚐肉體的交合之樂，我現在生為一個男人可供給她的也唯有這一件事能令她由衷的感動，我再也想不起做一個現世的男人能夠再以這一件事去欺侮女人。

這與其說是賴哲森的信念，不如說是七等生借重這一人物所顯現出來的秉性。此一秉性，孕育了七等生思想人格的基本型態：

「（前略）要是有一種樂園，這是大多人都想望的，也是先賢的構想，我們工作著不會覺得是痛苦或是一種致命的戕害，智慧是用來娛樂人生，天賦高的人為天賦差的人服務，沒有強迫性的八小時工作，一切事物都顯得同樣價值，遙想自己的子孫生活在這種天地中，一代一代謹慎地活下去，現在即使自己多麼痛苦，即使多麼受到壓迫和凌辱，只要能實現這一份理想，心中就覺得寬慰。但是回到我自身的問題，坦白說阿蓮，我非常慚愧，我相信我絕非這樣懶惰、苦惱和神經衰弱，我是個理想主義者，我不喜歡我這個樣子。（後略）」阿蓮突然問我，我有沒有國家民族的觀念，我說我還未具體表現過予以審查我自己是否有沒有，不過在我的意識思想中，隨著求知慾的發現，僅僅愛自己的國家民族這是一個

現代人愛的起點，而不是愛的終點。阿蓮指責我的生活和作為都酷似一
個虛無主義者，沒有任務沒有責任的感覺，我說我要是真的是個人主義
者，一個逃避任何為社會服務的責任的人，我要她回答我，我在這種狀
態是否快樂不快樂？她說我是一個徹頭徹尾十分不快樂的人，於是我說
我顯然是被迫就於這種不快樂的外表個人主義者的地位。

這種思想人格的基本型態，乃是外表乍似虛無的個人主義，實則是以
國家愛民族愛為起點，而以人類愛為終極目標的理想主義者。所以被誤
解，乃是來自於時代因素和腐化的犬儒思想所造成。

檢析七等生八十多篇創作[3]，我以為其小說最大寓義，即在揭露人類生
存的表象——「理想世界」與「現實世界」對抗、糾葛，而探討人類心靈
癥結——自然性與社會性之衝突與操持。[4]

其涵蓋面包括對神、性、愛情、藝術、哲學、自由、民主、法治、尊
嚴的嚮往，對宗教、神像、戰爭、政治、婚姻、友誼、法律、罪與罰、教
育制度、繁衍後代、大眾傳播、生態污染、知識分子、特權文化、資本社
會的反思，以及對貧窮、迷信、權勢、無知、徇私、偽善、敗德、無恥、
腐化的批判，而以人性的童摯與鄉愿、自然性與社會性為交點，從其作品
的演化脈絡，可窺悉其龐雜而深厚的思想結構，恰似一蒼勁而老邁的巨
幹，其上枝葉扶疏，其底盤根錯結，而獨擎著廣漠無語的宇宙。

四

貧窮，是七等生小說一再探索的痛苦根源。其小說開展，多是齧咬著
這個根源向各角度伸延：飢餓疾病的侵襲、社會的勢利不義、人心的消
極、讀書人的自私和奴婢性格。而歸根結柢，貧窮和他父親的遭遇有著密

---

[3]見七等生，《放生鼠》（臺北：遠行出版社，1977 年 3 月）後的創作年表。
[4]此一觀點，係從陳國城〈「自我世界」的追求〉一文中所揭示——七等生於他的某些小說作品中，
　曾經處理了一個重大的主題，就是「自我世界」與「現實世界」相互衝突、對抗、消長及價值抉
　擇的過程——延伸而來。原文見成功大學中文系刊《文心》第 3 期（1975 年 5 月）。

切關係。在〈隱遁者〉中，七等生藉著主角魯道夫的口吻說出：

> 我個人的遭遇，當我的父親被解職後，直到他逝世，造成家庭的貧困和
> 兄弟姐妹的分散。反觀那時在日本帝國統治下與先父一同任職，在光復
> 後依然保持職位的人，他們的豐衣足食的生活和意氣高揚的態度，對我
> 和我的家庭而言是一種無比的刺痛。我必須追究我痛苦的根源，我的痛
> 苦與我的父親的遭遇有著密切的關係。

同樣情節出現於〈沙河悲歌〉，七等生如此敘述：

> 當父親為第一任鎮長湯子城以裁員理由革職公所的職務後，家庭陷入了
> 空前的慘淡和貧困。父親整日沉默不語，他的胃病逐漸轉劇，大部分輾
> 轉在床上，他現在想起來十分為父親抱屈。那位神氣十足排除異己的鎮
> 長不知什麼原因在鎮長任內死亡了，他的死對李文龍的家庭來說並不覺
> 得喜悅。日本人結束了 50 年的統治走了，在戰爭期間刮走了所有的臺灣
> 的物質，光復後的臺灣陷入空前的經濟恐慌。那時家裡一天只能吃兩
> 餐，大都是蕃薯，米糧很少，肉類和蔬菜常常斷缺，只好炒鹽巴下飯，
> 或煮蕃薯度日。就在這樣的貧困的情況下，幼妹敏子賣給那對做焊接工
> 的無子女的夫婦。

　　這是一幅活生生終戰前後臺灣庶民的生活素描，貧窮造成七等生骨肉
分散、家庭困頓以及個人不幸的童年。「他現在想起來十分為父親抱屈」，
但早年的七等生顯然不是如此，他卑視被解雇後的父親，搖尾乞憐，不能
秉守孤傲情操，就在這樣情況下倒下去，是個可鄙的懦夫（見民國 54 年
〈初見曙光〉），因此他父親死時，他沒有流下一滴淚，他覺得這個世界上
唯一管轄他的人死了（見民國 57 年〈父親之死〉）。但在民國 63 年的〈削
瘦的靈魂〉，這種敵恨的意識消失了，取代的是追憶和冥思，「我不是不喜

歡父親，可是他似乎像一般人一樣仇恨這個時代；他的年歲在失掉鎮公所職員職位時，已經不可能再從事任何職業；我也覺得既是公務員就得一輩子是公務員，否則就去死。現在回憶起來，比那時他死時要傷心得多，因爲時間越長，我便能越看清楚；譬如有一件事是我現在不能否認的；我是他的兒子，和他是一模一樣的笨蛋。現在我倒想爲他灑幾滴淚，但那時一滴也沒有流出來，覺得他死了倒好些」，而到了民國 65 年的〈隱遁者〉，七等生透過時間和經驗的反照，轉而追認他父親可貴的情操，他藉著陳甲和湯阿米的口吻分別道出：「他似乎存在著一種這個社會裡不可能有的秩序感，一種精神理想，如果他能保持緘默，會令人有點敬畏，可是他看來又沒有領袖慾的那份狡獪，他的誠樸是消極的一種本質顯現。」「你的父親是個不能適應時代改換的人，他是個徹頭徹尾誠實的人，他在英年就逝去是一種可惜，而造成他的憂患的責任，社會是應該承當起來的。」

　　以上是七等生對於父親的情感由敵視而至認同的轉變過程。而對於貧窮的由來，七等生除了歸結時代因素——戰爭中異族的奪，還以爲有下列因素：其一，人爲的因素；其二，分配的因素；其三，社會的因素。

　　在具有自傳性的〈削廋的靈魂〉，他敘述主角劉武雄的遭遇：

　　　那時全校學生的晚餐已到尾聲，大部分人已經離開；那天是校運會，你得 1500 公尺的第四名；大家在餐廳裡都有些興奮，而且可以說已經都疲憊了；遺憾得很，晚餐的菜太差勁了；有人把雜在蔬菜裡的豬腹皮肉撿出來，丟到鄰桌去，然後傳來傳去；有時那是一塊母豬的乳頭，已經煮成紫黑色，變成很可怕的東西；於是敲碗的聲音響起來，呼叫聲四起，表示對壞伙食的抗議；坦白說，伙食壞已是司空見慣的事，建議也沒有獲得具體的改善，大家因此常常敲碗鬧著玩，感到十分有趣而已；有些人早就看到，早晨採買回來，便有厚臉皮的混蛋過來割肉；廚夫在煮的時候，又爲自己留下一部分好肉，所以學生們沒有好肉可吃；這種剝削是十分可羞的該死的行爲。

這是人為的剝削，有人假公濟私，斤斤於私利的剝削，其實就是貪污舞弊，此另見於〈昨夜在鹿鎮〉、〈巨蟹〉、〈絲瓜布〉、〈隱遁者〉諸作。在〈削廋的靈魂〉中他又說：

> 饅頭寶貴，可是還是有笨蛋把皮剝下來，丟棄在錫盤上；你一生之中連蘋果是什麼滋味都不知道，可是你看過有人吃蘋果還是削掉一層厚皮。我想：這個世界的東西，應該儘夠人類來享用；可是事實不然，饑餓和匱乏的很多；由此可以論斷：有些東西是被隨便浪費掉了。真他媽的，關鍵在分配不平均，但是任何事不平均是常有的現象；我的意思不在一絲一毫求均等；可是總不能差太多，相差到有人浪費，有人卻饑餓。對於你，饅頭皮比饅頭肉好吃；相同的，蘋果皮比蘋果肉有營養；還可以依此推論許多事物。

這是物資分配不均，有人浪費，以致形成貧富差距，此另見於〈我愛黑眼珠〉、〈昨夜在鹿鎮〉、〈十七章〉、〈希臘‧希臘〉、〈隱遁者〉。在〈削廋的靈魂〉中又說：

> 可是你要不要拿他的錢呢？你呢？我沒有拿他的錢；他說：「你沒錢就不應該來讀書。」我離開那裡，心裡永遠記住他的話：沒錢不要讀書。我根本就不想受什麼鬼教育，要不是渾蛋父親責打我非上小學不可，然後他自己上天國去清靜，讓我留著到處受苦。我想：讀書是沒有什麼了不起，尤其讀美其名為正式的課程；沒讀書也會有用的，只是凡事不要欺騙人；要不是說公費，我便不會來「土宛」。

這是社會正義力量的淪落，功利自私主義的抬頭，此另見於〈來到小鎮的亞茲別〉、〈結婚〉、〈天使〉、〈誇耀〉、〈碉堡〉、〈父親之死〉、〈僵局〉、〈自喪者〉、〈蘇君夢鳳〉、〈隱遁者〉諸作。

　　貧窮使生活遭到威脅，使讀者的機會受到限制，使得愛情變質，甚至使清白的人格受到污衊（求學期間被誣告偷毛衣的事件，而沒有一個友人願趨前辯護，見〈來到小鎮的亞茲別〉、〈削瘦的靈魂〉），凡此種種，乃牽引出一個龐雜且與我對立的「現實世界」來。

五

　　在七等生的小說，「現實世界」的具體表徵，便是城與鎮。前者代表勢利、偽善和敗德，後者象徵愚昧、迷信和腐蝕。城是個新興的都市，他深深地迷醉於它，它像個渾身解數的豔女，一切講究的是金錢、權勢、頭銜、享樂，散發著迷人的妖魅，是造成縱慾、墮落和罪惡的溫床，他刺穿她的詭機但卻難以擺脫蠱惑；鎮是個敗落的故鄉，迷信、頑舊和髒亂所叢生的淵藪。「我們的城鎮是講求表面化精神的所在，可是我常覺得每一個人在內心裡似乎都藏著一把刀，這一把用法大致相同的刀是隱藏在寬大多紋條的衣裳裡面，也偽裝在笑臉多禮的面孔下，但遇到機會便集體地把刀拿出來砍倒某一個人，這種傾軋現象在時代有所轉變時便會發生，不論在那一個階層情形都一樣」。[5]

　　他對〈訪問〉裡的市長存有戒心，他欲擺脫〈離城記〉裡那位權威具有支配慾的單教授，他挺身反抗〈隱遁者〉中那位現實社會中迂腐且勢利的代表人物——陳甲。他無法容忍人在這種環境下為了爭食奪利所暴露出來的「社會性」：自私、虛偽、腐敗、追求特權的優越感[6]，以及「現實世界」中的假平等[7]、弱肉強食[8]、缺乏守望相助的悲憫[9]、法定婚姻的流弊[10]、

---

[5]見七等生，〈隱遁者〉，原作見於《中外文學》第 47 期（1976 年 4 月），後收錄於《隱遁者》（臺北：遠行出版社，1976 年 10 月）。

[6]見七等生，〈精神病患〉，原作載於《文學季刊》第 2 期（1967 年 1 月）。

[7]見七等生，〈精神病患〉、〈我愛黑眼珠〉、〈睡衣〉、〈削瘦的靈魂〉諸作。

[8]見七等生，〈精神病患〉、〈夜〉、〈絲瓜布〉諸作。

[9]見七等生，〈精神病患〉、〈夜〉、〈聖月芬〉、〈沙河悲歌〉諸作。

[10]見七等生，〈私奔〉、〈AB 夫婦〉、〈沙河悲歌〉諸作。

廟持的借神牟利[11]、暴發戶的缺乏文化素養[12]、人類還有一次最末戰爭的威脅[13]、知識分子大放厥詞但缺乏行為能力[14]，以及生態污染、噪音侵擾[15]，大眾傳播的鄉愿作風[16]、法律的制約[17]、教育的畸型發展。[18]

在痛楚交熬中，七等生發出如此的質疑：「試想：人類的生存是否不必要建立在理性的自制以上，而能一味的實施動物的弱肉強食的野蠻作風？存在的唯一法則是戰勝和打敗對方嗎？和平是自制自己和消滅自己的慾望呢，還是消滅別人的欲望？」[19]在這般的文化條件和現實環境下，他寧可永絕後代，不要生育子女。同時他不禁想到：人性的根結、社會的理想，什麼是生命的真義？人類的美景在那裡？

他認為人類與生俱來便帶有罪根，故「我們的科學文明發達，證明我們的罪惡深沉」。他提出了信仰、文化、藝術、哲學和完美的教育，以剷除人性的貪婪和自私，尋回人類失落的精神生命，找到迷失於物慾而潛藏於內心的信仰。他質疑文明的總體制[20]，是否彼此鉤心鬥角、黨同伐異，藉口排除異己，以逞個人的專利和獨裁？而那些「不知民主是何義，本身也未具備民主觀念的人，居然由鄉下的有錢的惡豪搖身變成民主議員，他們在議會中用著粗俗話議事，他們徇私和動武，他們包娼和賭博，這些人之中有的連一張公文都不會起草，他們大談他們代表人民應享特級待遇，如此議會和議員是阻礙社會進步的唯一障礙」。[21]因此他唾棄現實社會的畸態文化，期盼能在海闊天空中做一個獨立自足的人。

---

[11]見七等生，〈放生鼠〉、〈爭執〉諸作。
[12]見七等生，〈初見曙光〉、〈剉瘦的靈魂〉諸作。
[13]見七等生，〈精神病患〉、〈巨蟹〉、〈睡衣〉諸作。
[14]見七等生，〈放生鼠〉、〈剉瘦的靈魂〉諸作。
[15]見七等生，〈禁足的海岸〉、〈眼〉、〈蘇君夢鳳〉、〈余索式怪誕〉諸作。
[16]見七等生，〈離城記〉一作。
[17]見七等生，〈精神病患〉、〈離城記〉二作。
[18]見七等生，〈精神病患〉、〈剉瘦的靈魂〉、〈自喪者〉、〈放生鼠〉、〈昨夜在鹿鎮〉等作。
[19]見七等生，〈精神病患〉一作。
[20]見七等生，〈跳遠選手退休了〉，收錄於《僵局》（臺北：林白出版社，1969 年 1 月）、《僵局》（臺北：遠行出版社，1976 年 3 月）。
[21]見七等生，〈精神病患〉，原作載於《文學季刊》第 2 期。

　　他欽敬母親在苦難中堅韌的情操（見〈放生鼠〉、〈父親之死〉、〈余索式怪誕〉、〈沙河悲歌〉、〈大榕樹〉）。他感懷兄長對他的啟發（見〈海灣〉、〈沙河悲歌〉、〈隱遁者〉）。師範時期，他沉迷於《茵夢湖》、《盧梭懺悔錄》、《老人與海》、《林肯外傳》、《諸神復活》，尤其醉心於惠特曼的《草葉集》，他認為自己的生命是施篤姆、海明威、惠特曼的人格融合。

　　在挫痛中，他希望歸真返璞、躬耕自食，回到昔日賴以生存而今被遺忘的大地，在森林、草原、山谷或河岸，找回自然本義的生命，如游魚自由穿梭，像青鳥展翅翱翔，沒有爭利而彼此背叛，唯有擴充善端，秉持良知，竭誠地互相扶持，以智慧探照人性，用愛心育樂人生。誠如七等生藉著賴哲森的語氣所自語：

> 人類總是重蹈歷史的悲劇，可見人類由於爭食永遠沒有力量促使自己相信歷史經驗和接受善良教育，每一個人都在抑鬱中喪失了自己的優良智能，喪失了理想，只為了活而工作著，如此，在一個畸形的社會中，人們幾乎完全喪失了他的愛情，包括他應享有的優閒與藝術的愛好，和幻想。

　　於此，他肯定歷史的經驗、教育的功能、藝術的情操，尤其是對神的信仰，將是治療時代創傷而回歸自然生命的藥石，但一切必須以「自我改造」為前提。

六

　　是故，透過理性的省悟，他脫離城鎮的糾纏，返回沙河自隱（參照其生活經歷：民國 61 年夏日他離開臺北，回到故鄉通霄任教）。在此深思中，他翹盼再顯白馬，在漸次淪落的大地上，重建耕作者的田園，使純樸的人類努力種植，追求一種與世無爭、腳踏實地的生活情調，此為其憧憬的生活方式（見〈白馬〉、〈期待白馬而顯現唐倩〉、〈在蘭雅〉）。

　　同時，他希望歸返原始的海灘和森林，自由奔放，覓回失落的精神生活：映著朝曦他清明之氣冉冉上升，瀑布的水音供他省思，海潮的洶湧，使他的靈魂與軀魄受到冶煉，他手植荣蔬和果實來維生，夜半時分，「日子久了，他已不再懷著任何戒心，就像他心裡的欲求的幻影，漸漸地變得漠然和無害；那巨蟒蠕動的優美，像是遙遠不可企及的願望，現在讓他旁觀而省悟形象的滋生和幻滅」。[22]這種梭羅思想的自然原始的生活，使人的靈感與大地發生共鳴，讓宇宙的運行啓迪人的智慧（見〈初見曙光〉、〈精神病患〉、〈海灣〉、〈無葉之樹集〉、〈在山谷〉、〈蘇君夢鳳〉〈隱遁者〉）。七等生此一理想國，並非癡人說夢、遙不可及的幻想，或是海市蜃樓、空中樓閣的夢魘，而是一個根植於真實生活，可思可行、能存能活的人類的晨景。他希望能發揚農業社會純樸、踏實、刻苦耐勞的生活理念，以補救工業文明畸形的病態，而創造一個更合乎人性更適於民生的生活模式。

　　與其說，七等生是反文明的，不如說他希望科技的速度緩慢一點，使人的心智生活迎頭趕上。他也不懷古，七等生以爲人必須在現世中淬勵奮發，而更美麗和平的世界當屬於未來。最主要的，他認爲人必先發現自我、歷練自我，完成自我，此時才能體會自由的精神、民主的真諦、愛的隱涵、尊嚴的本義、藝術的極致，也才能隨心所欲，不憂不懼，用愛來擁抱生命，使人性獲得更合理的開放，以無私的智慧和力量去實現人間的理想國。

七

　　就七等生的思想人格型態，參酌其生活經歷與小說演化，大致可將其創作過程分爲三期：1.居城時期。2.離城時期。3.沙河時期。而以民國 61 年夏日的離開臺北爲分水嶺。（以下分期並非絕對，只是爲討論方便而做此劃分）

---

[22]見七等生，〈隱遁者〉，原作見於《中外文學》第 4 卷第 11 期，後收錄於《隱遁者》。

（一）居城時期：從民國 51 年至 61 年夏日，這一階段，七等生自臺北師範學校藝術科畢業，服務於臺北縣九份國校，民國 51 年其唯一的兄長劉玉明死於肺疾，同年調職於萬里國校，十月服兵役於陸軍士兵，這一年即七等生創作生涯的開端。服役退伍後，續在臺北縣萬里國校教書，有感國校人事混亂，枉費所學，遂於民國 54 年決然去職。當年九月結婚，與妻在自主中生活。緣於七等生的秉性與對現實社會的不滿，不忍見其腐蝕與沉淪，對其期盼愈深，批判亦愈嚴。此時反映在創作中的即為「理想世界」與「現實世界」的對峙與衝突。

例如〈橋〉描述兩位為愛情而賭命的走索者的心智啟現，〈午後的男孩〉反映鄉鎮的自私和世態的炎涼。〈會議〉處理的是國校惡補的問題。〈黑夜的屏息〉和〈早晨〉，刻畫出情愛在現世價值觀中的失落。〈賊星〉表現礦賊的生活和礦警的職責的糾結。〈黃昏，再見〉討論的是救人的信念。〈隱遁的小角色〉表現一個獨懷著明月、無法在現實濁塵中適應而自隱的憂傷。〈讚賞〉反映友情的信念。〈綢絲綠巾〉揭露純粹藝術受到現實威勢的纏擾。〈來到小鎮的亞茲別〉反映了無法同流合污的悲劇。從其往後作品的演展，可窺悉「現實世界」的威勢愈來愈強，「理想世界」的力量漸感孤絕。

其小說人物時而憤世嫉俗，時而憂傷自憐，時而悲天憫人，時而沉鬱冥思。或是自我流放，或是被人擯逐。此時隱遁的心態漸萌，其作品所流露的情感，從熱湧、顫慄而變成壓抑、冷寂。誠如〈初見曙光〉中所說——「土給色是飲了最苦的人生之酒，他被愛與欲望的痛苦刺激得變成一個呆癡僵硬的人，冷寂的外表包裹著對愛與生命激昂的熱情，因超越了那種程度以致無能表現，猶如裴特拉克所言：說得出熱度的火，必定是極柔弱的火。」

〈初見曙光〉是一線生機，象徵著七等生過渡時期的土給色，畢竟從情愛的情操中重獲得信心。〈阿水的黃金稻穗〉的殺妻行為，已被提升為人類對命運的一種反抗，而劉俗艷之由純樸墮入虛榮，其死亡的寓義，隱含

著爲人類犧牲的救贖精神,這是「理想世界」伸張的轉捩點。但〈林洛甫〉中的女人是善變的,「理想世界」雖能在夜裡閃閃發光,然一見到白日,不得不隱藏或被犧牲。

自〈精神病患〉、〈放生鼠〉以後,現實的浪潮一波一波追擊,〈精神病患〉表現了賴哲森受挫於現實的心態,也反映愛、罪、罰三者的問題;〈放生鼠〉刻畫出羅武格生活的虛無感和潛在的情操,他提出了順乎心中虔求而主動去認識內心的神。〈我愛黑眼珠〉反映出災難中惻隱和私慾的扞格。〈慚愧〉和〈AB 夫婦〉是二位一體——扣緊「省籍的意識」,前者反映了兄妹流離和爲拯救童養媳的無力感,後者揭露了 A 利用法定的婚姻逐次逼迫妻子斷肢的殘酷性。〈結婚〉暴露了傳統婚姻的病態和群衆對於少女的迫害,這又是「現實世界」高潮的暴漲。

從〈跳遠選手退休了〉、〈僵局〉、〈巨蟹〉以後,他深深體覺到莫名的孤獨、疑慮、不安、恐懼(如〈墓場〉、〈禁足的海岸〉)。感到外界似乎有陰謀,正在做有計畫的迫害和狙擊,故防範心強,自衛心較敏感。

誠如〈訪問〉所言——「一座城市像是一座森林,他從這森林裡捕獸的陷阱中逃出來,驚慌無目的地行走著。他已經走得很遠,但空隙中傳來銅像揭幕式的管樂聲及炮竹的鳴聲。他的心還在跳著,想到自早晨起到現在所發生的事。那本放在客廳書架上杜米的日記無疑是一本假編的故事。要不是自己脆弱的本性所秉賦的敏銳的知覺,他將會無知而感動地投進市長巧設的誘惑裡。」——基於此,七等生終將醞釀中的離城念頭爲具體的行動,而其命運自決端賴個人的認知過程(〈十七章〉、〈回響〉、〈訪問〉、〈眼〉)。此一時期反映在作品中的人生經驗,包括:童年生活、家庭舊事、求學經歷,和花園園丁、小學教師、廣告公司企劃、會議速寫、咖啡室僕役等生活事實。[23]

(二)離城時期:民國 61 年夏日左右,這一階段的代表作有二:其

---

[23]見七等生,〈多來花園〉前引,原作收錄於《巨蟹集》(臺南:新風出版社,1972 年 3 月)。另見七等生,〈自序〉,《五年集》(臺北:林白出版社,1972 年 9 月)。

一——〈期待白馬而顯現唐倩〉；其二——〈離城記〉。

　　〈期待白馬而顯現唐倩〉，雖藉著情愛題材，但表現的是一個文化選擇（或言生活模式）的問題，此涉及到七等生心目中「白馬文化」與唐倩代表的「外來文化」的對峙。——「我的心在高原」，在白日唐倩「是一個到處移來移去的陰影，在夜晚像是一顆星。但她不能對我構成意義。因為我只期待白馬從接連宇宙的大山上奔馳下來，通過沙河來到我這裡，使這裡的土地富饒起來。我這樣確信著：當唐倩的時代過去後，白馬會降臨。」——他崇尚自然的田園生活，唐倩所象徵的物慾文明無法在他心中孳生力量，這完全取決於理性的思辨和內省的抉擇。

　　至於另一代表作〈離城記〉，「城」是「現實世界」的表徵，果陀式的人物高漢，乃心中真我的表徵。此作揭露七等生透過自我發現的醒覺，了悟自我存在的意義。——「生存對我是一種企求抵達的意志而不在報償。」——憑此洞穿了「現實世界」潛藏的陰謀詭機。醞釀中的離城信念於此茁壯，突破了心裡猶豫的障礙，而脫離「現實世界」的誘惑和威脅，將外在難以實現的「理想世界」，化為個人內在清明的「心靈世界」。在細雨迷濛中他離開海市蜃樓的城市，心胸坦蕩，毫無畏懼。

　　（三）沙河時期：係指離城以後，如說居城時期是感情敏銳的階段，離城時期是理性警覺的階段，則沙河時期便是意志鍛鍊和智慧探照的階段。現在他明瞭往內尋找自身的價值，對往昔居城時的理念採取反思和自我批判的態度，如〈無葉之樹〉集、〈在山谷〉、〈削瘦的靈魂〉、〈余索式怪誕〉、〈沙河悲歌〉、〈貓〉、〈大榕樹〉、〈隱遁者〉。這一階段，七等生自適於隱遁心態——「天空微明時他起身走到水潭邊，峽谷裡瀰漫著雲霧，在這特別寧靜的時刻，且在瀑布的衝擊的水聲中，隱遁者魯道夫從他的身邊裡感覺到一種緩慢的蠕動的微響，像是一個巨大的柔軟的軀體輾壓著大地。」——他發覺瀑布的笑語能供他反省，此時他體會出生活是無比真實的，否定它是悲慘的（見〈余索式怪誕〉）；文學自有其本身的意義，唯依文學的不朽來延長自己的生命根本是不可能的（見〈在山谷〉）：「即使要我

放棄擁有一個寫作的藝術家的名銜虛榮，我寧擇現實中的愛和溫飽的生活」（見〈致愛書簡〉），自然的真理常由物我的領悟來證明，而物與我本身是兩相渺茫，不互相屬。他扼殺了過去，重新找回獨立自主的自己（見〈貓〉）。而往昔他覺得外界，似有存有陰謀，現在他以為這道不安的陰影，無非是來自於自己（見〈來罷，爸爸給你說個故事〉），他記取母親的教訓：在黑暗的地方走路不要回頭看（見〈削瘦的靈魂〉、〈大榕樹〉），故其不憂不懼，能在勇敢和堅強中度過生命的苦難。

八

七等生不僅常以此時的思想觀點去反思往昔居城時期的意念，而且更在沉潛隱遁中錘鍊意念，俾從「發現」中不斷追求自我的完成，自「體悟」中邁向於心智的成熟。例如早年他信仰天賦人權的自由平等（見〈巨蟹〉），而現在他以為這些東西都必須經由努力才能獲得（見〈削瘦的靈魂〉），又如〈在霧社〉他強調的坦誠相見，和睦共處，互相學習對方的優點，建立相同的理想，以衝破黑漆寒冷的侵襲，此觀點已不復早期〈AB 夫婦〉中人物那般的疏離和冷酷。

此外，內心熱湧的回歸意識促使他返抱鄉土（見〈睡衣〉、〈年輕博士的劍法〉、〈蘇君夢鳳〉）。或許歷經人生的滄桑，同樣來自艱困的風塵，彼此都有淒然相照的經歷，他能了解那些生活在苦難中卑微而踏實的族群（如〈聖月芬〉、〈沙河悲歌〉、〈德次郎〉），不禁流露出涸轍之魚，應相濡以沫的感情。他們默默耕耘，不爭名奪利，為人類歷史承當苦難，好像冥冥之中認識自然而上通於神，具有救贖的情懷。誠如〈沙河悲歌〉裡所言——「他突然清楚地了解那位撿屍骨的老頭，他相信那小老頭子在年輕時也是和任何所謂正常的社會人類一樣，希冀所謂不被輕卑的職業。經過了風霜，他沉默了，他面對別人所不敢面對的事物，他是認識自然的人，他甚至認識天上的神。還有那位賣春的老啞巴女人，她曾經也有屬於自己的青春美夢。」

　　同時，他屢在眺望城鎮，對「現實世界」投以無限的關注和期盼。歷經時空的洗滌，如今他較能抱持超然的立場，隔著適度的距離，以客觀的角度或宏觀的理念，來內省自己和觀照現實。如今「現實世界」對其「心靈世界」已不再構成任何蠱惑，但他將時時以「心靈世界」對「現實世界」投以觀照，以期「現實世界」有所改善，而「理想世界」能再托諸實現。

　　七等生深信「時間」將是改變一切的力量。如同在〈沙河悲歌〉中他藉著李文龍的自省托出──「他想著：二郎代表著未來的時代，我代表著一個隨時會逝去的現在。他想：我與他之間的分別是明顯的時光，我隨時會死，他隨時會踏上他的坦途。」（另見於〈我的戀人〉、〈跳遠選手退休了〉、〈無葉之樹〉集，〈期待白馬而顯現唐倩〉、〈在山谷〉）。在頻頻眺望下，七等生對那個依舊是偽善而敗德的城鎮深懷憂戚，可是，他也瞻望到城內仍存有無數默默埋頭工作的人們，他們奮鬥的紀錄使他感到愧怍，再者親情的呼喚、愛情的回響，皆招引著他有返歸的心願。然而，此時自然的改變，已使隱遁者沒有回城的途徑（見〈隱遁者〉）。

　　他將何去何從？自我生命與群性生命的關係或許是此時他所眷顧的鬱結之一吧？「十年間他用他的心力支撐著他的身體，現在這心力似乎轉換成一道自然的阻隔的水道，使自己放懈的心志受到有形的束縛。」[24]他將走出來參與現世的建設呢？或者繼續隱遁以修心養性？願當一尾自適於沼泊的游魚呢？還是一隻心遊萬仞、乘風破浪的鯤鵬？或許，當滾滾的沙河依然是曉霧迷離時，那百里外菜販挑擔趕集的跫音已踏醒了都市的夢魘了。

　　〈離城記〉裡的詹生不是曾想過嗎？──「這生存的時空是個提煉場所，任何人不能避免它的無情試煉，越想逃脫會越覺得它的嚴酷，唯一之途就是走向它且迎接它。」──這些迷惑無疑的將隨著沙河晨霧的擴散靜靜地破曉在我們的眼前。

---

[24]見七等生，〈隱遁者〉，原作見於《中外文學》第 4 卷第 11 期，後收錄於《隱遁者》。

九

有人說七等生是個叛道憤世的作家。他叛「人性虛偽之道」，憤「腐化墮落之世」，我寧願說他是深具惻隱之心、冷眼觀人性、熱腸愛塵世的創作者。那些誤解者，無非是自詡擁有一把傳統禮教的戒尺，實則那像是以朽木來測量浩瀚的江流，不過自顯其窮腐罷了。大致說來，我以爲居城時期，是其生命上的衝突與流放階段；離城時期，是其內省與抉擇階段；而沙河時期則是實現自我，一切朝向全面批判和逐漸步上肯定的階段。由此可窺悉其人格成長的歷程與指標：感性與理性的合理開放而以意志取得適切的調和，將是自我實現的樞紐。

離城之前，他以「自我經驗」爲出發，顯露出一種生命頡頏的信息，然也囿於「自我經驗」，故對外界不免流於以偏概全或浮光掠影的批評，離城以後，在理性的內省和追思中，他已能抱持著較超然的立場，修正了自己早年的某些看法，漸從「自我經驗」的準心提升爲一種「大我觀照」，以企圖涵蓋人類的整體性和其內在的普遍性。在《離城記》後記裡，七等生寫道：「我喜歡這樣做，可說是整個時代所加給我一種特殊的風格；這是一個非常混亂複雜而難以析清的時代，臺灣人正值在許多意識的緩衝裡生存。近代的歷史可以做爲我的思想的客觀事實；古有民俗的樸實而迷信的血液，日本人的鞭策主義，中國歷史上對下的傳統和西洋的功利機械哲學」。這是其思想根源的註腳，綜觀其作品，浩浩蕩蕩，一脈相承，我以爲這是從本土性和歷史感所衝激成的一道極具個人化的巨流。

他目前最大的執念，便是個我與群我的交熬考驗，亦即如何自人性結構之心理層面跨越於社會文化層面，而最深的鬱結，乃是如何不斷地去澄清自己的理想，而冷觀等待現實的機緣，促使這些理想得到可能的實現。「等待，既是隱遁者的形式又是他的內容」。我以爲與其等待，不如積極去投入和參與，深信透過人類的努力，歷史的經驗，和生命的綿延，一個更完美、更熱昂、更公正的「理想世界」將有自沙河兩岸升立起來的契機。

有人說：「歷史的經驗既是人的光榮也是人的絕望——他的絕望在於他的成就永遠不符他的希望，他的光榮乃由於他的失敗證明了他永不絕滅的意志。」[25]七等生的小說意義即建構於此，他那從人間貫穿到宇宙的眼神，將冷冷地俯視在這萬古不廢的巨流之上。

——1977 年 3 月

——選自張恆豪編《七等生全集 6・城之迷》
臺北：遠景出版公司，2003 年 10 月

---

[25]同傑弗利斯（Jeffreys. M. V. C.）著；歐申談譯，《現代人的價值》（臺南：開山書店，1973 年）之引言。

七等生早期短篇小說中的哲學、神學與文學理論

◎凱文‧巴略特[*]

◎青春譯[**]

　　七等生 1939 年生於臺灣，當時臺島尚在日本人的占領下。他出生在通霄，一個苗栗濱海的小鎮，位於臺灣北部三分之一處，臺北的南邊。苗栗的主要居民是客家人，說客家話。

　　七等生的父親名叫劉天賜，母親名叫詹阿金。他取名武雄。這個家有了七個小孩，七等生居中。他是三個男孩中的老二，有兩位姐姐兩位妹妹。

　　1945 至 1946 年間，這個家庭遭逢危機。1945 年，中國國民黨政府控制臺島，七等生的幼弟阿鐘也在這年出生。可是到了 1946 年，父親失去鄉公所的職位，失業在家，家庭陷於窮困。就在這一年，七等生入通霄小學就讀。

　　1952 年 13 歲，他小學畢業，考入大甲中學。不幸同年他父親去世。17 歲，他中學畢業，考入臺北師範藝術科。

　　1958 年，他在師範學校度過難挨的一年。因為開了一個小小的玩笑（上餐桌跳舞，譯者註），他一度被勒令退學。兩星期後，由一位老師做保復學，又因別的原因重修一年（教材教法不及格，譯者註）。

　　隔年，20 歲，他畢業於師範學校，被分派至瑞芳鎮的小學任教。瑞芳

---

[*] Kevin Bartlett，發表文章時為墨爾本大學東亞研究所碩士生。

[**] 本名陳國城，另有筆名舞鶴。專事寫作。

位於臺灣東北角，鄰近基隆港，是多雨的地區。同年，他還單車環島旅行。

對他而言，1962 年是重要的一年。這年年尾，他的長兄死於肺結核。他自己的生活也有所改變，他改調至萬里國小，這年尾時入伍當兵。這一年他無疑頗有成就，發表了他最早的一些文學作品：幾個短篇小說和一篇散文。

1965 至 1970 年這幾年間，他生活艱難。他於 1965 年結婚，可是這並不意味著他安頓下來了，直到 1970 年他幾度變換職業和地址。儘管生活如此動盪，他繼續他的文學創作，寫了許多短篇小說，還有一些中篇小說、詩和散文。然而，這一切努力並不足以維生。事實如此，就像他在 1976 年的訪談中所說的，光靠文學作品他還賺不到四萬臺幣（約合美金 1000元）。

讀某些他的早期短篇小說，發現在語調、場景和處理手法上極為繁複。這充分顯示出七等生勇於嘗試創新，十分重視藝術技巧的經營。在 1976 年的訪談中，他認為（中國）文學作品在藝術技巧的表現上非常不足。

無論如何，就中國作家而言，他的藝術技巧是非常新穎的。他善於組合長短句和帶詩意的句子。在小說的對話中間，他習慣排除了一般常見的敘述者的解說。此外，時空轉換迅速。整體效果有如電影蒙太奇。

這些藝術技巧，加上一連串不合邏輯的情節，以及伴隨時間進展而來的無窮變化，如同情愛一般，一味地尋求自身的完美。如此顯而易見，他的文學世界何以會被認為是一種夢幻的世界，一種屬於超現實主義的藝術技巧。或許，這種超現實主義多少是他早期小說中的特色。

就他的早期短篇小說而論，值得一提的是，文學評論者和一般讀者的注意力大多集中在七等生 1967 年的短篇〈我愛黑眼珠〉。稍後在考察作者這些早期短篇的基本意圖時，本文將討論這篇小說。

短篇〈林洛甫〉充分說明了七等生藝術技巧的運用。這是一則令人痛

心的故事。顯示許多評論者論及的特色。有位女人搭火車旅行，從車上可以瞧見一場交通意外的場景，旋轉的閃光燈及形形色色的交通工具圍繞著受傷的人們。接著，來了前面提過的時空迅速轉換。女人現在爬著一座山，後來曉得她是在打算同她丈夫會合的途中。

小說的情節展開時，較早的那個意外插曲，在繼續發生的戲劇性事件中，有了迴映和拓深。這時捲入了一個男人，尾隨著她的腳步，而她的丈夫正從山上下來，這位一向忽視她的丈夫，和那位開始誘惑她的陌生人，陷入一場激烈的打鬥，直到山崩中阻了他們。

又一次迅速的轉換。由於那場打鬥，無疑的減低了陌生人對那位妻子的誘惑力。這時，陌生人尋找她，關心她的安危，現在他像一塊磁石般將她從她丈夫身邊拉開去。然而她的行為是曖昧的，因為不顧到她做為一個妻子的職責，可是她的丈夫忽視了她，在山崩中她需要幫助的時候她終於轉向那護衛她的人。

在前面提到的 1976 年的訪談中，七等生十分自覺於他所要表現的。這是與梁景峰的一場對談，發表於臺灣文藝。文中，他指出文學並不僅是取材一個事件，譬如屠宰場是如何殺豬的，描述它的細節，而是利用它拓深對絕望的體悟，提供給人類及他們的苦難。在文學、戲劇或電影中，這是一個常見的手法，利用動物界、物質界或新近的工業界中發生的類比事件，強調所描述的人類處境的意義。七等生並無清楚說出其間的關聯，只暗示：存在著一種與現實對立的絕望。

與梁景峰的討論中，七等生關切地解釋說，他的句型和句子的長短並非放任隨意的，而是關係於主題和內容。再者，他的句法、人物名字、對白和情節的特異，對他而言是屬於文學的質素。進一步說，如果對白情節等等寫得陳腔濫調，就談不上是文學了。至於讀者，七等生認為，最初會覺得這種特異性的難解，可是透過作者使用的語言和場景的怪異，最後他將憬悟到真實，否則至少他會逐漸接受。另外，他屢次使用的詩意的句子，讓作者能夠表露小說人物深一層的內在本質。

　　七等生認為，作者實際運用的技巧和架構不必直接呈顯出來，兩者一開始便融入外在形式與內在內容的混合中。

　　西方讀者熟悉貝克特戲劇中語言和描寫的簡約、某些意義曖昧不明的現代小說家的意識流手法，以及卡夫卡全集的中夢魘性質，七等生的藝術技巧不會引起多大的驚奇。可是就中國文學而言，他的小說觸發的問題不止一端。他對某些中國文學的傳統少有尊重。不過在其他中國藝術中，七等生所使用的那種技巧，已被襲用很久了。他自己也指明這個事實：無論電影、音樂或文學，存在著一種創作共通的模式。舉中國繪畫為例，畫中對於精確細節的省略法早就被接受了，並且開展出一種中國的表現主義形式。因此有這樣的說法──「藝術家的本質在於尋求表現自我的思想、感情和精神，而非求對象的逼真。」中國歌唱劇中非自然的特色，諸如唱者的假聲假腔以及道具運用的簡略，均習以為常。

　　或許在語言的壓縮和簡約上，最近似七等生風格的是中國詩。那本臺灣文學評論集《臺灣的中國小說》中，有一篇美國大學教授王靖獻（楊牧）的文章，他極重視七等生的詩作，認為其中幾首可以列入戰後最出色的臺灣詩。

　　然而，七等生的文學作品並非全由藝術技巧所決定。雖然，前面提到他認為中國文學作品太忽視了藝術技巧，可是在有關理論的討論中，他含蓄的表露了他的認知：文學藝術家應表現自我，而在這表現中他充當先知一般的角色，抨擊不公和偽善。

　　與梁景峰的討論中，他對文學的表現理論有最精確的陳述。他談到一個可以激發他感情的特殊景況。運用如此具有它自身時空背景的特殊景況時，也在為自己個人的經驗所限制。簡略說來，他的寫作是希望表現他的獨特性以及個人的關心。

　　關於文學的表現理論，七等生稱許早期中國文學批評家劉勰的說法。劉勰主張文學作品以氣韻生動為尊，氣韻正如作者的呼吸、節奏變化的脈搏、思維的波動或情感的曲折。

　　七等生認為，作者如何表現是非常重要的。他甚至強調文學主要是表現，這表現本身並不預備透過哲學或社會學來處理善惡。

　　避開如此巨大的主題，他的小說大多表現獨特的心靈景象。不是在街上行走的一般人：他們個個是獨特的事物，有自身獨特的視野和夢境。這種心靈景象並不局限於任何特殊的年齡，這可以用來說明何以他的小說人物大多不標明年齡。

　　七等生清楚每個表現技巧的效用。討論中，也說到早期短篇的處理手法，譬如小說中的男女關係，他們幾乎是突爆的欲望，也認為這操之於藝術技巧的作用（像壓縮、簡化現實），同時顯現了心靈能預先達成圓滿。

　　梁景峰提說，七等生的小說裡苦難和恐懼終趨克服：可是七等生以為這些景況及至他屢屢描述的人的沮喪，只是被呈顯在那兒並無特別的意圖。對於論評者在他的小說中尋求各種象徵意義，他感到十分困惑。這並非一成不變的，有時作者是有那種意圖（或是使用暗示性的象徵），有時是有那麼一個象徵，不過評論者誇大了它，再說作者對作品也可能沒有任何目的或理由。無論如何就他而言，文學作品中存有一種曖昧的角色。

　　在有關象徵的討論中，七等生贊同梁景峰引證卡夫卡式欲望的創傷，「花」，他又引證另位日本作家已揭示心靈的苦悶具有深邃的象徵意義。

　　類此的贊同，至少有兩方面重要的意義。積極一面，它或許道出了對個人自身感覺的非常敏感，加上肉體、心靈或精神的深一層的創傷。消極一面，它道出了對人性的陰暗面及其痛苦幾乎有著自虐般的迷戀。

　　這兩方面，與波特萊爾的《惡之華》有相同的本質，從人類的黑暗面中往往浮升一種莫名其妙的幸福感，波特萊爾在〈死的喜悅〉中視死亡是終極的解放，可是他的作品對生命和肉體之愛仍是愛恨交織。七等生辯護說，他對生活中某些常見事物的批駁並非是惡意的，因為在那種景況中他是誠懇的、是一種生活的反應。雖然他不以為如此的批駁會危害或傳染給讀者，可是他對如下的說法也不表意見：如此的批駁能影響社會趨向改善，喚醒它改變得更公正些。同時他覺得，僅只幾篇小說他的人物或主題

是對抗社會的。

在某些方面，七等生的文學方法近似劉勰。劉勰於第五、六世紀間頗享盛名。劉若愚認為《文心雕龍》是中國文學評論中最廣博的作品。劉若愚在概說中指出的劉勰論及的創作方法，與七等生頗多相同。概說中首先提到：「作者累積知識上及觀察上的經驗」：此點有共通之處。雖然此處劉勰處理的經驗是長期的創作準備過程，可是也有相通之處，因為七等生的經驗是與生命息息相關的。七等生認為：如果作者不熟悉於所描寫的題材、或是不自覺於所使用的文字，產生的文學作品是沒有多大價值的。

七等生指出，作者的經驗與作品之間並無直接關係，譬如他的病與由此經驗產生的小說或散文中間並無直接關係。可是，是有一種不完全精確的反映，如同他所說，在小說中可以找到這個經驗的痕跡。

劉勰論及的第二點更有相通之處：事物之於作者知覺的吸引力及至作者情感上的回應，遠在創作之先。七等生談及某些特定的景況會喚起他的某些感情，寫作時他就利用這類景況來表現這類感情。

七等生雖然不否認某些他所描寫的景況的怪異性，但他認為讀者終將沉入這種環境的氛圍，喚起他所描摹的那類感情。所以，所謂怪異性只是暫時的，讀者後來將建立起同樣的理解。

概說中有關劉勰創作方法論的其他論點，七等生似乎不曾表示過相關的意見。在創作之前一刻，劉勰以為心靈是虛空以待容受天道。七等生似乎沒有這種天道的信仰。談到卡夫卡以及他自己和中國文學的差異時，他有近乎如此的觀點：較諸西方人執著信仰基督的神性存在，中國人，像他自己，顯得素樸又天真。這種清新或質樸原屬於所有活生生的事物。

概說中的第四、五個論點：作者自身情感之於事物的投射及至事物的創生，並不存在於現實世界。從前面引用的某些七等生的陳述來判斷，此論點大體上也與七等生相通。雖然原經驗與小說寫下的兩者並不相吻合，但其間仍有所關聯。在此，七等生尤其著眼於藝術技巧的運用。大約先對內容深思熟慮，隨後便決定怎樣的外在形式較為適合。他強調：一篇完美

的藝術作品，形式和內容是不能分離的。

　　從梁景峰的訪談中判斷，七等生並無完整的美學理論。但從七等生的陳述中，仍可以找出他的強調之點。至少他的早期短篇中，表現主義是最主要的。〈林洛甫〉和其他幾篇帶有暴力的意味。〈林洛甫〉中的妻子被描寫成受丈夫的忽視而委屈不平，他卻似乎是個不知寬諒的人。最怪異的是三角關係中的第三者，他多次被喚做林洛甫。至於妻子的奇怪作為，是出於不用心以及未實現的欲望。總之，因為道德上不斷的過失，帶來預料不到的騷亂難安。

　　同樣在其他小說裡，暴力並未遠離。短篇〈橋〉中，兩個中學生不顧腳下的狂風惡水，走過一座鐵橋。他們更拒絕傾聽權威人士或好心的上流人士的聲音，沒有一人上來阻止他們，當火車駛過的時候他們幾乎掉了下去。

　　其他短篇小說中，顯現某些他的憂慮和哀傷。短篇〈午後的男孩〉裡，描繪出小鎮生活的自私、親戚間的吝嗇，但在一場棒球賽中反襯出男孩的慷慨、同情心及樂觀活潑的氣質。

　　短篇〈會議〉中，公義難明，臺灣「填鴨式」學校導致正規教育的腐敗和變質。小說的前景是一場教員家長間的磋商會議。

　　其他兩個短篇探討愛情的渴求與厭拒。其一，被拒絕的求婚者第一個反應是殘害拒絕的一方。另一篇，被拒的求婚者衝出去，在買賣的愛情中尋求安慰。在此，拒絕顯現出易碎的情感。

　　1967 年的〈我愛黑眼珠〉帶來極大的震撼。有位小鎮男人，帶著一束花和點心前去見他的妻子，途中被阻於一場暴風雨，只好爬上一幢建築屋頂上避難。他發現屋脊上有個重病的女人，急待人幫助。當他接近她時，他的妻子在鄰近的屋頂上辨認出他。她叫喊著他的名字，但他拒絕回應她。他告訴病中的女人，他真正的名字叫亞茲別。病中的女人則透露她是位妓女。

　　旁觀者嘈騷起來，他的妻子也愈來愈狂亂。他餵著女人點心，後來當

女人用熾熱的吻來回報他的照顧時，他的妻子從屋頂躍入水中，想泅向她的丈夫。最後，她消失在那艘救難艇的不遠之處。丈夫流著淚，憂傷地向女人解釋說那個人一定沉了。

洪水退後，他帶著那個女人到公車站。他把花送給女人，目送她離去……她將回鄉下去，開始一種新的生活。他自己回去睡個覺，然後才去尋找他的妻子。

某些論評者指責那位丈夫（經由作者七等生本人）對待妻子的不道德（如他們所見的）。楊牧認為丈夫李龍第是「一個道德的人，一種自我折磨的苦悶經驗，是一篇最道德的小說。」這可能比較接近作者寫作這篇小說的心靈。1977 年，七等生更在〈城之迷〉中透露了他對主角的心理分析。他比喻李龍第照顧病中妓女的行為，就如同聖方濟克服了他起初對癩瘋病人的嫌惡，回到他一度閃避而過的病人，吻病人的腳並幫助他。

七等生在比喻中指出，聖方濟如何逐漸對天父感到絕望，跟他如何對抗那些封邑中敵對者的觀念，還遭受到一般百姓對他的輕蔑和侮辱，這些經驗是同等重要的。

七等生的分析中，聖方濟的行為關心心靈價值，自然有別於對和欲望的關心。七等生宣稱，他的主角李龍第的行為在神聖與褻瀆的二分法中是曖昧不明的，對權力與欲望的現實世界而言可能是不敬的，但對聖方濟那人道與悲憫的博愛理念而言是神聖的。

七等生的創作尚有一層詭密，即是他早期作品中充滿了陰暗的惡意。是否是一種淨化的作用，為了驅除那些困擾他的夢魘呢？沒有這些因緣，他很可能不會寫出類似〈我愛黑眼珠〉中那些絕對的對比來。或許真相是更為曖昧的，此後他的小說仍然蘊含了這些陰暗，不過埋藏得更深罷了。以〈我愛黑眼珠〉為例，七等生所揭露的證據顯示，在他自身的罪愆中可能含有「巨大且詭譎的深淵」，部分是生理上的，部分是環境或精神上的。

對於這篇小說，或許論評者太過於專注在李龍第與其妻之間的關係，忽視了小說所揭出的在廣闊的神學和哲學上的糾葛。起初，李龍第面對洪

水和人們的反應時，他對群眾的憎惡已升到頂點。這種感覺攪混入他個人的願望，再加上群眾的歇斯底里和天災的逼壓，他在現實中的行動變得虛晃了。他覺得要在如此的人群中與妻相會，未免太受上天的偏愛了。他惱怒那些群眾對倖存者的鼓噪，他堅決起來對抗，他逐漸清楚自己是有所改變了。他是自然本分的忠實於過去，同樣的這支撐了他現在的反抗。如果他像別人那般為了權力和私慾而爭鬥，他一定不能忍受失去這些。

如同在禪堂獲得頓悟一般，那些閃過他心中的理念存在於自己和眼前景況之間。而別人不是思慮著過往之事，就是煩憂著現在將延續之於未來。是否這顯示了他自身所擁有的神性。

當他瞥見妻子時，他意識到自己對病人的責任，在眼前的非常景況中那是一種奉獻，而非一種無知覺的悲觀主義或樂天派的揶揄。面對眼前的困窘，唯有克盡眼前的責任，方能支撐他存在的意義。

情況惡化時，妻子的憤怒更深了，而丈夫告訴病女人，點心弄濕了是為了便於吞嚥，老天若是處於這種景況也會幫助他們的。其實妻子苦痛愈深時，他內心如置身煉獄中。他在內心質問她，毋寧是她的嫉妒而非他的背叛惹起了她的氣憤。然而就他本身而言，他必須選擇目前的景況，唯有承擔起他目前的責任，他才能問心無愧。他思想著，人一定要在生命中的每一時刻尋求生存的新義，他比喻生命如同一根燃燒的樹幹，燒到最後留存下來的才是最穩當的，雖然灰燼中的殘餘是無法觸摸了、崩塌了、永不能再燃燒一次了。

夏志清論及臺灣 1950 年代末期的作家與存在主義的兩難關係時，認為那要看他們的下一步如何發展。他將七等生涵括其中，但並不類同沙特那種以人生為荒謬甚或猥鄙的存在主義。

某些層面，七等生較近似齊克果，也嫌惡集體主義和偽善的既有道德。他厭惡某些作家自以為是某種特定社會階級的代言人，歷史會證明這類型的作家別有野心。顯然，在他的個人主義與存在主義裡，七等生找到了另一種形式的社會主義和集體主義。

　　無論如何，七等生是關切現實的。他將個人的存在哲學和神學上的忠實行為結合在一起。如同他提醒我們的，聖方濟被迫切需要他的癲瘋病者扣住了心弦，竭力付出了自己生命的潛能，他也給予李龍第同樣的崇高的地位。

　　或許有人如此質疑：不管在任何景況，即如面對突發事件時，與長久的親密關係具來的責任必要擁有優先權。依此推理處理文學中類此的事件，可能流於陳腐。七等生關切的是：在眼前的景況中，一個人如何回應對他的呼救。在他內心，他不能拒絕別人的不斷呼救，在此一刻，一個新的呼救聲擁有優先權。

　　七等生不願落入一般短篇小說的窠臼，他描寫的是人性掙扎著不願落入約定俗成的反應。有時，非約定俗成的反應可能較適合於那個景況。他無意提供一個社會藍圖。他真正關切的是，人應該保有忠實。

　　就人的極限而言，聖方濟式的愛和悲憫是否即是完全的忠實？是否這同於基督的極崇高的忠實？對此，七等生並未透露出蛛絲馬跡。不過，比較聖方濟之於癲瘋患者的關係而言，李龍第的作為顯然是正常的鄰居之愛而已。

　　這篇小說尚有一層重要意義。因此，猶太哲學家馬丁‧巴布選定了這篇論文題材，癲瘋病患和病中妓女對過路的人均未說過一句話，雖然情況顯示他們急需幫助，唯一正常的反應是開口求救。癲瘋病患與妓女的無話，卻導引來聖方濟與李龍第的幫助，隨後人才有了更深一層的接觸。

　　換個情況，若是有句對話拒絕了對方，那麼那就是唯一的對話了，對過去或未來的悲觀或樂觀的思慮，就可能影響了個人自己或他人的權利，言語是多餘的，沉默是金。

　　小說中，李龍第打定主義以沉默面對他的妻子，但她只關心她眼中所見到的被危及的地位。只要他專注地凝看妓女的「臉」，便沒有什麼可以約束李龍第做約定俗成的反應。

　　最後，可以用來答覆對李龍第的質疑的是，不管李龍第是否具有神

性,你都可以如此回答:在你的愛與悲憫的行爲中,仍需要懷抱著神的慈愛的形象,並且要記住聖經約翰章「如果一個人愛我,也會記住我的話,我父也會愛他,我等將皈依他,和他一起建立我們的家園。」

——原載《臺灣文藝》第 96 期,1985 年 9 月

——選自張恆豪編《七等生全集 7・銀波翅膀》

臺北:遠景出版公司,2003 年 10 月

七等生小說的幻與真

◎楊牧*

幻想與現實同時存在於七等生的小說世界。若是現實已經勾畫清晰，則幻想擴張之，深刻之；若是現實僅見梗概——在一般情形下，七等生的現實相當隱瞞——則幻想揭而顯之。幻想對七等生而言，只是手段而已，他通過幻想之運作開發探討他親身體驗思維的現實問題。七等生是臺灣 30年來最具哲學深思的小說家之一，而他的創作更是小說中最富於抒情詩意的創作。他和同儕如黃春明、王禎和等人不同，他所提示的問題多是相當特殊的問題——七等生是一位非常自我的藝術家。特殊的現實問題之所以能夠呈現普遍的意義，則歸功於幻想因素之充分運作，建立各種比喻的形態，終而構成寓言託意的藝術系統——七等生小說中的幻想比現實易於理解，易於接受。但幻想只是他小說中的手段，不是目的；他從未刻意把幻想當做文學的主要課題來研究、下定義，但為他真正的目的始終還是為了揭露沉重的現實問題；他所感受體驗於一個變化多端的社會中的現實問題才是他小說的中心關注。

以上簡單的觀察與文章批評的關係似乎不大，其實關係也很大，因為根據一般文學理論的二分法，我們認為幻想隱瞞，難以捉摸，而現實應該是清楚明白的。然而，在七等生的藝術中，幻想是直接的，現實反而隱瞞，不可思議。七等生藉助幻想（亦即故事中不著邊際，逸出主題的因素）來確實他現實部分的主題面貌。我們在這位小說家的藝術中發現原來

*本名王靖獻。發表文章時為美國華盛頓大學中國文學及比較文學學系副教授，現為華盛頓大學榮譽教授、東華大學特聘榮譽教授。

詩最接近我們的經驗。詩本是通過幻想之合理和有效運作而產生，如今我們發現當詩和他通過現實世界之體驗而創造的故事結合的時候，竟能逼開他獨特神祕的世界，透露出普遍可以接受的音響和色彩。[1]

　　七等生在十年之內（1969～1979）出版了 13 本書，其中最近的一部題為《耶穌的藝術》，乃是文類錯綜帶著神學意趣的大著作。而他的早期作品中又有一部詩與散文及評論的合集，稱《情與思》。其中所收的詩置之 30 年來臺灣最好的現代詩當中，也並不遜色。他的詩題材豐富，感慨頗深，對人生社會的批判十分尖銳，並且語言也現代而純熟。下面這首短作可以和 1930 年代以來最優秀的象徵主義或超現實主義作品分庭抗禮。詩題〈倒影〉：

　　　黑木舟的

　　　掌槳者撒網者的

　　　火爐和鍋

　　　蠟燭和杯盤

　　　睡蓆和岸上

　　　他們的女人

　　　構成一群

　　　逃闊

　　　的

　　　魚[2]

　　此詩之抽象趣味接近歐洲現代主義的風格。女人意象構成一組隱喻，

---

[1]柯律治（S. L. T. Coleridge）認為幻想（fancy）不能促成詩之發生，唯想像（imagination）為之。但幻想與想像（主要想像及次要想像）之分別於柯氏理論十分曖昧不明。按柯氏為「幻想」所下的定義如次：「實則幻想乃是從時間和空間的秩序中解放出來的一種記憶方式」（見 Biogra. phia Literaria, XIII）。

[2]原型見於《楚辭》〈漁父〉及《莊子》雜篇〈漁父〉。

化為水中倒影的一部分———，其實也是詩人心中的反射。「女人」之所以為「一群逃闖的魚」，無非幻想使然，可是意象出現之際，彷彿又與整體無關。然而，我們進一步體會，當知此詩主題之顯現端賴兩組意象之對照，即「構成一群逃闖的魚」的女人和前半部的爐鍋睡蓆等物之對照。按爐鍋睡蓆提示家居情調和家庭生活，但這層意義在詩的前半部並不明顯，直到「女人」意象進入詩中，全詩的感覺遂大大加強。主角追求自由的生命情調，此義含蘊於傳統漁父詩中，殆無可疑；自由的代價是家庭生活之消滅，女人如逃闖的魚。詩中幻想所創造的意象是我們詮釋現實唯一的憑藉；而且，即使當種種具體物事都已經明白顯現的時候，此詩之抽象趣味仍不見稍減，原因是「女人」意象始終虛幻縹緲，暗涵於一組隱喻之中。短詩如〈倒影〉可以說是一個具體而微的宇宙，通過此詩的解析欣賞，我們應能進一步探索七等生的小說技巧。

其實，〈倒影〉一詩並不是特例，我們還可以在別的地方看出七等生使用幻想與現實交錯進行的技巧。在《五年集》的序言（1972 年作）裡，他也表現出幻想與現實交錯影射的技巧，通過這種技巧（用他自己的話說，正是「情」與「思」的消長）以追求生命的意義。在序文裡，他半篇幅在敘述自己如何奮發冀成為一個作家，努力尋找理想的藝術，磨練他的技巧，記載 1965 至 1970 年間他在臺北所度過的波希米亞式生活。七等生的記載雖然零落散漫，但對於同樣經歷過那種生活的人而言，那記載正是一個年輕藝術家的白畫像，感人至深。他的文體始終飄蕩浮泛，片斷殘缺，記敘著他昔日的文學活動，愛情，痛苦，和狂喜的點滴：忽然間，他插入下面一段文字把讀者拉近他的世界：

> 隨冬日後寫下春天沒有一首，是思維的連繫。那年新生戲院焚燒，情景觸人：和尚王海龍犯姦殺伏法；娛樂界初展姿眉；越南戰況慘澹；臺灣試種蘋果成功，皆是不可拭掉的現實世界。

那些大小事故對他和他的朋友鄰居說來固然是現實，然而「現實」如此，只對他們親身經歷的人才有意義。就文學技巧言之，這一系列的事故仍屬於此喻一類，因為七等生之迅速交代這些，本來並不是為了這些事故本身的價值，而目的在利用這些來強化其他更切身的悲歡離合，渲染他個人追求藝術的艱苦歷程。就實際生活的記載而言，那些故事可以說是現實，但對此序文的終極旨意而言，則落在幻想之範疇內，因為此序文的真正目的，仍不外乎個人感情生活的追憶，他那份少年藝術家所體會的痛苦和狂喜因有了這一系列事故為背景而更形重要；而這一系列看似現實卻更像是「超現實」的事故，也唯有經過他個人那一年的經驗之印證，才落實有了意義，在七等生融合幻想和現實的小說風格中，彷彿有一種類似「蒙太奇」（"Montage"）的電影效果。

〈我愛黑眼珠〉裡的幻想和現實交融在這種蒙太奇之中。這篇小說最初發表於 1967 年，是十多年來臺灣最惹議論的文學作品之一。李龍第在雨中離家，進城接他妻子晴子，打算去看場電影。城可能是臺北，但七等生未明白指出。李龍第買了兩塊麵包和一朵香花，想見面時送給晴子，因為他相信晴子會喜歡這份結合了現實（麵包）和幻想（香花）的禮物。他到達晴子工作的特產店時，晴子竟已經離開了。李龍第帶著晴子的綠雨衣在城裡走，覺得煩憂。此時雨水更大，不久整個城似乎都氾濫了，於是他的煩憂也變成為對死亡的恐懼和對四處逃難人群的憎惡。洪水逼他上屋，而就在這一刻，他發現背後水裡有一個女子在掙扎，乃回身將那女子負上屋頂。這女子原來是有病的，李龍第於是決定把她抱在懷裡，保護她度過漫漫的黑夜。第二天清晨拂曉，他覺得他居然對懷中的陌生女子產生了一種感情，而這時他更通過曉光看到晴子就在對面的屋頂上向他招手，兩人之間隔著一片洪水：

他內心這樣自語著：我但願妳已經死了：被水沖走或被人踐踏死去，不要在這個時候像這樣出現，晴子。現在，妳出現在彼岸，我在這裡，中

間橫著一條不能跨越的鴻溝。我承認或緘默我們所持的境遇依然不變，反而我呼應妳，我勢必拋開我現在的責任……我就喪失了我的存在。

　　李龍第抱著懷中生病的女子，讓他自己的妻子在洪水對岸大聲嘶喊叫罵，但他繼續「愛護」著他認為應該愛護的懷中人。他把晴子的綠色雨衣攤開來遮蔽那陌生的女子，並且在晴子的注視下，把那本為她買的麵包給那陌生的女子吃。他含著眼淚不認晴子。「無論如何」，他默默地說道：「這一條鴻溝使我不再是妳具體的丈夫。」當那懷中的女子問他叫甚麼名字的時候，他說：「亞茲別」。女子困惑地說：

　　「那個女人說你是李龍第。」
　　「李龍第是她丈夫的名字，可是我叫亞茲別，不是她丈夫。」
　　「假如你是她的丈夫你將怎麼樣？」
　　「我會放下妳，冒死泅過去。」

　　不久以後那女子對李龍第說明她是個妓女，對城市厭倦沮喪，正打算返鄉；她又忽然對他說：「我愛你，亞茲別」，並且抬頭吻他。晴子目睹此情，下水想泅過來阻止他們，但迅即被洪水捲走。李龍第含淚把最後一塊麵包餵給那妓女吃。他們又在屋頂上度過一晚，李龍第暗暗希望晴子還活著。天明水退，李龍第帶著身穿綠雨衣的妓女到火車站，讓她穿著晴子的雨衣上車，又把那朵香花插在她的頭上。火車開走了，他走出車站，「想念著他的妻晴子，關心她的下落。」他希望能好好休息一下，然後便出發去尋她。

　　很多學者去批評分析過這篇小說，有些還試圖評薦其價值；其中較重要的文章都經張恆豪搜集在《火獄的自焚》中，此書專論七等生的小說成就和各種連帶的藝術問題，據我所知，頗為七等生所重視。〈我愛黑眼珠〉裡是包含了象徵的意義，無可置疑，貫穿通篇的組織和意象結構。例如洪

水，即彷彿是艾德加‧愛倫‧坡（Edgar Allan Poe）所撰小說《瓶中稿》
（*Manuscripts Found in A Bottle*）中自天而降的大黑暗，籠罩了整個海面，
又如阿爾佛烈‧西區考克（Alfred Hitchcock）《迷魂記》（*Psycho*）開場不
久的滂沱大雨。七等生的洪水改變了全世界，摧毀人與人的關係，沖開李
龍第的自覺，使他體會到他原來是虛幻人間一條寂寞的遊魂。洪水洗滌
他，使他發現自己，尋到他自己的真意識，洪水甚至改變了他的名字——
雖然名字與虛幻人生中最最虛幻不實的小因素。這篇小說非常獨特，因爲
它的重心始於一場天地的大災難，在這災難的威勢下，七等生探討愛情、
責任、惻隱之心，人性尊嚴等問題。人是具有惰性的，他的意識更時常是
凝滯沉迷的。大自然遽爾將他催醒，他乃能確實體驗生命，拯救自己於精
神的將死將滅之間。

〈我愛黑眼珠〉中幻想與現實的交錯進行是七等生小說藝術的典型技
巧。晴子是李龍第的妻子，愛情和關心的真正歸宿，所以李龍第爲她預備
了一朵花和兩塊麵包。對他說來，晴子是現實的一切，一切的現實——直
到洪水興起。洪水越漲越高，晴子越漂越渺茫，而終於被一個她丈夫不期
而遇的陌生有病的妓女所取代。在水勢包圍的屋頂上，那妓女是李龍第一
切的現實，現實的一切，因爲她提供機會讓他能夠使用他的關心和愛情，
並嘗因施予而獲取的快慰，提升他的精神生命，維護人性的尊嚴。這時，
被鴻溝所隔絕的晴子只不過是李龍第幻想中的一個意念而已，再也無法和
她丈夫懷中的妓女相競爭了。晴子只是一個意念，偶爾使李龍第想到丈夫
對妻子應盡的責任。在這種情形下，當人間一切都決諸黑暗的洪水的時
候，七等生暗示，所謂丈夫對妻子應盡的責任義務云云，可說是荒唐無
稽，不切實際的了。

然而李龍第顯然也不太可能確定，到底他懷中的女子是現實，還只不
過是他的幻想所創造出來的僞相。當他不得不否認晴子的時候，他流淚；
當他目睹她落水逝去的時候，他流淚。他自以爲是在提升他的精神，其實
他在折磨他的感情。張恆豪認爲七等生是在火獄中自焚的藝術家，但從這

個例子看來，我發覺是有人先被豪雨鞭打，繼則被屋宇下的洪水獰惡地嘲弄著。這情形更像希臘神話的一景；有人茫然度過生死交界的阿克朗（Achron），神智昏迷坐在地上，向兩岸張望尋覓，無法追究他自己的存在，終於失去了生死的認同。我不覺得〈我愛黑眼珠〉裡真相有但丁（Dante）通過火獄時所感受的淨化經驗，因為火獄之後必須是天堂。李龍第之不認妻子，也不完全是自動自發的行動。他是被天災所迫，不得不留在鴻溝的這一邊。他靠著幻想堅持，自以為他正面對著生命的現實。其實他是被天災所迫，他上方不放棄他所習慣的「現實」，摒棄他的妻子，靠著幻想的力量，他把晴子送進了他所幻想的幻想世界。

　　洪水漸退，晴子乃漸漸在李龍第的現實世界中浮升抬頭。他把那妓女帶到火車站，把妻子的綠雨衣送給她——此舉正足以證明李龍第已經出賣了他妻子，然而這時晴子已經清晰地回到了他的理智。為了將那妓女從他的現實生命中驅逐出去，他在她髮上簪插一朵香花。他們在屋頂上擁抱經夜，李龍第從未想到以香花贈給那陌生的女子。現在他在她髮上簪插一朵香花，表示那妓女只是他幻想世界裡短暫的現實，不能持久；於是李龍第回歸到他自己所習慣的意識世界。他告別幻想，即刻須面對正常情況下一個丈夫為他妻子應負的責任義務，甚至愛情。他打算出發去從事一次浪漫的搜索追求。

　　在文學批評這門學問裡，「道德」與否最無關宏旨，雖然如此，任何從事批評的人，最後總會考慮到道德的問題。遇到像〈我愛黑眼珠〉這樣的小說，論者更難免不遭遇這個問題：有些人甚至完全專注於道德問題的論詰，「道德」與否是文學批評最重要的一環。其實不然。然而，有人譴責李龍第（其實是攻擊七等生），認為他所提倡的是不道德的人際關係，違反社會倫理，而其原因無非是他對人倫抱持著頹廢的態度。有些人又為七等生辯護道，這篇小說探討的是人的存在問題，和道德無關——他們說這篇小

說應屬於所謂「非道德」的範圍。[3]前文我已提到,李龍第只是一個不設防的脆弱的凡人,在幻想與現實交替進行的世界裡,他一時浮向晴子,一時浮向妓女,然而他是無辜的;何況,在那種非常的時刻裡,晴子還能在他思維裡再三折返,如此,則李龍第應該是一個很「道德」的人,而他那痛苦的經驗、無窮的磨難,適足以說明〈我愛黑眼珠〉乃是一篇具有深刻的道德警戒意識的小說。

這篇小說明白顯示,李龍第對於道德原則的維護是有條件的,他期望人間世界先允許理性和秩序來統治,他希望天地先以慈悲對待我們;在這種情形下,李龍第可以說是一個講理的人,一個敏感的「道德」人。這小說的題目〈我愛黑眼珠〉(晴子的黑眼珠)雖然近乎蛇足,卻正足以證明七等生是一位具有道德意識的小說家。[4]堅忍固然是美德,但堅忍並不是我們的小說家所樂於宣揚的課題;七等生和我們一樣,只是平凡的現代人。他認為堅忍的意義,正如我們在正常的時光裡,也認為堅忍是美德,而且他顯然還能欣賞堅忍之志,相信它是維持世界秩序的重要因素。世界的秩序崩潰時,人性的堅忍勢必隨之解體,因為一切價值判斷的系統已經蕩然無存。一個普通人雖能勇於面對災禍,奮鬥以度過難關,但他無法和耶穌基督一樣,直到信心消逝殆盡了,還強自鎮靜抗爭到最後一秒鐘。[5]李龍第拯救疾病的妓女於洪水之中,他救人到底的勇氣來自幻想所生的力量,而非來自他的道德規劃——他既然已經開始了,便不能中途放棄,因為救人必須救到底。他不是耶穌,沒有能力同時拯救兩個人。他決定保護那疾病中的妓女,失去自己的妻子也在所不惜,因為只有這樣他才能確實表現他的道德力。在那滾滾洪水的黑暗世界裡,我們看到大自然是這一場紛亂交響樂的指揮,李龍第只是一個隱晦可憐的小音節,晴子亦然,妓女亦然。

相對於無情的自然法則和社會制度,當一個人勇於關懷旁人的時候,

---

[3] 見張恆豪編,《火獄的自焚》(臺北:遠行出版社,1977 年),頁 59～151。
[4]「黑眼珠」和「亞茲別」之名又見於七等生其他作品。見《情與思》,頁 129～167;又見《來到小鎮的亞茲別》(臺北:遠行出版社,1976 年),頁 191～236。
[5] 見七等生,《耶穌的藝術》(臺北:洪範書店,1979 年)。

總是值得大書特書的，甚至當他為了實現那份關懷而叛離自然法則和社會
制度時，也還是值得敬佩同情的。一個凡人的堅忍勢必隨自然界的大災變
而崩潰，而在自然災變的威勢下，他若想維護他的自尊而求生，他勢非超
越倫常的法則不可。七等生在〈我愛黑眼珠〉裡所闡釋的主題之一，大略
如此。同樣的主題也見於〈回鄉印象〉；這篇小說發表於 1978 年，距〈我
愛黑眼珠〉之出版已經 11 年了[6]，〈回鄉印象〉的敘事者是一個青年醫生，
他返回故鄉去協助他的母親督工建造祖父、父親、叔父和大哥的墳墓。在
這之前，青年醫生有一次返鄉，曾經在鄰鎮被一個年紀比他大的妓女所誘
惑，當他和那妓女上床的時候，他發現妓女耳邊簪了一朵乳白色的香花，
竟在眩迷中「愛」上了她。第二天他曾經回到鄰鎮上尋訪那妓女，但她爽
約不再露面。故事重心移回青年醫生和他母親為築墳和其他問題所產生的
心理衝突，波譎晦澀，頗見陰鬱的氣氛。有一天青年醫生不期然遇見那撿
骨造墳人的妻子，赫然竟是他目前在鄰鎮邂逅的妓女，原來從前當那造墳
人窮困生病的時候，他妻子曾經做過妓女，鎮上的人大多知道這件事。如
今青年醫生再次看到她灰黑的髮上結著一朵白色的香花，一時彷彿勾起迷
離的往事，但一切都已過去，現在甚麼事都不可能發生了；那造墳人的妻
子只羞赧地說：「夭壽密，佳都和（這麼巧）。」小說結束時，青年醫生看
到她和她的丈夫在廟前施捨圓子湯給路人，感謝神明賞賜他們一個孫子。
那嬰兒穿著新衣，在那婦人的兒子懷中，又有幾個鄉村婦女在旁邊讚美
著。

　　〈回鄉印象〉裡的婦人所簪之花是一朵「白色香花」，這花和〈我愛黑
眼珠〉裡李龍第插在那陌生妓女髮上的完全相同，大概不外乎我們所謂的
「含笑花」。這香花點明那婦人和李龍第所見的陌生妓女同屬於七等生小說
裡的幻想世界。在現實世界裡，她是一個盡責奮勉的母親（而且故事結束
時，她更是個祖母），這小說中唯一能和她比較的，只有敘事者青年醫生的

---

[6]收集在七等生，《散步去黑橋》（臺北：遠景出版公司，1978 年），頁 77～100。

堅毅、善感、易怒的母親。青年醫生的母親平時總是非常果敢，對兒子要求很嚴格，但小說中沒有顯露出她在兒子真感情中的確實地位。易言之，在青年醫生的家庭生命裡，在他的現實環境裡，母親栩栩如生、個性分明，但在他的精神和想像世界裡，她是一片空白。由於七等生的世界必須通過幻想和現實的結合才算完成，更由於他的小說人物，都必須經過幻想和現實特徵的才算完成，這母親的性格刻畫可以說是欠缺的。也許，她的空白部分必須由某種暗示來填補；則敘事者對造墳人的妻子的觀察，對她另一層性格和作為的勾畫渲染，正好填補了他對母親空白人格的暗示。這是我讀〈回鄉印象〉所做的大膽臆測，然而七等生始終並沒有明白交代。這母親使人想起卡繆（Albert Camus）《異鄉人》中隱晦難解的母親。我們看不出她任何必然的缺陷，不能斷定她是欺妄的婦人，也不是什麼可悲憫的婦人；她和歐陽子〈魔女〉中所描寫的母親完全不同。[7]歐陽子把她小說中的母親描寫成為令人震顫同情的淫婦，但七等生僅僅通過暗示的手法，讓那青年醫生的母親在幻想和現實之間擺盪。七等生的標題也具有深意：這只是一個〈回鄉印象〉，青年醫生在家鄉所獲取的只是些「印象」，尚有待他在寧靜的時刻裡咀嚼、回味、整理。

　　幻想和現實的交替運作，在〈回鄉印象〉裡比我〈我愛黑眼珠〉裡更形重要。這兩篇小說類似之處不少，不但見於技巧的雷同，更見於主題。李龍第對他的妻子深具愛情和關心，對那陌生的妓女（插著一朵白色的香花離開了城市）也深具同情；青年醫生對他不可理解的母親保有一份猶豫的情感和關懷，此亦見於她對造墳人妻子的複雜心緒，後者在床上簪著一朵白色的香花，在家鄉路上也簪著同樣的一朵花。七等生不願判斷那婦人在鄰鎮所操的副業是對是錯，他更對他母親的神祕氣質不贊一辭，不在是非價值上肯定著墨。其實，他好像是說，即使她們真「錯」了，那也不僅僅是她們個人的責任。七等生所探討的是一個重要的哲學問題，所謂群體

---

[7]發表於《現代文學》第 33 期（1967 年 12 月），頁 218～229。

的意識；在一個特定的社會裡，任何人的光榮和羞辱；她的錯誤也是你的錯誤。七等生付諸那造墳人妻子的同情絕不下於周樹人在〈故鄉〉中所付諸閏土的同情；鄉土社會裡的小人物因貧窮鋌而走險，而蒙受羞辱，這份羞辱也是知識分子的羞辱。七等生藉幻想與現實之交替消長把生命的斷片結合在一起，試圖重組世界的真面貌，使其盡可能接近完整的型態，使這世界不致過分出人意表。他的作品中這一類的例證尚多，而最近的則可以〈散步去黑橋〉爲代表。按〈散步去黑橋〉發表於 1978 年，允爲一篇不可多得的大作品。[8]這是一篇典型的七等生小説，帶著濃重深沉的鄉愁——對於曩昔世界的懷想。童年之於七等生，一如童年之華茲華斯（William Wordsworth），象徵天真無邪的心情和意志，接近著永恆。敍事者和他童年的靈魂在小説中討論過去和現在的歧異差別；七等生的文字穩重清澈，不若普魯弗洛克（Prufrock）之綺靡愁悒和自憐；他所能及的問題也都十分明確可解，勝過英詩傳統裡身體和靈魂不斷辯論的形上問題。[9]敍事者和他童年的靈魂（名「邁叟」）的立場分明；後者因爲天真、自由、浪漫，所以堅持通過幻想來觀察人間世界，前者是歷盡滄桑的成人，乃以他所目睹 30 年臺灣的社會經濟問題相制衡。我們知道七等生一向避不寫作一般雜感的社會批評文章，但他卻在〈散步去黑橋〉中完成了一篇強烈動人的社會批評，同時更在這極富抒情趣味的小説中描繪出人的期望、追尋和幻滅的歷程。這篇小説進一步證明幻想和現實之交替消長，乃是七等生小説技巧的中心，其功能繁複，初不限於任何一端而已。

　　最後，我想指出一點，七等生 20 年內不斷使用幻想與現實交錯互替的技巧，則他於此技巧之性質和功能應該是自覺而深具認識的。大凡優秀的藝術家對於他所掌握的基礎手法都深具自覺的信心，七等生應該不是例外。當然，幻想與現實交錯互替的技巧並不是七等生的專利，其實古已有

---

[8]七等生，〈散步去黑橋〉，《散步去黑橋》，頁 167～198。
[9]前者見 T. S. Eliot, "The Love Song of J. Alfred Pru fro-ck" in *Collected Poems*（New York: IIarcourt, Brace and Col., 1936）. 頁 11～17。後者例見中古英文詩，復見於馬爾服（Andrew Marvel）及葉慈（W. B. Yeats）。

之，中外皆然，尤其屢見於抒情詩。七等生只是比凡人更熱中於此，更對
其繁複的功能具有信心和認識，始能通過其作用完成多樣的面貌和目的。
我感覺七等生對此一技巧之為物絕無懷疑，而且我相信他會繼續發展下
去。我之所以敢如此斷言，乃是因為我已經發現他深深了解這種技巧的文
學價值，更因為我覺得這其中包含了他的人生體會和哲理。本文簡單說明
七等生的人生體會和哲理，在在皆通過幻想和現實之交錯互替以呈現。然
而七等生自己對於此技巧的文學價值之檢討，更可見於他的新作品《耶穌
的藝術》中，此書在七等生的文學生涯裡，地位十分特殊，仍有待我們進
一步去探討。

——選自張恆豪編《七等生全集 8・重回沙河》

臺北：遠景出版公司，2003 年 10 月

永遠現代的作家

七等生

◎阮慶岳[*]

　　如同文壇永遠現代的先輩莎士比亞和蒙田一樣，七等生也是臺灣文學界少見具有同樣「永遠現代性」的作家，他像莎士比亞一樣，藉由故事中的人物（大半是他自我的化身），直接和讀者最底層的靈魂對談，使人無可遁逃；他也像蒙田一樣，以優雅的獨白文學，謙遜的懷疑主義態度，展現出他對人性與個性的尊重，並以描述瑣碎的自我經驗作出發點，呈現出一種多義的生命寬廣性，使讀者經由他這樣雖屬個人卻也平凡的經驗，理解到各自的自我在生命中的獨特處境，這種心靈與心靈直接對談所衍生的藝術性，是七等生得以超脫出時空局限的原因之一。

　　《思慕微微》的兩篇主要作品——〈思慕微微〉及〈一曲相思〉，七等生一向引人注目的文字風格，有由奇特轉入樸實無華的趨向，但是文字的音韻與旋律的優美性，卻更加凸顯，展現出一種更勝於前的文字節奏風韻，令人著迷。

　　在這本書中，七等生延續《譚郎的書信》中書信體的風格，再次拋棄掉傳統小說中藉由虛構人物與情節來述說的手法，而以類似蒙田般直接對話的形式呈現作品。但是這樣的對話，並不只是對著他珍愛的菱仙子，也同時是對著他自己（如同他大多數作品中自我傾訴的特性），以及更重要他所意識到存在卻隱身的讀者們。這種有如對著自我獨語，又有如對情人喃喃細語，卻其實是對著全人類說話的複雜性，使這樣的書信體格式，展現

*發表文章時為「阮慶岳建築師事務所」主持人，兼事寫作，現為元智大學藝術與設計學系教授兼系主任、所長。

出一種極大的企圖心。這有如在舞臺上對著茱麗葉信誓旦旦的羅密歐，同時仍對著自己的角色及臺下滿場的觀眾說著話，這樣是否因此會傷害到對茱麗葉愛情的純粹性呢？其實是不會的，七等生在作品中，不斷將個人的經驗投射轉換成全人類共通的心境經驗，且他一向在主客體（文中角色情境與全人類情境）間自在出入，而選用直接訴說的書信體格式，使這樣的訴說更顯真誠並具說服力。

七等生拋棄小說傳統形式，改以個人獨白的書信體來呈現自己內在的思維，可能也是意圖尋找出更直接更不矯情的文學形式，同時試圖挑戰小說本身需要「故事」才能存在的傳統章法，沒有故事（或很少故事性）的小說，還能不能傳達出同樣的情境呢？七等生以《譚郎的書信》及《思慕微微》，向我們證明了這樣的可能性。

在《思慕微微》中，菱仙子以一個戀人口中神話般不完全真實的姿態出現；文中菱仙子顯現的面貌，一直在真實與虛幻間飄浮，在我們被說服她是一個「女神」般完美的女人後，卻仍對她的面貌身姿等細節一無所知，彷彿她只是一個被七等生頒賜桂冠而成女神的女人，她的完美是七等生所決定並賜予的。七等生這樣「聖化」文筆出的女性角色，在他其他的書中有許多前例可循，這種處理方式，也使七等生顯示出一種像是對女性孺慕般的純真性情；但是七等生小說中同時有另一種女性類型出現，她們通常十分功利現實、處處獨斷爭強，這二種以不同方式出現，卻同樣顯露強勢的女性角色，與相對顯得軟弱，憂鬱無助的男性角色比較，叫人不能不心生好奇。是否女性角色的二極化特質，訴說著對女性有一貫企盼態度的七等生，仍徬徨於對女性的憧憬與疑慮（如〈期待白馬而顯現唐倩〉的故事所指）之間呢？

馬森在〈我看《譚郎的書信》〉中，曾提到「……在讀這部作品時，會不期然地產生創作一般的欣悅之情。從作者心田中自然流洩的清泉，也同樣會從讀者的心田中流洩出來。達到這種境界的作家，在這個世界上實在也並不多見……」。

　　的確，七等生在《思慕微微》中，向我們吐露的愛情絮語。有可能將跨越過時空的穹蒼，在未知的將來，仍以一樣現代的話語，向當代的人訴說出他迷人的文學世界。

　　是的，七等生是永遠迷人、永遠現代的。

──選自張恆豪編《七等生全集 9．譚郎的書信》

臺北：遠景出版公司，2003 年 10 月

青春啟蒙與原始場景

論「青年」小說家七等生的誕生

◎廖淑芳[*]

一、前言

　　1977 年當「鄉土文學論戰」硝煙正起，臺灣文壇核心正爲戰火的風潮所襲掩的時刻，七等生卻因爲遠行出版社老闆沈登恩的賞識，在這一年同時出版「七等生小全集」十冊[1]，及由張恆豪編輯出版的首本作家作品評論集《火獄的自焚》[2]，這種作品全集與作品評論集同時被出版的「破天荒」待遇，較諸當時文壇的任何作家均是「前所未有」，證明了七等生在當時的「聲譽鵲起」、「如日中天」。據多年後張恆豪編選的第二本論文集《認識七等生》後所收錄的從 1966 年 3 月到 1992 年 12 月 31 日止的 97 篇訪談和評論中，1977、1978 兩年中就高達有 19 篇評論，兩篇訪談，而 1976 年也有 15 篇評論之多。[3]說明七等生受重視的現象確實不虛。

　　但相對的，七等生作品的價值並未因此穩定下來。作品受重視的現象，也反面說明了他作品的爭議性。當不少評論費心詮解〈我愛黑眼珠〉中晦澀的道德理念與道德處境以爲其說項時，也有人直搗黃龍地問「如果他有這份虛心與真誠去拓展他的視野，那麼他下一部作品，就不必去重複

---

[*]發表文章時爲光武技術學院通識教育中心講師，現爲成功大學臺灣文學系副教授。

[1]據七等生年表，「小全集」原由遠行出版社於 1977 年出版，後來遠行絕版，由遠景出版社延續出版。但據知老闆都是沈登恩（遠行出版社所錄發行人爲許敏修）。

[2]張恆豪編，《火獄的自焚》（臺北：遠行出版社，1977 年 9 月）。

[3]〈七等生小說評論引得〉，張恆豪編，《認識七等生》（苗栗：苗栗縣立文化中心，1993 年 6 月），頁 189～195。

自己的意念和語言。這將是讀者之福，中國現代文學之福」[4]，甚而有將之比附爲替「共匪竄國先行鋪路」的「左翼文人」，意謂「大陸的淪陷正是像他這樣的作家造成的」的說法。[5]

當沉重的時代、強大的現實肉迫而來，有人要宣稱個人獨立存在的意義與自由時，確是百般艱難的，何況整個現代文學在時代狂潮中，憂國感時的傳統早已隱成脈絡。所以，1977 年這一年，還在強大噓聲中，繼之即掌聲交織的時刻對七等生與其評論者的意義是多重的，不僅因爲《鄉土文學論戰》讓我們看到當時臺灣政治經濟、社會文化在矛盾總體現[6]下的新的時代需求，也因爲七等生受重視的「現象」與「程度」，說明了所謂「純文學」或文學的「自主性」與文學中的「道德意識」與「社會使命」這兩組命題之間的矛盾張力在當時的緊繃狀態。

1978 年，鄉土文學論戰後隔一年，大約在七等生寫〈散步去黑橋〉系列作品同時，七等生應《中國時報》副刊「我的第一步」專欄之邀寫了一

---

[4] 劉紹銘，〈三顧七等生〉，《聯合報》副刊，1976 年 7 月，後收入劉紹銘，《小說與戲劇》（臺北：洪範書店，1977 年 2 月），今見張恆豪編，《火獄的自焚》，頁 151。劉紹銘當時在評論界地位頗爲重要，一方面他師承夏志清，爲留美文學博士，學養頗有美評，又專治現代文學；另方面，這已是「三顧」七等生後盡到「最大誠意」而做出的忠告。前面一顧謂七等生文體是患「小兒麻痺」的，二顧謂七等生是「視鄰居的狗比自己的生命重要的作家」。

[5] 此說主要源於一篇由溫良恭（本名溫繼榮，按：或即瑞契爾卡遜著《寂靜的春天》中文譯者？）發表於 1978 年 9 月 24 日、25 日《中央日報》副刊的〈商青〉，「商青」一詞的「商」用指杜牧〈泊秦淮〉詩中的「商女不知亡國恨，隔江猶唱後庭花」，溫良恭提到大陸淪陷前夕，他的國文老師將他們找去宿舍上最後一課，最後勉勵他們「商青者，不知亡國恨之青年也。」文中溫良恭針對周寧（周浩正）在〈論七等生的我愛黑眼珠〉一文中對七等生〈我愛黑眼珠〉的維護深表不以爲然，認爲這已不是個人的私事，而應向社會大眾，尤其青年朋友作一些交待。他認爲共產黨在大陸的崛起，主要是五四運動以後左翼文人刻意描寫政府的貪污無能和社會的黑暗面，唾棄倫理道德，動搖國本，結果是替「共匪竄國先行鋪路」。而周寧卻將七等生這種「視鄰居的狗比自己的生命還重要」的作家視爲某種精神上的救星，實在是對自稱爲儒家文化堡壘的臺灣最可悲的評論。文中溫良恭雖然聲稱該文「絕對沒有影射七等生是『文丑』是『商青』」，卻又強調「事實上一個人的所作所爲，其用心何在，亦只有他自己才最清楚」。此文強烈的憂國情懷後來還引來一些年輕學子的後續回響，對〈商青〉一文的肯定有加，參 1978 年 10 月 27 日溫良恭〈〈商青〉餘音〉。按：七等生在這篇文章中被以左翼作家比附，確實十分特別，因爲就左翼觀點而言，七等生恐怕更容易被歸入小資產階級。但此文之出現，使七等生被一棒打到左派去，形成另一種極端的負面批評。

[6] 如楊照在 1997 年 10 月 25 日「春風文藝基金會」與《中國時報》舉辦的「青春時代的臺灣——鄉土文學論戰二十年論文研討會」發表論文〈鄉土文學與農村經濟〉時發言，鄉土文學論戰從來不應也不能被只集中在文學的面向上來看待，而應是一個全面性的政經社會文化矛盾的總反映。

篇〈我年輕的時候〉的散文[7]交待他年輕時代開始創作的前因與情境，並對自己的寫作歷程、創作理念作一番回顧。和呂正惠對七等生小說〈散步去黑橋〉的評論意見相同的，我以為〈我年輕的時候〉一作和〈散步去黑橋〉一樣，都是七等生走過十多年漫長艱辛的寫作歷程之後，終於初獲肯定而作的一闋「騷亂靈魂的安魂曲」。[8]但還有一點很不同的，我以為本文深刻的自我刻畫、自我表白與自我觀照，還有相當程度要與另一種文學觀「抗衡」的權力意涵，即這其實是一篇文學場域中重要的「對抗性論述」。

　　據當代語言學者班文尼斯特（Emile Benveniste）談語言交換理論界定「代名詞」、「你」、「我」、「他」的性質時所言：當我們發出「我」一詞的語境當下，已經先界定了一個在場的「你」，以及不在場的「他」。而代名詞的性質也完全是「機動」的，只有在每個個別的個體的使用當下，才顯出其主體性，因此他們（代名詞）只是一個「虛化的主體」。[9]由此看來，本文藉十多年後寫作經驗豐富的「我」，回顧「年輕的時候」做為「虛化主體」的「我」，試圖召喚出的也是在當下語境中的「你」與不在場的「他」──即 1978 年鄉土文學論戰後的文學環境中與他在意識形態上處於對立的另一方及廣大的讀者，尤其全文一初始就以「我年輕的時候，非常的孤獨和寂寞。」這一非常貼近讀者的抒情方式帶起開場的悠揚回顧氣氛，這固然有專欄專題導引出的功能預期（以今觀昔避免不了的回顧性感傷），但亦未妨其自我呈現的一貫性，即藉由作者的深自投入，試圖「召喚」的是能「感同身受」的讀者相對的投入與認同。因此，文中七等生為他的年輕時期刻畫一場「婉轉曲折故而意蘊深厚」[10]的青春啟蒙儀式，就有

---

[7] 七等生，〈我年輕的時候〉，《散步去黑橋》（臺北：遠景出版公司，1986 年 5 月），頁 245～253。據《散步去黑橋》一書前〈自序〉：「〈我年輕的時候〉一文初發表於 1989 年 4 月時報副刊「我的第一步」專欄」，見〈自序〉，《散步去黑橋》，頁 6。

[8] 見呂正惠，〈自卑、自憐與自負──七等生「現象」〉，張恆豪編，《認識七等生》，頁 24。原刊《文星雜誌》第 114 期（1987 年 12 月），並收入呂正惠，《小說與社會》（臺北：聯經出版公司，1988 年 5 月）。

[9] Emile Benveniste, "The Nature of Pronoun," 引自 *Problems in General Linguistics* (1966), trans. Richard Howard Evanston, III, Northwestern Unis. Press, 1972, p.218

[10] 見鄭明娳，《現代散文構成論》（臺北：大安出版社，1989 年 3 月）第二章「散文意象論」中對

爲自己文學創作的社會位置定調的意味。本文將從這篇細緻深刻的「夫子自道」出發，試圖藉由此篇作品中所描寫的青春啓蒙意義，並進而思考一個作家在面對時代環境與群己意識時，如何藉由再現（represent）其原始場景，並尋找形式、離析意義以確立個人風格，並找到自己在這一充滿了「感時憂國」傳統的文學場域中的對抗性的「位置」，並安頓自己「活著」的「社會價值」。

二、啟蒙儀式與原始場景[11]

〈我年輕的時候〉一開始就是描寫這場啓蒙儀式的「序幕」，時間在「七等生」的 23 歲，地點是他任教小學老師的九份礦區。

> 那是我 23 歲時，已經在礦區九份當了兩年多的小學老師，沒有異性朋友，沒有什麼值得安慰我心靈的事物。夏季，我徘徊於山下瑞濱的海灘，赤裸地暴曬在波浪排向岸沿的岩石之間的小沙灣，或潛入清澈透藍的深水裡，探尋水草和游魚同伴。那時我的心在海洋上的空隙鳴響著，想呼求什麼與我在這宇宙結合，但我很愚蠢，找不到方法將我獻出和迎取。

—— 《散步去黑橋》，頁 245

寂寞失侶的苦悶使這顆孤獨的靈魂殷殷哀告，於是他只好獨自徘徊於海灘或赤裸地暴曬於小沙灣，和水草游魚爲伴，但「侶游魚而友水草」一

〈我年輕的時候〉的評語，頁 88。

[11] 原始場景（primary scenes）一詞原爲佛洛伊德在 1897 年〈精神分析的起源〉手稿中所涵指的某些組織成情節、場景的兒童期創傷經驗。但在佛氏後來的分析中愈來愈強調此一場景與兒童觀看父母親性交的經驗有關，性交被兒童理解爲父親在一種施虐／受虐關係中的侵略行爲：它在兒童身上引起性刺激同時提供閹割焦慮的一個依據。他可以被理解爲兒童自身與母親之前伊底帕斯身體經驗以及由此產生而導致的欲望之上。據拉康的說法，此時期正爲鏡像期，即自我認同形成的最初階段，但此一原始場景究竟屬於主體實際體驗過的事件的記憶或只是純粹的幻想？一直是一個爭議的議題。參佛洛伊德著；楊韶剛譯，《佛洛伊德文集》（吉林：長春出版社，1998 年 2月）第三卷〈精神分析五講〉第一講。本文沿用拉康意見。

段時間後，他變得「自我異化」與「自我疏離」了，「我深自苦惱，在浪費時光；我懷疑我是誰，是什麼事物，為何獨自漫步於這曲折、岩石與沙灘和漁村的地方」（頁 245）；這一心理空間上的自我異化與疏離，加深他對地理空間的更大疏離。於是他眼前作為「世界」化身的「九份」，變得更為陌生，同時進一步反向發現自我與世界的巨大差距──「世界的表面平靜和美麗，但我的內心很不安寧」（頁 245）。

接下來，文中敘述了 23 歲的對一件充滿寓意事件的「反應延遲」（"deferred action"）。[12]那是有一天他路經一個礦工們的休息處，幾個蒼白的男人正卸下工作，頭部戴著裝有小燈泡的工作帽，身上穿著半濕的灰綠色粗布衣褲，利用木板墊在地面上坐著休息。「有一位矮胖年紀較大的人特殊地躺在一張長板凳上，眼望著樹葉的華蓋，那頂上陽光從隙間透出一個一個閃亮的白光，他眼望手擺做出觀窺的姿態，然後發表一些他的觀察心得。」（頁 245～246）七等生寫這一件偶發的經歷並未造成他任何行動上的轉折，而他的問題也並未因此得到絲毫改善。「我回到租居的斗室後依然還是像一個蠢物般生活著」（頁 246），甚至，他漸漸感覺他的身體像被一種無形的網布纏繞著，越來越緊也越厚，「沒有任何驚奇的事發生。我在潮溼的斗室裡像一條蠕蟲。」（頁 246）

但事實真是如此嗎？他首先描寫了當時他以「坐在附近石頭上」、「觀窺」來思索此一現象的意義：「我坐在附近的石頭上，疑問著那單純平常的景象於他有何深動的感觸，為何以種平易的語言向周圍的人講述喻象？他

---

[12]佛洛伊德在分析狼人案例時提出了「延遲」（"deferred action"，其德文原為 "nachtraglich" 或譯為「後遺的」）的概念。在此文中他偏向強調，所謂原始場景乃是分析過程中的建構。由於父母的性交超過了幼兒意識把握的限度，狼人並沒有真正地經歷這個事件。但當他進入俄狄浦斯階段時，無意識中關於原始場景的記憶暗中印證了閹割的真實性，過去事件的創傷這才以恐懼的形式表現出來。這樣在事件與後果之間存在著時間上的延遲。正是這一點造成了主體本質性的被動觀看狀態，換言之「只有第二個場景才會賦予第一個場景致病的效力」。本處運用反應延遲一語意在強調對洪瑞麟事件的反應更可能是七等生為其啟蒙尋找意義所建構，原始場景脫離不了「被建構」的可能，有見於此，佛氏在狼人案研究之後轉化原始場景為一新概念：原初幻想。參尚‧拉普朗盧、尚‧柏騰‧彭大歷斯著；沈志中、王文基譯、陳傳興監譯，《精神分析辭彙》（臺北：行人文化實驗室，2000 年），頁 37～40。

是誰？爲何他能津津道出？」（頁 246）之後他又說自己以「隱避」的探
詢，得知那人是前輩有名的畫家洪瑞麟，一個經常與礦工爲伍的人。但有
一樣重要的關鍵，卻被「壓抑」、「遺漏」未寫出，即那時他對這件事的
「觀感」。

　　真正關鍵性的轉折還是發生了，在經夏歷冬後的隔年春天，七等生以
連續三個「概念性意象」說明了他如何「發現自己的聲音」並開始創作的
「奇蹟」：

> 突然我意外地發覺我能思想，那是三月，我能知道我長期的禁錮與憂
> 鬱，我像另有一對眼睛看到我過去的形體，他在時間的流動裡行走，我
> 清楚地窺見到那行走的陰沉姿態；然後我又驚奇地發覺我能夠說出和別
> 人不同意思的語言，也許我一直就如此，在這之前，我沒有知覺我能語
> 言，但現在我十分驚喜地聽到我自己的聲音。我像在夢景中看見了這樣
> 荒謬的事，我像一個做夢者，除了意識一個睡眠的自我形像外，還有一
> 個那夢景中動的相同人物存在，我看見他行動，他說話。當我醒來時，
> 我不知道我是那夢中的人或是原來的我，但我的清新意識有如一個包裹
> 在絲繭裡睡眠的蛹，它成為一隻蛾突破了那層包繞的殼，然後拍翅顛簸
> 地走出來下蛋。

——頁 246～247

　　這三個概念意象中，第一個意象是描寫作者自我發現的概念，「我」有
一對眼睛看到「我」過去的形體。第二個意象則包含於第一個意象之中，
「我」的另一對眼睛所看到的「我」在夢中。而第三個意象是，我像絲繭
中的蛹，突破絲殼，蛻變成蛾，飛了出來，並且「下蛋」。以這三個概念意
象詮釋他自己當初如何發現自己：包括找到自己與眾不同的性情（陰沉的
姿態）、獨特的語言，清晰地看懂自己，並且突破自己（破繭而出），並開
始創作（下蛋）。於是，開始創作時的「我」與過去的「我」，及現在的

「我」都不同，他是另一個獨特的「我」。[13]

　　通過這個新發現的「自我」，前面關於「九份礦區」這一原始場景（primal scene）的種種「創傷」寓意逐漸彰顯出來而轉化為具有啟蒙價值的自我成長儀式：礦區的寂寥、山下瑞濱海灘的徘徊，岸岩小沙灣間的赤裸暴曬，深水裡的潛游，這些經驗在做為啟蒙儀式中主要引導者——智慧老人——的「洪瑞麟」事件的催化下，由量變而質變，洪瑞麟對樹葉華蓋的「凝視」，成為一個重要的刺點，而這些原本使他尤其所以令當時的「七等生」「反應延遲」的意味也值得加以深究。因為就如當時「七等生」坐在洪瑞麟和礦工們附近的石頭上所思考的問題一樣，那單純平常的景象於他有何深動的感觸，為何以種平易的語言向周圍的人講述喻象；他是誰？為何他能津津道出」？這一連串的問號不但凸顯了「七等生」斯時關懷的主要面向——即平凡的生活有何意義？為何要平凡的生活？如何以特殊的方式為平凡的生活建立意義？而且也——與七等生後來在創作中所關懷的自我認同、語言（文學）的社會功能與語言（文學）論述方式等面向發生扣連而產生新意。並分別發展出七等生特有的文學觀、對應世局的態度與文學表現手法。

三、「凝視」與「書寫」

　　回到原始場景——九份礦區，「山上是令男人疲倦和蒼白的礦區」（頁245），因為那裡是充滿機會、危險與死亡幽暗的陰陽交界地帶。沒有色彩，只有黑白兩色的生死無常。對充滿生之期待的年輕教師七等生而言，他幸而不是礦工，無需投入這種每天與死亡為鄰的生活。但他非常孤獨寂寞，因為他「沒有異性朋友，沒有什麼值得安慰我心靈的事物」，然而當他探尋水草，與游魚同伴，他仍然孤獨寂寞，因為「我很愚蠢，找不到方法將我獻出和迎取。」

---

[13]同前註，頁87～88。「概念性意象」一詞由鄭明娳所鑄，甚具啟發，以上分析亦主要摘自其說。

這一「被動等待」的孤獨的邊緣化情境使七等生的自我認同發生障礙，正如羅蘭·巴特所說的：「因等待而受苦的男性是極不可思議的女性化的」[14]，這一女性化（feminization）的男性主體只是社會的邊緣人，時時為疏離感所困擾。而且，這一疏離感使他雖然身在九份，卻等於「不在」，等於「流亡」，而不在又不等於「消失」，因而他在九份的和諧安全只成為一個虛幻的錯覺，因此「世界的表面平靜和美麗，但我的內心很不安寧」。

這種孤獨寂寞的疏離感如果扣上他童年中許多不幸經驗的片斷，正能凸顯這個階段作為其生命「內在危機時刻」的關鍵性，即一種貼近死亡、充滿游疑的不安，和九份礦工沉重的勞動正好共質同調，而那份沉重的陰暗共同形成了原始場景的「本質先在性」。他必須找尋一個出口，但他不知道出口何在。

然而那群蒼白的礦工中奇特的「說者」洪瑞麟啟發了他沉重生活中的一絲生機，這一生機來自一種與眾不同的觀物方式——對事象的「凝視」。當礦工畫家洪瑞麟眼望手對著從樹葉華蓋的隙間透出的一個一個閃亮的白光擺做出觀窺的姿態，然後發表一些他的觀察心得，先前礦工們那蒼白疲累的勞動者形象所意指的生活的不安與沉重不見了，剩下的只有一個一個閃亮的白光所喻示的輕盈意象，「凝視」因而扭轉了想像中的權力關係。正如拉康根據佛洛伊德在〈本能及其變化〉中發展出來的人際權力關係的解釋法「凝視」時提出的——欲望的對象藉雙眼加以控制，使之來去自如，進而彌補實際生活的欠缺。[15]重點並非來自被凝視對象的任何實質，而來自「凝視」本身對欲望主體的形上意義。

同樣地，經由「凝視」，七等生這一主體的欲望匱缺在層層轉折（置換）中得到巧妙的轉化，並得以滿足。「突然我意外地發覺我能思想，那是三月，我能知道我長期的禁錮與憂鬱，我像另有一對眼睛看到我過去的形

---

[14]見羅蘭·巴特著；汪耀進、武佩榮譯，《戀人絮語》（臺北：桂冠圖書公司，1996 年 11 月）「相思」章，頁 7。

[15]*The Four Fundamental concepts of Psycho-Analysis*, Jacques-Alain Miller. Trans. Alan Sheridan. New York: w.w.n & Company, 1978. pp.67–90。

體，他在時間的流動裡行走，我清楚地窺見到那行走的陰沉姿態。」這一天啓般神祕經驗的誕生並非偶然，只能歸給經過「洪瑞麟事件」的啓蒙及一個秋天冬天到春天的孕育，他的「自我凝視」終於真正扭轉了他女性化的主體地位，他化爲全知全能的神，清楚地窺見到他自己過去行走的陰沉姿態，進而發現了「自己的聲音」。而「書寫」正是這種「自我凝視」的產物。

　　同時，由於「書寫」作爲一種「自我凝視」的產物，必然再生產出其欲望——女性化的自我。藉書寫以「自我凝視」又成爲新的欲望形式。因而，洪瑞麟的凝視對七等生的啓發，便具有了雙重涵義：其一是「凝視」作爲自我治療的倫理性意義，產生了書寫。其二是「書寫」作爲「自我治療」欲望形式的病癥式意義，作用相當於「凝視」。因此，「書寫」不僅來自「凝視」，也成爲「凝視」的替換物本身。而「書寫自我」便成爲最佳的再生產方式。

　　在這種以「凝視」爲本質的書寫下，七等生開始文本化自我，塑造出一個揉雜了自卑與自傲、恐懼與顫慄、窺伺與羞辱的小人物掙扎向上的歷程，使其「自我書寫」「書寫自我」具有在自己的鏡像反射中縫接（suture）[16]發生障礙的自我的作用。

---

[16]「縫接」的概念醫學上原指「縫合傷口」，爲精神分析界所引用，後用於電影研究，說明電影如何將觀眾代入電影文本中縫接無間。主要指的是一種以主體的言說活動爲基礎的這種主體的產生，說明了某種結構的內在匱乏，但也說明其凝聚充實的可能性，將主體自我結構中的活動及象徵符號「縫入」其生產的意識形態與言說之中，而必須如此作的原因，正在能指與主體間的關係本質是不穩定的、虛幻的。理論部分散見 *The Four Fundamental Concepts of Psycho-Analysis*, Jacques-Alain Miller. Trans. Alan Sheridan. pp.67–90。這一縫接作用除作爲一種個人主體性建立的方式之外，也常成爲一個社會建立文化霸權的重要方式。參 Emesto Laciau & Chantal Mouffe 著；陳墇津譯，《文化霸權與社會主義的戰略》（臺北：遠流出版公司，1994 年）第三章「超越社會的肯定性：對抗性與文化霸權」。本處引用主要受胡錦媛〈書寫自我——《譚郎的書信》中的書信形式〉與趙彥寧〈面具與真實：論臺灣同志運動的「現身」問題〉二文之啓發，胡文原刊《中外文學》第 263 期（1994 年 4 月）。趙文原刊《中央研究院民族學研究所集刊》第 84 期（1997 年秋季號）。

四、書寫自我——自我與書寫形式

前面提過，〈我年輕的時候〉寫於 1978 年，即鄉土文學論戰戰火燃起後的隔年，在那兩年之中七等生的作品在文壇引起一番密集而熱烈的討論，有其文學場域中兩股文學作用力相抗衡的背景在，而有趣的是，前面所提他在〈我年輕的時候〉中所提對「洪瑞麟事件」的「觀感」，是被「壓抑」「遺漏」未寫出的。在〈我年輕的時候〉中那個 23 歲的七等生因為「洪瑞麟事件」而思考「單純平常的景象於他（洪瑞麟）有何深動的感觸，為何以種平易的語言向周圍的人講述喻象；他是誰？為何他能津津道出？」這一連串的問號究竟是作為 23 歲的真實的七等生所親身經歷的真實記憶印跡？還是 1978 年近 40 歲的七等生在文學創作終獲重視之後「詮釋的再現」？其實是頗耐人尋味的。

然而作為一種前所言的「對抗性的論述」，顯然，他是先以「平凡的書寫者」來自我定位的，當然這樣的定位是建立在他在 1978 年這一階段因前所謂的「如日中天」、「聲譽鵲起」而在文學場域擁有的某種「文學資本」的基礎上。他由「平凡的書寫者」（或曰個人主義者，以七等生的話是「隱遁者」）的自我定位出發，而聯想到當年的「洪瑞麟事件」所可能具有的啟蒙意義。藉以為自己一貫「書寫自我」方式與風格的存在理據，他說他的寫作是因苦悶而發，他的自我發生問題，他是為「不得不寫」而寫，這就是他成為「作家」的「第一步」。

然而有趣的邏輯正是，因為「書寫自我」成為或一直是七等生的表現方式，在「文本化自我」的過程中，如前所述，「凝視」原先作為自我治療的倫理性意義，產生了書寫，然而「書寫」也成為「凝視」的替換物本身，成為自我欲望的形式。因此，「我」必須不斷還原到受傷的原始場景——即一女性化的主體位置，以保障其「自我書寫／書寫自我」再生產的可能。由「凝視」到「書寫」的相互置換形成了這樣的無意識結構：被凝視

對象的任何實質不再重要[17]，重要的是「凝視／書寫」本身對欲望主體的形
上意義。因此，七等生小說中許多特殊的表現方式，或許都可以在此一理
據下一一被理解。

（一）抽象與重覆

　　過去讀者對七等生最不能理解的來自其小說作品「形式怪誕」、「文體
奇特」而且「晦澀難懂」。因為一般小說講究人物在時空中的行動與「擬
真」的效果；其次，就七等生經營最多的短篇小說類型而言，「場景」一般
較為集中；而每一篇小說一般也被視為一個獨立的宇宙，無論以什麼方式
開始—中間—結尾，情節的發展總有因果關係的合理鋪陳。在這方面七等
生作品呈現出十分怪誕的特色：一連串全稱式的地名：城市、樹林、小
鎮、眷屬區、沙河……，及怪異的人物命名：李龍弟、羅武格、賴哲森、
魯道夫、亞茲別、土給色，甚至 A、B……等，他們在小說中的行動往往缺
乏清晰的動機，但卻活動頻繁以致經常更換場景，而場景描寫多半模糊抽
象一如其名，人物「對白部分」也常常高度抽象化一如「描述部分」的進
行，人物不斷活動卻難以明朗索其因果，尤其作品中常突現一段自傳性十
足的斷片，卻看不出在全篇中的有機性。這些特質使他作品中無論人物或
場景都顯得夢幻不實，有如幻象。

　　然而，從「凝視」的觀物角度而言，小說中「時空隱晦」、「人物抽
象」的名物化方式，正在呈顯出情意的主體而非客體本身。因而作為「欲
望的替代物」，他的人物只是抒寫情意的載體，場景只是情意主體的欲望投
射，傳統小說「擬真」的動機並未完全被取消，但失去真實感的肌理，場
景的物質直接性被空洞化、空白化，放逐為想像的「它者」。

　　而，七等生作品中的人物雖然在視覺上和空間場景的描寫一樣抽象模

---

[17]不少論者如李元貞、胡錦媛等都曾批評七等生《譚郎的書信》是「以女性角色作為概念工具」、
　　「在浪漫布幔下遮蓋著男性沙文主義」，因為文中的女性幾乎未被描寫與著墨。但七等生的回答
　　也很有趣「如同一個人跪在神壇前向神傾訴，他當然只能流洩自己的獨白，又何能描繪神的形象
　　和回應呢？」，參徐淑卿〈七等生——彈奏一曲蒼邁的戀歌〉，《中國時報》，1997 年 10 月 2 日，
　　開卷版。

糊有如夢幻，卻並未失去閱讀上的鮮明度。場景，作爲一種情節人物進行的背景，其描述就如繪畫，大抹的抽象團塊比工筆素描誘使人忽視其物的質地。而人物描述，尤其對白，往往是小說戲劇張力的來源，反而容易因其抽象的歧異陌生感吸引閱讀主體。[18]尤其在有如大抹團塊、失去物質感的空間場景襯托下，人物的抒情寫意乃鋪陳出一特殊的感性空間，延展其抒情之流動。人物因此呈現出鮮明的立體感。

　　以下是七等生作品〈禪的學徒〉的開頭，可視爲七等生風格的一「典型片段」：

> 昨天是過去了。早晨他在天剛亮時就起床，他打開睡床旁邊的衣櫃，把一件冬季用的夾克取出來穿在身上。他走到廚房的水龍頭旁，潑水在臉上擦摸了幾下，再抬頭用毛巾拭乾面部上的水珠。他沒有再回到客室或臥室去，他打開廚房連接後院的那一道小門，走出去，再把門輕輕地掩上。
>
> 他偶然間來到了一處異境，眼前一座石砌的巨大城樓擋住他，<u>他似乎沒有其他的選擇</u>，舉目所望沒有一處方便的通道可以進城去。他把身體貼靠在石壁，用手掌和腳指的力量往上攀爬那面聳直的牆壁。<u>這是一個自己所最感顫怖和極力迴避而卻必須經歷的經驗了。</u>此時，他的謹慎含帶著對人生生涯的輕視，他的心胸既嘲諷又悲哀。<u>人在宿命的安排中總是低著頭承當，無力去反抗。一切都無能避免。</u>他攀爬到城的上端，<u>他恐懼的意識已到了高峰</u>，他掠過安全抵達後再平靜喘息的意願，因此他毫不容遲地雙臂緊緊環抱住頂上的一尊石柱。<u>他就在那緊抱的一刻體嘗著艱辛的快樂代價，他明瞭他的狼狽的外表，且對自己軟弱的體力產生敬重。</u>也就在這像是安全的時刻之中，他那懸吊在城牆的身體的重量，不可思議地使那一座石柱從底部斷裂，和他的身軀成為一體滾捲著落向城

---

[18]關於七等生小說的對話歧異功能，參筆者碩士論文《七等生文體研究》第五章，成功大學歷史語言研究所，1990 年 6 月。

下的地面。

——《隱遁者》，頁 185

　　在這兩段自成一情節單元的文字中，主角經過許多的行動：起床穿衣出門、被巨大城樓擋住、因無通路只好攀爬、到頂端後緊抱住一尊石柱、石柱斷裂滾落城下。但這些行動卻缺乏背後的動機，行動都是突爆式的，以致很難看出意指性。但即使人物動機模糊，其抒感說理（文字加線部分）仍使人物形象得以彰顯。

　　另外，他的作品中一再重覆出現一些自傳性濃厚的意象與形象，比如在〈放生鼠〉、〈隱遁者〉、〈跳出學園的圍牆〉（原名〈創廈的靈魂〉）中的跳上餐桌事件、〈大榕樹〉、〈慚愧〉中的不吃沙魚事件、〈父親的死〉、〈初見曙光〉、〈隱遁者〉、〈跳出學園的圍牆〉、〈沙河悲歌〉中敘述者與父親或主角與父親的關係等，這些意象與形象的重覆，就其「凝視」的書寫本質而言，等於不斷帶我們重回形成「七等生」「原始傷痕」更為原始的歷史現場，包括集體性社會對個人自由意志的壓制、愛欲的不滿與匱缺等，這些充滿高度自傳性的重覆片斷，一方面則保障了他的自我追尋，一方面代表他在象徵秩序的語言世界中的探索，雖然這一自我追尋是想像性的、充滿不穩定，但就像佛洛伊德對其幼孫在母親不在時透過對木線軸的一收一放及「來」「去」發聲的想像性控制，它彌補了幼孫的欲望匱缺，使母親因而得到象徵性的再現。[19]

　　這裡有必要說明一下的是，這其中與父親關係的不斷重現，刻畫的是其男性化形象的需求：早年因父親失業胃疾，自己被要求偷偷向任職醫院的藥劑師要胃藥而被發現，因而對父親產生卑視與屈辱感的父子關係，後因領悟到自己遭遇的不順，重新翻轉對父親的錯誤認知，七等生試圖透過書寫確定自我作為一「男性化」形象的要求與尊嚴；其次，不吃肉事件的

---

[19]參佛洛伊德著；楊韶剛譯，〈超越快樂原則〉第二章，《佛洛伊德文集》第四卷，頁 9～12。

重覆則來自其對「自身欲求著女性因而非女性化」理念的淬煉：他曾因不敢吃肉而有如一陽具匱缺的男人，不能保護心愛的母親，直至某天夜裡陪媽走過一陰森的大榕樹後終於敢吃肉，吃肉意味自己擁有的能力與權力。[20]在這兩則故事中七等生努力描繪出一個經歷啟悟、終於幡然成熟的自我形象。使過去自己的女性化痛苦形象得以扭轉。這兩個意象場景的「重覆」，說明其自我追尋難免蹈入傷痛與快感交替循環的漩渦之中。

經由以上分析，七等生書寫的意義因此顯現，正如他自言的：

> 我的寫作一步步揭開我內心黑暗的世界，將我內心積存的污穢，一次又一次地加以洗滌清除。[21]

書寫並不意味內心黑暗的洗滌盡淨，而是確認「內心黑暗」與「洗滌清除」的動力作用與結構關係。「一次又一次」的反覆則說明這種關係與作用的必然性與必要性。

（二）「窺視」與「獨白」

此外，「窺視」也成為另一塑造七等生自我形象的重要意象與手法之一。自我追尋既然純是透過「凝視物象—滿足匱缺」的作用形式而來，物象只是其「欲望的替代」。而外在物象本來就不只是作者主觀的投射。作為一客觀的存在，它終究有自身的運行邏輯，如果要保持純視物象為「欲望的替代」的觀物方式，除非完全不與人溝通，純粹自我凝視。「窺視」就是過度自我凝視的結果。

這一種溝通模式的「觀物方式」是，看者對被看者保持著適當的超然立場然而想像中又能介入，在語言溝通環境中，他代表的是聽話者的表裡不一，基本上屬於一種人際關係上自我矛盾的經驗樣態。

〈隱遁者〉一文具體表現出這一自我矛盾的人際經驗樣態。本文描寫

---

[20]參廖淑芳，〈七等生〈大榕樹〉中的啟悟主題〉，《光武學報》第 19 期（1994 年 5 月）。
[21]七等生，〈我年輕的時候〉，《散步去黑橋》，頁 252。

隱遁於沙河這岸的主角魯道夫「他遠離城鎮和人類，無疑是逃脫不自由的束縛」，因為城鎮在他眼中無異是群魔聚居之所。他隱遁於沙河這岸森林中的瀑布峽谷，具備著各種保持健康的方法。但經過時日的阻隔變遷，他發現自己與河對岸的現實完全脫節了：

　　首先，他發現現在的沙河「已非往日魯道夫記憶中水淺易涉的河流。新的城鎮也無可避免地替代了舊有的陋村」（《隱遁者》，頁 12）。而他猜測河邊築起了石堤必然因為對岸曾有洪水氾濫，這時他不免有遺憾，因為「新的城鎮沒有半點他的功勞在裡面」（《隱遁者》，頁 12），而且魯道夫清楚知道原來河水並未阻隔他，而是他自己選擇隱遁。所以他也「為自己的逃避而卑視自己」（《隱遁者》，頁 12）。

　　魯道夫試圖與城鎮再度接觸的方式是借用望遠鏡。文中雖然描寫魯道夫幾次透過望遠鏡都無法看到城鎮的事物，最後用木筏渡河，也為急流所擋，大自然改變使隱遁者失去了回城的途徑。但我們可以想見魯道夫會繼續以望遠鏡接續他與城鎮的關係。因為如此它既保障了魯道夫對城鎮人群的關懷，也不致失去自己的存在。

　　但本文的「怪誕」之處在，文中以第三人稱方式刻畫魯道夫的隱遁根由及無緣重回城鎮後，接下來他是以抒情的第一人稱「我」展開與「雀斑姑娘」的書信對白，以抒寫昔日他與「雀斑姑娘」的往來。原來魯道夫之前透過望遠鏡所關心與窺視的主要對象，只具體落在他的「雀斑姑娘」身上，並沒有城鎮中的其他人，而且他進而要求雀斑姑娘「絕對地聽命於我，讓我做『一臣之王』來指揮妳。妳不要去接近任何向妳求婚的男人，保持妳的本意的態度，等待我。」（《隱遁者》，頁 50），然而最後雀斑姑娘終究棄他而去，「當愛情已在這個人類的世界出賣給政治、商業和金錢等一切卑污手段的時候，我是被棄的男人……現在我必須像古代的農夫一樣好好地耕耘自己的土地，並且堅嗇地守住剩下的一切。」（《隱遁者》，頁 60）於是透過「望遠鏡」這一媒介來「窺視」，不只為自求保全，而且為避免羞辱，魯道夫此一極端自卑／自傲的脆弱男性形象，終究難以向第三者

的「他」（人群）作開展。在這種兩性關係的緊張關係下，〈隱遁者〉的戲劇對白成了作者七等生個人的真正獨白。

蔡英俊在〈窺伺與羞辱──論七等生小說中的兩性關係〉一文，透過「窺伺」與「羞辱」，曾清晰地論述七等生筆下人物如何呈現出緊張對峙的兩性關係。爲保護他們的脆弱或「自由」與「獨立」，他們以「窺視」來自我防衛，來保障自己的勝利，或成爲一象牙塔中的主宰者。[22]

這篇文評對作爲作家七等生的道德立場無疑是譴責的。因爲此一「自絕於人」、「自封爲王」的形象雖然保障了七等生作爲一個小說家利比多的心理層面，卻不能保障他的社會層面，也就是說這種倫理學認識論的「獨白體」從來就不是能自我俱足的。但做爲自我形象化身的男性，此一書寫卻有其必要性。包括〈來到小鎮的亞茲別〉中的亞茲別，「是一個改變中的男人，有著由壓迫的自卑中轉換爲驕傲自大的性格」、及〈隱遁者〉中的魯道夫，「他遠離城鎮和人類，無疑是逃脫不自由的束縛」等，他們都是被邊緣化、女性化的男性主體。這一恆常不變的男性形象其實只是〈我年輕的時候〉中刻畫的七等生年輕時期開始的又一變身。

然而從許多負面文評及七等生的答辯，都可以具體看出這種不穩定引起的焦慮不安，他不僅來自作者，也來自讀者。由於自我主體的難以窮究、不斷後退，自我是永遠抓不到、穩定不來的，結果七等生和讀者愈是認真答辯，有時反愈顯得意旨模糊、自相矛盾，而引起更多的自我質疑與自我答辯，這也因此交織成繁富多貌的另一關於「七等生現象」的「七等生評論現象」。

由此，我們可以踏入七等生創作所開展出來的「獨白體」特質。這一「獨白體」既是他大部分作品的形式，也是他的內容。以前面〈隱遁者〉中魯道夫與雀斑姑娘「書信對白」爲例。說兩人是「書信對白」是因爲「書信體」形式原本預設了寫信者的「我」及受信者的「他（她）」，「收信

---

[22] 原刊《文星雜誌》第 114 期（1987 年 12 月），收入張恆豪編，《認識七等生》，頁 101～115。

人對於書信作者所使用的字詞與呈現訊息的方法都有決定性的影響，而這種影響是詮釋書信溝通時所必須予以考慮的。每一封信，的確，都包含了『對方所反應的話語』[23]，但這些信中的「對白」卻只是「獨白」，因為「雀斑姑娘」始終徘徊在虛與實之間，從未現身。她的編織、善良、被責備的悲傷、向世俗靠近等行動或人格的反應等，到最後經由魯道夫自述，「變成只是我自造的夢幻，包括你的人格都是我自己向我自己假造的」。「變成」一詞，保留了現實的「原在」，但文中完全未現身的人物行動使「變成」一詞所指涉的「原在」成為令人懷疑的虛空。於是〈隱遁者〉成為真正的「隱遁者」。

　　七等生就以這徘徊在虛與實之間的游移性爭取他的自我文本化書寫的自由。儘管意義可能終不可究，但環繞整個七等生的「獨白體」自我書寫，是一種把自我文本化，及把文本女性化的過程，就其自我而言則是借書寫以自我治療；對讀者而言，每一個文本中都隱含著另一文本，其互文性雖然可能使結果開向空無，卻也可能讓讀者感受「生命的你也會遇到的普遍事實」。[24]

　　以故，我們的確可以代他答覆：他原本只求自我安頓、自我證成，我們為什麼不能接納一個隱遁者無傷的自我獨白？

五、原始的召喚與永恆的青春

　　「已經退役半年的透西晚上八點鐘來到我的屋宇時我和音樂家正靠在燈下的小木方桌玩撲克。」這是我的第一篇作品〈失業、撲克、炸魷魚〉的第一句話，長而沒有停頓的標點，一口氣說出來。在這句話裡，已經完全顯示我的個自思想的條理，清楚地描述我的世界的現象，以及呈現

---

[23]胡錦媛，〈書寫自我──《譚郎的書信》中的書信形式〉，《中外文學》第 22 卷第 11 期（1994 年 4 月）。
[24]七等生，〈致愛書簡〉，《我愛黑眼珠》（臺北：遠行出版社，1976 年 3 月），頁 64。

出語言結構的秩序。我的語言並不依循一般約定成俗的規則；它是代表我的運思所產生的世界的形象，由形象的需要所排列成的順序，它並不含糊混沌，而是解析般清楚的陳列，就像自然所需要呈現的諸種形象。……它隨著我思想的方向紛紛跳躍出來，不是我刻意學習的結果，而是我的性情的自然流露。

所以當我寫出第一句話後，當我踏出寫作的第一步後，我從不因我沒有在學園的薰陶下受到栽培而感到惶恐，也沒有因我未曾受過良師的指引而感到憂慮，更沒有因沒有志同道合的寫作友伴而裹足不前。我是為了非要不可的欲意而寫作，所以我純為我掌握的理念寫作。

——〈我年輕的時候〉，《散步去黑橋》，頁 247～248

這是七等生在〈我年輕的時候〉為自己被稱為「小兒麻痺」的文體辯駁的著名說詞，他強調如果他是「小兒麻痺」，那也是「天生自然」，因而當他透過自我凝視發出第一句自我創造的話語時，他發現自己有如萬能的神，觀窺了造化。不論真實的七等生是否真的如此有信心，1978 年〈我年輕的時候〉文中鋪陳的啟蒙儀式與原始場景，提示了此一「寫出第一句話」、「踏出寫作第一步」的原始力量之強大，足以對抗時間的橫逆、歷史的詭譎。它來自自我，所以七等生凝視自我，它來自自然，所以七等生堅持「自然」。這當中無以索解的當然就是造化的奧祕了。但在觀望礦工畫家洪瑞麟的剎那，他將外在事象吞嚥內化，並替代以投射出來的幻象，那鄰近創作冥昧將生時刻的智慧胎孕，最接近語言的原點，接近造化。因此，在狂喜的壓抑中，他只能靜默，以等待另一種語言的來臨。這就是 1978 年七等生之寫青年小說家「七等生」的誕生，及誕生前透過洪瑞麟偷窺造化的必要延遲。

而在以「凝視」為本質的自我書寫中，七等生作品價值的不穩定也是可以理解的，相信在可見的未來，七等生作品的價值仍將充滿爭議，這可以從 20 世紀末的兩大票選事件中看出，在 1999 年 3 月由聯合副刊、文建

會所舉辦「臺灣文學經典」研討會中，七等生《我愛黑眼珠》獲選為十本臺灣小說經典之一，而隨後另一份「20 世紀中文小說一百強」選拔中，其作品則悉數被剔除。[25]但在這流動不居的歷史中，在寫作愈來愈顯得只能是一種「認真的遊戲」的時代，七等生的寫作也許還提示了我們另一層意義：「寫作」究竟是在為流動不定的外在價值或為自我的安頓而寫？由此看來，七等生的寫作何嘗不是一則不斷折衝於擾攘喧嘩的現實與虛幻間，徐圖反攻的一則「書寫政治」史，藉原始場景召喚出一位永不褪去青春的「青年小說家」。

備註

本文曾以〈青春啟蒙與原始場景——論「青年」小說家的誕生〉為題，口頭宣讀於 1998 年 10 月 31 日～11 月 1 日由文訊雜誌社主辦之「第三屆青年文學會議」，後經局部大幅刪修，改以〈青春啟蒙與原始場景——論「青年」小說家七等生的誕生〉為題刊登，謹向曾於會議中參與講評並提供寶貴意見之蕭義玲教授致謝。

——選自《光武通識學報》創刊號，2004 年 3 月

---

[25]「臺灣文學經典」共票選出詩、散文、小說、戲劇及評論等作品 30 本，其中小說十本，評選方式為先由王德威、何寄澎、李瑞騰、向陽、彭小妍、鍾明德、蘇偉貞等中生代學者專家提出 150 本參考書單，經 67 位在各大專院校教授現代文學的專家學者票選 54 本，再經原七位委員決選 30 本；另「20 世紀中文小說一百強」是由《亞洲週刊》邀請 14 位學者專家，包括中國大陸的余秋雨、王蒙、王曉明、劉再復、謝冕，香港的劉以鬯、黃繼持、黃子平，臺灣的南方朔、施淑，北美的鄭樹森、王德威，馬來西亞的潘雨桐，新加坡的黃孟文等，共同選出 20 世紀全球華人小說一百強，其中臺灣小說部分，王禎和《嫁妝一牛車》、王文興《家變》等皆同時入選。

意識流與語言流
內省小說的宗教反思（節錄）

◎周芬伶*

七等生小說中的隱遁者

　　七等生的小說中最常出現的是苦思冥想的隱遁者，他帶有濃厚的心靈自畫像，如詹生、武雄、杜黑、亞茲別、土給色、賴哲森、羅武格、李龍第、余索、蘇君、魯道夫等，有的時候他是一分為二，如他同時是李龍第也是亞茲別，前者是帶有現實色彩的本土人物，後者是帶有西方色彩的漂泊者，這裡可以看出他心靈的分裂，一邊是西化的詹生、亞茲別、魯道夫；一邊是本土的武雄、土給色、李龍第、賴哲森、蘇君……，這些隱遁者是耽於孤獨，非神即獸的人物，為追求天啟的神祕喜悅而流浪，如〈環虛〉中的我：

> 我的確是常有一種幾近膜拜神明的虔誠心態；在人群中，我感覺不到自己，經常我會遠離塵囂獨行至人跡罕見山巔，尤其在夜裡，在漫天漫地的漆黑中，那漆黑卻透著些許細碎的星光，我便在這沒有人聲的黑暗裡擁抱著天地，擁抱著我自己。……我可以在靜夜中感到自身生命的逐次擴張、延展乃至於無限……而有時，動與靜的極端感受卻幾乎是同時出現，我便在這無意間觸探了神的祕密般地萬分惶恐而又感激、滿足……。

*發表文章時為東海大學中國文學系副教授，現為東海大學中國文學系教授。

——《譚郎的書信》，頁 181

這篇改寫蘇永安的求道故事，相當於七等生的「內心的呼求」，他具有狂熱的宗教情懷，卻不願皈依任何宗教，因爲「自由」對於一個漫遊者更爲重要，怪不得他會與奧修同聲相應，奧修是宗教的改革者與反叛者，反對宗教的一切形式，只相信愛與自由，然奧修還是修道者，七等生只是求道者，「我只是一個孤獨飄泊的遊魂，從未有來處或歸處；永遠在探、尋覓，直至心灰、情滅、魂消。」在追尋的途中，女神般的愛人扮演著重要的角色，這女人有時是女神有時是神女，如同〈我愛黑眼珠〉中的晴子和妓女，〈給戴安娜女神〉中的戴安娜，〈思慕微微〉、〈一紙相思〉中的妳，妻子、女神、神女融合爲一，她是男人靈魂的天使：

> 但是我相信，我只是被林美幸一個人迷住，你只注視著她的影子，不讓她離開你的眼睛。你深吸了一口氣，在嘴巴裡發著悶音，歌唱〈我的太陽〉。她的少婦影子，使你完全忘掉了疲勞和飢餓，甚至忘掉貧窮和一切不幸……你已把她奉爲宗教的希望；只有她能撫癒你的傷痕。你說不出多麼愛她：你也說不出多麼看輕自己。

——《離城記》，頁 239

在追求神聖的過程，遇見類似天使或使徒般的人物，爲他們作出徒然的付出，如〈幻象〉老柯遇見手臂和雙腿布滿癩瘡的俊美孩子道勳，他用肥皂水洗淨他的髒污，神之爲神聖的服務，因爲「真正的愛是有明確的對象，必須找到一個，然後再找到另一個，一個一個逐一的去施給」，然這樣的行爲總是障礙重重，那孩子和父親和白癡叔叔生活在一起似乎過得不錯，並不需要他，老柯傷心地病倒，不知爲自己或誰哭泣，當他有機會再碰到那孩子，「他知道其中的一條可通達他們的所在，可是他又改變主意由另一條走開了」。

未完成的任務，或突然放棄，使這些尋道者變成不完全的英雄人物或人生的敗北者；〈垃圾〉中的主角滿懷理想，自願爲東埔鎮設計焚化爐，以解決垃圾問題，但鎮民卻想開車撞死他，鎮長也不任用他，最後下了幾天傾盆大雨，亂倒垃圾的惡果顯現，「我」也莫可奈何。

作者藉著不完整與不完全來解釋生命的本質，如同〈離城記〉的副標題「不完整就是我的本質」，這是一篇自我心靈的自剖像，小說的主角詹生遊走在高漢、葉立與李在平之間，這三個人代表他內在的三個自我，它們並不與佛洛伊德的人格理論本我、自我、超我相對應，葉立代表愛欲，李在平代表逃避，高漢代表超越，這都是作者心靈最重要的成分。葉立在小說中是私生子，他跟家族沒有血統關係，但他的存在使家族瀰漫愛的氣氛：「雙方之間形成一種互爲需要的愛，看起來這種愛是危險的，可是相反的沒有比這種愛更堅固了，他們像兩個可望而不可及的事物在互相吸引，永遠保持牽引的力量而不貼切合成一體。」然葉立還是出走了，因爲這種愛只能存乎理想，且不相互占有；而李在平是反現實的人物：「他的性格不屬於臺上那些角色，他不屬於古典戲劇。」亦即他不受傳統規範束縛，甚且是不存在的人物，「戲開演了，他便成爲一個不存在的人」，而高漢到底是何物，書中並沒說清楚，只有不斷的辯詰；「自然物與超自然物之中都沒有他的地位存在，那麼他要算是何種物事呢？當我們的思索把自己逼近於絕境的時候，我們才算是開始要對他產生一個最初的認識」，可以說那是生命的本質，也就是「存在」。

詹生尋找這三個人物，始終沒有見著，最後詹生終於要離城了，惠蘭小姐問他是誰，他說：

> 一個時間的幻影，惠蘭小姐，我不是一個實在的軀體；一個不可仰賴的朋友。當我一無職責時，在這個城市就不能構成存在的概念。
>
> ——《離城記》，頁73

人越是尋找自己的存有，越感到虛幻不實，最終人只是不完整的存有，作不完全之追尋，這是作者在存在主義的思想下寫過非典型存在的小說。然存在主義講的不只是「存在」或「不存在」，也講「選擇」與「責任」，人領悟到生命終究是一場空，於是他選擇自己要走的路，並挑負起所有的責任。七等生的存在主義只講了半套，也就是「不負責」也「不選擇」，這當然也是一種選擇，是嬉皮式的放浪形骸，然他又不全然放浪形骸，有時是自我放縱，有時是自我鍛鍊，在兩者之間拉扯。

等待神祇

閱讀七等生小說是個奇特的經驗，他的作品短小得如一幅速寫，中篇扎實，長篇舒緩，且重複的情節與主題甚多，像迴旋曲，轉到別處又轉回原點，連題目也常雷同，如有〈離城記〉又有〈城之迷〉，有〈沙河悲歌〉又有〈重回沙河〉，有〈一紙相思〉又有〈思慕微微〉，有關他文學的象徵與美學手法討論甚多，在這裡只提出他的宗教意識與心靈景象。較早提到他的宗教意識的是澳洲學者凱文巴略特〈七等生早期短篇小說中的哲學神學與文學理論〉，他提到〈我愛黑眼珠〉的「神學與哲學的糾葛」，李龍第本是存在主義式的人物，他對人群充滿厭惡，然而一場洪水令他頓悟，展現他自身擁有的神性：

> 他將個人的存在哲學與神性的忠實行為結合在一起。如同他提醒我們，聖芳濟被迫切需要他的痲瘋病者扣住了心弦，竭力付出了自己的生命潛能，他也給予李龍第同樣崇高的地位。[1]

七等生的小說追求這種富於神性的人物，除了李龍第，目孔赤、聖・月

---

[1] 凱文・巴略特著；青春譯，〈七等生早期短篇小說中的哲學、神學與文學理論〉，張恆豪編，《認識七等生》（苗栗：苗栗縣立文化中心，1993 年），頁 98。原載《臺灣文藝》第 96 期（1985 年 9 月）。

芬、還有〈離城記〉中的高漢：「那麼他是一個神，一個超自然物嗎？」他
小說中的神性人物分為三種：一是看不見的超自然物如高漢、白馬「傳說
昔日有一隻白馬由山上奔馳下來，人們尾隨牠來到這塊土地。人們於是在
這裡開墾，使一切富饒起來」，在這裡白馬是富饒的象徵，也是生命的展
現，更是聖潔靈魂的化身，相對於墮落異化的唐倩；一是做為受難者的瘋
子，如聖‧月芬，「為人類歷史承當苦難的角色，卻為人漠視和冷落。只受
到我們無限感激和記憶。我們相信會在未來改善我們的生活世界，這恩澤
無疑來自聖‧月芬所扮的瘋癲行為，她以她的來完成我們清醒的知覺」；另
一是神人一體的混合物如〈虔誠之日〉在教堂遇見的神：

> 他相貌平凡和粗糙，並非一般狂烈者所宣傳的那種修飾過的漂亮和浮傲
> 的神態，他的衣著簡陋沾有塵土而非秀緻和潔淨，他是個削瘦有臂力的
> 工人而非文弱的書生。他把守在那裡看來是為了嘲諷和維護，彷彿一位
> 小丑守在野獸的檻門。
>
> ——《僵局》，頁10

或者是神魔一體的神，如〈目孔赤〉中東方的耶穌基督「他有一個凡身，
卻是另一種超然的存在」「（這個人物）有高貴如帝王般的長型眼睛，優美
地落在寬大的頭額下」「（他）有永恆般的微笑」「他的臉近乎神聖而毫無人
世歷練的形跡」、「他的容顏象徵天庭」；然而這個神有一天突然改變：

> 忽然在我的行進間，空曠明亮的天宇陰暗了，……我遽然止步，心中充
> 滿著衝擊而來的遲疑和惶悚。我回轉身軀，抬頭注視約有百公尺的石泥
> 橋……其中一位穿著簑衣和紅褲的正是他……。感覺從多麼怪異的妖魔
> 臉上，有兩道光芒穿過密集的雨林投射過來，使我震顫和憤懣，我一時
> 像被那電光擊中，突然喪失神志般僵住了。

他對聖者與上帝的狂熱描寫，因他認為神性的追求是必要的，人是如此不完整，上帝代表的即是「完整」，因此他在 1979 年完成的《耶穌的藝術》一書中，指出要使耶穌的教誨更加完整，復活一說絕對有必要存在：

> 如果你們直截了當地問我一句話，說，耶穌復活是真的嗎？我會說，沒有那一回事；但如果我是撰寫這部福音的人，我依然要安排他復活，問題不在是真是假，是在於所說的事情是否有意義；有了這層重要意義，耶穌復活了。[2]

七等生常自言自己是病人，然擁有高度的宗教情懷，他透過閱讀《聖經》，重新詮釋《聖經》，然他的意圖是融合感性與理性，錘鍊自己的靈魂，為了完成這個大工程，他透過十幾萬字的書寫，以基督的生命，將他從神的位置拉下來，對應凡人的奮鬥與挫折，並將小我自憐自傷的情緒提升到忘我的境界。我們不敢說他完成錘鍊靈魂的工程，但可以看出他受《聖經》的影響，創造出許多具有神聖品質的流浪者，他們特異而孤獨，為了一理想奮鬥不懈，他更強調鄰人之愛，陌生人之愛，這些愛在他看來才是神聖之愛；他受《聖經》的影響，還有詩意的語言，與坦誠清晰的思想，如他在書中所說：「我活著只有一條天律，勤勞工作和保持自身的健康，時時具有清明的理智，而不被幻象所迷惑，而能聚精會神來追求真理。」

　　然而七等生是藝術家並非宗教家，他對《聖經》除了聖義的感動，最多的還是文學的感動，他認為《聖經》以約簡呈現多樣的內容，具有直述的優美，因此它更體認高貴的文章，必須顯露其清晰的輪廓，讓人感到親切，而充滿欣悅心情。這也許是他改變早期朦朧的冷調子，而變為清晰的熱調子，尤其是書信體的寫作的重要原因。

---

[2]七等生，《耶穌的藝術》（臺北：洪範書店，1979 年），頁 181。

祈求愛與自由——超意識

　　七等生的書信體小說，大多是情書與手札的混合體，他以極謙卑的態度對他的女神傾訴，如 1985 年出版《譚郎的書信》副標題爲「獻給戴安娜女神」，作者神化愛戀的對象，是賦予愛情至高無上的地位，愛即是他的信仰，也是人世唯一的救贖。透過個人的體驗，聯結人類廣大的共同經驗，作者從孤絕中突圍而出，由人世的隱遁者成爲愛的修行者，在愛中雕塑心靈直至完美，一顆正在愛的心，最後是不在意對象的，不管是什麼樣的女神，最後都化爲夢幻泡影。在這裡他肯定創作的價值，「它是一種補償作用，它與痛苦的來源形成因果，沒有它，無人能感到所謂幸福。」（頁38）這本書亦是以愛與心靈爲藝術的雕塑品，書寫本身是冥想與雕塑的工作，而且在孤獨中完成，書寫的對象與其說是女性，不如說是靈性或藝術之神，這是藝術家與靈感女神的對話，因此他說：

> 我現在寫信給你，同樣是應合我身爲自許的藝術家的行爲；我認爲一個藝術家並不意味著只在表面上去作創作的事，更重要的是品德的高潔與自愛，就是不事創作作品亦無妨。我記得我們曾談到克羅齊的美學精義，我們都表贊同他主張的內在藝品的存在，這內在藝品是指心靈的創見，與外在的技術是不同的範疇，但它的來源是生活中所表現的高潔裡，從那裡提出純淨的思想。我所效法的就是這種事，你應該明瞭才對。

> ——《譚郎的書信》，頁 174

他透過較自由的書信體，照見心靈，並把心靈鍛鍊成內在藝品，遵照的是克羅齊的美學主張，克羅齊想要確立一種藝術創作和欣賞上所要共同遵守的美學立場——直覺，所以有人把他的美學稱爲直覺的表現主義美學。直覺的基本立場不外乎是內心世界對外的表現，所以直覺就是表現；直覺首

先表現出來的不是一種理性、不是一種概念作用，而是人的感官功能直接作用在外在事物所獲得的結果方式，不限五官包含心靈的感覺功能。

　　藝術家如果能憑他的直覺來創作，雖然不能直接了解他的直覺是什麼，卻可從他表現的一切結果去看出他的直覺內容是什麼，簡單的講就是心靈的創造力，所以直覺就是心靈創造具體形象思維的活動，它不是物理現象，而是一種自我的實現。[3]

　　也就是說，這本書是「直覺」的產物，也是「表現」的結果，書信展開藝術家的心靈裡層，它混亂晦暗，具有上下求索的特質：

> 雖然我寫的是自己，卻像有一個代筆者在那裡觀察和操作，像是探索著一個迷宮，闖東闖西，有一點哲學體系的迷亂，傳達的訊息隱喻在某些晦暗之處，必須靠讀者的機敏和不懈怠的探尋。所以你的信可以給我直接的感受，毫無偏差，但我給你的是一種苦思、一種懷疑精神，一點詭密的遊戲，一些感覺的悲愁。甚至是一種罪過的痛苦加於你的身上。這就是我整個文學的特性，在真理的假象與真貌之間徘徊留戀的狀態，有如幽魂本質的慈善和它形貌的恐怖。

　　　　　　　　　　　　　　　　　　　　　　　　　　──頁 178

作者的哲思是從克羅齊美學出發，卻有盧梭與歌德浪漫主義式的狂飆熱情與靈魂的自覺，在這時他還是受基督教思想的影響較大，書中每每援引《聖經》，並闡明經義。如讀〈使徒行傳〉，他認為以色列民族的悲劇已成過去，當今的人類不當再鼓吹國族愛，而應追求「愛」與「和平」的人類愛，「如果將聖靈如在聖經中給使徒的一樣給我們，那麼這個使命是一項新的任務」，這個任務即是愛外邦人，愛全人類。他提出的理想是如此高遠，然也說出他思想的核心。後來他轉入奧修與新時代思維，是為廢除宗教的

---

[3] 克羅齊（Benedetto Croce）著；正中書局重譯，《美學原理》（臺北：正中書局，1982 年），頁 1～12。

形式，談的仍是「愛」與「和平」，這個呼聲也是 1970 年代嬉皮的口號，奧修看來也是融會東西的大嬉皮。

　　書信雖由九封信構成，事實上每一封又由標有日期的札記組成，由 8 月 2 日開始到隔年 4 月 24 日，時間連續少有間斷，青春美麗的「戴安娜女神」在異國讀書，主角則每日與現實搏鬥，苦悶的工作，與沒有愛的妻子，令他逃遁到海邊浴場，並視這裡為聖地。因為它「使我回返赤裸的生命自然，有如你是我渴慕嚮往擁抱的愛人。」在這裡聖地、海洋、愛人（anima）、故鄉（沙河）四者合一，當樂園與女性潛傾〈anima〉藉由書寫，它完形而成容格所謂的「曼陀羅」或「金花」[4]，故在他完成一首自覺完滿的詩，並敘述自己的形象之後，也是戀情結束之時：

> 突然我的心靈招喊著
> 要我向一個鵠的走去
> 秋日的陽光高耀如火輪
> 寂寥而偏僻的灰色小路
> ……
> 於是我悄悄地進入木麻黃樹林
> 僅僅是一片寧謐就是我的聖地
> 我站在沙丘的柔軟高頂肅立凝注
> 那聲音在白波的發生和幻滅間形成

——頁 226～227

這裡面如火輪般的太陽，可視為「金花」或「曼陀羅」原型，為自我完成之象徵，木麻黃樹林為「樂園」原型，是天堂的象徵，站在高頂上為「超越」的境界描寫。作者也一再被這樣的詩感動，從中感悟「我已撐握住我

---

[4] Frieda Fordham 著；陳大中譯，《容格心理學》（臺北：結構群書店，1990 年），頁 85～88。

的心靈與生活的世界，我已習慣（或樂意）於這樣地存活著，自陶與自讚，且自存著領悟和懷抱希望，不論他人如何批評，我能夠自定價值，你想，我還能希求什麼？因爲我已經自足了。」（頁 227），因此本書自我的求索與完成是真，男女愛戀只是假借，一切化爲煙雲。

1996 年七等生發表〈思慕微微〉，1997 年發表〈一紙相思〉，同年出版《思慕微微》，裡面包含「情書二題，小說二則，筆記三出」[5]，因爲是「雜集」，更能看出作者中晚年的思想。情書二題延續《譚郎的書信》的情書書寫，是作者對一女子的靈性愛慕，這次的傾訴對象是「菱仙」，跟《譚郎的書信》中的戴安娜女神一樣，她是富於靈性，卻常造成作者的不幸與痛苦，他寫下這痛苦的歷程，並常引用奧修的話「沒有經歷、經歷、再經歷而超越是得不到智慧的。」（頁 3），視愛情的苦難是一種經歷與超越，他認爲奧修的思想「與我一生的學習和生活有不謀而合之處」；在這裡他更大膽地描寫性愛的過程，對女子「神聖密處」與各種姿態的描寫，極力捕捉這奧修式的「死亡的愛戀」：

> 我希望我們擁有的是死亡的愛戀，有如奧修所說的，沒有過去沒有未來，只有現在，而這所謂的現在是真空的，是一種死亡和永恆。平日我們的清醒意識是爲了事業工作和存活，我們辛勤地累積這一些存活資本是爲了永恆的忘我，愛戀就是永恆的忘我和死亡，我們是多麼心甘情願去幻滅，因爲我們是經由愛戀這條途徑去走到存活的盡頭，只有愛戀才使得我們不反悔，也唯有愛戀才能使心靈昇華。
>
> ——頁 11

作者的愛能不因年齡而衰減，反而更爲純粹，爆烈，他並把愛情區分爲愛與情兩個範疇：愛是報復與熱望，情是被履行的事實；愛沒有時空的限

---

[5] 七等生，〈序〉，《思慕微微》（臺北：臺灣商務印書館，1997 年），書前頁。

制，情則有時空性；愛是與生俱來的，情則是個別性的。每個人的愛情有
甜蜜有痛苦，然愛情的存在要靠反省，它是一種記憶，經由心靈的考察和
身體的經歷，愛情才能至死不渝，忠誠到底。因此作者透過記憶、反省、
書寫去確定愛情的存在，然真正的愛情（愛人）會不會因此逃逸呢？一切
的記憶、反省、書寫是單向且封閉的，就如同作者所說「這種反省和自白
正說明愛情的奇幻和自由性質，不應受任何的觀念的約束，也只有自由可
以包容愛情的存在。」愛（性）與自由正是奧修對性愛的主張，在《從性
到超意識》一書中，奧修認為沒有一個人真正愛一個人，直到自燃的性被
無保留地接受，否則不會有真愛，在這之前，沒有人能愛任何人。因此要
得到真正的愛，必須結束對性的敵意。因為性是神聖的，人類在性交時窺
見三摩地（意指超意識的境界），它是「無自我性」與「無時間性的」，因
此必須了解性才能達到無欲，必須了解性才能免於它的枷鎖、才能超越
它。[6]

> 據我猜測，人類第一次明顯地窺見三摩地是在性交的經驗當中（譯註：
> 「三摩地」是梵文，它的意思是指超意識的境界）。唯有在性交的時刻，
> 人們才了解到，感受如此深刻的愛、經驗如此鮮明的喜樂是可能的。那
> 些在正確的思想架構之下去靜心冥想性和性交的現象的人，他們達到一
> 個結論；在性高潮的時刻，頭腦空空的沒有思想，在那個片刻，所有的
> 思想都被排開，這個頭腦的空或真空、這個思想的凍結，是神聖的喜悅
> 湧現的原因。[7]

也因受奧修的性與超意識影響，這篇小說出現前所未有的熱烈性交場面，
並把愛的心視為高於一切：「心是一個藝術品，我們活著就是做為一個造心
的匠人」、「在我的思考裡，單單愛什麼樣的人不是頂重要，而是培養愛人

---

[6]奧修（OSHO），《從性到超意識》（臺北：奧修出版社，1988 年），頁 84～85。
[7]同前註，頁 38。

的心靈」，所以愛的對象始終在可望不可及的遠方，不是在菲律賓，就在新莊，愛的語言有時幼稚如初戀的少年；有時謙卑如無助老人；有時又嚴肅如老師，訴說著生命與心靈的奧妙，形而上的討論遠多於情慾的描寫。如果說〈思慕微微〉偏於肉體之愛的描寫；〈一紙相思〉則為性靈之愛的描寫，他說明心靈的發現與形成，每個人各有面目，然客觀地觀察，人又是大同小異的，他訴說自己的生命成長，起初只存在「功能的學習」，以一外在形式為雛形，通常存在於藝術形式中，從中獲得一種訊息或指引，同時感知自己心靈的存在，並形構自己心靈的樣貌，辨別出自己的心靈品質：

> 當我在那時看過《雙城記》這部片子，我的淚把我的愛難心靈洗明了出來，透過這個感動手續，認同著類似的同質心靈。這個認知使我開始憐憫自己同時憐憫受苦的人，這樣做雖然只能過著卑微的生活，卻無愧於這個安慰自己的心。我開始退讓，遠離那些可能為了爭勝而誹謗我的人，以及可能有的不義的批評。我發現心靈是個思維世界，越退讓越覺寬闊，甚至覺得獲得自己的心靈的支持，比獲得名利更加穩當和慰藉，這是個不必去宣揚和引人注意的思想，更不足以鼓舞別人，因為這是屬於個人自己的認知和命運，像這樣的心不會觸犯人間的律法，不會破壞人與人之間的關係，甚至可以去愛人而不必索求回報。

> ——〈一紙相思〉，《思慕微微》，頁 61～62

這裡簡要地說明，他如何從他人的作品中找到自憐憐人的心靈特質，而成為自甘退讓的隱遁者，更進一步愛人而不求回報。作者所悟得的愛是退讓而不求回報的。然這種愛也非聖人之愛，因為聖人愛眾生，它只是卑屈的示愛個人，就像一朵長在荒地上的花，自知生命有限，堅持單純地愛著。

　　文中以琵琶樂曲為主軸，以馬勒的〈大地之歌〉為結，將愛情與音樂形成一互文，「乞我君伊有一封書信，來於亦免得阮朝思暮想，阮今冥日只處思量，愛卜見見君，阮今無於因由……」這些傾訴相思的詞句，含糊的

字意更能說明朦朧的情意。整段的工尺譜像天書一般，說出情意之無限與難以表達，作者從他人的作品中照見自己的心靈特質，也在愛中照見愛之曲折難尋。此愛非一般，乃是與死亡鄰接的愛，如同馬勒的歌曲「哦，美麗！哦，世界！永遠與生命和愛飲醉。」

　　七等生中晚期的思想雖接近奧修，透過性（愛）追求無自我性與無時間性，然他只是具有宗教情懷的小說家，並非哲學家或宗教家，他提供的思想體系是不完整，且處處是破綻，然他那如聖徒般的狂熱，只有直接與上帝對話，對於愛的對象只能是獨白了。愛只是他從現實中隱遁的另一形式，因而是孤獨無望且困難重重。這些體例與情節支離破碎的情愛書寫，只能說是更自由地開啓與表達自己的情愫，衰老使他更加謙卑，他的宗教情懷不再追求「基督」與「復活」，只肯定「愛」與「自由」。

　　另外，書信體小說原來興盛於女性小說，如《理性與感性》、《曼斯菲爾莊園》，後來由男作家仿女性口吻書寫，如褚威格《一個陌生女子的來信》，也就是說書信體小說存在著一女性聲音，是對男性傾訴的癡情女子。七等生仿寫到倒寫書信體，同時存在性別宰制與與錯亂，在〈讀寫給永恆的戀人手記〉中，他針對女子 Jennifer 寫的《寫給永恆的戀人》回應的手記，是手記的形式，事實上是一封討論愛情的長信，是書信中的書信，這其中層層疊疊，有他人的，也有自己的，折射出的自己是偏女性的：

　　我頗像一位舊時代的保守女性，卻處在你說的男性跋扈的時代，這使我主動地選擇孤獨或獨自生活的愛好；我變得喜歡做家事，打掃整理和煮飯，而與人相處幾分鐘便感到煩厭不堪。在社交的宴席上，我會有不斷想離開的念頭。我喜歡一個人獨睡，不喜歡和女人睡，更不喜歡和男人睡，因為我既不善交談亦拙於爭吵。

—《思慕微微》，頁 120

作者自比爲女性，不過是想逃離男性主宰的世界，而過著孤獨無爭的生

活，事實上他也無法與女人長久相處，只能以性感的書信「神交」，其中性
別的錯亂，令我們聯想到所謂戴安娜女神或菱仙子，都是自我超意識的化
身，就像他在結尾所說：「所以你寫給永恆的戀人而未寄出的信箋，事實上
收信人也是你自己。」因此書信體看來是單向書寫，因對象是空的，或是
自我的投射，有來回往復的結果。這種既封閉又開放的書寫方式，相當自
由，也可說是多聲部的「語言流」，它帶動意識的游離，帶來語言的崩解，
其中有大解放，難怪作者晚年偏愛此體裁。

──選自周芬伶《聖與魔──臺灣戰後小說的心靈圖象（1945～2006）》

臺北：印刻出版公司，2007 年 3 月

內在甦醒的地方，才是吹奏開始的地方

從七等生《沙河悲歌》論生命藝術性的探求

◎蕭義玲*

一、前言：聽「沙河淺流潺潺細唱」

音樂，作為時間的藝術，向來被視為「最純粹」與「最抽象」的象徵活動。音樂旋律的開展、行進與完成，展示的是時間動態的進行；樂曲結構中音階的發展、音級的對立，以及在旋律的矛盾張力後復歸統一，此一動態意義的曲調結構正如生命自我表達之歷程，因而音符旋律的終始反覆遂如生命的追尋，遂如河流於時間中的緩緩流過。

七等生的《沙河悲歌》[1]便是一個以生命、河水與音樂的相互隱喻所構成的故事。小說由 19 個小節組成：主角李文龍在夜深幽寂時進入沙河，並用他破裂而沙啞的聲音吹奏夜曲，而後在皎潔的月光下一邊沿著河岸往下游走，一邊回顧自己吹奏的歷程，在天明欲曙之際，走到跳水谷這個最多人跳河的死亡之地，同時聽到水頭與水尾潺潺的流聲。此外，一如音樂主旋律的發展，小說亦不斷反覆描述沙河的兩處起頭、會合，以及向海口流去的景象，其間，隨著時間與腳步的漸次移轉，主角李文龍的敘述亦如音符的吹奏不斷：他不斷向弟弟二郎傾訴其一生追求技藝的理想，隨著如音符般的不斷記憶、傾訴、反思，以命運的襯底之姿環繞在全篇的則是不斷

*發表文章時為中正大學中國文學系副教授，現為中正大學中國文學系暨研究所教授。
[1]《沙河悲歌》為七等生於 1975 年撰寫，1976 年出版。本文所引用的版本是遠景出版公司出版之《七等生全集・沙河悲歌》，2003 年版。本文引用小說原文時，將直接在原文後括號寫上頁碼。

迴旋反覆的「沙河淺流潺潺細唱」、「沙河淺流潺潺細唱」、「沙河淺流潺潺
細唱」……旋律。

　　透過音樂動態歷程的象徵義看《沙河悲歌》，以上小說架構顯現幾個值
得注意的現象，首先，小說的敘述時間雖設定在主角李文龍置身於沙河的
一段時間：深夜至天快要破曉之時，但兩個敘述時間點的巧妙交接卻呈現
出時間的非封閉性本質；空間上，雖然整個故事是架設在一個具固定地標
意義上的「沙河」，然而從「沙河」的流動性本質，以及七等生每每以沙河
的兩個起源、會合以及流向大海的動態描述看，此一空間亦已非固定化的
地標，而具有開放性的意義；就人物言，小說主角李文龍獨自在沙河追憶
自己離開與重返沙河鎮的半生，此時他的身體也已進入被死亡陰影籠罩之
衰頹狀態，至於其吹奏物也隨著身體狀況的轉壞歷經形式的改變，由神氣
的傳佩脫（小喇叭）、充滿熱情的薩克斯風到此刻被喻為最能代表其「生命
哲學」的克拉里內德（豎笛），形式的轉變雖在凸顯現象界的變異，但小說
以李文龍向著沙河吹奏始，又以李文龍肯定吹奏意義終，於變中又有不變
者；最後，貫穿在全篇小說的是李文龍對其弟二郎的不斷「傾訴」，以及對
沙河不斷潺潺細唱的「聆聽」，「說」與「聽」的迴旋反覆，亦讓小說的敘
述語調進入一種雙向推移的動態感中。

　　準此，我們發現，七等生《沙河悲歌》正是一篇由「沙河的潺潺細
唱」、「生命矢志不疑的吹奏」，與「不間斷地詢問吹奏之義」三組音程所交
織寫就的旋律小說。《沙河悲歌》中李文龍在死亡臨近之前，在沙河前告訴
其弟二郎，他終於「懂得什麼是生活和賦格」（頁 5），並領悟：「追求技藝
藝術到最後會轉來發現自我」（頁 8），其中所賦予的吹奏之義，讓沙河、
吹奏與自我的三股旋律，以音樂曲式的：出發、轉調、變調而再現主題原
調之發展，譜就了一曲悲愴而動人的「生命藝術性」之歌，本文以為這是
解讀《沙河悲歌》，與七等生對藝術看法的重要關鍵，更是對藝術創作所觸
及的「生命藝術性」本源之反思。

二、生命之流與沙河之流

（一）生命之流，敘述之流

　　在《沙河悲歌》的整體敘述結構中，七等生於小說第一節所鋪陳的時空背景與主角李文龍吹奏與沉思的形象，不僅可視為帶出故事的一節，亦可視為小說終節的預示，甚至是凌駕於整個小說的敘述結構後，於時間循環後再啓動故事的一節。此一節中李文龍幾個自我形象的表述與反思甚值得注意，李文龍在回顧其年輕時，不顧母親反對而仍執意追隨葉德星歌劇團當一名職業樂師的往事，迄於今日在酒家吹奏，並孤獨面對死亡的威脅，在「用破裂而沙啞的聲音吹奏著夜曲」後說道：「今天，他才懂得什麼是生活和賦格。他沒有辱沒他心中的願望，可是並不是他想追求時就獲得它，它來時卻是當他萬念俱灰之時。」（頁 5）又：「哲學的重要課題雖是認識論的問題，但所有可能的人生必須付於實踐；對他來說，音樂家和奏唱者之間唯一的識別，不是氣質而是環境和使命的選擇。」（頁 5～6），最後，因身體因素及厭惡薩克斯風的悲鳴後，選擇以克拉里內德吹奏，因「高傲而飲泣般的樂器克拉里內德才是他的生命哲學。」（頁 6）以上陳述幾可視為小說的總綱，在「生命藝術性的探求」此一課題中，我們以為其中隱含的問題是：音樂家和奏唱者之間的識別，何以與生命境遇之萬念俱灰關係密切？對一個向藝術性探求的心靈而言，「實踐」，以及「選擇」一個恰當的「形式」為何是至關重要的？其中更根本的問題甚至已是：「什麼是生命的藝術性？」小說蘊含的問題至此，幾乎是哲學的另一種表述[2]。筆

---

[2]當然我們也要強調，小說畢竟不是哲學的附庸，小說家的獨特眼光總表現在其對現象世界的直覺性捕捉與描摹中。關於哲學與文學（藝術）之關係，我們可以在知名思想家史作檉的討論中獲得極好的啓發。史作檉於《尋找山中的塞尙》（臺北：典藏藝術家庭公司，2006 年，頁 22）一書說道：「儘管藝術家本身可以不涉及哲學，但實際上，其以究極的本質的追求，早已和哲學形成了不可分的關係。因為所謂哲學，尤其是形上學，就是對藝術家所追求的生命或自然的存在本質，作更逼近性的思考呈現的完成者。所以說，藝術家本身在完成其作品時，可以不及哲學本身；但相反地，假如一個哲學者，不能接受並了解一種真正具有深度追求的藝術作品，無論如何，那都是一件不可思議的事……」；然而藝術與哲學又有取逕與性質的迥然相異處，史作檉亦提到，在同樣面對「完成一種永恆的信念上」，藝術家與哲學家之不同在於：「藝術家以其直覺經驗之極，

者以爲，這也是向來以高度的思想性展現個人風格的七等生在臺灣作家中最爲凸出，也最爲筆者所喜愛之處。

（二）沙河之流，實踐之流

來看小說中「第一次」的沙河描述：

> 來到沙河已夜深幽寂，除了淺流潺潺細訴。他想到他的弟弟二郎，他對他寄以厚望。來到沙河，晨霧已經瀰漫。這條河有兩個發源：一條由坪頂山下來，細流經過土城梅樹腳；一條自北勢窩流經番社在南勢與那一條水流匯成三角洲，然後通過沙河橋流向海峽的海洋。沙河以沙多石多而名，經常呈枯旱狀態，只有一條淺流在河床的一邊潺潺鳴訴，當六七月的大水過後，這條細流常因變更的河床地勢而改道，幾年在南邊岸，幾年在北邊岸。幾百年前沙河河床甚低，海水在潮漲時能駛進福建來的帆船，這件事已被先祖的死亡而遺忘了，現代的人根本不知道這樣的事……李文龍坐在石頭上臨著水邊注視水流，從褲子後袋掏出一瓶酒，向河水倒下一些敬敬沙河河神，然後自己也呷一口。
>
> 沙河淺流潺潺細唱。
>
> ──頁 4～5

以上的描述中，有幾個問題須注意：首先，在生命與時間的動態發展上，上段「沙河」的修辭性描述：「發源、會成、通過、流向、枯旱、漲潮、死亡、遺忘」皆富有濃厚的象徵意義；其次，將以上修辭視爲人在時間向度上的動態歷程，實與存在主義所強調的「存在先於本質」有巧妙相應之意。亦即，當我們思考作者藉李文龍之口所說的「所有可能的人生必須付於實踐」，其中「實踐」已不僅僅說明人需有行爲的能力，更強調了「可

來創造其永恆的信念；……哲學家以其整體性的辯證之極，來呈展其永恆的信念。」，可注意「直覺經驗」與「辯證之極」之不同。引文見《光影中遇見林布蘭》（臺北：典藏藝術家庭公司，2006 年），頁 166。

能」與「實踐」之間的關係。亦即人因意圖獲得「某種可能」，而將生命置入此一具特殊「意向性」[3]的探索行動中，因而「存在先於本質」所強調的是人如何刻意地將自己導引至所欲達到的目標中，這也便是所謂的「實踐」之意。以下我們將從沙河之流與生命之流的交會展開「實踐」之討論。

三、「這條河有兩個發源」：你要離開父親、母親，離開沙河鎮

作爲生命樂曲的首章，我們宜將注意力放在具動態意義之「發源」。《沙河悲歌》中，七等生每每以「沙河」的兩條發源作爲其描述的起點，這是不可忽視的線索，對應於整篇小說的情節，我們發現：李文龍尋求吹奏的理想而離開沙河鎮，第一次加入歌劇團，因病又離開歌劇團，返回沙河鎮，復因熱情之需，第二度加入歌劇團，又因肺病加劇及劇團之解散再回沙河鎮。在時間的動態歷程中，以吹奏之需要，並加入葉德星歌劇團作爲李文龍「實踐」生命可能性的起點，使「吹奏」一開始便被賦予了非僅興趣，而有濃厚的「自我表達」之意。的確，藝術本源自於強烈的自我表達之需要，然而「自我」恆不是孤立的存在，「我」的確立總在與「世界」的動態歷程中展開，「我」與「世界」，正如沙河的兩條發源與會合之間的辯證關係。

（一）父親與母親：逐出或離開？

《聖經·創世紀》中亞當與夏娃，在吃下善惡樹上的果實後，被耶和華逐出伊甸園的故事，可被視爲一則自我追尋的神話原型[4]，隱喻著人類自

---

[3] 試解釋「意向性」如下：「意向性是一種使經驗變得有意義的結構，它包含我們一切的體驗。心理現象、行爲以及經驗可以通過它們的『意向』的結構得到理解，就是說，它們是有意義地指向一個情景或對象。這個對象可以是一個具體的物質，如一杯茶，一棵樹，或者是另一個人；它也可以是衆多夢的意象中的任何一個，或者是一個抽象的理念或概念。」引文見尤娜、楊廣學，《象徵與敘事：現象學心理治療》（山東：人民出版社，2006 年），頁 24。

[4] 這裡的「原型」（"archetypes"）我們採用的是榮格（Carl G. Jung）的看法。他說道：「原型是一種傾向所形構出一個母題下的各種表象，這些表象在細節上可以千變萬化，但基本的組合模式不變。」見榮格（Carl G. Jung）著；龔卓軍譯，《人及其象徵》（臺北：立緒文化出版公司，2001 年），頁 65。

我意識的萌生。此一主題亦可在七等生的《沙河悲歌》中看到。小說中，
李文龍自我意識的萌發與確立，是以不斷的「離開」：離開母親、父親乃至
於沙河鎮而展開的。作為與人子最直接而自然的血緣聯繫，「母親」所象徵
的人對安全感與親密之需索，在李文龍強烈表達吹奏之慾望時便已遭致破
壞。小說如是描述李文龍母親對兒子因「吹奏」而需「離開」的反應：

> ……母親不明白李文龍所說的藝術工作是什麼意思。母親只知道人人
> 要照顧日日的生活，人人必須做不為習俗所輕卑的工作。……
> 「跟隨歌劇團和那些不三不四的流浪人混在一起能夠出人頭地嗎？」母
> 親說。
> 李文龍第一次察覺他和母親有觀念上的差異。母親傳統上的觀念無法了
> 解他的需要和他血脈的跳動。他感到他在家已經無法再待下去。
>
> ——頁7

在李文龍與母親之間，我們注意到吹奏與離開沙河鎮的「選擇」，已不僅僅
是一個地理阻隔問題，更具有情感意義上斷離原生母體的問題。小說寫道
母親「始終不了解他為何要去當一名歌劇團的樂師來羞辱她」（頁8），使
用「羞辱」一詞，足可顯現此一選擇將對李文龍的舊有生活造成不可思議
的撼動。然若說母親仍以「不了解」來潛抑這個羞辱感，到了「父親」身
上，此一「羞辱感」則十足外顯為父子不能相容的對抗暴力。小說寫道李
文龍在追隨歌劇團一年後，趁著一次劇團在沙河鎮不遠處演出的機會，回
家揣測父親對他的觀感，進入家門後，發現父親「帶著憂鬱而嚴肅得可怕
的蒼白面孔，露著憤怒而銳利的目光，右手裡握著一把深褐色的木劍」（頁
41～42），小說寫出一幕令人心驚膽跳的父子決絕對立畫面，李文龍且以
「浩劫」（頁37）來形容此一事件：

> 「歐多桑（父親之意）。」他恭敬地叫父親。

「不必。」父親嚴屬地回答，使他頓感害怕。

他正要奪門而逃出去，曾經接受過日本劍擊訓練的父親，說時遲，那時快，已舉起手中的木劍，跨出一大步，致命地朝他頭上劈來；在那瞬間，文龍本能地舉起朝著木劍方向的左手臂抵擋它，他痛呼一聲，身體倒下來。在疼痛的半昏迷中聽到父親尖銳凶惡的命令：

「跪著！」

「歐多桑。」他已淚流滿面，發出哀求的聲音。

當他的雙手伸到身後去支撐身體，準備遵照父親的命令，在他面前跪好時，他又重新仰倒下來。他的左手臂已經被那一擊砍斷了肌腱和骨頭，喪失了力量。他淚流滿面呼叫著向父親求饒。二位妹妹嚇得奔進她們的臥室，在裡面互相抱著痛哭。……

母親悲恨地把木劍拿進廚房，用菜刀將它砍成數段，文龍在這時候帶著殘傷奔出屋子，心中發誓父親在世的一天永不再回家。從此他的左手臂形成了半殘廢，在不知不覺中會有顫動或高舉的現象；在噩夢中，它成為阻擋一切攻擊的唯一工具，甚至連寂寞時的自瀆，也改用了這隻左手。

——頁 42～43

須注意在以上描寫中，兒子原本對父親的揣測與順服，在父親施加於身體的幾近殺戮之責罰後，骨肉斷絕。那再也不能修復的左手臂之殘傷意味著父子之情的斷裂。但事實仍不僅止於此，李文龍「心中發誓父親在世的一天永不再回家」，以及殘傷的左手臂：「在噩夢中，它成為阻擋一切攻擊的唯一工具」，將此一誓言與動作放在父子關係中，除了呈現出李文龍不再央求父親的理解外，亦動態地突顯出因「護衛」而須「對抗」父親，乃至「超越」父親的心志，此一對「父親」符號的對抗與超越，正是李文龍吹奏之路的有意識發端：他必須取代父親，甚至成為父親，這也是強度的自我意識之表露。

（二）護衛與對抗：力量或陰影？

　　從左手臂的殘傷與護衛所象徵的父子關係之對抗，我們可以深刻地了解到李文龍在此一由「離開」與「吹奏」所串組的自我追尋之路中，爲自己所設定的位置。在此我們不妨先引一段（意）心理學家魯伊基·肇嘉（Luigi Zoja）的話作爲起頭：

> 孩子們希望他們的父親是強大的和勝利的。如果一位父親是個勝利者，同時也是個好人，公正且滿懷慈愛，是再好不過的了。但對於父親通常最重要的是要代表一個知道如何取得勝利的男人的意象，他是否善良擺在了次重要的位置。我們的傳統屢屢認爲，一位行爲公正但未能在外界取得成功的父親，遠不及那些不公正但卻勝利加頂的父親更可取。

以及：

> ……在家庭內部，父親必須遵循一個道德的正直的準則；但在社會方面，他的行爲首先必須與力量法則相符，或者，更確切地說，有點類似達爾文的進化規律，也就是適者生存規律，「好的」就是「最合適」的，在這層意義上，就是能顯示最強大的能力，能保證他們自己及後代的生存。[5]

魯伊基·肇嘉（Luigi Zoja）以上說法雖說建立在他所處的西方傳統中，然而，此一「父親」形象所寓含的象徵義，在《沙河悲歌》中亦是清晰可見的。我們注意到，小說中李文龍的父親是一個重視面子的舊時代讀書人，原本在鎮公所當一名職員，但臺灣光復後，因被裁員而失業，從此「家庭

---

[5]見魯伊基·肇嘉（Luigi Zoja）著；張敏、王錦霞、米衛文譯；申荷永審校，〈導言〉，《父性：歷史、心理與文化的視野》（ *The Father: Historical, Psychological, and Cultural Perspectives* ）（北京：新華出版社，2006 年），頁 3～4、6。

陷入了空前的慘淡和貧困」（頁 20），因而李文龍對父親的印象是與沉默、病、窮、失業，乃至整個家庭的苦難勾連在一起的。此外，有兩個與「父親」有關的事件需要注意：首先，李文龍所以一直留在沙河鎮，是因爲父親以戰爭的城市大轟炸爲理由，禁止他到臺北高等學府就學（頁 5），日後李文龍以爲這是他的發展所以受到阻礙的原因；其次，光復後一年，不過周歲的幼妹敏子便因家貧而送人收養，小說寫道收養人把敏子帶走的情景：「那件嶄新的藍色衣裳在光亮的午陽下，像一塊皮膚被人重打的凝血，透過眼睛印在站在廚房門檻觀望的母親心裡，印在李文龍憤懣的心裡。」「他感覺這像是一次搶劫」（頁 21），而在這創傷的一日中，應做爲家庭支柱與護衛力量的父親卻故意（只能）避開、缺席了。由此可見，李文龍所必須防衛與對抗的「父親」，是與所有生命的創傷記憶一體的，除了生活上的病、窮、失業外，更有心理上的軟弱、畏怯與無能之意，因而李文龍的「離開」沙河鎮，是夾雜著吹奏的渴望與強烈的自尊需索的，這是李文龍「反叛父親」與「護衛自己」的姿態，二者皆須以勇氣達成。然此一渴望與需索，亦成了日後李文龍在離開與返回沙河鎮之間，在吹奏的心靈下不能抹去的陰影。

（三）物質與熱情：生存或自尊？

反叛父親，不僅意味著反叛血緣上具體存在的父親，亦意味著與「父親」所象徵的病與無能之對抗，因而反叛、護衛與勇氣，在李文龍長長的一段吹奏之路中是相互交纏一體的[6]。然而當我們以反叛、護衛及從中所生的勇氣來詮釋李文龍吹奏之路時，在時間的座標上，有兩個現象世界的變異卻也直接衝擊了以「反叛」與「護衛」而生之勇氣，其一是與具象的

---

[6]小說中，李文龍被父親所殘傷的左手臂，反而成爲其武裝力量的武器：「在噩夢中，它成爲阻擋一切攻擊的唯一工具，甚至連寂寞時的自瀆，也改用了這隻左手。」（頁 43）；「譬如自從他的左手臂喪失了筋力，竟然變得凡事都用到左手臂。……連當有突然來臨的緊急事故時，他的左手臂會像一隻機械的槓桿舉起來……」（頁 16）。又如一次李文龍在沙河教導其弟二郎游泳，亦可視爲一次勇敢克服殘病的示範，李文龍在鼓勵二郎須不斷自學，並突圍父親的膽怯後，如是期想二郎的未來：「他的力量和智慧都會是來自於殘廢的我，死去的父親，和這整個似乎有點欺騙人的時代」（頁 28）。

「父親之死」有關的;其二則已超越具象的「父親」,進入了魯伊基・肇嘉
(Luigi Zoja)所說的父親象徵義:一種強大的生存能力。對需要反叛父
親,進而取代父親,並以吹奏出人頭地的李文龍而言,此一面向的戰鬥是
更形艱鉅且切身的,「自我護衛」的需索,將李文龍以「吹奏」所展開的
「我與世界」之關係推入一種充滿辯證性的境地,這是李文龍「吹奏」的
另一樂章。

1.

　　父親去世,李文龍亦因肺病轉劇不能再吹神氣高昂的傳佩脫,不得不
離開歌劇團回到沙河鎮療養,李文龍如被擲入一個內外在力量皆陡然抽空
的陌生處境中,而這正是時間在變動性本質中摧毀不變事物的展示。因而
若我們將李文龍此次的重返沙河鎮視爲一個新的起點,它的意義便在於考
驗、質問李文龍:你長期以往的吹奏信念安在?你還要吹奏嗎?若需要,
它的根基應從何處建立?生命要求人以不斷的反思與實踐,一如沙河在
「起源」與「會合」間的流淌,李文龍需要在所處時空的變異上,再次與
自己、與客觀世界切身遭遇,這是「實踐」問題的繼續開展。

　　論述至此,我們不妨先參考一段美國現代作曲家亞倫・科普蘭(Aaron
Copland)對創作過程與人格發展關係的討論。他說道:

> 認真的作曲者(按:可類比於所有認真的藝術家),思考自己的作品,遲
> 早會向自己提出這樣的問題:作曲(按:可類比於李文龍的吹奏)對我
> 的心靈為什麼那樣重要?相較於作曲,其他的日常活動都變得微不足道
> 那又是為什麼?以及創作衝動為什麼永遠無法得到滿足?為什麼總是要
> 重新出發?
> 對於第一個問題——創作的需求——答案永遠都是相同的,那就是自我
> 表現,也就是將自己對生命的最深沉感受表現出來,這也是最基本的需
> 求。對我來說,在創作上之所以會有另闢新途的衝動,是因為每一件新
> 的作品都為自我發現添加了新的素材。為了了解自己,必須不斷創作,

而自我認知又是一項永無終止的追尋，對於「我是誰？」這個問題，每
件新作品都只提出了局部的答案，因此，又產生了繼續尋找其他答案的
需求。[7]

以「吹奏」代換上文的「創作」，我們可以清楚看出吹奏的藝術性即展現在
吹奏者對「我是誰？」——此一問題永無終止的尋求中。因而在每個新時
空所遭遇的新事件，皆應被視爲啓動重新認識自我的新素材（此即「會
合」之意），此一說法再次凸顯了時間與生命歷程在「實踐」上的動態義。
回到《沙河悲歌》，我們可以看到面對「身體再不堪吹奏傳佩脫」的此一
「艱難的新素材」，李文龍的「再選擇」：

> ……肺病在初期發作時，他回到沙河鎮，母親為他購買新鮮雞蛋和藥
> 品，但是母親的愛情都枉費了，病只是暫時潛伏下來。我的生命脈搏繼
> 續依照我的心志去跳動，他想，我不能再奏樂器傳佩脫，可是有樂器瑟
> 克斯風在吸引著我。
> 那時，他去看一部電影，看到一為黑人奏者樂器薩克斯風，載奏載舞；
> 那主題在那黑人的扭動的軀體和樂器薩克斯風發出的聲音，那種景象啟
> 示著他，使他心靈也需要那種熱情的滿足，他想：薩克斯風就像悲切而
> 風騷的女人，使人同情和愛戀。
>
> ——頁48

這段話很鮮明地闡釋了李文龍在「變」的新素材中的「不變」：「我的生命
脈搏繼續依照我的心志去跳動」，亦是對初次決意離開沙河鎮時，與母親意
見相左時那番自我表白：「無法了解他的需要和他血脈的跳動」（頁 7）的
再次回應。我們須注意「母親」的角色在此所起的作用，「母親」一方所象

---

[7] 轉引自 Anthony Storr 著；鄧柏宸譯，〈象徵心理學〉，《邱吉爾的黑狗》（臺北：立緒文化出版公司，2005 年 11 月），頁 301～302。

徵的以物質性、生理性之滿足作爲人「活著」的基礎，此一初始性的「母子關係」對李文龍而言是遠遠不足的，作爲人存在的根據，「母體」更是「生命脈搏繼續依照我的心志去跳動」：人成爲他自己的深層渴望。因而一個欲向「精神性母體」回歸的人，亦總是一個在「我是誰？」之路上奮力追尋的探索者，然要與此一「母體」「會合」，李文龍仍須再次「離開」世俗層面上的「母親」，因而以「薩克斯風」的「再選擇」而「離開」沙河鎮，是生命在呼喚飽足的一場「載奏載舞」的「吹奏」，這是「熱情」／「生命渴望深刻傳達」──之於藝術的重要性。對李文龍而言，此一「熱情」便是他對生命的「精神性護衛」，亦是對不堪吹奏傅佩脫的病殘之奮戰。而不妥協於病殘的局限，並以對物質性空虛的覺察再次離開沙河鎮，便是對「父親」的再次反叛。

2.

　　《沙河悲歌》中，李文龍的幾次離開與返回沙河鎮皆與「父親」有直接的關連，從「父子關係」看李文龍的離開與返回沙河鎮，有一個重要問題值得我們詳加探討。李文龍第一次離開沙河鎮是以「逃避」（偷溜）的方式對應父子關係的緊張；而一年後趁歌劇團在沙河鎮附近演出之便，他的返回沙河鎮，是以「懷著至爲混亂複雜，甚至懼怖的心情踏進了家門」（頁39）來「試探」父子關係的穩定與否？而當父親殘傷了他的左手臂，李文龍「發誓父親在世的一天永不再回家」（頁 42），父子之間遂轉爲勢不兩立的「對抗」，然而不久之後父親去世，他返回沙河鎮參加喪禮，父親之死，象徵著血緣上具象的父子關係之「中斷」，之後他又離開沙河鎮[8]，十年後復因「撿骨」之須而返回沙河鎮，撿骨完成，使得這段父子關係真正宣告「終結」。

　　從「逃避」、「試探」、「對立」到「中斷」、「終結」，我們似可看到一段「父子關係」的始末變化。然而當「父親」所象徵的「強大生存能力」已

---

[8]其間李文龍又經歷了他肺病轉劇回沙河鎮療養，以及重新以吹奏薩克斯風再次離開沙河鎮，加入歌劇團的一段歷程。

成為李文龍所必須加以護衛的自尊時，「父親」的命題已成為他自身的命題，「父親」之死使他必須將外在目標的戰鬥，全然轉為與自己內在的父親，即自尊的戰鬥，這亦是他生命自身的「父子關係」之變化。

從「自尊的護衛」看李文龍對「吹奏」所賦予的意義，我們發現，李文龍雖曾一再表明「吹奏」是他的血脈跳動，但此一堅持亦將他置於一個困窘的處境中。對李文龍而言，在其「吹奏」之路中，渴望出人頭地與上文的熱情需索是同等強大的。我們注意到，不論是父親在世時，或父親死後，因現實生活的困窘兼之身體的病殘之故，李文龍的「回返」沙河鎮，皆不能免除極度矛盾、自卑的尷尬姿態。不論如何，李文龍始終無法面對世俗眼光下的自己，在功名未就而日愈狼狽的處境下，李文龍的吹奏之路呈現動盪之態，他的壯志正在遭受劇烈衝擊。小說對李文龍因自卑而引發的焦慮有極為人性化的描述。以下是父親在世時，李文龍返家「試探」父親的情景：

> ……他的身上有一疊很厚的鈔票，但心跳得很厲害，他覺得有些寒意，但那時是夏天，原來是他從心裡發出來的抖顫。下火車後，他幾乎是低著頭走過街道，轉進一條小巷繞到媽祖廟的後面，由信義路尾那一帶的菜園朝家行走。他完全害怕會遇到熟識的人，事實上不可避免的，他遇到一些認識他的人，他沒有和他們打招呼，當他從他們身邊經過後，他們都轉過頭來看他。他低著頭和沉默似乎是他懷著那頂上壓著社會輕卑他的職業的那份觀念，他的自卑感如此之大，在異地很坦然，回到家鄉便完全顯露出這份自卑心，他年紀很輕，還能時時記住學生時代自己學業成績的優良，應該有更為光明的前途，卻落得追隨歌劇團度生活。
>
> ——頁39

父親死後十年，李文龍與弟弟二郎為父親撿骨，他追憶當年參加父親葬禮的情景：

> ……他走在出殯的前列，心情百感交集，他隨棺木送到山頭後，便轉回
> 沙河鎮搭火車離開。他不願意繼續留在沙河鎮，避免聽到他人對他談些
> 他無法忍受的話。所有那時的一些瑣事都已忘忽腦後，連父親後來做好
> 的墳墓的面目也沒有看到，以後生活的流離，病痛和情感的波折都使他
> 不能以冷靜的心情前來拜望亡父的孤墳，直到現在一切都呈現在他眼
> 前。
>
> ——頁 44～45

抖顫、害怕與自卑；流離、病痛與情感波折，如陰影般化為生命底層的恐
懼密密盤據在李文龍心中，直接威脅著李文龍的吹奏之路，一如沙河的沙
多石多，反挫著生命以吹奏來表達熱情的渴望。

　　論述至此，我們看到李文龍的吹奏之路實面臨兩個劇烈的衝突情境：
一是與世俗價值有關的，一種強烈的出人頭地之需索；二是與內在生命的
不滿足有關的，欲使生命超越物質性的精神渴望，二者共同構成李文龍離
開／返回「沙河鎮」的主題旋律，也在李文龍吹奏之路中，以各種變奏在
尋求李文龍的回應。以下我們將把焦點放在李文龍的回應中，從這裡看李
文龍以吹奏所展開的生活世界。

四、試煉——我的藝術在哪裡？我要從哪裡著手尋求它？

　　以吹奏傳佩脫、薩克斯風離開沙河鎮的李文龍，在其二度跟隨歌劇團
的生活中，卻以其生命方向之徬徨、熱情消亡之恐懼，向我們展現了在理
想與現實之間，走向吹奏之路、藝術之途之艱難。前文提到，李文龍此二
次的離開沙河鎮，皆在陳述著一種自我表達之需要，因而李文龍須從「世
俗性母親」身旁離開，轉向於「精神性母體」：自我。在此我們須注意七等
生於此暗示李文龍的吹奏是不能與世俗謀生的吹奏等同的，李文龍所要轉
向與實踐的，是一條生命的自我傳達之路，這也便是他血脈之跳動與生命
熱情。然而從「轉向的實踐」看李文龍在歌劇團的生活，我們卻聽到李文

龍以吹奏所發出的虛無之音聲，足見成就一個藝術生命，遠非想像中的容易。

（一）區別／混同

先討論第一個與「轉向」有關的重大事件。小說中，同是歌劇團吹奏好友的明煌、昌德與文龍，其中明煌因妻子與團長碧霞不合，而須與妻子一同離團時，他力邀文龍一起到臺中玩樂，文龍在碧霞暗示不許的情況下仍與明煌同往，是時當明煌去拉他的手時，那向來有著護衛意義的左手臂雖「不知怎麼搞的突然高高地彈跳舉起，好像要去拒絕明煌伸過來的手。」（頁 52）但文龍因眷戀情誼還是跟明煌去了。其次，到臺中之後，平時知道「凡事如果突破了心中的禁忌，便會形成不可收拾的地步。」（頁 56）的文龍，仍在酒樓裡學習明煌開懷大飲起來其後，明煌邀他與酒女上旅社睡覺，醉而疲乏的文龍雖覺荒唐，「心裡想，無論如何必須拒絕明煌要他去做的事」，且想到母親所說的：「和不三不四的人混在一起，如何能出人頭地。」（頁 58）之語，但因不捨友誼仍在醉中跟著明煌走，小說寫道一幕李文龍在醒與醉之間的掙扎，生動的描繪竟是深淵中靈魂的呼告：

> 明煌一手摟著他的酒女，另一手想來拉文龍快走，他的左手臂再一次跳起來打到他。「怎麼樣，一郎？」明煌詫異地望著他，他連忙道歉道：「不是有意的。」他跟隨明煌的後面，後面又跟隨著屬於他的酒女，他想：我要去哪裡？去做什麼？想到母親與跪求她讓他去追求技藝時，他會對自己自呼：我的藝術在哪裡？我要從哪裡著手去尋找它？他從心坎湧出慚愧的情緒，這與他日後的嗜酒大有關係。

——頁 59

「我的藝術在哪裡？我要從哪裡著手去尋找它？」徹底的徬徨之姿再次顯出藝術的真理無法全然以單向推衍的方式達成。然而未及傾聽生命的幽微呼喊，未及護衛自己最後一絲的清明，向下挽引的力量太強，他已步入沙

石淤積之處，他與酒女進了旅社。於是，誘惑與沉淪的試煉開始，李文龍不堪酒力睡去後：

> 天亮前，他醒來了，發覺身邊睡著一個女人。他想到昨夜的事，身旁睡的就是跟他來旅館的那位酒女。除了在童年時和母親一起睡外，這是第一次有女人和他蓋住被單睡在同一床上。……
>
> 他下床開門走出去，走到廁所小解。他覺得心裡很煩悶，想著到旅社來做什麼？突然心慌起來，全身充滿著恐懼。……
>
> 「上來。」她說。
>
> 他面對她伏在她上面，感到心臟激烈地跳動，他有些緊張，支撐著身體的雙臂微微發抖，左手臂像折斷似地失掉力氣，使身體整個跌落在她身上。
>
> 「小心輕點。」
>
> 他完全讓她來擺布；事實上等於完全讓她來告訴他這是怎麼一回事。沙河淺流細唱。他吻著她，舌尖覺得她的脣膏有點甜味，而他自己的喉頭有點苦酸味，他記得昨夜喝了很多酒。
>
> ——頁 61～64

我們須注意小說描述李文龍跟著明煌到臺中，酒館，旅社，進而與酒女睡覺的情狀皆是醉著的，而在這一路中，「母親」形象及所象徵的情感依戀亦貫穿在李文龍的心中（不論是對好友明煌、昌德，乃至酒女）。因而，若我們把李文龍在沉淪當口所問的：「我的藝術在哪裡？我要從哪裡著手去尋找它？」視為人在「生命藝術性」前的試煉，顯然這一試煉是從李文龍決意踏上吹奏之路便一直隱在的，李文龍雖曾一再表明「吹奏」是他的血脈跳動，因而需要離開母親與沙河鎮而去，然而在這裡我們卻也發現李文龍的雖離開實未離開，因而在一路的依戀中逶迤漫著如沉淪般的「醉」，直至與

酒女性交。

　　本文以為，以「沙河」之沙與河比喻生命的追尋，《沙河悲歌》的精采處尤其是展現在「會合」的雙向辯證上。再細讀文本，我們發現在「試煉」之前，李文龍與酒女性交的沉淪可有兩種方向之解讀：一是，文龍未能通過俗世的試煉，在天亮醒後雖恐懼著自己的行為意向，卻仍未斷開依戀，而再度回到床上並與酒女性交，故其雖醒而未醒，且日後嗜酒，因此可將此一性交視為一場蒙塵的「洗劫」（頁 68）；其二，自始以來，李文龍的「吹奏」皆是與「反叛」父親、「離開」母親相關係的，然「反叛」、「離開」雖賦予李文龍力量，但卻又是區分性十足的姿態，因而我們也可以說，因李文龍的「吹奏」是與「區別他人」共生的，故「混同」的恐懼遂成為他吹奏之路的極大考驗，而與妓女身體的交合，可意味著李文龍被置入於此一試煉中，李文龍其後的生命流向便從回應此一問題開始，因此這是必要的考驗。透過以上的雙向說解，我們便可更立體化地看待小說其後敘述結構之發展，在「區別」與「混同」的出入乃至矛盾之間，更深刻地掌握李文龍的吹奏心靈。

　　李文龍與酒女性交後的情景深具象徵意義。李文龍付了他與明煌與酒女性交的錢後，懊喪的躺在床上想著：「為什麼我糊裡糊塗把幾個月來的薪水在這一二天中全都用完了？」（頁 66）之後要返回歌劇團，而叫喚隔壁的明煌，小說寫道：

「明煌，明煌。」

沒有回響，他想明煌真睡著了，而人對於相等於死亡的睡眠有如此迫切沉迷的喜愛，這傢伙是他從未看他像這次這樣地表現過，使他想到生活對人的打擊和壓迫所積存於內心的反映會是這樣極端和巨大。他起身到浴室去，洗擦汗漬滿佈的身體。

……他決定不等他醒來再走，他穿好衣服告訴旅社的夥計，明煌醒來時告訴他，他回草屯去了。

……經過昨夜，他好似在外面的世界經過了一場洗劫後回到家，而發現
自己以往所生活的淒涼景象。

——頁 66～68

須注意作者在這裡明確地暗示了「醒」與「睡」之區別，正是李文龍在
「區別」與「混同」的出出入入中，能否通過試煉的重要關卡，也是他是
否能真正進入「自己的」吹奏之路（而非僅是「歌劇團」的吹奏之路）的
考驗。事實上，在《沙河悲歌》中，「睡」的意象所在多有[9]，如後來他在
沙河上追憶往昔歌劇團的生活時，便充斥著「睡感」：

……對他而言，歌劇團的日子已經逝去了，但他還是不能忘懷每十天更
換一次地點的匆促和疲勞，那景象依然歷歷在目。歌劇團的成員和家眷
坐在露天的卡車上，守著他們的行裝，蜷縮著在風露中奔馳，每一次都
由南至北，或由北至南，遙遙數百里的長途，男女老幼都靠貼在一起，
沉默無言地閉著眼睡覺。他們是唯一旅行而不看風景的人，他們在夜晚
的邊徙中看不到清晰的事物，所以他們只有閉眼睡覺。火車過橋消失
後，沙河復歸靜寂，他移動腳步走近水邊，復聽河水潺潺的流聲，沙河
淺流不斷對他細訴。

——頁 47～48

沙河訴說什麼呢？蜷縮靠貼，「睡」而不見，正是靈魂在漸次死寂的訴說。
但要深入思索的是，若這便是李文龍當下所要經受的切身考驗，但做為一
個有血肉之生命，「醒」的「背後」是龐大如黑夜的「睡」，「蜷縮靠貼」—
—情感依戀之需要（母），與因追求榮譽（父）而不可得的恐懼，亦在生命

---

[9]七等生常常喜歡用「睡」來隱喻眾人的生存狀態，在《七等生全集》（臺北：遠景出版公司，2003
年）中，作者亦於總序開頭寫道一段「序言」：一名為「詹生」之人駕車等候進城，卻在入城門
時因塞車下車探望，但前頭車子內的人都在睡著，此一情節具強烈的暗示意義。其後七等生從這
裡寫道書寫、生活與虛實間的關係。請見七等生，〈《七等生全集》總序〉。

的另一面籠罩著李文龍，於是我們看到「混同」與「區別」，「睡」與「醒」之交戰，在李文龍身上愈形具體了，同時，他的肺病也轉劇至不能吹奏傳佩脫。

（二）乞丐團體／結婚

好友明煌與昌德離開歌劇團，成為孤單一人的李文龍有極大的轉變，「他開始喜歡喝酒和尋求刺激的事做，他單獨一個人去尋歡作樂；晚戲終場後，他一定要到飲食攤去喝幾杯。」（頁 72）看來他已逐漸混同於「睡」之中，然而還有更深的沉睡要來。明煌、昌德離開，其後文龍因病不能再吹傳佩脫，回家療養後，又因熱情而回返歌劇團吹薩克斯風，但劇場已日益蕭條。孤單一人的文龍漸與團長碧霞，以及照護歌劇團瑣事的玉秀三人在劇團構築「小家庭」的關係，不久，文龍「他突然有一個靈感，決定娶玉秀為妻」（頁 75）。可以說，「結婚」此一情節的設計，對李文龍在「混同」與「區別」，「睡」與「醒」之交戰課題中是極關鍵性的。病殘、孤單兼之劇團的日漸蕭條，世事在一種變動而散亂的局面中，為逃避這樣的不安全感，李文龍遂將「熱情」傾注於「結婚」的念頭上，因而「結婚」所意謂的往世俗的「蜷縮靠貼」一方降服，正是李文龍精神在萎縮著，在向藝術背離的「睡」。然而要注意的是，對一個敏銳的心靈言，即便是在向「睡」靠攏時，那「喚醒」之聲亦從未停息。李文龍決定結婚後，寫信讓弟弟二郎來歌劇團交辦此事，作者在此有一個巧妙的安排，他讓在小說中向來以文龍的理想面（希望面、聖徒面、未來面）現形的弟弟二郎，在環視了歌劇團破舊的景象後，對沉淪中的文龍做出訓斥：

> 我一看就知道。我以前想像你一定在外面過好生活，想到你就覺得榮耀，今天我才完全明瞭，根本不是那麼一回事，你們幾近是一群乞丐的團體。

——頁 76

「乞丐的團體」點出了李文龍因不敢面對自己無能的恐懼,而與其他劇團人一起「蜷縮靠貼」的事實,因而這番對話亦是李文龍自身醒與睡交戰的外在投影。還未完,當文龍說道自身理想的動搖與羞愧後,二郎仍繼續以喚醒之姿對他說道:

> 你有肺病,你喪失了理想,你感到疲倦了,你沒有奮鬥的意志,你覺得你會死,所以你想結婚。
>
> ——頁 78

全然點出「想結婚」底下的生命暗影——以恐懼所帶來的靈魂昏睡。得不到贊同的文龍雖不高興,但二郎離開後,心中卻也繼續交戰,他承認二郎的話是正確的,他生命最深的恐懼被一覽無疑地攤開,那照見的一瞥足以搖撼生命長期的昏盹,這是「醒」。小說寫道文龍直探內心幽暗的一番告白:

> ……他懊悔用熱情來達成結婚的願望,可是現在一切都太遲了,而且都錯了。……他(按:二郎)的話使他後來知道人是為了怕死而求生的,這雖是大地上的自然現象,但絕不符合人類應有的精神。他想:我不應該結婚,一個有肺病的男人不應找女人結婚;凡是有缺陷的人都不應該結婚。當他第一次和玉秀做愛時,他感到他的邪惡,他沒有獲得精神的快慰,他清晰地看到他自己是一個變態的怪物,這樣的怪物不但容易察覺社會的畸狀異態,而這樣的一切也同樣地全都指向他。
>
> ——頁 80

邪惡滋生於對恐懼的遁逃,那是生命暗影的所在之處。李文龍至此才直直探入自己的心靈,這番悔罪一般的告白,使生命在昏睡中透出清醒的力量,令人動容。

因而從「離開／返回」看李文龍的吹奏之路，在歷經好長好長一段時間後，李文龍的吹奏之路，終於在這裡，在面對生命的真正軟弱處，有了重新出發、重獲力量的契機。之後他果然為婚姻付出巨大代價，精神的絕望裡，一次李文龍為劇團女孩吹奏感傷小曲後：

> 這是他第一次覺悟吹奏與他不能分離的關係；他不但依此為生，亦依此而發現自我。

——頁 81

接納、哀憐。真正內在感覺甦醒的地方，才是吹奏開始的地方。

五、內在感覺甦醒的地方，才是吹奏開始的地方

以沙河之「流」作生命「實踐」的隱喻，「流」在時間座標上的動態義即表現在生命不斷與當下處境「會合」，並在此一「會合」中不斷前行，這也是生命以沙河之姿「流向」大海的真義。放在李文龍的吹奏之路中，李文龍要能以吹奏湧現熱情，便須從「會合」他生命中種種的恐懼前行，因而吹奏之路亦是自我面對、自我接納、自我探尋之路，這是藝術的起點。（美）存在主義心理分析大師羅洛‧梅（Rollo May）於《創造的勇氣》中，特別強調藝術的創造力是存在於「遭遇」（"encounter"）中，他說道：

> 關於創作活動，我們首先注意到：它是一種遭遇（encounter）。……關鍵不在於是否出現了主觀意願的努力，而在於沉浸其中的程度，在於密度是否夠強，不可或缺的是一種「介入」的性質。[10]

又：

---

[10] 見羅洛‧梅（Rollo May）著；傅佩榮譯，《創造的勇氣》（臺北：立緒文化出版公司，2001 年），頁 43～44。

> 然而，創造的活動，其強度應該客觀地關連於「遭遇」……所謂遭遇，
> 並不是因為我們自己主觀上的改變就可以發生的東西；它所代表的，是
> 我們與客觀世界之真正關係。[11]

因而我們也可以說，「會合」作為一種「遭遇」（"encounter"），它的重要性便在人須真正「介入」其生命課題，這也是生命熱情的闡釋。因而當我們思考李文龍在第一次歌劇團的徬徨之時所問的：「我的藝術在哪裡？我要從哪裡著手尋求它？」時，我們知道這熱情不可能僅是透過外在技藝的轉換來解決（由傳佩脫轉為薩克斯風）；同樣的，在第二次參加歌劇團時，李文龍表達理想虛無的痛苦時，亦不能以逃避的方式來取得慰藉，二者皆需要李文龍遭遇「與客觀世界的真正關係」，並從中提煉意義往前行，我們以為這便是「醒」的實踐義。

內在感覺甦醒的地方，才是吹奏開始的地方。因此，當李文龍領悟吹奏與自身不能分離的關係後，他的吹奏便要奠基在生命逃躲已久的恐懼暗影中。那是尋求光榮與成就而不可得的自卑、無能、病殘與一事無成；亦是尋求情感依戀、眾人注目而不可得的軟弱、邪惡、自憐與依賴……種種種種會導致他生命翻覆的威脅，在此刻，皆是李文龍必須去「會合」、「遭遇」的真實課題，然而李文龍還有可逃避之處嗎？世事變異，人情離散，世俗之物無可攀附。

李文龍不久肺病又轉劇，不能再吹薩克斯風，而劇團也因不景氣而解散，接下來是與一向倚賴敬重，「如父如母如姊」的碧霞分離，之後李文龍又返回沙河鎮療養並等臨時差，他原有的依附之物一一散落，一天當他返家，發現妻子在與家人爭吵後離家，弟弟二郎還因此事被帶到警察局，從警局帶回弟弟，並要動身到臺中將妻子帶回的文龍被弟弟叫住，兩人再次有了一番交心的重要談話。小說寫道：

---

[11] 同前註，頁 51～52。

……那天晚上他和二郎就像二個新見面的朋友談了一夜。他第一次感到他
們兄弟的互愛，他愛他的弟弟，弟弟二郎愛他。就在玉秀離家那天晚上，
他們兄弟互相有深切的了解。那天晚上他下勇氣決定到酒家奏唱賺錢，在
自己的家鄉沙河鎮要幹這樣的工作必須下很大的決心，也就是在那天晚
上，他邂逅了彩雲。

——頁 94

從必須到「外面的世界去表現他的才能」（頁 7）到自己家鄉的「酒家」，
這是李文龍吹奏之路中最低最卑賤的一個舞臺，卻也是李文龍自決意吹奏
以來，最有勇氣的一次決定與行動。在沙河鎮，且是在酒家奏唱的決定，
意味著李文龍將遭遇所有他生命的恐懼。「沙河鎮」是所有他要成就與逃避
的自己。沙河鎮就是他自己，每個沙河鎮民的眼光都是他自己。在自己的
故鄉吹奏（克拉里內德），亦即接受自己，且站在自己的生命中心（舞臺）
吹奏，這是李文龍與恐懼、顫抖、自卑、羞辱的自己的「遭遇」。

　　但以上引文還有一個重點應加以注意。李文龍是在與弟弟商量之後決
定此事，因此，一如李文龍當年結婚一般，小說中向來以文龍的理想面
（希望面、聖徒面、未來面）現形的弟弟二郎之話語，亦總是在文龍的徬
徨躊躇中，以一種清明的力量影響，甚至救贖著他。因而作者以相互接納
作為一種救贖力量的暗示，將在後文中成為李文龍吹奏的基調，這亦是
「愛」（他愛他的弟弟，弟弟二郎愛他）的具體表達。更進一步說，能相互
友愛、感應的兄弟之對話，亦是文龍與理性面的自己之對話，我們以為這
一點在小說中是至為重要的，因為清醒與接納的力量來自外在，亦來自內
在。至於彩雲，則是文龍能真正鼓起勇氣到酒家奏唱時所愛上的一個女
人，她是酒女，她是極卑賤的，她是李文龍對自己的另一種傳達。

六、望進傳奇的內部：生命的憂患本質都是相同的

　　「吹奏」從生命內在之醒開始。生命渴望被傳達與被接納，那麼在

「吹奏」的雙向溝通中，李文龍吹奏給誰聽？爲誰吹奏？以「酒家」作爲
吹奏舞臺的意義何在？在此我們宜將此一問題擺在「生命藝術性」的探求
中，更後設地思索：七等生爲何要爲以「酒家」爲李文龍領悟吹奏真義的
舞臺？從表面上看，「酒家」似是一事無成，兼且病殘落魄的李文龍一個不
得不的選擇，但真的是「不得不」嗎？當生命一如沙河一如賦格在傳達著
它的蘊義，誠如上文所說，辯證性的真理亦在其中矣。

　　胡幸雄在〈《沙河悲歌》中藝術家的執著與退讓〉一文中對李文龍到酒
家奏唱之事，以「退讓」、「犧牲」詮釋之，試引如下：

> ……然回到家鄉流落爲一名酒家的奏唱手，他的執著便漸漸染上退讓的
> 陰色啦；首先隨著生理的衰頹，他的吹奏由傳佩腕到薩克斯風到克拉理
> 內德，就一個自我期許的吹奏者，被迫移轉自我表現的工具，其對藝術
> 的執著已微露寒意，自我犧牲的感觸便非無的而發。他想：要是當初能
> 被允許進高等學府繼續就學：「現在的李文龍可能是位有成就受人崇仰的
> 音樂家或是什麼實業界的經理，而不是像今天爲賺取生活在酒家奏唱受
> 人輕卑的落水狗。」很明顯的，人類社會生活中他已經做了凡夫俗子所
> 不願意的犧牲。[12]

　　又：

> 諸如此類將執著與退讓融合而一的情節大概是全書中最重要的構造，就

---

[12] 引文後續寫道：「更甚者，當他在酒家爲那些市儈或暴發戶吹奏時，他會將自己拿來和他們做價
值判斷的批評，他認爲：『他們卑賤地賞給他幾塊錢，以爲是助長他們的豪情和享樂，而不知道
他更重要的是做了情感會合的媒介，他們平時雖然貪圖錢財愛好名位，可是在李文龍看來，生命
的憂患其本質都是相同的，藉樂忘憂事實上是探詢憂患的真正價值，像土人們在狂歡節後而能溫
馴地回到生活辛勞的狩獵。』照這意思，藝術家不事殖產式的存在，至少有引樂的價值；因爲他
們有一層功利主義者見不到的情操，這情操的奧處是只有他們願意犧牲自己的殖產能力，來作爲
世俗殖產者「情感會合的媒介」。藝術家竟然自抑到如此地步，李文龍又退讓了他所最執著的部
分。」本文收錄於七等生《七等生全集‧沙河悲歌》（臺北：遠景出版公司，2003 年）後文附
錄，頁 352。

像一個優柔寡斷的貴族，在他的天地他只說：「我要這樣。」內心卻深慮
著：「我是否能這樣？」李文龍這種永恆的徘徊注定他一生要平白浸漸於
苦難，且毫無莊嚴可言。[13]

對「退讓」、「犧牲」與「毫無尊嚴」一說，本文有不同的看法，或許可以
從這裡交代本文的思考起點。首先，李文龍最後雖在沙河上有所感慨：「現
在李文龍可能是位有成就受人崇仰的音樂家或是什麼實業界的經理，而不
是像今天為賺取生活在酒家奏唱受人輕卑的落水狗。」但此一段話實仍未
完，小說的上下全文如下：

> 他這樣想：城市大轟炸的第二年如果父親不禁止他到臺北高等學府就學
> 的話，現在李文龍可能是位有成就受人崇仰的音樂家或是什麼實業界的
> 經理，而不是像今天為賺取生活在酒家奏唱受人輕卑的落水狗。他又
> 想：到頭來可能都一樣，哲學的重要課題雖是認識論的問題，但所有可
> 能的人生必須付於實踐；對他來說，音樂家和奏唱者之間唯一的識別，
> 不是氣質而是環境和使命的選擇。
>
> ──頁 5～6

將情節視為隱喻的傳達，在「退讓」之外，是否有更深的蘊義未被發掘？
我們以為，在李文龍境遇淪落後，那句「他又想：到頭來可能都一樣」是
更形重要的，它涉及了生命在辯證後的統一問題；此外，既然「音樂家和
奏唱者之間唯一的識別，不是氣質而是環境和使命的選擇」，則我們宜思考
作者讓李文龍以「克拉里內德」到「酒家奏唱」的「實踐」之義，若我們
把它視為一項具意義性的行為，則此一表象上「毫無尊嚴」的「退讓之選
擇」，卻可能現出「充滿尊嚴」的「生命之承擔」。我以為這個問題對理解

---

[13] 同前註，頁 353。

真正的藝術及藝術家是極重要的。以下展開討論：

（一）真正的吹奏、真正的表演

理解李文龍到酒家吹奏的意義，亦即走進李文龍真正的表演中，也是在試圖理解藝術傳達的真義。面對外人（沙河鎮民）眼中對自己落魄處境的輕蔑，李文龍如是思考：

> 現在他必須告訴二郎，首先追求的技藝藝術到最後會轉來發現自我。李文龍在沙河鎮樂天地和圓滿兩酒家來回奏唱，為那些議員和鎮民代表，為那些農會職工或學校的老師，甚至是為那些過去是可憐的佃農現在已擁有土地的驕蠻的農夫和唯利是圖的商賈吹奏助興的流行歌，他們頗神氣地以為李文龍是為他們而非為自己的存在吹奏，他們並不知道這其中的奧妙，一個藝人的生命乃在於他真正的表演中，他們輕卑地賞給他幾塊錢，以為是他助長他們的豪情和享樂，而不知道他更重要的是做了情感會合的媒介，他們平時雖然貪圖錢財愛好名位，可是在李文龍看來，生命的憂患其本質都是相同的，藉樂忘憂事實上是探詢憂患的真正價值，像土人們在狂歡節後而能溫馴地回到生活辛勞的狩獵；當他們和那些酒女一起混聲合唱〈望春風〉時，情感會合而生命的意志融會在一起。李文龍不知道他的弟弟二郎是否會欣然喜悅或接受這種盡情的胡鬧。二郎的天資聰慧，年幼時李文龍便以他為榮，他想，二郎也許將會明瞭自憐是寬恕和淡忘社會變遷所帶來的逆境的一個主要的情愫。

——頁8～9

我們需注意以上引文隱藏著幾個層面的意義。首先，作者賦予李文龍一重要的能力，即：抽離事件，反身回來「詮釋」事件意義的能力，因而使得這樣的一個在人眼中視為不堪的境遇，竟獲致了另一種觀看的可能，如此，人不再是環境的被決定物，一如前文所說的，「存在先於本質」，「存在的方式」將決定人成為怎樣的人，人可以「選擇」，且「實踐」此一選擇，

因而人遂可以成為意義國度的成員，而非現實國度的奴役。其二，我們注意到：因李文龍將一個表象醜陋的輕卑之事，賦予了深層的蘊義，可見「吹奏」於他，絕非僅是技藝的問題，「技近於道」，透過「吹奏」之技，李文龍其實在「傳達」他的生命、他的詮釋，因而「吹奏」絕非技藝本身，而是他對生命的形上學傳達。再次，李文龍的信念——所有可能的人生必須付於實踐——那個「可能」在這裡有了明確、清晰的意義：憂患本質與情感會合。他與吹奏便是會合的媒介，因為「生命的憂患其本質都是相同的」，因而「吹奏」是「會合」此一「憂患本質」的媒介。

　　論述至此，我們看到在李文龍以吹奏探求他生命的「可能性」時，他對吹奏一事所賦予的詮釋、反思（在小說中常透過他與二郎或與自己之對話出現），以及以吹奏來實踐此一反思的往復歷程[14]，「吹奏」便是他的生命之流，因而此一「流」並非漫無目地、隨意流淌，而是有意向性的（如沙河流向大海），而這便是李文龍以吹奏展開的，生命最真實的「表演」，這是他的「道」，也是對藝術生命的型塑。以下我們不妨更仔細地看看李文龍如何以吹奏表演他的「道」，他所領悟的「生命的憂患其本質都是相同的」。

（二）合唱形成壯大的水流

　　小說中，李文龍到酒家吹奏〈補破網〉而使眾人合唱的一幕，我以為是深具象徵意義的。先是文龍開始吹奏克拉理內德，而後奏唱「夥伴」金木開唱，當金木沙啞的嗓音唱到「誰人知我疼痛」時，「酒客酒女」不禁停下來傾聽，小說描述此一幕甚是動人：

　　……樂器克拉里內德單音緩行，迷人的樂聲就這樣瀰漫屋裡屋外，首先有一位膝蓋跪著的酒女，一面倒酒一面淒麗而響亮地和著金木的歌聲，

---

[14] 如小說提到李文龍到酒家奏唱後，早上醒來，常要先清醒地躺著，「他一天中能順暢地過著，完全需依賴這種時刻養殖著信心；或者他一天中會感覺悲慘地活著，也完全受此刻思想的支配。他此時自如生活的感覺，是他並不計畫改變目前生活的樣態。」（頁16）。

漸漸引進來幾位男士，也合唱起來。這一曲是那個時候不知怎麼地以無可奈何的哀音在街頭巷尾流行起來的，連小童子們在晚餐後聚在一起也合唱為樂。歌詞回到開頭那句：

見到網

目眶紅

時，那四五位酒女都張開嘴巴放聲唱了，然後那些頭兄，先有點遲疑，最後還是手臂摟著酒女們的腰部，也跟著合上來。當歌詞第三次轉到開頭那句：

見到網

目眶紅

後，文龍瞥望到那位領頭而紅著臉的鎮長也半閉著眼睛唱起來，他是低沉的聲音，於是合唱形成壯大的水流。那位端菜來的瘦猴子，轉身走開時，拍拍文龍的肩膀，走進廚房後，也在那裡面應合著大家齊唱著那句：

誰人知我疼痛。

——頁 85～86

我們注意到：合唱如流水般流動著，音樂喚醒人的情感，不分男女老少，富貴貧賤：酒女、酒客、小童子、鎮長、端菜者依序加入在一個充滿魔魅的音樂之流中，最後，共同「加入」在人類共有的命運之流中：「誰人知我疼痛」，「疼痛」——病殘之李文龍因接納了自身之疼痛（不論是身體與心理的），因而能吹出疼痛，吹出共在人生命中的疼痛——人在命運中的渺小，這便是人類共同的「憂患本質」。如此的吹奏似在「吹出」（「傾吐」）同時便具備了反向的「接納」（「聆聽」）能力，在傾聽與傾吐之間，人們以個體的渺小共同匯入命運之流中，「樂主合」，音樂使人凝聚，人們因孤單渺小而相互依存。這樣的音樂似有療癒一般的神奇功能，不啻是生命最隱微而深刻的傳達？

論述至此，筆者想到思想家史作檉在討論西方畫家林布蘭特的畫作時，有一段極為精闢的評論，我們以為恰可為李文龍所傳達的「道」：憂患本質，做出極好的參照註解，史作檉的話帶著情感力量，我們試較詳細的徵引如下。首先：

> ……所謂美學，實際上，無非是道德建立的一種人性基礎罷了。而所謂道德，即是以一透悟的智慧，或以一純粹美學的精神，透悟現實，祛除小我，然後以深刻而真實的人性，開始有能力在小我幸福不可求的空虛心懷中關照人類，或以極大的同情心，去尋求人類靈魂最大安慰的可能……它所需要的就是一顆屬於人類深刻而整全的心靈。如果換一種說法，其實這就是一種真正的道德心靈。因為所謂道德，並不是一種人與人之間的單純關係；反之，它是由於自身深切的體驗，與人性深切的透悟，然後才得以呈現廣大而深刻的人類的同情。……[15]

因而我們可以說吹奏的魔魅在於與自身體驗深切會合，與人性會合，與人類的同情共命會合。這是從「吹奏」到「合唱」的另一註解。史作檉又言：

> 人對自身的人性了解到多麼深刻，就對他人了解到多麼深刻。而其中真正的深刻或最大的深刻，即超出於他人實際所呈現的內容，然後以一廣大包容之心，不予任何是非可否般地，加以接受並容忍之。[16]

再看：

> 什麼是宗教？

---

[15] 見史作檉，《光影中遇見林布蘭》，頁175。
[16] 同前註，頁176。

……若以高度的藝術藝術心靈來說，它只是一種了解、同情與接受。在此，假如我們要把它說得更直接而透闢些，亦即一個真正高度的藝術心靈，其所欲求得的人性安慰，根本就不是什麼可做為依靠之物；反之，而只是一種氛圍，或一種真正人性的氛圍的世界。[17]

這段話道盡了「藝術」的本質，藝術是生命與生命間的「發源、會成、通過與流向」，這便是「一種真正人性的氛圍的世界」。一切盡在吹奏中。

（三）沙河十分寂靜，藝術卻訴說不息

因而我們便也理解了，當李文龍真正能接納、聆聽且吹奏出自己生命的憂患之音時，他亦能重新聆聽長期以來他所要反叛的父親與沙河鎮民，這是力量自生命內在的湧出。小說如是寫道貧困的李文龍在最後對父親的思憶：

……於是他向前面白茫茫的空隙呼喚著：

「父親、顯現罷！讓我和您做一次交談，讓我聽您，使我了解。」

只聽到沙河流水潺潺……

——頁 37

文龍向所堅持的對抗姿態倒下，他因真誠地接納自己而放開疆界，生命之流始恢復流動，一如沙河之漲潮、退潮，人皆共在此一命運之流中，讓我們看小說對沙河的描述：

他往沙河下游走，從陸橋到鐵橋約有兩百公尺遠；他站在鐵道橋下，那橋也約有一百餘公尺長，他挺直腰身站在土墩上遙望海口，在月光的薄明中可以望見海水溢滿那條從鐵橋到海口的溝道，看起來似乎在漲潮，

---

[17] 見史作檉，《光影中遇見林布蘭》，頁 177。

> 但他不確知是否漲潮，他沒有推算農曆今天是何日，但那景象似乎是潮已漲滿，很可能不久就要退潮。沙河十分寂靜，只聽到水流滑過石頭的潺潺聲音。
>
> 他藉著微光看著手錶，已經是凌晨三點鐘。
>
> ——頁 36～37

漲潮、退潮，是生命意志在強力湧動著的韻律與節拍，然而在個人的生命意志外，還有一個更大的力量籠罩其上，或可名之爲「自然」，或可名之爲「命運」，音樂與沙河，自我與他人皆共在此推移著，流動著。沙河之流，命運之流。沙河十分寂靜，藝術卻訴說不息。

（四）超越表象，一個真正認識自然的人

漲潮、退潮，自我與他人皆共在命運之流裡，然而對自我而言，吹奏「克拉里內德」的李文龍已經不是昔日要以神氣高昂的「傳佩脫」來揚眉吐氣的李文龍，亦不是要以「薩克斯風」來載奏載舞的李文龍。就身分言，李文龍雖曾二度加入歌劇團，但他是歌劇團的一員，卻不屬於歌劇團的成員；他雖在酒家爲酒客奏唱，但卻不與他們全然混同，最後，雖回返沙河鎮，他是沙河鎮民的一員，卻又區別於所有沙河鎮民。他是一個孤獨到沙河吹奏的人。《沙河悲歌》中，作者對群眾的本質總有巧妙的暗示，李文龍眼中的他人（群眾），不論是劇團表演者或看表演的人，總是「睡著」，總是「膚淺而好奇著」，他們是一群「望不盡一切事物的充滿傳奇的內部」（頁 10）的人們，唯有一人，小說中爲李文龍父親撿骨的撿骨師，他是李文龍生命的啓示，他是一個「不屬於所謂的正常社會」之人，亦是李文龍眼中「一個無比崇高的人物」（頁 104），來看小說如此描寫李文龍眼中的撿骨師：

> 那位小老頭子似乎不屬於所謂的正常社會，也不與所謂的正常社會人相來往，他是一個無比崇高的人物，當他用破瓦和鐵器刮去沾黏的腐肉，

再用銀紙擦拭骨頭時，他想他是一位神，一位在暗藏的內心裡憐憫人類
的神。他永遠低垂著眼簾默思這所謂正常的社會人類，他不愛有肉體的
人，他只愛那些他擦亮過的白骨，把它視為自然天形的藝術品，反覆撫
摸，審視形狀，考量類別，而不使他們沾染一點塵埃。

——頁 104

這段話給筆者甚大的思索。我們注意到撿骨師的動作：刮去、擦拭，因而
在腐肉之上，「自然天形的藝術品」誕生了，自污穢中提煉純淨，藝術來自
污穢卻又超越污穢，這便是「一切事物的充滿傳奇的內部」，這便是撿骨師
的表演，能夠望進、且實踐這樣傳奇內部的人便是神了。而這一刮去、擦
拭腐肉的敬謹姿態，便是憐憫，便是愛。此一如魔術般的「撿骨」之最大
奧義：「化死為生」，不正是所有偉大藝術所要致力追求、傳達的境地？我
們以為，這是作者對李文龍酒家奏唱的另一種表述，吹奏的力量在此，書
寫的力量亦在此。揀骨便是吹奏，便是書寫，便是探入命運、探入傳奇內
部的藝術本身。真正的藝術家是一個在腐肉前敬謹莊嚴的撿骨師，那是李
文龍的願望，亦是所有向「生命藝術性探求」的人的希望。

七、在死亡前，聽「沙河淺流潺潺細唱」

這是最後的關口了。病、殘、窮之後，人類生命意志到不了的地方：
死亡，一片黑暗、靜寂與不可能之地，這是生命最深的傳奇內部。作為吹
奏者（撿骨師）的李文龍還能怎麼吹奏（撿骨）？還要吹奏（撿骨）嗎？
寫到此，筆者也感到一種文字無以為繼的感覺，但現在，此一問題也化為
筆者內在迫切的問題了。還好，小說暗示我們「沙河」做為命運之流的隱
喻，它是神祕的本身，我們得回到「聽」「沙河淺流潺潺細唱」。小說對
「沙河」與「死」的關連，有這麼一段描述，是時，李文龍面臨須在所愛
的彩雲與妻子玉秀擇一的問題。而這也是小說最後一次的沙河描述：

他又點燃一支煙，聆聽跳水谷水頭處潺潺流來的水聲，另一個潺潺流去的水聲在水尾的地方同時傳來。天快要破曉。跳水谷的水面始終寧靜不動，在這平坦如鏡的所在，一直都是死亡和活躍兩種不同情調的場景。沙河自坪頂山發源流經土城梅樹腳而來。他決定追隨葉德星歌劇團時，是一個不相信命運注定說者；現在他面對這沙河最幽寂的水潭，似乎已變成不折不扣的宿命論者了。但他知道，宿命論與非宿命論猶如錢幣的兩面；當錢幣的一面呈現在面前時，另一面便埋藏在底下。
而誓不兩立的兩個女人中，必定要走掉其中的一個。

——頁 105

二郎說，現在已不是在兩個女人中選擇哪一個的問題，是到了生命開始認知的真正課題。

——頁 109

小說至此道出現象界之上的本質問題。小說曾提到，「跳水谷」是許多人溺水或跳河死亡之地[18]，然而以上引文中又巧妙透露「在這平坦如鏡的所在，一直都是死亡和活躍兩種不同情調的場景」。好，現在我們得把「化死為生」的「撿骨師」請出來，看他如何施展「撿骨」的魔術。面對現象界的「死亡」極限，什麼是「活躍」呢？二郎（現在他便是撿骨師了）開始說話了，關於死亡的課題，二郎說：「是到了生命開始認知的真正課題」，從撿骨師到二郎，原來向一片意義沉默的大地（死亡）的「擦拭」（向死求活），便是生命的「真正認知」。現在，我們且安靜傾聽文龍心中，他與二郎的真切對話，我們試從接續上段引文開始：

---

[18] 小說有這麼一段敘述：「他繼續往上游走，來到長有 80 公尺，寬有 20 公尺的跳水谷。這是魚販金水跳水死亡的地方，是叔父天來早年溺水的地方，是南勢嶺的瘋婦金妹跳水的地方，是許多小孩不慎溺死的地方；水面平靜無波……這是沙河床中且深且大的水潭。」（頁 49）。

二郎說，現在已不是在兩個女人選擇哪一個的問題，是到了生命開始認知的真正課題。他想：二郎的確說的正確，我的這位老弟是我真正的知己。他又想：我已經到了清醒的時候，我的徬徨的生命應告終結了，應該開始進入真正認知的時候，雖然我隨時會嘔血而死，畢竟讓我活著獲得這一覺悟。

他突然清楚地了解那位撿屍骨的老頭，他相信那小老頭子在年輕時也是和任何所謂正常的社會人類一樣，希冀所謂不被輕卑的職業。經過了風霜，他沉默了，他面對別人所不敢面對的事物，他是認識自然的人，他甚至認識天上的神。……而我也曾經有過野心勃勃追求技藝的理想，他想。

二郎說得對，我承認現在愛樂器克拉里內德比愛女人、財富、名譽更甚，他想：我的克拉里內德和我內心的靈感便是我的女人、財富和名譽，他這樣想。

二郎說：「你必須把自己變成一支長長瘦瘦黑黑的克拉里內德。」

——頁109

這是二郎與文龍的對話，也是撿骨師與文龍的對話，更是在「死亡」面前，文龍與文龍自己的對話。「你必須把自己變成一支長長瘦瘦黑黑的克拉里內德。」這是生命的決志之說、清醒之說，也是人要真正成為他自己的「自然之說」，對吹奏者文龍而言，「成為他自己」便是成為「吹奏者本身」，在他與吹奏之間無他物阻隔，他就是吹奏者，他與「克拉里內德」在「吹奏當下」會合為一，他是「克拉里內德」，「克拉里內德」亦便是他。生命以吹奏而活，以吹奏所發出的音聲叩響死亡之沉寂，「聲音」便是活著的証明。小說最後一段，作者與李文龍「會合」為「吹奏者」，對自己，對克拉里內德，對所有共在生命之流的「藝術家」說道：

是的，當我注視樂器克拉里內德時，就像是看到為肺癆折磨成乾瘦的

　　我，他想。我的肺裡充滿肺癆的細菌，我的樂器克拉里內德的內壁也沾
滿那種細菌，他這樣想。他回憶著：有時，我會夢見樂器克拉里內德，
它直立起來發出神經病似的尖銳的叫聲，因此我想樂器克拉里內德有時
也會夢見我。

——頁 110

　　專一定志、矢志不移地吹奏，活於吹奏當下，活於「李文龍」與「克拉里
內德」的合一。這是一個吹奏者對死亡最大的反叛[19]，亦是吹奏者在命運
的可能與不可能之間，毫不保留、全力以赴的實踐，這是「吹奏者」的宿
命論：用吹奏來逆反死亡宿命之宿命論。因而，對吹奏者而言，在死亡面
前，只有吹奏、吹奏、吹奏，生命是一條吹奏之流。沙河、音樂與自我，
這是吹奏的真理，亦是所有藝術的真理。於是讓我們再重新回到小說（生
命）的起頭，在那裡，那個以「李文龍」爲名的藝術家正孤獨地面向沙河
吹奏著……。

八、結論：追求的技藝藝術到最後會轉來發現自我

　　透過生命、河水與音樂的相互隱喻，本文以「沙河的潺潺細唱」、「生
命矢志不疑的吹奏」，與「不間斷地詢問吹奏之義」三組音程討論《沙河悲
歌》的寓意，如音樂曲式的：出發、轉調、變調而再現主題原調之發展，
在《沙河悲歌》中，「吹奏」不僅是一個技藝問題，更是一個在時間歷程中
展開的生命課題，這是七等生對李文龍吹奏生涯的敘事鋪排。當李文龍必
須在吹奏中「懂得什麼是生活和賦格」，並領悟：「追求技藝藝術到最後會
轉來發現自我」，我們逐知道藝術的問題，永遠要置放於更本源的「生命藝
術性」背景中加以反思，這是藝術創作的最神聖與奧祕處。

---

[19]事實上，在小說中，一次李文龍與彩雲的對話中已有此暗示。是時，彩雲要李文龍放棄吹奏與他
　一起到桃園做生意。李文龍分別答以：「你知道我的困難在哪裡，但所有的困難都可以越過，唯
　一我不能放棄的是奏唱。」以及「我不吹奏，我就會很快死亡。」（頁96～97）。

　　將小說擺置在「生命藝術性的探求」課題下，李文龍的離開與重返沙河鎮，其中所暗示的「自我表達」之需要亦值得注意，兩次離開皆意味著李文龍對「我是誰？」——此一問題的熱切尋求，因而如此展開的吹奏之路是不能與世俗謀生的吹奏等同的，真正的吹奏所要實踐的，是一條生命的自我傳達之路，在《沙河悲歌》中，自我傳達之路甚且需要與生命內在的「母親」、「父親」所象徵的依賴、安全、自尊、力量之需索對抗，因而在李文龍的吹奏歷程中，幾度呈現極度徬徨、恐懼之姿，可見成就一個藝術生命，遠非想像中的容易。

　　以沙河的時間之流隱喻著生命的流動性，藝術所要傳達與追尋的「我」，已非一個抽離於時空境遇的「我」，而是一個能否在變動時空當下，不斷與命運「會合」、「遭遇」（"encounter"）的「我」，因而藝術的熱情實源自人是否真正地「介入」了自己的命運之流中。小說的敘事裡，第一次加入歌劇團的李文龍在極度徬徨之時，問：「我的藝術在哪裡？我要從哪裡著手尋求它？」我們知道這熱情已不可能透過外在技藝的轉換來解決（由傳佩脫轉為薩克斯風）；同樣的，在第二次參加歌劇團時，李文龍面對歌劇團在衰敗，人事在離散的虛無痛苦時，他以躲入婚姻來逃避不安，並尋求生活的安穩，這樣的決定卻反讓自己墮入更深的絕境中。對李文龍而言，藝術需來自於他與客觀世界的真正遭遇，因而所有盤繞於他的生命暗影，如追求光榮與成就而不可得的自卑、無能、病殘與一事無成；尋求依戀、肯定與掌聲而不可得的軟弱、邪惡、自憐與依賴……種種種種會導致他生命翻覆的威脅，皆是他必須以吹奏去「會合」、「遭遇」的素材。「內在感覺甦醒的地方，才是吹奏開始的地方」，藝術是人與自己，與他人，在生命與生命間的「發源、會成、通過、與流向」，直匯流為「一種真正人性的氛圍世界」的大海，因而藝術是人在虛無與絕望之前的「提煉」與「創造」，「自污穢中提煉純淨，藝術來自污穢卻又超越污穢」，這是小說中的撿骨師對李文龍的啟示，不也是藝術所要致力傳達的真理？

　　於是「藝術」的真理來自人對「生命藝術性」的真切實踐，這是小說

中，李文龍在死亡鄰近前，以專一定志、矢志不移的吹奏來展現其生命之
音的意義，聲音是叩響死亡之沉寂的本身。在命運的可能與不可能之間，
毫不保留、全身以赴的吹奏實踐，正是生命、河水與音樂相互隱喻的「生
命藝術性」之奧祕所在。

——選自《東華漢學》，第 5 期，2007 年 6 月
——2012 年 6 月 9 日修改

七等生小說中的自然、自由、神

◎黃克全[*]

人的存在便是在現在中自己與環境的關係，在這樣的處境中，我能首先
辨識自己，選擇自己和愛我自己嗎？這時與神同在嗎？

前面引列這段出自〈我愛黑眼珠〉中主角李龍第的內心獨白，典型的
七等生意識及文句，非但因為這裡包含了下面我們所要討論的「自然」、
「自由」、「神」等三種性質，同時也顯示著這三項質性是可合而為一的。
其實「自然」是一根源，「自由」和「神」是由之而生的衍變，「自然」以
其不受其自身以外的因素干涉，謂之「自由」，以其獨立自由自主的尊嚴，
謂之「神」。然而，「自然」是什麼？大體而分，自然的意義約莫可區別為
下列三項：1.萬物的本然（self-thus），在這義涵下，無所謂與人為的對立。
2.一具位格的自然，隱隱然環峙俯瞰著人世。3.以其相對關係的那一點而言
的，和「精神」相對立。

七等生對於許多理念對象的認知的矛盾混亂，也同樣表現在對「自
然」、「自由」、「神」這三項性質上。關於這方面的剖述，將涉及龐大且深
入的論理架構，（可想見的，也因此可以體現出七等生的創作心態及體系）
恐怕並非筆者能力所及，因此這裡所稱的「自然」語義，大體只規範在上
述第三項，亦即與精神的對立的那一題限而言。

---

[*]專事寫作。

一、自然

　　基本上，七等生有精神化的人格，逸離了自然，七等生這種逸離自然，朝向個人精神化的體現，在兩種心態及其表現上尤為彰著，其一是他對待文明的疑懼；其二是他對待女性的「愛恨交織」。而這兩種心態都似非而是，頗具弔詭性。請先敘前者，七等生對文明的疑懼：在短篇〈僵局〉中，主角「鍾」坐在一間屋子裡，然後開始有一種感覺：

　　他聞得到一種流瀘過來的陰詭的微風，在這幽黑且窒悶的室裡，長桌的上空有若電流一般流竄著貓眼的光亮，一隻壁鐘貼在對面的牆上，這是一隻新穎的電鐘，鐘面同樣地流轉著無數三角形的螢光，鐘站起來，猶疑了一下，開始在屋子裡輕慎的走動……。鐘靠近一架大型收音機面前，扭開開關，他轉身著，想從它收聽現在外面的一點消息，除了一種性質凶烈的音樂流出外，沒有其他。他繼來回扭轉，最後那個移動的指針停止，整座機器也告失靈。

　　在上面這兩段小說引文中，我們不難察覺出：無疑地，電鐘與收音機在這裡同樣是文明的象徵。七等生疑懼文明的侵擾由此看來，顯然已踰越常情而至疑神疑鬼的地步了。然而，這種疑懼文明的心態是否表示他是個自然人呢？不！相反地，此正反證出他是個已然精神化的文明人格，所以才嚮往自然的。然則，再往上究溯，七等生是否能安於自然的懷抱中呢？卻頗堪置疑，在他最早期的一中篇〈初見曙光〉裡，土給色對薩姬隨即追問他「回到自然」這話究竟是什麼意思？土給色答以：

　　像以前一樣，意志支配一切的落魄年代——。

　　回到自然，亦即回到宇宙本體奧祕，萬物生成滋長的真正力量之本源

的「意志」中。那麼此意志應指超越一切思慮觀念的人之自性本質，也即為「自然」。然而這顯然與七等生對生命隨時採取精緻理性思維的「非自然」人格質性互左，理由很簡單，一個真正身處於自然當中的人本身是不自知的，托爾斯泰在其《懺悔錄》一書中說：「我在孩童時，對自然毫無認識」。又說：「為觀賞自然，必須從自然游離，我本身即是自然。」而觀賞自然，意識到自然，實即業已和自然置於對立了，所以即使遠如著《四季隨筆》的吉辛，或田園詩人華滋華斯，近如被視為典型的自然主義者盧梭與愛默生，或者如中國文學傳統中公認最接近自然的詩人王維與陶淵明、謝靈運諸人，實皆已非真正的自然人了。一旦他們 1.意識到而揭櫫了自然。2.觀念並對其作一全盤的省思時，自然已然遠颺逸離而去，假如他們真能再親炙到自然的真髓於萬一，那也非原先之自然狀態矣！套句禪宗的話，這是第二度見山見水，已然非前度之山水了。[1]

　　所以「自然」對一「成了人」的人來說，已是不可能的事了，自然此時僅能作為一懸鵠，作為人厭倦了精神文明化後回頭仰望的桃花源地。七等生的厭拒文明反映出了他自身的追求自然，也反映出他本身卻正是個日漸與自然脫離的精神理性者。在其一篇散文〈棕膚少女〉裡，七等生即坦承供述：「我喜愛她仍是我正久缺著，而她正擁有的『坦誠』、『健康』與『色澤』，這些構成一種魅惑的青春的和諧引誘我，如今，我充滿了這類的貧瘠。從她之處，反映著我的蒼白和衰萎。」此一棕膚少女正是自然的化身（表徵）。是的，七等生之仰攀自然乃是有其不得不然的苦衷。我們不妨再說一遍，因為愈是文明，即愈趨於精神化，也即愈脫離自然，而精神文明的精緻最後勢必將生命帶入衰頹無力，甚至於毀亡。所以七等生的疑懼精神並非全然是無的放矢與神經質的。但就因並非全然神經質的，而是精

---

[1] 華滋華斯的詩如：「我把精神的生命／給予／每種自然／的形狀，／岩石／果實與花卉，」則分明只屬於個人己身精神之移入干預了。須至於王維的「山中發紅蕚，紛紛開且落」才得之為自然，然而，王維創作此一自然時，實業已滲溶入意志及理知了，所以此時之自然是二度山水，套句近人施友忠先生的話，此謂之「二度和諧」，此自然實非第一度之山水自然，而是一絕對神虛之境界（之自然）。

神理性的沉陷，所以很難得到自然的救援，這是人類的兩難式之一。[2]

　　七等生之對待女性的心態言行亦是其自身欠缺自然及其精神化歷程中的另一體現。（關於這方面的論述，筆者另有專文探討，請參見拙作〈精神與自然——七等生小說中的男女關係〉）我們以為，女性無疑地是自然的象徵，相對之下，男性即為精神；自然與精神的對置甚至可以往上推溯到宇宙最高本體事實關係中去，那就是精神要求明朗理知之本質是與渾淪直覺之自然之本質互為辯證的，因之，精神化之七等生乃不得不一方面拒斥著自然之引誘，另一方面，卻要為吸收自身闕如的自然質性而去追求。如此，他對待女性就表現出既恨且愛的雙重矛盾心態，這種衝突的傾軋造成了其痛苦的根源，七等生亦曾意識到這點：「這是我的不幸遭遇，因為追求『愛人』而繼續存活。」[3]另外，在〈致愛書簡〉中又說：「我對愛情的願望才是我的痛苦的全部內容。」

　　除了上述的自然義外，在七等生的理念世界裡還有一項自然省思亦可描透出他己身秉持的非自然質性，在其代表傑作，〈我愛黑眼珠〉中，主人翁李龍第有著這麼一段內心獨白：「他暗自感傷著；在這個自然界，死亡一事是最不足道的；人類的痛楚於這冷酷的自然界何所傷害呢？面對這不可抗力的自然的破壞，人類自己堅信與依持的價值如何恆在呢？」

　　此處所謂的「自然」，係指環於人類主觀己身之外的純客觀存在，亦即落在前面我們給自然所下的第一項的定義，這個自然其實是純粹中立的質性及力量（存在）如老子「天地不仁，以萬物為芻狗」的自然，無所謂仁或不仁。但在西方的傳統觀念裡，這自然卻隱隱然落在第二義，而與人相對立、具敵意、冷酷的。七等生或許也受到這種觀念的影響，同時，這不

---

[2]試以新約聖經為論，一方面它警告世人，說是若不能像那孩童一樣，就繼不得進入天國。而另一方面卻又訓論我們一旦做了人，心思就要像成人，而可把孩童的心思丟棄了。宗教義也充滿了如此難解的矛盾。佛教亦然，佛教與基督教這兩種宗教本身都是高度精神的，但它所追求最高目標卻是自然，追求那不知不識的渾沌大化，這種痛苦的矛盾及追求法或許就是宗教不得懸於一至高無上領域的根本原因。（當然，換句話說，這也可以說是宗教之所以長存不衰的奧祕，而人亦不得不繼續於這種無盡的追求。）

[3]「愛人」二字在此原文中被七等生故意加上引號，顯然用以提醒讀者注意此一語詞的特殊喻意。

正也表示了他對自然的既愛又恨的兩難矛盾？他崇仰追求自然，時而又對自然疑懼不安，他對自然的體驗、認知與矛盾充滿了過程的辯證。在七等生對自然的辯證過程，亦充滿著矛盾及混亂，他時而以自然為孩童般的無知，時而以自然為宇宙萬物發皇的本體意志力量，時而視自我為自然，時而將自然推出己身，視為一外在的位格存在，他唯一連貫的是他始終以其自我的精神意識到自然；這時候，李龍第感慨到外在自然現象界的冷酷無情，唯有自我的精神的價值才足以自恃。

至此，我們不妨重頭再來檢查一遍七等生遭遇到的基本矛盾、兩難困境：1.七等生一方面將自然內視為己身之意志，致使萬物發皇無礙之生機。但另一方面卻又同時將自己推出己身外視為一絕對的空間（純然的冷漠）——其中的價值須賴人之填充及構建，此則陷於前後矛盾。2.他一方面將「自然」當作己身一質性，用以對抗理知束縛，逃避人世紛擾的避風港。殊沒料到此一自由意志本身是盲目的，它必須借用理知精神的眼睛方能前行而不致傾躓。所以情況最後演變成七等生必得操自己所厭卻的彼物來揭擊彼物，此必然難免於尷尬。

二、自由

在《白馬》與《情與思》二書內的「小全集序」一文裡，七等生引用了國文學家蒙田的這麼兩段話以自勵及自況：

> 人必須退隱，從自己尋求自我，我們必須為自己保留一個貯藏，揉合我們在貯藏庫裡，我們可以貯藏並建立起真正的自由。

> 對男人而言，世上最偉大的事是知道如何成為他自己。

我們素知，無論在中國傳統哲學或西方基督教思想中，「自由」都不是僅以滿足於知見真理的那種自由，而是人之成為自己的那種自由（其最高

境界就是儒家所謂的「從心所欲不逾矩」）。人之成為自己的努力，大體說來，也就是指前節所引的李龍第「自己堅信與依持的價值」之構建而言。然而此一價值「如何恆在呢？」卻由於須牽聯關涉及己身之外的他物他者，而成為一網絡極其綜錯的問題。不過，在此我們儘量不牽扯到那永無見底的「決定論」。在本節裡，我們主要僅在描廓出七等生理念世界中的自由風貌，以及他如何去追求他自認的自由。

在七等生的小說中，「自由」是最常見的字眼之一，可以說，自由是他最為迫切關心的一件事情，而他對失去自由的恐懼幾乎已達到某種非關經驗只憑想像的地步，在散文〈木塊〉裡，主人翁縮身於斗室殘喘不安，最後他莫名其妙的斷言：「一切都準備好了，想贏得自由，在這座城市是斷不能實現的。」在短篇〈跳遠選手退休了〉裡，他乾脆向眾人宣布他所要的是「絕對的自由意志」。

這種個人欲成為個體獨立自我的意願對七等生是如此的熾烈，以至於他要處處感到不自由的束縛。促成這種感覺來源的對象，首先當然來自人最有直接關係的家庭與社會。[4]而無論家庭或社會，其據以成立的要件之一便是以個人自由作犧牲為代價而換取來的，尤以社會為最。儘管每一社會最後的目標都在於為其屬下的每一個成員求得無限可能的自由，可是很遺憾的，我們又必得承認它們永遠不能做到這個理想。在本文題目下面引言中說：「人的存在便是在現在中自己與環境的關係」。這種關係究竟說來便是一種「限制」。所以社會與個人關係在某一層面言，雖互為需求，互為合作。但在另一層面言，卻是永遠必得互為對立。最好的社會只是使合作與對立之間維持在某一平衡的局勢，並使這種束縛感施於個人身上時減至最少，使個人之自由意欲之申張維持到某一不致妨害、傾覆社會成立的極限。（當然，這就是其消極性那方面來說），一般而言，除非是極權的共產社會，否則個人通常都可以體諒這種關係限制的不得不然的苦衷，而安於

---

[4]最直接的對象首要屬於家庭，但家庭倫常的束縛既較容易擺脫，可以種種方法沖淡——譬如以男女歡愛之情化解之，所以較容易於忍受。

社會所加諸個人的種種限制。

但是有一種過於密邃敏感的心靈卻不堪於這種社會的限圍，七等生就是這種人，他能感受到即使是最輕微的震動與騷擾，並將其餘波攝留於內心使之歷久不散，他並且賦予這種社會加諸他個人的壓力以某一格局，然後將之渲染成個人受苦難的形式象徵。

所以我們似乎可以肯定睿智深思如七等生者，當不會不知這種將社會與個人之為二截然敵立的概念幼稚與不周延，相反的，他卻是故意地將這份對立張力擴充成一象徵形式意義。再則，這份故意則極可能正是為了欲取得一從下向上攀援救贖的辯證歷程與力量，這正是隱藏於七等生內心的一項祕密。就像他故意將自己早年求學受到師長的冤屈擴充為權威逼迫無辜個人的象徵一樣，他故意逼迫自己去牢牢記住這份冤屈及怨恨，而七等生又為何如此呢？有一可能的原因，即為要由此怨恨生發而逐步走向昇華及超越，這是宛若一種宗教上的洗滌救援的儀式，很具諷刺性，如同基督教義中之需要原罪般，七等生需要一份自我束縛，直言之，七等生一方面迫需自由，可是另一方面更得仰需不自由（的壓力，以作為其墊腳石）。

以上這種矛盾的辯證過程可暫置不論。這種種似非而是的弔詭，一切無非仍為了要求取自由罷了，七等生之自由欲求是如此的強烈，以致於竟使他對周遭所有於生活上稍絆縛其自由意志的事物都心生反感。在這種情況下，社會、家庭、他人都不免時而梗阻其前而成個礙眼者了，在〈虔誠之日〉中他即宣稱「唯一我能活下去的理由，不應是那些在往日纏絆我的習俗和倫情」。

另一種自由的意識理念則晉入更深一層次，它不是社會與個人的現象關係，而是屬個人自身存在的本質問題，前者有點偶然的意味，而後則屬於必然了。不妨說，人的存在都不是自由的，中篇〈離城記〉就是此一哲學理念的沉思及體悟，在小說題目下有一句引言：「不完整就是我的本質」。「不完整」在此意指著「不自由」，因為唯有絕對的自由才能稱為完整，而這種無待乎外物的絕對自由唯有「神」或莊子哲學中理想的「至

人」才能臻及。但世人卻不能，人類基本的困境凡二：1.生命需要一活動的場界，因為人不能生活在虛空中，生命的價值端賴「人與環境」之間的關係，此「環境」意指（1）時空；（2）歷史等諸項條件，「時空」是人類存在活動的必要場界條件，此置不論。以「歷史」此名目下可再細分，舉凡倫常、情愛、職業諸關係都是各種不自由的羈絆，唯這種羈絆對人類的意義是頗富正反辯證性的，不妨這樣說：沒有他人，也就沒有了我，此為人之不自由、不完整者。2.每一個人在世上都將成就一個角色。這某一「角色」意即指他的「人格」或「身分」，譬如說他身為一個大學戲劇教授，或身為人子女或為人公正耿介等等，這種種「人格」造成種種人的「存在」。這是人的囿限之命運，可是只要我們再加以縝思明辨，這種為藩籬的各自之命運實在與自由是互為表裡的，亦即說，這種不自由的命運也正是另一自由的變貌。咸信七等生往後已對此稍有慢悟，因之他才以那句存在主義者的宣言「不完整就是我的本質」作為點題的引言。

三、神

七等生對於「神」的第一體認是一外在於個人的權威的化身，而像他這樣一種要求絕對意志自由的人，當然是無法忍受任何己身外在權威的干涉或絆縛。所以他對於任何權威的化身都將採取拒斥的態度。[5]父親、老師、朋友、教會、社會團體等等均屬之。而宗教性的人格神祇，則當然首當其衝了。

在七等生小說中，我們至少可列舉出四處對於壓迫個人意志自由的權威人格化神祇的懷疑、卑視與抗拒：

1.在短篇〈虔誠之日〉裡，主人翁「我」於回家途中行經一處長老教會，當他走上臺階欲入內時，卻受阻於一住教會裡的人，這個人被描述為「相貌平凡和粗糙」，他把守在那裡，看來是為了嘲諷和維護，彷彿一位小

---

[5]民國68年內七等生在《書評書目》上發表了一篇〈善唱洗淨的悲歌〉文中強調：他不滿某些社會政治紀律對待個人之整體化的要求及迫害，此也歸納於這種抗拒一權威神祇的態度之一。

丑守在猛獸的檻門，七等生甚且諷刺地說：「那些在現世以名譽代表他的人，此時莊嚴地坐在高階的講壇上暝搖著浮幻的眼珠，象徵他的精神的火燭，在這日落的城市顯示暗澹和脆弱。」這位把關者顯然是教會（教會通常被當作與神交會的中介。）與宗教權威的化身。

2.在短篇〈爭執〉裡，「戴」到一座內供俸著受眾人膜拜的神祇，香火鼎盛的廟宇裡去找尋一個人，他抬頭望著那些高大矗立的柱石和雕刻的文字，朝向橫樑和頂穹呼叫著：「這裡存在著多麼大的空間啊！」望著神龕，他心想：「你太巨大了，而且太威嚴。」這時他逐漸由心底升起一股「恐懼和虔敬」，以一種「審查」的表情注視神祇那張「充滿漆光的臉孔」，戴漸漸有一點侮瀆的心思。七等生更以嘲謔的語氣繼續描述說：「在那個戲劇化的裝飾裡面藏有一個木料的實體，現在，他的眼光直視那張非常凸出的面孔，袖的臉集相學可稱的優點。」

「你裝扮成這樣是為了威嚇，威嚇是一個起點，一切的地點。」戴從理念中升起對袖的批評。

「你敢情就是一樁欺騙。」

戴用手指摸摸石柱雕刻的龍鬚，那些在戴的眼中「充了虛偽和蒙騙的事物。」

3.中篇〈放生鼠〉裡，羅武格於黃昏時行經一間基督教靈糧堂，教堂裡正舉行著布道大會，他隨著許多人入內，跟隨著牧師的擺布，祈禱、唱聖歌、聽講經，反覆地作許多安撫心靈的宗教儀式，末了，牧師要求來皈依上主的人站出來，準備為他們洗禮。但這時羅武格「心中充滿了疑慮」終於毫不回頭地走出教堂。心中唸著：「主啊！寬恕我，唯有在我的心中能找到祢……」

4.短篇〈是非而是〉中，「他」坐在公園裡露天劇場的椅子上，他發覺旁邊有人低頭祈禱，然後一個老者過來坐在身旁邀拉他加入教會，他回答以：

「不要，我自有主張。」

「你必須有一宗教，宗教也需要你。」

「是的。」他點點頭又搖搖頭。

另有一次，對方說：「請你把你的生命接續在我的生命脈絡上，」他則搖搖頭說：「沒有相似的兩個生命，」然後他想「也沒有有謂的『我的兒子』和一種自認的『父』。」

以上四個例子都應視之為七等生對於高於個人之上的某一權威力量的抗拒。而人對宗教神祇那種毫無理性、泯滅自我自由的膜拜，在七等生眼中看來，當然要心生反感了。因為他要求的是個人自我負責，忠於自我的意志自由，不論可行與否。現在我們再來看七等生理念中對「神」的另一類認知，在〈放生鼠〉裡，羅武格追問絲蕙的過去時與絲蕙兩人有著這麼一段對白：

「背信，永遠的背信。」

「對誰背？」

「對神背信，人在社會生活中都對神背信。」

這裡所謂的「神」一詞是七等生作品中神理念的另一要義，既非指稱位格神，亦非指稱某一壓迫個人的權威，而是指謂著「自我」。也就是前節中所謂的「意思支配一切的落魄年代」彼一完滿的自由意志的我，生活在不受世俗人為左右的自然理想情境中的我；「神」、「自然」與「自由」三者在此可劃一互通的等號。我們且發覺，七等生對於宗教性問題的體悟至少達到那種「精神個性之宗教」[6]，在這種宗教概念中，「神」即為自我自由

---

[6]根據黑格爾的說法，宗教之基本精神在將上帝（神）與人及自然會合為一，唯在宗教之實際精神形式裡，須歷經宗教發展之三個階段，此理想方能臻及。此三個階段依序為：1.「自然宗教」，2.「精神個體性之宗教」，3.「絕對宗教」。在自然宗教階段，精神與自然二者完全融合為一；在精神個體性之宗教時期，其本質表現為人性自由，為自己了悟；在絕對宗教裡則精神表現到那種無

精神之絕對體現。我們通常認為精神意志為自由，但是究其實，精神意志也不是自由的，人文精神主義者歌德即曾覺悟到這一點，他因此說甚至在反抗自然法的當刻，我們實際上也常尊從它，所以人之意欲成為那「絕對的意志自由」的神終於註定要成為海市蜃樓的幻象。但反過來說，人亦不得不繼續於這種無望的追求，（正如宗教不能自我否定理想天國的存在一樣）並且，因為人原本就有一種趨向自由無垠無盡，不受任何束縛的本能需求。直言之，人性中之精神欲求有一種破除一切世上「相對」關係的束縛而轉趨向「絕對」領域。在宗教絕對性這樣嚴格的要求下，相對性的倫常關係必須退位；相對性的倫常關係，一旦與絕對性精神意志之自由伸展彼此衝突，前者亦不惜拋捨。在〈虔誠之日〉中，七等生即如此宣稱「唯一我能再活下去的理由，不應該是那些在往日纏絆我的習俗和倫情」以及在〈我愛黑眼珠〉中，李龍第寧捨自己親愛的妻子晴子於不顧，都是此一絕對信念的忠仰與實踐。

——選自黃克全《七等生論》

苗栗：苗栗縣國際文化觀光局，2008 年 1 月

——2013 年 4 月 20 日修改

限絕對的自由。黑格爾此一區分法是根據他的「絕對精神」之哲學體系衍化而來的。包含著價值高下之評騭，而他所歸納的世界各種宗教分別於各階段內也不見得正確。譬如他推崇基督教屬於最後階段的一種完美的宗教，而「中國宗教」（按此一詞語頗曖昧不明）僅停留在「自然宗教」階段內，即值得商榷，關於黑格爾的宗教精神之區分法，請參閱吳康，《黑格爾哲學》（臺北：臺灣商務印書館，1959 年）。

當李龍第老時

論七等生

◎郝譽翔[*]

　　歷來七等生小說所引起的爭議，大概除了王文興之外，無人能出其右。他們兩人的文字多被評論家譏諷為「不忍卒睹」，彷彿是患了「小兒麻痺症」；而他們的作品也多被指斥為是「悖逆倫常」，「離經叛道」，甚至是傳播「頹廢墮落」的毒素。但是種種批評仍然阻擋不了某些人（尤其是學院中的知識分子）對於他們的喜好，《家變》、《背海的人》、《我愛黑眼珠》、《沙河悲歌》等小說繼續在特定讀者群裡被流傳歌頌著，以至於今天我一想起七等生，腦海便會浮現出黑夜裡臺大文學院寂靜的長廊，彼時還是研究生的我們，就在蚊蠅飛繞的青燈下，捧著七等生的小說彷彿是救贖的聖經般虔誠地誦讀。

　　如果指斥七等生的小說充滿荒謬、欺瞞，並從情節的安排去推敲是否合乎常理，那麼，很可能就是完全錯看了這些作品。楊牧〈七等生小說中的幻與真〉開頭便指出：「幻想與現實同時存在於七等生的小說世界」，而「幻想對七等生而言，只是手段而已，它通過幻想之運作開發探討他親身體驗思維的現實問題。」因此，七等生的小說多應被歸為超現實的寓言之作，作者藉由幻設出來的時空與事件，以更深入挖掘現實人生所含藏的蘊意。這些事件固然缺乏具有說服力的細節來支撐，但卻不過只是七等生欲表白自己意見的出口而已，無須過於考據追究。

　　不但如此，呂正惠在〈自卑、自憐與自負〉一文中也批評七等生「從

---

[*]發表文章時為東華大學中國語文學系教授，現為中正大學臺灣文學研究所教授。

來沒有創作出一部完整的作品」，使得「七等生的小說確實都有結構上的重大缺陷，所以他的作品不應單獨對待，而是應該組合成為一個整體。」這正如《七等生集》序言〈削瘦的靈魂〉所云：「他（七等生）的每篇小說好像各自獨立，實則它單獨存在時僅有充足與不充足、完整與非完整的差別。必須讀遍他所有的作品，才能較了解其創作意向，確切知悉其小說中的演化軌跡。」故若僅是把七等生的單篇作品析離出來討論，必定會發覺結構的失衡與情節的曖昧不明，唯有把它放回到七等生的所有作品之中，才能夠互相補充說明，而這可能才是閱讀七等生的正確方法，相信也是為七等生迷們所深深奉行的圭臬。

　　七等生的作品雖多，其實均是同一主題的迴旋反覆、變奏與重奏，至於貫穿這一主題的男主角，名字不論是叫做「亞茲別」、「李龍第」，或既是小說人名也是七等生本名的「劉武雄」，全都可以視為七等生的化身，也是作者與自我內在靈魂辯詰過程的具體展現。七等生在《離城記》〈後記〉中已明白說出：「我的每一個作品都僅是整個的我的一部分」，而「寫作是塑造完整的我的工作過程。」呂正惠和李瑞騰便不約而同認為〈致愛書簡〉的這段話，是了解七等生寫作理念的重要關鍵：

> 做為一個現代文學的寫作者的我啊，早就卑視那浮表的事件的記述的不能共鳴的事實，這使得我必須把心靈演化成形式，用幻想做內容直接來感應你，當你接住我的傳播的感應時，能使你從我的幻想再恢復到現實，那麼你看到的將不是發生在我身上的單獨的特殊遭遇，而是生命的你也同樣會遇到的普遍事實。

　　這段話中的「你」，當然是指小說的讀者，但同時也指涉七等生自己本人，透過「寫作一步一步地在揭開我內心黑暗的世界，將我內在積存的污穢，一次又一次地加以洗滌清除。」（〈當我年輕的時候〉）而「完整的我」就在他不斷反覆地書寫當中，逐漸的被模塑成型，淬煉打鑄。

　　究竟七等生反覆以文字淬煉打鑄的主題是什麼？簡單的說，他關心的無非就是「愛」而已。不論透過象徵、冥想或寓言，七等生所探討繁複尖銳的現實問題，追根究柢，均歸諸於人類是否具有實踐「愛」的能力。就以最惹人爭議的〈我愛黑眼珠〉（1967 年）一篇為例，在一座冷漠疏離的文明城市之中，被物質與私慾所奴役的人類，早已經失去了愛人的能力，所以李龍第與晴子雖有夫妻關係，但卻只建立在脆弱不堪一擊的世俗倫理上。而洪水的來臨，顯然具有《聖經》中上帝降大水以洗滌世間罪惡的寓意，當人類面臨死亡暴露自私與醜惡之際，李龍第卻因愛的力量而益發沉穩安靜。他詰問自己道：「在這樣的境況中，我能首先辨識自己，選擇自己和愛我自己嗎？這時與神同在嗎？」此處的「愛我自己」，當指足以彰顯個人存在價值與意義的「愛」，以及其煥發出來的高貴光華。因此洪水的來臨，象徵李龍第拔離世俗的羈索，從而獲得自我完整的實踐。當面對大水彼岸的晴子憤怒咒罵時，他告訴自己：「我必須負起我做人的條件，我不是掛名來這個世上獲取利益的，我須負起一件使我感到存在的榮耀之責任。」就在這一刻，李龍第變成了「亞茲別」，他再也不是晴子的丈夫，而選擇以對陌生妓女的「愛」來實踐存在的榮耀。當他見到晴子落水而流淚時，妓女問他為何流淚，他回答：「我對人會死亡憐憫。」又說：「我流淚和現在愛護妳同樣是我的本性。」這份出自於人類本性的愛與悲憫，才真正是〈我愛黑眼珠〉甚至七等生所有小說所欲追索的核心意義。

　　就表面看來，七等生在 20 年後所寫的〈我愛黑眼珠續記〉（1988 年），反省批判臺灣解嚴之後風起雲湧的社會運動，相形之下，現實感似乎增強了不少，不過仔細推敲，其實仍是前集「愛」的主題的延續，甚至更加明白的宣說。在〈續記〉中七等生以為「真正使人付出思考的是人性的問題」，而「真正使他惋惜的是這人性的墮落和淪為物具而使用，他想逃開的正是這種物化而廝殺的場面。」所以他對現實世界充斥的喧囂暴力深感不安，而唯有透過愛，人類才得以脫困：

愛就存在於這個個別差異裡而不僅僅選擇它的類同，就像它不是一時的權宜和婚姻，而是一種時間的痛徹了解，是對全生命的認知和關懷。它貫穿於各種現實行為的矛盾，有如統攝著各種色光和形狀的思考結果，它使現實寓居存在著一個恆久非現實的理念。

七等生追求的乃是一永恆貫徹的愛的本質，足以穿透現實喧嘩浮泛的假象。與其冷酷無情的面對現實，或是激烈的反抗現實，他寧可採取的態度是「靜默地關懷人類」，因為「我心不忍」（〈回鄉印象〉）。然而也就是這份「不忍」，使得七等生其實比誰都還要道德，就如同楊牧所說：「〈我愛黑眼珠〉乃是一篇具有深刻的道德警戒意識的小說。」

自然與文明的對立衝突，使得七等生選擇遠離城市人群，回歸山林田野，以此重尋人類的和平與和諧。他在〈幻象〉中說：「所謂自然天成之樣相是比一切維護和教養的美麗要高超完整」，而這一美麗和諧的世界，必須透過愛的實踐來完成。愛則必須有具體的對象，他並不相信「擁抱群眾」的博愛，因為這是「明顯的空言和泛論」，而「真正的愛是有明確的對象，必須找到一個，然後再找到另一個，一個一個逐一的去施給。」所以在七等生的小說中，女性往往是愛情實踐的對象，可是也因為對人性有著太多的不信任與失望，譬如晴子，譬如〈阿水的黃金稻穗〉中被丈夫殺死的劉俗豔，這些女性卻只帶來愛情的幻滅，最後七等生仍是孤絕抑鬱的活在世上，成為一個從俗世中徹底放逐的現代主義者。

不過，這一孤絕抑鬱的形象，終於在他最近出版的《思慕微微》中被打破了。在這本書中我們看到七等生終於找到愛的女神「菱仙子」，在她的面前他卑躬屈膝，自慚形穢，過去那個高傲孤絕的李龍第，早已經消失不見。這是因為李龍第找到了真愛呢？還是他已經老去，再也無力對現實憤懣，故在青春女體面前就輕易的妥協繳械了呢？

〈散步去黑橋〉中七等生說：「真理在時間中存在，所以我讓邁叟盡情地去號哭慟泣罷。」老去的李龍第，終於以時間換取到了人生的答案。

──選自郝譽翔《大虛構時代》

臺北：聯合文學出版社，2008 年 9 月

輯五◎
研究評論資料目錄

作家生平、作品評論專書與學位論文

專書

1. 張恆豪編　　火獄的自焚　臺北　遠行出版社　1977 年 9 月　267 頁

本書藉由多位學者的評論文章，探討七等生的多元風貌，亦呈現臺灣現代小說批評的縮影。全書收錄評論七等生的文章：葉石濤〈論七等生的小說〉、葉石濤〈論七等生的《僵局》〉、郭楓〈橫行的異鄉人〉、陳國城〈現代文學之象徵主義〉、陳國城〈自我世界的追求〉、劉紹銘〈七等生「小兒麻痺」的文體〉、雷驤〈《僵局》之凝聚及其解脫〉、吳而斌〈七等生的《放生鼠》〉、劉紹銘〈現代中國小說之時間與現實觀念〉、劉紹銘〈三顧七等生〉周寧〈論七等生的《我愛黑眼珠》〉、高全之〈七等生的道德架構〉、陳明福〈李龍第：理性的頹廢主義者〉、李紡等〈評七等生《來到小鎮的亞茲別》〉、瑪瑙〈隱遁的小角色〉、黃克全〈管窺七等生及其《我愛黑眼珠》〉、黃浩濃〈隱遁者的心態〉、陳昌明〈論七等生的《精神病患》——賴哲森的心態研究〉、胡幸雄〈《沙河悲歌》中藝術家的執著與退讓〉、夏志清〈臺灣小說裡的兩個世界〉共 20 篇。正文前有張恆豪〈《火獄的自焚》序——《我愛黑眼珠》的試金過程〉，正文後附錄〈七等生小說評論引得〉、〈七等生生活與創作年表〉。

2. 張恆豪編　　認識七等生　苗栗　苗栗縣立文化中心　1993 年 6 月　203 頁

本書蒐集有關七等生的思想、人格、作品藝術及風格的評論，並收錄七等生的專訪，藉此剖析其創作的奧秘、以及人生觀、藝術觀的形成。全書共 3 部分：輯一共收呂正惠〈自卑、自憐與自負——七等生「現象」〉、張恆豪〈七等生小說的心路歷程〉、廖淑芳〈七等生作品中的個人觀、羣體觀及其形成過程〉、巴略特著，青春譯〈七等生早期短篇小說中的哲學、神學與文學理論〉、蔡英俊〈窺伺與羞辱——論七等生小說的兩性關係〉5 篇；輯二共收洪銘水〈《我愛黑眼珠》的道德挑戰〉、金沙寒〈不完整就是我的本質——釋七等生的《離城記》〉、廖本瑞〈漂泊者的追尋和失落——評析七等生的《老婦人》〉、周寧〈《幻象》附註〉、彭瑞金〈《垃圾》簡介——還我生活的淨土〉、金恆杰〈失去了純真的晴子——評七等生《我愛黑眼珠續記》〉6 篇；輯三收謝金蓉〈我不想讓人覺得我有做大事的使命感——訪作家七等生〉。正文後附錄七等生，張恆豪〈七等生生活與創作年表〉、許素蘭，方美芬，張恆豪〈七等生的小說評論引得〉。

3. 黃克全　　七等生論　苗栗　苗栗縣國際文化觀光局　2008 年 1 月　192 頁

本書收錄作者評論七等生作品的文章，從小說主題、語言風格、生命歷程等角度切

入，正文前有黃克全〈衣帶漸寬終不悔（自序）〉。全書共 12 篇：〈恐懼與顫怖——論七等生〈我愛黑眼珠〉中李龍第生命信仰之辯證性〉、〈精神與自然——七等生小說中的男女關係〉、〈〈我愛黑眼珠〉之寓義轉化過程〉、〈七等生《沙河悲歌》中的三個關鍵題旨〉、〈七等生小說中的自然、自由、神〉、〈不完整就是我的本質——釋七等生中篇《離城記》〉、〈開啟七等生門闌的三支鑰匙〉、〈開放道德與關閉道德的衝突及弭解——釋七等生短篇〈結婚〉〉、〈關於楊牧〈七等生小說的幻與真——一文的幾點質疑〉〉、〈七等生散論〉、〈存在的秘徑——七等生〈我愛黑眼珠〉中李龍第人格本質再議〉、〈從《僵局》到《銀波翅膀》看七等生小說之本質〉。

4. 蕭義玲　七等生及其作品詮釋：藝術‧家園‧自我認同　臺北　里仁書局 2010 年 11 月　363 頁

本書以「藝術」、「家園」與「自我認同」的相互辯論與證成，重新探掘蘊藏在七等生敘事脈絡下的重重隱喻，進而以存在意義的探問，討論七等生小說／藝術創作的奧秘之源。全書共收錄 7 篇論文：〈愛、疏離與暴力——七等生〈精神病患〉中的疾病與醫療之路〉、〈內在甦醒的地方，才是吹奏開始的地方——從七等生〈沙河悲歌〉論生命藝術性的探求〉、〈面向存在之思——從七等生〈小林阿達〉、〈回鄉印象〉、〈迷失的蝶〉、〈散步去黑橋〉論愛慾、自然與個體化歷程〉、〈走在一條建造家屋之路——論七等生《重回沙河》中的時間光影與生命家屋〉、〈獻給永恆女神的禱詞——從七等生《譚郎的書信》論藝術實踐與自我完成〉、〈自我追尋與他人認同——從「自律作家」論七等生的寫作風格及其爭議〉、〈觀看與身分認同——七等生小說的「局外人」形象塑造及其意義〉。

學位論文

5. Anthony James Demko　The Internal World of Ch'i-teng Sheng, A Modern Taiwanese Writer　華盛頓　華盛頓大學亞洲語言文學系　碩士論文 1983 年 5 月　69 頁

本論文探述七等生生平及其文學風格。全文共 4 章：1.引言；2.作家生平；3.七等生三篇短篇小說中的異化（疏離）書寫；4.結論。正文後附錄「七等生作品目錄」與三封七等生寫給作者的書信。

6. Catherine BLAVET　QI DENGSHENG： ECRIVAIN CONTEMPORAIN TAIWANAIS PRESENTATION ET TRADUCTIONS　巴黎　巴黎第三大學（新索邦大學）國立東方語言文化學院　碩士論文

Jacques PIMPANEAU　1988 年 10 月　90 頁

本論文探述七等生及其文學，介紹七等生生平及文學觀的接受、轉化，且譯介其著作，挖掘七等生之於臺灣新文學的重要性。全文共 4 章：1.前言；2.作家介紹；3.作品介紹與翻譯；4.結論。正文後附錄書信。

7. **廖淑芳　七等生文體研究　成功大學歷史語言研究所　碩士論文　馬森教授指導　1989 年 6 月　280 頁**

本論文以瑞士語言學家索緒爾的結構語言學觀點，及捷克文學批評學者穆克洛夫斯基的「歧異」觀念為基礎，分析七等生的辭彙、句法、篇章各方面的文體特色，以探討其怪異文體的形成原因。全文共 6 章：1.緒論；2.文體研究的理論基礎；3.七等生文體特色——措詞篇；4.七等生文體特色——句法篇；5.七等生文體特色——章法篇；6.總結。

8. **Elena Roggi　Oltre il muro della letteratura di Taiwan: Qideng Sheng e il romanzo TIAOCHU XUEYUAN DE WEIQIANG　威尼斯　威尼斯大學東方語言文學系　學士論文　1993 年　384 頁**

本論文以七等生的生活狀態與內在生命為基礎，探討其生命經驗與作品、臺灣當代文學的關係，並以長篇小說《跳出學園的圍牆》為研究文本，專論其精神義涵，同時將該小說譯為義大利文。全文共 5 章：1.序；2.生活與工作；3.七等生與臺灣當代文學；4.七等生及其作品；5.七等生小說《跳出學園的圍牆》的精神。

9. **陳瑤華　王文興與七等生的成長小說比較　清華大學中國文學系　碩士論文　呂正惠教授指導　1994 年 1 月　123 頁**

本論文以王文興及七等生作品中的主要角色，探討他們在成長過程的各種經歷，並以比較的方式探討臺灣成長小說的類型與要素。全文共 6 章：1.緒論；2.基本人物的性格；3.父親意象的探討；4.性啓蒙與女性經驗；5.反叛與隱遁；6.結論。

10. **葉昊謹　七等生書信體小說研究　成功大學中國文學系　碩士論文　吳達芸教授指導　1999 年　151 頁**

本論文以七等生《譚郎的書信》、《兩種文體——阿平之死》、《思慕微微》三部書信體小說，探討七等生小說創作思維的完整性，以藉此展現出七等生在另一種敘事形式上的風格表現，並且希望透過這樣的研究一窺七等生小說的完整全貌。全文共 6 章：1.緒論；2.書信體小說的發展；3.自傳與小說之間的灰色沙洲；4.理想愛情兩部曲；5.雙音書寫兩種文體；6.結論。

11. **陳季嫻** 「惡」的書寫——七等生小說研究 彰化師範大學國文學系 碩士論文 蔣美華教授指導 2003年6月 199頁

本論文藉由七等生小說，探討時人面對與己身經驗不合、外來、前衛、純文學藝術觀的看法，以詮釋其作品。全文共 6 章：1.緒論；2.臺灣文學中的「惡」之華；3.「精神病患」的世界；4.文句律動美與象徵性的語言；5.「主流」價值觀的質疑與揚棄；6.結論。正文後附錄〈七等生相關記事及其作品主題與技巧概要〉。

12. **張雅惠** 存在與欲望：七等生小說主題研究 政治大學中國文學系 碩士論文 陳芳明教授指導 2004年7月 206頁

本論文以主題意識論述策略為主，以「存在」、「欲望」探索七等生小說中的內在思維，以及在六〇、七〇年代臺灣文壇經歷現代主義接收與抵抗力量互斥的歷史脈絡下，釐清七等生作品引發異議的原因與爭議的焦點。全文共 6 章：1.緒論；2.七等生在現代主義運動中的角色；3.七等生的文學創作觀及其特色；4.七等生小說中生命意義的追求；5.七等生小說中的欲望書寫；6.結論。正文後附錄〈七等生作品及其作品評論對照表〉。

13. **廖淑芳** 國家想像、現代主義文學與文學現代性——以七等生文學現象為核心 清華大學中國文學系 博士論文 呂正惠教授指導 2005年7月 283頁

本論文藉由戰後臺灣重要現代小說家七等生，其充滿個人主義色彩、毀譽交加的文學現代性特質，說明國家想像與現代主義文學的關係。首先指出其「自我書寫」的作品風格，並進一步說明七等生「自我書寫」中「自我」崩解的可能；其次，透過七等生如何參與及離開對後來「鄉土文學運動」影響深遠的《文學季刊》，說明七等生的多重邊緣性質。另外，論者擴大此一聚焦於七等生為主的文學現象，同時琢磨在五、六〇年代乃至於七〇年代中期文學場中潛在的不同的發聲主體，強調「現代詩運動」和「鄉土文學論戰」各具有其不同的主體意識和後續相關效應。全文分前、後兩篇，前篇「日據時期案例與方法論」共 4 章：1.日據時期臺灣文化場與文學場；2.日據時期現代主義的萌芽——翁鬧的文學現代性；3.由浪漫到現代——國家想像與現代主義文學的關係；4.結論。後篇「七等生文學現象探討」共 6 章：1.七等生文學現象——自我的再現與崩解；2.童話的追尋與失落——七等生與《文學季刊》；3.為了「餘生」的證言——七等生的國家想像「陳映真」論；4.文化儀典（一）——現代詩運動與文學煉金術；5.文化儀典（一）——鄉土文學論戰與現象七十二變；6.結論。

14. 吳孟昌　　七等生小說研究：自我治療的書寫旅程　靜宜大學中國文學系　碩
士論文　趙天儀教授指導　2006 年 6 月　140 頁

本論文根據七等生的寫作動機及小說的「自傳」特質，從「精神分析」角度詮釋其
作品。全文共 6 章：1.緒論；2.七等生生平概述：以其小說爲演示主軸；3.七等生
小說析論：1962—1969；4.七等生小說析論：1970—1979；5.七等生小說析論：
1980—1997；6.結論。正文後附錄〈七等生 1960 至 1990 年代小說內容梗概及版本
遞嬗〉、〈七等生專訪〉。

15. 翁淑慧　　依違在「現代」與「傳統」之間：臺灣六〇年代本省籍現代派小說
家的「鄉土」想像　清華大學中國文學系　碩士論文　呂正惠，李
貞慧教授指導　2007 年 4 月　145 頁

本論文從「城鄉交流」、「傳統信念與現代理性、自由觀」以及「新舊世代的婚戀
性愛」這三大主題架構出「傳統」與「現代」的罅隙，探討陳若曦、七等生、王禎
和、陳映真、黃春明、施叔青、李昂七位本省籍作家的小說文本，以了解作家對於
「鄉土」的不同態度，以及第三世界國家與知識分子，在「傳統」的生活情境中追
求「現代化」，而產生出來的「過渡性」與「交混」（hybridity）狀態。全文共 5
章：1.緒論；2.城鄉交流與衝突；3.傳統信念與現代理性、自由觀的交鋒；4.變形扭
曲與騷動不安的青春夢；5.結論。

16. 劉慧珠　　在介入與隱遁之間——七等生文學中的沙河象徵　東海大學中國文
學系　博士論文　周芬伶教授指導　2008 年 6 月　400 頁

本論文透過與作家本人數次的訪談，以錄音並親撰逐字稿、整理稿的方式，建立文
本以外彌足珍貴的第一手口述歷史的訪談資料，之後再參照細讀《七等生全集》，
和前人的研究所得，勾勒出作家鮮明立體的生命圖象，並以此修訂一份較爲完整的
創作年表。全文共 7 章：1.緒論；2.在自我的土地上漂流——七等生小傳；3.「黑
眼珠」的隱喻空間——七等生文體的再檢視；4.城鎮的召喚與失落——七等生的自
我隱退與主體追求；5.「沙河」地景的描摹與重現——七等生的在地書寫；6.內視
與超越——七等生的藝術與生命美學的開展；7.結論。正文後附錄〈七等生年
表〉、〈七等生專訪（一）：我父親像羅馬人〉、〈七等生專訪（二）整理稿（節
錄）〉、〈七等生專訪（三）整理稿（節錄）〉、〈七等生專訪（四）整理稿（節
錄）〉、〈七等生專訪（五）整理稿〉、〈專訪蔡松柏牧師談《耶穌的藝術》（節
錄）〉。

17. 王晴達　　七等生及其小說作品之生命意義研究　南華大學生死學系　碩士論

文　歐崇敬教授指導　2009 年 12 月　209 頁

本論文依據七等生利用書寫的形式、撫慰過往傷痛及探尋自我存在價值的特性，並
參照意義治療學的理論，研究七等生及其小說作品所呈現出來的生命意義。全文共
6 章：1.緒論；2.七等生生平概述；3.作品中對親人失落的救贖；4.七等生的存在哲
學——以《我愛黑眼珠》爲代表；5.生命意義的追求與展現；6.結論。正文後附錄
〈七等生作品及其作品評論對照表〉。

18. 廖瑛瑛　反抗權威——七等生與《文學季刊》人文集團的交往及決裂　南華

　　　大學文學系　碩士論文　張錫輝教授指導　2010 年 7 月　199 頁

本論文以「爲什麼七等生和《文學季刊》文人集團的交往及決裂會是七等生生命歷
程中的一個重要轉捩點？」爲出發點，以愛力克森研究青年路德的模式、心理歷史
學的研究方法，以及心理學的角度去建立七等生的生命史，進而從心理傳記的立場
了解七等生與《文學季刊》關係，並解七等生在面對《文學季刊》的決裂時對他的
創作所產生的影響。全文共 6 章：1.緒論；2.反抗權威之源：父親；3.七等生的寫
作特色；4.《文學季刊》的成立背景與風格；5.認同危機與創作使命；6.結論。

作家生平資料篇目

自述

19. 七等生　　維護　中國時報　1972 年 6 月 15 日　9 版

20. 七等生　　維護　情與思　臺北　遠行出版社　1977 年 9 月　頁 181—186

21. 七等生　　維護　七等生全集・離城記　臺北　遠景出版公司　2003 年 10 月
　　　頁 335—339

22. 七等生　　自序　五年集　臺北　林白出版社　1972 年 9 月　頁 1—7

23. 七等生　　《五年集》自序　情與思　臺北　遠行出版社　1977 年 9 月　頁 1
　　　—5

24. 七等生　　《五年集》自序　七等生全集・僵局　臺北　遠景出版公司　2003
　　　年 10 月　頁 265—268

25. 七等生　　後記　五年集　臺北　林白出版社　1972 年 9 月　頁 103—107

26. 七等生　　《五年集》後記　情與思　臺北　遠行出版社　1977 年 9 月　頁
　　　125—128

27. 七等生　　　《五年集》後記　七等生全集・僵局　臺北　遠景出版公司　2003
　　　　　　　　年 10 月　頁 325—327

28. 七等生　　　序　離城記　臺北　晨鐘出版社　1973 年 11 月　頁 1—2

29. 七等生　　　原序　七等生全集・離城記　臺北　遠景出版公司　2003 年 10 月
　　　　　　　　頁 3—4

30. 七等生　　　〈離城記〉後記　離城記　臺北　晨鐘出版社　1973 年 11 月　頁
　　　　　　　　67—74

31. 七等生　　　論文學（代序）　僵局　香港　半島書樓　1975 年 10 月　〔2〕頁

32. 七等生　　　論文學——代序　僵局　臺北　遠行出版社　1976 年 3 月　頁 1—
　　　　　　　　2

33. 七等生　　　論文學——代序　七等生作品集・僵局　臺北　遠景出版社　1986
　　　　　　　　年 5 月　頁 1—2

34. 七等生　　　論文學——《僵局》代序　七等生全集・一紙相思　臺北　遠景出
　　　　　　　　版公司　2003 年 10 月　頁 267—268

35. 七等生　　　序　來到小鎮的亞茲別　臺北　遠行出版社　1976 年 1 月　頁 1—
　　　　　　　　4

36. 七等生　　　《來到小鎮的亞茲別》序　七等生全集・一紙相思　臺北　遠景出
　　　　　　　　版公司　2003 年 10 月　頁 263—265

37. 七等生　　　文學與文評——代序[1]　我愛黑眼珠　臺北　遠行出版社　1976 年 5
　　　　　　　　月　頁 3—7

38. 七等生　　　文學與文評——《我愛黑眼珠》代序　七等生全集・一紙相思　臺
　　　　　　　　北　遠景出版公司　2003 年 10 月　頁 269—273

39. 七等生　　　真確的信念——答陳明福先生　中外文學　第 5 卷第 1 期　1976 年
　　　　　　　　6 月　頁 140—157

40. 七等生　　　真確的信念——答陳明福先生　情與思　臺北　遠行出版社　1977
　　　　　　　　年 9 月　頁 187—215

---

[1]本文後改篇名為〈文學與文評——《我愛黑眼珠》代序〉。

41. 七等生　　真確的信念——答陳明福先生　七等生全集·沙河悲歌　臺北　遠
　　　景出版公司　2000 年 7 月　頁 313—332

42. 七等生　　序　沙河悲歌　臺北　遠景出版社　1976 年 7 月　頁 5

43. 七等生　　序　沙河悲歌　臺北　遠景出版社　1981 年 2 月　頁 5

44. 七等生　　序　七等生作品集·沙河悲歌　臺北　遠景出版社　1986 年 6 月
　　　頁 5

45. 七等生　　後記　沙河悲歌　臺北　遠景出版社　1976 年 7 月　頁 179

46. 七等生　　後記　沙河悲歌　臺北　遠景出版社　1981 年 2 月　頁 179

47. 七等生　　後記　七等生作品集·沙河悲歌　臺北　遠景出版社　1986 年 6 月
　　　頁 179

48. 七等生　　序　放生鼠　臺北　遠景出版社　1977 年 3 月　頁 1—4

49. 七等生　　七等生自傳　小說新潮　第 1 期　1977 年 6 月　頁 175—176

50. 七等生　　情與思（小全集序）　情與思　臺北　遠行出版社　1977 年 9 月
　　　頁 1—11

51. 七等生　　情與思（小全集序）　白馬　臺北　遠行出版社　1977 年 9 月　頁
　　　1—7

52. 七等生　　情與思（小全集序）　白馬　臺北　遠景出版公司　1980 年 7 月
　　　頁 9—19

53. 七等生　　情與思（小全集序）　七等生全集·一紙相思　臺北　遠景出版公
　　　司　2003 年 10 月　頁 275—284

54. 七等生　　我年輕的時候——我的第一步　中國時報　1978 年 4 月 6 日　12
　　　版

55. 七等生　　我年輕的時候　散步去黑橋　臺北　遠景出版社　1979 年 10 月
　　　頁 245—253

56. 七等生　　我年輕的時候　我的第一步（上）　臺北　時報文化出版公司
　　　1981 年 5 月　頁 140—147

57. 七等生　　我年輕的時候　七等生作品集·散步去黑橋　臺北　遠景出版社

1986 年 5 月　頁 245—253

58. 七等生　　我年輕的時候　四海——港臺海外華文文學　第 7 期　1991 年 2 月　頁 127

59. 七等生　　我年輕的時候　七等生全集・銀波翅膀　臺北　遠景出版公司　2003 年 10 月　頁 161—167

60. 七等生　　自序　散步去黑橋　臺北　遠景出版社　1979 年 10 月　頁 1—6

61. 七等生　　自序　七等生作品集・散步去黑橋　臺北　遠景出版社　1986 年 5 月　頁 1—6

62. 七等生　　散步去黑橋（自序）　七等生全集・一紙相思　臺北　遠景出版公司　2003 年 10 月　頁 285—289

63. 七等生　　歲末漫談　銀波翅膀　臺北　遠景出版公司　1980 年 6 月　頁 157—163

64. 七等生　　歲末漫談　七等生全集・銀波翅膀　臺北　遠景出版公司　2003 年 10 月　頁 185—190

65. 七等生　　何必知道我是誰：再見書簡　中國時報　1981 年 1 月 10 日　8 版

66. 七等生　　三版後記　沙河悲歌　臺北　遠景出版社　1981 年 2 月　頁 181—191

67. 七等生　　三版後記　七等生作品集・沙河悲歌　臺北　遠景出版社　1986 年 6 月　頁 181—191

68. 七等生　　前言　耶穌的藝術　臺北　洪範書店　1981 年 3 月　頁 1—3

69. 七等生　　《耶穌的藝術》——前言　七等生全集・銀波翅膀　臺北　遠景出版公司　2003 年 10 月　頁 3—5

70. 七等生　　First Letter from Ch'i-teng Sheng　The Internal World of Ch'i-teng Sheng, A Modern Taiwanese Writer　華盛頓　華盛頓大學亞洲語言文學系　碩士論文　1983 年 5 月　頁 57—61

71. 七等生　　Second Letter from Ch'i-teng Sheng　The Internal World of Ch'i-teng Sheng, A Modern Taiwanese Writer　華盛頓　華盛頓大學亞洲語言文

學系　碩士論文　1983 年 5 月　頁 62—65

72. 七等生　　Third Letter from Ch'i-teng Sheng　The Internal World of Ch'i-teng Sheng, A Modern Taiwanese Writer　華盛頓　華盛頓大學亞洲語言文學系　碩士論文　1983 年 5 月　頁 66—69

73. 七等生　　給安若尼・典可的三封信　臺灣文藝　第 96 期　1985 年 9 月　頁 71—77

74. 七等生　　給安若尼・典可的三封信　七等生全集・重回沙河　臺北　遠景出版公司　2003 年 10 月　頁 355—362

75. 七等生　　序　老婦人　臺北　洪範書店　1984 年 11 月　頁 1—2

76. 七等生　　《老婦人》序　七等生全集・一紙相思　臺北　遠景出版公司　2003 年 10 月　頁 291—292

77. 七等生，蘇永安　〈環虛〉後記　老婦人　臺北　洪範出版社　1984 年 11 月　頁 190—192

78. 七等生，蘇永安　〈環虛〉後記　七十三年短篇小說選　臺北　爾雅出版社　1985 年 4 月　頁 68—69

79. 七等生，蘇永安　〈環虛〉後記　世界中文小說選（上）　臺北　時報文化出版公司　1987 年 10 月 16 日　頁 162—163

80. 七等生　　致答《譚郎的書信》讀者的信函　譚郎的書信　臺北　圓神出版社　1985 年 12 月　頁 244—257

81. 七等生　　《七等生作品集》序　七等生作品集・白馬　臺北　遠景出版社　1986 年 5 月　頁 1—2

82. 七等生　　《七等生作品集》序　七等生作品集・僵局　臺北　遠景出版社　1986 年 5 月　頁 1—2

83. 七等生　　《七等生作品集》序　七等生作品集・城之謎　臺北　遠景出版社　1986 年 5 月　頁 1—2

84. 七等生　　《七等生作品集》序　七等生作品集・散步去黑橋　臺北　遠景出版社　1986 年 5 月　頁 1—2

85. 七等生　《七等生作品集》序　七等生作品集・我愛黑眼珠　臺北　遠景出版社　1986 年 6 月　頁 1—2

86. 七等生　《七等生作品集》序　七等生作品集・來到小鎮的亞茲別　臺北　遠景出版社　1986 年 6 月　頁 1—2

87. 七等生　《七等生作品集》序　七等生作品集・跳出學園的圍牆　臺北　遠景出版社　1986 年 6 月　頁 1—2

88. 七等生　《七等生作品集》序　七等生作品集・沙河悲歌　臺北　遠景出版社　1986 年 6 月　頁 1—2

89. 七等生　《七等生作品集》序　七等生作品集・銀波翅膀　臺北　遠景出版社　1986 年 6 月　頁 1—2

90. 七等生　《七等生作品集》序　七等生作品集・隱遁者　臺北　遠景出版社　1986 年 7 月　頁 1—2

91. 七等生　《七等生作品集》序　七等生作品集・精神病患　臺北　遠景出版社　1986 年 7 月　頁 1—2

92. 七等生　《七等生作品集》序　七等生作品集・情與思　臺北　遠景出版社　1986 年 7 月　頁 1—2

93. 七等生　總序——沙河悲歌——《七等生全集》　自立晚報　1990 年 7 月 8 日　15 版

94. 七等生　他不是我？　聯合文學　第 141 期　1996 年 7 月　頁 28—29

95. 七等生　作家臉譜——七等生——他不是我？　臺港文學選刊　1998 年第 10 期　1998 年 10 月　頁 1

96. 七等生　序　思慕微微　臺北　臺灣商務印書館公司　1997 年 10 月　〔1〕頁

97. 七等生　回想當日　自由時報　1998 年 10 月 5 日　41 版

98. 七等生　書簡　七等生全集・銀波翅膀　臺北　遠景出版公司　2003 年 10 月　頁 151—160

99. 七等生　《七等生全集》總序　七等生全集〔全 10 集〕　臺北　遠景出版

公司　2003 年 10 月　頁 1—4

100. 七等生　《七等生作品集》序　七等生全集‧一紙相思　臺北　遠景出版
公司　2003 年 10 月　頁 293—294

101. 七等生　得獎感言　第十四屆國家文藝獎頒獎典禮專刊　臺北　財團法人
國家文化藝術基金會　2010 年 10 月　頁 9

102. 七等生　何者藉她發聲呼叫我──第十四屆國家文藝獎得獎感言　爲何堅
持：七等生精選集　臺北　遠景出版社　2012 年 8 月　頁 4—6

他述

103. 鍾肇政　徬徨的這一代底靈魂──七等生　自由青年　第 35 卷第 5 期
1966 年 3 月 1 日　頁 22

104. 鍾肇政　徬徨的這一代底靈魂──七等生　作家群像　桃園　大江出版社
1968 年 10 月　頁 177—181

105. 尉天驄　隱遁的小角色[2]　純文學　第 43 期　1970 年 7 月　頁 111

106. 尉天驄　隱遁的小角色──談七等生　純文學好小說（上）　臺北　純文
學出版社　1982 年 7 月　頁 10

107. 尉天驄　隱遁的小角色──談七等生　臺灣本地作家短篇小說選　臺北
大地出版社　2003 年 7 月　頁 244—246

108. 劉紹銘　三顧七等生　聯合報　1976 年 7 月 23 日　12 版

109. 劉紹銘　三顧七等生　小說與戲劇　臺北　洪範書店　1977 年 2 月　頁 71
—82

110. 劉紹銘　三顧七等生　火獄的自焚　臺北　遠行出版社　1977 年 9 月　頁
141—151

111. 曹永洋　永不回返的時光──憶七等生　臺灣文藝　第 55 期　1977 年 6 月
頁 150—152

112. 鍾肇政　文學使徒七等生　白馬　臺北　遠行出版社　1977 年 9 月　頁 1
—7

---

[2]本文後改篇名爲〈隱遁的小角色──談七等生〉。

113. 鍾肇政　　文學使徒七等生　白馬　臺北　遠景出版社　1980 年 7 月　頁 1 —7

114. 尉天驄　　我的文學生涯（中）〔七等生部分〕　中國論壇　第 199 期 1982 年 10 月　頁 65—68

115. 〔大華晚報〕　沙河悲泣下的真實生命　大華晚報　1983 年 4 月 12 日　11 版

116. 王晉民，鄺白曼　　七等生　臺灣與海外華人作家小傳　福州　福建人民出 版社　1983 年 9 月　頁 66—68

117. 呂正惠　　七等生　中國現代短篇小說選析 2　臺北　長安出版社　1984 年 2 月　頁 685

118. 林麗雲　　孤獨的追尋者——七等生　張老師月刊　第 89 期　1985 年 5 月 頁 68—71

119. 馬　森　　七等生的情與思　中國時報　1985 年 10 月 2 日　8 版

120. 馬　森　　七等生的情與思　臺港文學選刊　1986 年第 2 期　1986 年 4 月 頁 77—78

121. 曉　鐘　　火獄自焚的鳳凰　洪範雜誌　第 24 期　1985 年 12 月　2 版

122. 盧菁光　　在「怪異」的背後——談臺灣「現代小說怪傑」七等生　文學報 1986 年 9 月 11 日　3 版

123. 穆　欣　　七等生　臺灣新聞報　1993 年 6 月 30 日　14 版

124. 包恒新　　沒有責任的意志自由是一種虛無——七等生自由觀論析　廣東社 會科學　1994 年第 4 期　1994 年 8 月　頁 122—126

125. 包恒新　　一個固執而又虔誠的文學使徒——七等生行為軌跡掃描　臺港與 海外華文文學評論和研究　1994 年第 2 期　1994 年 9 月　頁 23— 26

126. 路　易　　懷念七等生　民眾日報　1995 年 7 月 13 日　28 版

127. 初安民　　編者片語　聯合文學　第 144 期　1996 年 10 月　頁 44

128. 蘇　林　　行動的書寫者——文學類得獎中文作家近況報導〔七等生部分〕

聯合報　1998 年 7 月 5 日　46 版

129. 陳文芬　《沙河悲歌》重複授權　中國時報　1998 年 10 月 21 日　11 版

130. 曾意芳　七等生紀錄片拍製完成　中央日報　1998 年 10 月 21 日　10 版

131. 林馨琴　七等生照亮阮慶岳少年路　中時晚報　1998 年 10 月 22 日　23 版

132. 宋　剛　七等生　中國文學通典・小說通典　北京　解放軍文藝出版社
　　　　　1999 年 1 月　頁 1106

133. 蘇　沛　七等生特寫——創作是爲了自我排遣　臺灣文學經典研討會論文
　　　　　集　臺北　行政院文建會，聯經出版公司　1999 年 6 月　頁 100
　　　　　—101

134. 〔民眾日報〕　七等生　民眾日報　1999 年 10 月 18 日　7 版

135. 張德本　幸虧臺灣有位七等生　臺灣日報　1999 年 10 月 27 日　31 版

136. 莫渝，王幼華　面向永恆的獨語——七等生　苗栗縣文學史　苗栗　苗栗
　　　　　縣立文化中心　2000 年 1 月　頁 269—273

137. 江中明　七等生談寫作——該寫的都寫了　聯合報　2000 年 7 月 3 日　14
　　　　　版

138. 雷　驤　七等生（上、下）　臺灣文學評論　第 2 卷第 1—2 期　2002 年
　　　　　1，4 月　頁 60—63，156—161

139. 王景山　七等生　臺港澳暨海外華文作家辭典　北京　人民文學出版社
　　　　　2003 年 7 月　頁 470—472

140. 阮慶岳　聖通霄・白馬以及屏息的遠方　聯合報　2003 年 11 月 17 日　E7
　　　　　版

141. 王蘭芬　《七等生全集》10 大冊，寄語 21 世紀文學　民生報　2004 年 10
　　　　　月 2 日　13 版

142. 趙靜瑜　小說家七等生，安於生命，自在生活　自由時報　2004 年 10 月 2
　　　　　日　45 版

143. 陳宛茜　七等生，一席之地找到寧靜　聯合報　2004 年 10 月 6 日　A12 版

144. 〔封德屏主編〕　七等生　2007 臺灣作家作品目錄　臺南　國立臺灣文學

館 2008 年 7 月 頁 8

145. 許俊雅 基隆河流域的文學──現代文學作家（含本籍、遷居、暫居）──七等生（一九三九年─，暫居瑞芳：任教九份國小） 續修臺北縣志‧藝文志第三篇‧文學（下） 臺北 臺北縣政府 2008 年 8 月 頁 105─106

146. 蘇惠昭 我們這一代人〔七等生部分〕 書香兩岸 第 22 期 2010 年 8 月 頁 93

147. 尉天驄講，廖任彰記錄 尉天驄訪談稿──《文學季刊》第五期後，七等生出走，請尉老師談談七等生與文季文學集團的聚散與相關 尉天驄與臺灣現代主義文學運動 政治大學國文教學碩士在職專班碩士論文 陳芳明教授指導 2011 年 6 月 頁 254─256

148. 曾巧雲 七等生：沙河彼岸的隱遁者，獲國家文藝獎桂冠 2010 年臺灣文學年鑑 臺南 國立臺灣文學館 2011 年 11 月 頁 141

149. 林欣誼 《七等生精選集》發表‧季季：寫作如霸王 中國時報 2012 年 8 月 25 日 A10 版

150. 周美惠 從坎坷到神話，七等生談寫作路 聯合報 2012 年 8 月 25 日 A14 版

151. 趙靜瑜 七等生精選集出版，堅持文學純粹之路 自由時報 2012 年 8 月 28 日 D10 版

152. 王爲萱 《爲何堅持》七等生精選集新書座談會 文訊雜誌 第 324 期 2012 年 10 月 頁 159─160

訪談、對談

153. 胡爲美 七等生要追求心靈創作的自由 婦女雜誌 第 105 期 1977 年 6 月 頁 24─28

154. 齊暖暖，陳昌明，陳聯榜 以孤絕自燃的靈魂──七等生 文心 第 5 期 1977 年 6 月 頁 41─48

155. 心　岱　七等生記，訪七等生——我確信天使是啞默者[3]　小說新潮　第 1
　　　期　1977 年 6 月　頁 219—240

156. 心　岱　七等生記，訪七等生——我確信天使是啞默者　一把風采　臺北
　　　皇冠雜誌社　1978 年 6 月　頁 103—130

157. 心　岱　七等生記　臺灣作家印象記　臺北　眾文圖書公司　1984 年 5 月
　　　頁 241—266

158. 七等生等[4]　　七等生、梁景峰對談紀錄——沙河的夢境和真實　臺灣文藝
　　　第 55 期　1977 年 6 月　頁 124—139

159. 七等生等　　沙河的夢境和真實——七等生作品討論記　不滅的詩魂　臺北
　　　臺灣文藝出版社　1981 年 1 月　頁 117—137

160. 七等生等　　沙河的夢境與真實——七等生、梁景峰對談　鄉土與現代‧臺
　　　灣文學的片段　臺北　臺北縣立文化中心　1995 年 6 月　頁 81—
　　　104

161. 古蒙仁　沙河往事——與七等生在通霄的一日　文學家　第 1 期　1985 年
　　　10 月　頁 38—44

162. 康　原　坪頂的隱遁者——夜訪小說家七等生[5]　文藝季刊　第 1 期　1985
　　　年 10 月　頁 245—249

163. 康　原　坪頂的隱遁者——七等生‧苑里　作家的故鄉　臺北　前衛出版
　　　社　1987 年 11 月　頁 116—124

164. 張國立　一個叫七等生的人　中華日報　1986 年 6 月 11 日　11 版

165. 鍾淑貞　孜孜不倦的七等生　幼獅文藝　第 396 期　1986 年 12 月　頁 43
　　　—49

166. 楊錦郁　世界性的文學觀——七等生答客問　文訊雜誌　第 36 期　1988 年
　　　6 月　頁 92—93

167. 賴香吟　作家「風流」錄——冷眼看繽紛世界的人：七等生　聯合文學

---

[3]本文後改篇名為〈七等生記〉。
[4]與會者：梁景峯、七等生、喬辛農；紀錄：梁景峯。
[5]本文後改篇名為〈坪頂的隱遁者——七等生‧苑里〉。

第 65 期　1990 年 3 月　頁 48—49

168. 鴻　鴻　發現七等生　現代詩　第 19 期　1993 年 2 月　頁 12—16

169. 鴻　鴻　發現七等生　中央日報　1993 年 3 月 12 日　18 版

170. 謝金蓉　我不想讓人覺得我有做大事的使命感——訪作家七等生　認識七
等生　苗栗　苗栗縣立文化中心　1993 年 6 月　頁 170—177

171. 郝譽翔　當愛終於體現——訪問七等生　誠品好讀　第 5 期　2000 年 11 月
頁 49—50

172. 陳文芬　七等生在通霄　印刻文學生活誌　第 5 期　2004 年 1 月　頁 148
—161

173. 吳孟昌　七等生專訪　七等生小說研究：自我治療的書寫旅程　靜宜大學
中國文學系　碩士論文　趙天儀教授指導　2006 年 6 月　頁 126
—136

174. 劉慧珠　七等生專訪（一）：我父親像羅馬人　在介入與隱遁之間——七等
生文學中的沙河象徵　東海大學中國文學系　博士論文　周芬伶
教授指導　2008 年 6 月　頁 315—317

175. 劉慧珠　七等生專訪（二）整理稿（節錄）　在介入與隱遁之間——七等
生文學中的沙河象徵　東海大學中國文學系　博士論文　周芬伶
教授指導　2008 年 6 月　頁 318—324

176. 劉慧珠　七等生專訪（三）整理稿（節錄）　在介入與隱遁之間——七等
生文學中的沙河象徵　東海大學中國文學系　博士論文　周芬伶
教授指導　2008 年 6 月　頁 325—334

177. 劉慧珠　七等生專訪（四）整理稿（節錄）　在介入與隱遁之間——七等
生文學中的沙河象徵　東海大學中國文學系　博士論文　周芬伶
教授指導　2008 年 6 月　頁 335—342

178. 劉慧珠　七等生專訪（五）整理稿　在介入與隱遁之間——七等生文學中
的沙河象徵　東海大學中國文學系　博士論文　周芬伶教授指導
2008 年 6 月　頁 343—361

年表

179. 〔編輯部〕　七等生創作年表　放生鼠　臺北　遠景出版社　1977 年 3 月
頁 217—223

180. 陳君夫　「七等生創作年表」的一些補正　小說新潮　第 1 期　1977 年 6
月　頁 247—249

181. 七等生　七等生生活與創作年表　情與思　臺北　遠行出版社　1977 年 9
月　頁 217—229

182. 七等生　七等生生活與創作年表　白馬　臺北　遠行出版社　1977 年 9 月
頁 273—285

183. 七等生　七等生生活與創作年表　白馬　臺北　遠景出版公司　1980 年 7
月　頁 273—285

184. 七等生　七等生生活與創作年表　火獄的自焚　臺北　遠行出版社　1977
年 9 月　頁 269—279

185. 七等生　七等生生活與創作年表　隱遁者　臺北　遠行出版社　1977 年 11
月　頁 201—211

186. 〔編輯部〕　七等生著作年表　譚郎的書信　臺北　聯經出版公司　1985
年 11 月　頁 239—243

187. 〔編輯部〕　七等生創作年表　重回沙河　臺北　遠景出版公司　1986 年
8 月　頁 253—258

188. 〔編輯部〕　七等生創作年表　我愛黑眼珠續記　臺北　漢藝色研文化公
司　1988 年 9 月　頁 162—168

189. 七等生，張恆豪　七等生生活與創作年表　認識七等生　苗栗　苗栗縣立
文化中心　1993 年 6 月　頁 179—184

190. 七等生撰；張恆豪增補　七等生生平寫作年表　七等生集（臺灣作家全
集）　臺北　前衛出版社　1993 年 12 月　頁 267—272

191. 七等生　七等生創作年表　思慕微微　臺北　臺灣商務印書館　1997 年 10
月　頁 147—154

192. 七等生撰；張恆豪增補　　七等生生活與創作年表　七等生全集〔全 10 集〕
　　　臺北　遠景出版公司　2003 年 10 月　〔8〕頁

193. 劉慧珠　　七等生年表　在介入與隱遁之間──七等生文學中的沙河象徵
　　　東海大學中國文學系　博士論文　周芬伶教授指導　2008 年 6 月
　　　頁 303─311

194. 七等生撰寫；劉慧珠增修；廖淑芳修訂　　紀事　第十四屆國家文藝獎頒獎
　　　典禮專刊　臺北　財團法人國家文化藝術基金會　2010 年 10 月
　　　頁 22─25

195. 七等生撰；張恆豪補　　七等生小說年表（新增定版）　為何堅持：七等生
　　　精選集　臺北　遠景出版社　2012 年 8 月　頁 406─413

其他

196. 陳文芬　　商務慶百年，臺港串聯──推出七等生十年來第一本小說集《思
　　　慕微微》等作品　中國時報　1997 年 10 月 4 日　23 版

197. 周美惠　　七等生：希望能活到領獎──第 14 屆國家文藝獎得獎人　聯合報
　　　2010 年 6 月 22 日　A7 版

198. 凌美雪，趙靜瑜，陳思嫻　　國家文藝獎得主公布──小說七等生、表藝吳
　　　興國、書畫張光賓、音樂賴德和　自由時報　2010 年 6 月 22 日
　　　D8 版

199. 郭士榛　　國家文藝獎揭曉・四位百萬得主〔七等生部分〕　人間福報
　　　2010 年 6 月 22 日　7 版

作品評論篇目

綜論

200. 李七魂　　不孤獨的異鄉人　笠　第 14 期　1966 年 8 月　頁 20─21

201. 葉石濤　　兩年來的省籍作家及其小說（上、下）〔七等生部分〕　臺灣日
　　　報　1967 年 10 月 25─26 日　8 版

202. 葉石濤　　兩年來的省籍作家及其小說〔七等生部分〕　臺灣文藝　第 19 期

1968 年 4 月　頁 42—43

203. 葉石濤　　兩年來的省籍作家及其小說〔七等生部分〕　臺灣鄉土作家論集
臺北　遠景出版公司　1981 年 2 月　頁 77—78

204. 葉石濤　　兩年來的省籍作家及其小說〔七等生部分〕　葉石濤全集・評論
卷一　臺南，高雄　國家臺灣文學館，高雄市文化局　2008 年 3
月　頁 158—159

205. 葉石濤　　一年來的省籍作家及其作品——兼論省籍作家的特質（1—6）
〔七等生部分〕　臺灣日報　1968 年 12 月 28—31 日，1969 年 1
月 1—2 日　8 版

206. 葉石濤　　這一年來的省籍作家及其小說——兼論省籍作家的特質（上）
〔七等生部分〕　臺灣文藝　第 22 期　1969 年 1 月　頁 26

207. 葉石濤　　一年來的省籍作家及其作品——兼論省籍作家的特質〔七等生部
分〕　臺灣鄉土作家論集　臺北　遠景出版公司　1981 年 2 月
頁 92

208. 郭　楓　　橫行的異鄉人——序《巨蟹集》並談新小說[6]　臺灣時報　1972 年
2 月 6 日　9 版

209. 郭　楓　　橫行的異鄉人——序《巨蟹集》並談新小說　巨蟹集　臺南　新
風出版社　1972 年 3 月　〔5〕頁

210. 郭　楓　　橫行的異鄉人　火獄的自焚　臺北　遠行出版社　1977 年 9 月
頁 23—28

211. 郭　楓　　橫行的異鄉人——序七等生小說《巨蟹集》　美麗島文學評論集
臺北　臺北縣文化局　2001 年 12 月　頁 263—268

212. 劉紹銘　　七等生「小兒麻痺」的文體　靈臺書簡　香港　小草出版社
1972 年　頁 39—44

213. 劉紹銘　　七等生「小兒麻痺」的文體　火獄的自焚　臺北　遠行出版社
1977 年 9 月　頁 39—41

---

[6]本文後改篇名爲〈橫行的異鄉人〉。

214. 葉石濤　　論七等生的小說　葉石濤作家論集　高雄　三信出版社　1973 年
　　　 3 月　頁 19—26

215. 葉石濤　　論七等生的小說　葉石濤全集・評論卷一　臺南，高雄　國家臺
　　　 灣文學館，高雄市文化局　2008 年 3 月　頁 167—175

216. 劉紹銘　　現代中國小說之時間與現實觀念〔七等生部分〕　中外文學　第 2
　　　 卷第 2 期　1973 年 7 月　頁 71—77

217. 劉紹銘　　現代中國小說之時間與現實觀念〔七等生部分〕[7]　中國現代文學
　　　 批評選集　臺北　聯經出版公司　1979 年 7 月　頁 313—320

218. 劉紹銘　　現代中國小說之時間與現實觀念〔七等生部分〕　中華現代文學
　　　 大系（臺灣 1970—1989）評論卷（壹）　臺北　九歌出版社
　　　 1989 年 5 月　頁 237—243

219. 陳國城　　「自我世界」的追求──論七等生一系列作品　文心　第 3 期
　　　 1975 年 5 月　頁 92—96

220. 陳國城　　「自我世界」的追求──論七等生一系列作品　火獄的自焚　臺
　　　 北　遠行出版社　1977 年 9 月　頁 77—89

221. 陳國城　　「自我世界」的追求──論七等生一系列作品　歷屆鳳凰樹文學
　　　 獎正獎作品集（上）　臺南　成功大學中國文學系　1997 年 6 月
　　　 頁 394—401

222. 舞　鶴〔陳國城〕　　「自我世界」的追求──論七等生一系列作品　七等
　　　 生全集・離城記　臺北　遠景出版公司　2003 年 10 月　頁 341—
　　　 352

223. 高全之　　七等生的道德架構[8]　中外文學　第 4 卷第 6 期　1975 年 11 月
　　　 頁 182—198

224. 高全之　　七等生的道德架構　來到小鎮的亞茲別　臺北　遠行出版社
　　　 1976 年 3 月　頁 237—259

---

[7] 本文後節錄為〈劉紹銘的評論〉。

[8] 本文以人我對待背道而馳的一面，兩性關係，以及人我對待關係相互關聯一面，探討七等生建立
　個人道德架構的過程與結束。

225. 高全之　七等生的道德架構　火獄的自焚　臺北　遠行出版公司　1977 年
　　　9 月　頁 91—112

226. 高全之　七等生的道德架構　當代中國小說論評　臺北　幼獅文化公司
　　　1978 年 12 月　頁 125—134

227. 高全之　七等生的道德架構　從張愛玲到林懷民　臺北　三民書局　1998
　　　年 2 月　頁 179—203

228. 高全之　七等生的道德架構　七等生全集・銀波翅膀　臺北　遠景出版公
　　　司　2003 年 10 月　頁 311—330

229. 楊昌年　七等生　近代小說研究　臺北　蘭臺書局　1976 年 1 月　頁 524

230. 施叔青　七等生的荒謬感　女與男　臺北　拓荒者出版社　1976 年 6 月
　　　頁 1

231. 瑪　瑙　隱遁的小角色——也談七等生　聯合報　1976 年 7 月 24 日　12
　　　版

232. 瑪　瑙　隱遁的小角色——也談七等生　火獄的自焚　臺北　遠行出版社
　　　1977 年 9 月　頁 185—190

233. 瑪　瑙　隱遁的小角色——也談七等生　現代文學論（聯副三十年文學大
　　　系・評論卷 19）　臺北　聯經出版公司　1981 年 12 月　頁 153—
　　　158

234. 劉紹銘　談臺灣土生土長的作家——評《臺灣本土作家短篇小說選集》
　　　〔七等生部分〕　聯合報　1976 年 8 月 11 日　12 版

235. 吳祥光　臺灣現代小說中的道德負擔與流放意識〔七等生部分〕　新潮
　　　第 32 期　1976 年 9 月　頁 82—86

236. 雷　驤　芒刺　臺灣文藝　第 55 期　1977 年 6 月　頁 140—145

237. 黃浩濃　隱遁者的心態——論七等生[9]　小說新潮　第 1 期　1977 年 6 月
　　　頁 177—193

238. 黃浩濃　隱遁者的心態——論七等生　火獄的自焚　臺北　遠行出版社

[9] 本文以「七等生」筆名入手，探討七等生作品中主要精神。

1977 年 9 月　頁 199—218

239. 黃浩濃　隱遁者的心態──論七等生　七等生全集‧沙河悲歌　臺北　遠景出版公司　2000 年 7 月　頁 333—349

240. 張恆豪　七等生小說的心路歷程[10]　小說新潮　第 1 期　1977 年 6 月　頁 195—218　本

241. 張恆豪　七等生小說的心路歷程　認識七等生　苗栗　苗栗縣立文化中心　1993 年 6 月　頁 27—53

242. 張恆豪　七等生小說的心路歷程　七等生全集‧城之迷　臺北　遠景出版公司　2003 年 10 月　頁 391—416

243. 何　欣　三十年來的小說〔七等生部分〕　中華文化復興月刊　第 10 卷第 9 期　1977 年 9 月　頁 32—33

244. 楊　牧　七等生小說的幻與真（上、下）[11]　聯合報　1979 年 4 月 23—24 日　12 版

245. 楊　牧　七等生小說的幻與真　銀波翅膀　臺北　遠景出版社　1980 年 6 月　頁 187—202

246. 楊　牧　七等生小說中的幻與真　文學知識　臺北　洪範書局　1981 年 11 月　頁 107—123

247. 楊　牧　七等生小說的幻與真　現代文學論（聯副三十年文學大系‧評論卷 19）　臺北　聯經出版公司　1981 年 12 月　頁 159—173

248. 楊　牧　七等生小說的幻與真　七等生集（臺灣作家全集）　臺北　前衛出版社　1993 年 12 月　頁 229—244

249. 楊　牧　七等生小說的幻與真　失去樂土　臺北　洪範書店　2002 年 8 月　頁 133—146

250. 楊　牧　七等生小說的幻與真　七等生全集‧重回沙河　臺北　遠景出版公司　2003 年 10 月　頁 363—376

---

[10]本文探討七等生小說藝術技巧，以及與同期作家間的差異性。
[11]本文透過探討七等生的小說以呈現其作品中的幻與真。

251. 黃克全　精神與自然——七等生小說中的男女關係（上、下）　中國時報　1981 年 1 月 10—11 日　8 版

252. 黃克全　精神與自然——七等生小說中的男女關係　七等生論　苗栗　苗栗縣國際文化觀光局　2008 年 1 月　頁 37—48

253. 馬　森　隱藏在本土的一塊美玉——談七等生的小說（上、下）[12]　時報雜誌　第 143—144 期　1982 年 8 月 29 日，9 月 5 日　頁 53—55，53—54

254. 馬　森　論七等生的小說　馬森作品選集　臺南　臺南市立文化中心　1997 年 11 月　頁 199—219

255. 單德興　論影響研究的一些做法及困難——以臺灣近三十年來的小說爲例〔七等生部分〕　中外文學　第 11 卷第 4 期　1982 年 9 月　頁 89—91

256. 彭瑞金　七等生揭去了一層面紗——〈憧憬船〉試探　臺灣時報　1983 年 1 月 22 日　12 版

257. 彭瑞金　〈憧憬船〉簡介——七等生揭去了一層面紗　1982 年臺灣小說選　臺北　前衛出版社　1983 年 2 月　頁 255—258

258. 彭瑞金　七等生揭去了一層面紗　洪範雜誌　第 22 期　1985 年 6 月　2 版

259. 彭瑞金　七等生揭去了一層面紗　臺港文學選刊　1986 年第 2 期　1986 年 2 月　頁 76

260. 高天生　在火獄中自焚的藝術家——論七等生的小說　文學界　第 6 期　1983 年 4 月　頁 141—151

261. 高天生　在火獄中自焚的七等生　臺灣小說與小說家　臺北　前衛出版社　1985 年 5 月　頁 79—93

262. 林　梵　從迷惘到自主——第一代到第四代的文學旅程〔七等生部分〕　臺灣文藝　第 83 期　1983 年 7 月　頁 51

---

[12]本文探討七等生小說，以呈現出其與同時代作家間的差異性與獨特性。本文後改篇名爲〈論七等生的小說〉。

263. 林　梵　從迷惘到自主——第一代到第四代的文學旅程〔七等生部分〕
臺灣文學的過去與未來　臺北　臺灣文藝雜誌社　1985 年 3 月
頁 74

264. 林海音　居於良知，忠於性靈　聯合報　1983 年 8 月 26 日　8 版

265. 林海音　「居於良知，忠於性靈」　剪影話文壇　臺北　純文學出版社
1984 年 8 月　頁 127—129

266. 林海音　七等生／「居於良知，忠於性靈」　林海音作品集·剪影話文壇
臺北　遊目族文化公司　2000 年 5 月　頁 128—131

267. 封祖盛　臺灣現代派小說——現代派小說的基本特徵和得失〔七等生部
分〕　臺灣小說主流派初探　福州　福建人人出版社　1983 年 10
月　頁 201—203

268. 彭瑞金　1983 臺灣小說選導言〔七等生部分〕　1983 臺灣小說選　臺北
前衛出版社　1984 年 4 月　頁 9

269. 齊邦媛　江河匯集成海的六十年代小說〔七等生部分〕　文訊雜誌　第 13
期　1984 年 8 月　頁 60—61

270. 齊邦媛　江河匯集成海的六〇年代小說——七等生　霧漸漸散的時候　臺
北　九歌出版社　1998 年 10 月　頁 76—78

271. 〔周　寧編〕　不完整就是我的本質——七等生　洪範雜誌　第 18 期
1984 年 11 月　4 版

272. 盧菁光　論七等生的小說創作　暨南大學學報　第 1 期　1985 年 1 月　頁
78—84

273. 葉石濤　臺灣文學史大綱（後篇）——六十年代的臺灣文學：無根與放逐
〔七等生部分〕　文學界　第 15 期　1985 年 8 月　頁 169

274. 葉石濤　六〇年代的臺灣文學——無根與放逐——作家與作品〔七等生部
分〕　臺灣文學史綱　高雄　文學界雜誌社　1991 年 9 月　頁
129—130

275. 葉石濤　臺灣文學史綱——六〇年代的臺灣文學——無根與放逐〔七等生

部分〕　葉石濤全集‧評論卷五　臺南，高雄　國立臺灣文學
館，高雄市文化局　2008 年 3 月　頁 145

276. Kevin Bartlett著；青　春譯　　七等生早期短篇小說中的哲學、神學與文學理
論[13]　臺灣文藝　第 96 期　1985 年 9 月　頁 78—90

277. Kevin Bartlett 著；青　春譯　　七等生早期短篇小說中的哲學、神學與文學理
論　我愛黑眼珠續記　臺北　漢藝色研文化公司　1988 年 9 月
頁 118—133

278. Kevin Bartlett　　Literary Theory, Philosophy and Teologyin Ch'i-teng Sheng
Early Short Stories[14]　我愛黑眼珠續記　臺北　漢藝色研文化公司
1988 年 9 月　頁 134—161

279. Kevin Bartlett 著；青　春譯　　七等生早期短篇小說中的哲學、神學與文學理
論　認識七等生　苗栗　苗栗縣立文化中心　1993 年 6 月　頁 87
—100

280. 凱文‧巴略特著；青　春譯　　七等生早期短篇小說中的哲學、神學與文學
理論　七等生全集‧銀波翅膀　臺北　遠景出版公司　2003 年 10
月　頁 297—310

281. 張信吉　七等生論　臺灣文藝　第 102 期　1986 年 9 月　頁 122—137

282. 蔡英俊　窺伺與羞辱——論七等生小說中的兩性關係　文星　第 114 期
1987 年 12 月　頁 123—129

283. 蔡英俊　窺伺與羞辱——論七等生小說中的兩性關係　當代臺灣文學評論
大系‧小說評論卷　臺北　正中書局　1993 年 6 月　頁 357—375

284. 蔡英俊　窺伺與羞辱——論七等生小說的兩性關係　認識七等生　苗栗
苗栗縣立文化中心　1993 年 6 月　頁 101—115

285. 寒　青　冷眼看繽紛世界‧熱心度灰色人生——試論臺灣作家七等生　臺
灣與世界　第 41 期　1987 年 5 月　頁 65—73

---

[13]本文藉由探討七等生小說，以呈現其小說藝術技巧，及其所呈現內在意涵。
[14]本文後改篇名為〈試論臺灣作家七等生〉。

286. 寒　青　　試論臺灣作家七等生　臺灣研究集刊　1989 年第 3 期　1989 年 8
　　　　　　　月　頁 76—83

287. 黃克全　　七等生小說中的自然、自由、神　文訊雜誌　第 30 期　1987 年 6
　　　　　　　月　頁 141—149

288. 黃克全　　七等生小說中的自然、自由、神　七等生論　苗栗　苗栗縣國際
　　　　　　　文化觀光局　2008 年 1 月　頁 80—95

289. 呂正惠　　自卑、自憐與自負——七等生「現象」　文星　第 114 期　1987
　　　　　　　年 12 月　頁 116—122

290. 呂正惠　　自卑、自憐與自負——七等生「現象」　小說與社會　臺北　聯
　　　　　　　經出版公司　1988 年 5 月　頁 91—111

291. 呂正惠　　自卑、自憐與自負——七等生「現象」　認識七等生　苗栗　苗
　　　　　　　栗縣立文化中心　1993 年 6 月　頁 9—26

292. 寒　青　　七等生及其小說世界　現代臺灣文學史　瀋陽　遼寧大學出版社
　　　　　　　1987 年 12 月　頁 495—503

293. 寒　青　　七等生及其小說世界　牛聲　苗栗　苗栗縣立文化中心　1992 年
　　　　　　　6 月　頁 57—66

294. 武寒青　　七等生的小說世界　吉林師範學院學報　第 2 期　1988 年 2 月
　　　　　　　頁 75—79

295. 鄭清文　　臺灣當代小說精選序〔七等生部分〕　臺灣當代小說精選（1945
　　　　　　　—1988）　臺北　新地文學出版社　1989 年 1 月　頁 14

296. 劉曉梅　　七等生　情在不能醒　臺北　聯經出版公司　1989 年 5 月　頁 77
　　　　　　　—78

297. 古繼堂　　游仍於現實和超現實之間的七等生　臺灣小說發展史　臺北　文
　　　　　　　史哲出版社　1989 年 7 月　頁 345—355

298. 公仲，汪義生　　60 年代後期和 70 年代臺灣文學——七等生　臺灣新文學史
　　　　　　　初編　南昌　江西人民出版社　1989 年 8 月　頁 266—269

299. 杜元明　　七等生及其「怪異」小說　小說評論　1990 年第 4 期　1990 年 8

月　頁 82—84

300. 張　健　　七等生的小說　文學的長廊　臺北　幼獅文化公司　1990 年 8 月
頁 80—83

301. 廖淑芳　　《七等生文體研究》緒論　臺灣文學觀察雜誌　第 2 期　1990 年
9 月　頁 38—45

302. 彭瑞金　　埋頭深耕的年代（一九六〇—一九六九）——本土文學的理論與
實踐〔七等生部分〕　臺灣新文學運動 40 年　臺北　自立晚報社
1991 年 3 月　頁 130—131

303. 陸士清　　七等生　臺灣小說選講新編　上海　復旦大學出版社　1991 年 9
月　頁 85—88

304. 高大鵬　　七等生的「僵局」　青年日報　1992 年 5 月 8 日　14 版

305. 高大鵬　　七等生的「僵局」　吹不散的人影　臺北　三民書局　1995 年 3
月　頁 179—182

306. 廖淑芳　　七等生作品中的個人觀、群體觀及其形成過程[15]　文學臺灣　第 3
期　1992 年 6 月　頁 168—200

307. 廖淑芳　　七等生作品中的個人觀、羣體觀及其形成過程　認識七等生　苗
栗　苗栗縣立文化中心　1993 年 6 月　頁 54—86

308. 包恒新　　七等生及其他現代傾向作家的創作　臺灣文學史（下）　福州
海峽文藝出版社　1993 年 1 月　頁 230—241

309. 金漢，馮雲青，李新宇　　七等生　新編中國當代文學發展史　杭州　杭州
大學出版社　1993 年 1 月　頁 700

310. 黃克全　　再論七等生——開啓七等生門闈的一支鑰匙（上、中、下）[16]　臺
灣新聞報　1993 年 4 月 11—13 日　13 版

311. 黃克全　　開啓七等生門闈的三支鑰匙　七等生論　苗栗　苗栗縣國際文化

---

[15] 本文以「自傳體」的角度，探討七等生作品，兼及參照其寫作年表，以了解其個人與群體觀形成
因素，及其寫作觀及生活方式自我實踐與完成。全文共 4 小節：1.前言；2.個人觀與群體觀；3.
形成過程；4.結論。
[16] 本文後改篇名爲〈開啓七等生門闈的三支鑰匙〉。

觀光局　2008 年 1 月　頁 110—121

312. 林宜澐　　文學創作與鄉土關懷[17]　東海岸評論　第 58 期　1993 年 5 月　頁
　　　　　　　53—55

313. 包恒新　　內心隱微的坦露與靈魂形象的建造——七等生小說斷論　福建論
　　　　　　　壇　1993 年第 4 期　1993 年 7 月　頁 43—51

314. 徐國綸，王春榮　七等生的小說　二十世紀中國兩岸文學史‧續編　瀋陽
　　　　　　　遼寧大學出版社　1993 年 12 月　頁 233—236

315. 張恆豪　　削廋的靈魂——《七等生集》序　七等生集（臺灣作家全集）
　　　　　　　臺北　前衛出版社　1993 年 12 月　頁 9—12

316. 張恆豪　　削廋的靈魂——《七等生集》　短篇小說卷別冊（臺灣作家全
　　　　　　　集）　臺北　前衛出版社　1994 年 3 月　頁 151—154

317. 王晉民　　鍾肇政和七等生的小說　臺灣當代文學史　南寧　廣西人民教育
　　　　　　　出版社　1994 年 2 月　頁 308—321

318. 沈靜嵐　　「削瘦的靈魂」——七等生　當西風走過——60 年代《現代文
　　　　　　　學》派的論述與考察　成功大學歷史語言研究所　碩士論文　林
　　　　　　　瑞明教授指導　1994 年 6 月　頁 63—68

319. 包恒新　　一幅色彩承雜的理想藍圖——七等生小說論　現代臺灣研究
　　　　　　　1994 年第 3 期　1994 年 8 月　頁 58—62

320. 呂正惠　　戰後臺灣知識分子與臺灣文學〔七等生部分〕　文學經典與文化
　　　　　　　認同　臺北　九歌出版社　1995 年 4 月　頁 23

321. 侯作珍　　時代邊緣的的「零餘者」和「隱遁者」——郁達夫和七等生小說
　　　　　　　主角之形象析論像[18]　第一屆全國研究生論文研討會　臺北　淡江
　　　　　　　大學中國文學研究所主辦　1995 年 12 月 9 日　〔25〕頁

322. 張啓彊　　當代臺灣文學裡的都市文化〔七等生部分〕　臺灣文學中的社
　　　　　　　會：五十年來臺灣文學研討會論文集（一）　臺北　行政院文建

[17]本文綜合論述王禎和與七等生小說之創作歷程及其關懷的面向。
[18]本文探討郁達夫與七等生的小說中邊緣知識分子的形象，揭示其潛存之群體意識。全文共 3 小
　　節；1.前言；2.正文；3.結論

會 1996 年 5 月 頁 212—213

323. 彭瑞金 現代主義在臺灣〔七等生部分〕 臺灣新聞報 1997 年 3 月 31 日 13 版

324. 古繼堂 臺灣當代小說創作——白先勇與七等生 中華文學通史・當代文學編 9 北京 華藝出版社 1997 年 9 月 頁 465—466

325. 徐淑卿 七等生彈奏一曲蒼邁的戀歌 中國時報 1997 年 10 月 2 日 41 版

326. 徐開塵 七等生，獨特文風依舊 民生報 1997 年 10 月 9 日 34 版

327. 皮述民 從反共小說到現代小說〔七等生部分〕 二十世紀中國新文學史 臺北 駱駝出版社 1997 年 10 月 頁 328

328. 馬 森 三論七等生[19] 燦爛的星空：現當代小說的主潮 臺北 聯合文學出版社 1997 年 11 月 頁 166—189

329. 張 殿 回到沙河 聯合報 1998 年 4 月 13 日 45，46 版

330. 蘇偉貞 七等生，再回沙河 聯合報 1998 年 4 月 13 日 45 版

331. 蘇偉貞 七等生，再回沙河 私閱讀 臺北 三民書局 2003 年 2 月 頁 35—43

332. 陳萬益 七等生與翁鬧 中央日報 1998 年 7 月 24 日 22 版

333. 阮慶岳 永遠現代的作家——七等生 中央日報 1998 年 7 月 24 日 22 版

334. 阮慶岳 永遠現代的作家——七等生 七等生全集・譚郎的書信 臺北 遠景出版公司 2003 年 10 月 頁 287—289

335. 馬 森 夢與真實之間——七等生的囈語 自由時報 1998 年 10 月 5 日 41 版

336. 倪國榮 偷錢的少年——讀七等生 自由時報 1998 年 10 月 7 日 41 版

337. 廖淑芳 自我鞭撻的文學偏執者——重讀七等生 自由時報 1998 年 10 月

---

[19] 本文藉由七等生生活、求學歷程，重新審視七等生的作品。全文共 3 小節：1.隱藏在本土的一塊美玉；2.我看《譚郎的書信》；3.七等生的情與思。

8 日　41 版

338. 彭瑞金　　離城的隱遁者——剖析七等生現代主義小說　中國時報　1998 年
　　　　　　　10 月 11 日　37 版

339. 舒　蘭　　70 年代詩人詩作——七等生　中國新詩史話（四）　臺北　渤海
　　　　　　　堂文化公司　1998 年 10 月　頁 344—345

340. 江寶釵　　現代主義的興盛、影響與去化——當代臺灣小說現象研究〔七等
　　　　　　　生部分〕　臺灣現代小說史綜論　臺北　行政院文建會，聯經出
　　　　　　　版公司　1998 年 12 月　頁 132—133

341. 趙家麟　　深讀七等生，史料分經緯　中國時報　1999 年 10 月 18 日　11 版

342. 陳益裕　　閱讀七等生　臺灣時報　1999 年 11 月 7 日　25 版

343. 莫　渝，王幼華　　來自憂傷的靈思——談七等生的詩　苗栗縣文學史　苗
　　　　　　　栗　苗栗縣立文化中心　2000 年 1 月　頁 316—320

344. 郝譽翔　　愛與憐憫的悲歌——閱讀七等生　幼獅文藝　第 553 期　2000 年
　　　　　　　1 月　頁 43—45

345. 郝譽翔　　當李龍第老時——論七等生　大虛構時代　臺北　聯合文學出版
　　　　　　　社　2008 年 9 月　頁 195—199

346. 陳麗芬　　臺灣現代主義文學的另類想像——以七等生為例[20]　現代文學與文
　　　　　　　化想像：從臺灣到香港　臺北　書林出版公司　2000 年 5 月　頁
　　　　　　　77—104

347. 朱文華　　七等生——「隱遁的小角色」　臺港澳文學教程　上海　漢語大
　　　　　　　辭典出版社　2000 年 10 月　頁 96—98

348. 廖四平　　臺灣現代派小說與西方影響〔七等生部分〕　臺灣研究集刊
　　　　　　　2001 年第 1 期　2001 年 2 月　頁 96—101

349. 林慶文　　孤獨的膜拜者——七等生（1939—）　當代臺灣小說的宗教性關
　　　　　　　懷　東海大學中國文學系　博士論文　洪銘水教授指導　2001 年
　　　　　　　6 月　頁 83—122

_____

[20]本文探討七等生創作歷程，及其小說作品與台灣現代主義的關係。

350. 蘇峰山　七等生的夢幻——兼論社會學的實在論[21]　臺灣文學評論　第 1 卷
　　　　第 1 期　2001 年 7 月　頁 41—58

351. 蘇峰山　七等生的夢幻——兼論社會學的實在論　七等生全集・一紙相思
　　　　臺北　遠景出版公司　2003 年 10 月　頁 295—312

352. 陳芳明　六〇年代現代小說的藝術成就：內心世界的探索：王文興與七等
　　　　生　聯合文學　第 208 期　2002 年 2 月　頁 156—159

353. 陳季嫻　不同凡想——試論七等生小說中的譬喻　第四屆中國修辭學學術
　　　　研討會　臺北　中華民國聲韻學學會，輔仁大學中國文學系
　　　　2002 年 5 月 18—19 日

354. 趙遐秋，呂正惠　現代主義文學思潮的興起與發展——臺灣現代小說與開
　　　　發中社的會知識分子〔七等生部分〕　臺灣新文學思潮史綱　臺
　　　　北　人間出版社　2002 年 6 月　頁 279—281

355. 王　敏　臺灣現代派小說群的崛起——歐陽子、王文興、七等生　簡明臺
　　　　灣文學史　北京　時事出版社　2002 年 6 月　頁 324—328

356. 朱立立　七等生：荒誕境遇中的自我抉擇和倫理考辨　論臺灣現代派小說
　　　　的精神世界　福建師範大學中國現當代文學所　博士論文　劉登
　　　　翰教授指導　2002 年　頁 86—104

357. 朱立立　七等生：荒誕境遇中的自我抉擇和倫理考辨　臺灣現代派小說研
　　　　究　臺北　人間出版社　2011 年 3 月　頁 153—182

358. 施英美　現代派小說家的人性實驗〔七等生部分〕　《聯合報》副刊時期
　　　　（1953—1963）的林海音研究　靜宜大學中國文學系　碩士論文
　　　　陳芳明，胡森永教授指導　2003 年 6 月　頁 135—138

359. 彭瑞金　離城小說家與夢幻出版家的邂逅——《七等生全集》出版　臺灣
　　　　文學館通訊　第 2 期　2003 年 12 月　頁 60—65

360. 阮慶岳　建築師最喜愛的小說——普魯斯特與七等生　聯合報　2004 年 1

---

[21]本文比較 Durkheim 與七等生，一位以理論建構分析現實的社會家，與一位強調自我個體向自然
融入而進入超越的作家之前的異同。全文共 3 小節：1.幻想/現實；2.自我個體/超越存有；3.後
話。

月 5 日　E7 版

361. 陳建忠　戰後臺灣文學（1945—迄今）——六〇年代的現代主義文學〔七
　　　等生部分〕　臺灣的文學　臺北　群策會李登輝學校　2004 年 5
　　　月　頁 76—77

362. 李立平　七等生小說的理念世界與宗教情懷　哈爾濱學院學報　第 25 卷第
　　　9 期　2004 年 9 月　頁 45—48，53

363. 朱立立　荒謬境遇中的自我抉擇和倫理拷辨——臺灣作家七等生小說的精
　　　神現象分析　華文文學　2004 年第 4 期　2004 年 8 月　頁 21—27

364. 朱立立　臺灣文學浪漫性的個案研究——七等生小說浪漫精神辨析　福建
　　　師範大學學報　2004 年第 6 期　2004 年 11 月　頁 97—103

365. 伊格言〔鄭千慈〕　關於一場酷刑的不在場證明——檢視七等生的現代主
　　　義，與其作品中的規訓或懲罰[22]　文學與社會學術研討會：2004 青
　　　年文學會議論文集　臺南　國家臺灣文學館　2004 年 12 月　頁
　　　39—62

366. 伊格言　關於一場酷刑的不在場證明——檢視七等生的現代主義，與其作
　　　品中的規訓或懲罰　文訊雜誌　第 232 期　2005 年 2 月　頁 40—
　　　41

367. 鄭千慈　關於一場酷刑的不在場證明——檢視七等生的現代主義，與其作
　　　品中的規訓或懲罰　崩解的自我——現代主義、畸零人與戰後臺
　　　灣鄉土小說　淡江大學中國文學系　碩士論文　范銘如教授指導
　　　2005 年 6 月　頁 62—75

368. 古遠清　極為前衛的現代派作家——七等生　分裂的臺灣文學　臺北　海
　　　峽學術出版社　2005 年 7 月　頁 81—82

---

[22]本文以傅柯《瘋癲與文明》、《規訓與懲罰》為理論工具，探討七等生作品，以呈現其作品中「規
訓與懲罰」，繼而釐清七等生作品與社會及政治意識，以及在台灣現代主義文學史上的定義與特
色。全文共小節：1.前言；2.始於廢墟的自我追尋——七等生現代主義的起點與虛無傾向；3.規訓
與懲罰，及其不在場證明；4.結語：指向未來的現代主義。

369. 王靖丰　七等生小說中的特異修辭[23]　文學前瞻　第 6 期　2005 年 7 月　頁
　　　57—72

370. 黃萬華　臺灣文學——小說（中）〔七等生部分〕　中國現當代文學・第 1
　　　卷（五四—1960 年代）　濟南　山東文藝出版社　2006 年 3 月
　　　頁 470—471

371. 劉慧珠　由家族史的探索到抒情主體的建構——七等生中、近期小說中的
　　　追尋神話原型[24]　修平人文社會學報　第 7 期　2006 年 9 月　頁 1
　　　—28

372. 謝冬冰　嫁接于西方現代派之木的臺灣現代派小說〔七等生部分〕　濟南
　　　大學學報　第 16 卷第 5 期　2006 年 9 月　頁 51—53

373. 謝冬冰　臺灣現代派小說——「橫的移植」——嫁接於臺灣島上的西方現
　　　代派〔七等生部分〕　多元文化與臺灣當代文學　北京　文化藝
　　　術出版社　2011 年 12 月　頁 187—191

374. 邱貴芬　翻譯驅動力下的臺灣文學生產——1960—1980 現代派與鄉土文學
　　　的辯證——臺灣現代派小說的特色〔七等生部分〕　臺灣小說史
　　　論　臺北　麥田出版公司　2007 年 3 月　頁 229—231

375. 周芬伶　意識流與語言流——內省小說的宗教反思〔七等生部分〕　聖與
　　　魔——臺灣戰後小說的心靈圖像（1945—2006）　臺北　印刻出
　　　版公司　2007 年 3 月　頁 81—93

376. 蕭義玲　面向存在之思——從七等生小說論愛慾、自然與個體化歷程[25]　中
　　　正大學中文學術年刊　第 10 期　2007 年 12 月　頁 151—189

---

[23]本文透過修辭學的新角度探索七等生的小說，以找出七等生的特異修辭及藝術風格。全文共 3 小
　節：1.前言；2.七等生修辭特色；3.結論。
[24]本文藉由榮格理論，探視七等生從《沙河悲歌》到《一紙相思》的作品個人藝術生命的追尋。全
　文共 6 小節：1.前言；2.七等生的創作原型；3.自我的悲歌；4.「女性」的救贖；5.從家族史的探
　索到抒情主體的建構；6.結論。正文後附錄〈我的父親像羅馬人——七等生專訪側寫〉。
[25]本文以隱喻的探求，探討七等生小說主題意識與敘事關係。全文共 8 小節：1.前言：存在的關
　切，隱喻的探求；2.存在歷程與小說敘事；3.觀看與詮釋的起點：命運事件與存在感受；4.內轉
　的歷程：愛慾、自然與選擇；5.奧秘：對立與交融；6.游牧與道路，個體化與宗教歷程；7.路與
　橋：生命與書寫的歷程；8.結論：面向存在之思。

377. 黃克全　七等生散論　七等生論　苗栗　苗栗縣國際文化觀光局　2008 年
　　　1 月　頁 152—171

378. 黃克全　從《僵局》到《銀波翅膀》看七等生小說之本質　七等生論　苗
　　　栗　苗栗縣國際文化觀光局　2008 年 1 月　頁 181—185

379. 葉石濤　七〇年代臺灣文學的回顧〔七等生部分〕　葉石濤全集・隨筆卷
　　　二　臺南，高雄　國立臺灣文學館，高雄市文化局　2008 年 3 月
　　　頁 62

380. 侯作珍　存在的困境與反抗——戰後臺灣存在主義文學探析——存在主義
　　　文學的兩種類型〔七等生部分〕　臺灣文學評論　第 8 卷第 2 期
　　　2008 年 4 月　頁 137—139

381. 吳孟昌　永恆的自我追尋——論七等生小說中的浪漫主義特質[26]　弘光人文
　　　社會學報　第 8 期　2008 年 5 月　頁 25—43

382. 曾萍萍　太陽兀自照耀著：《文學季刊》內容分析——第一件差事：大放異
　　　彩的小說創作〔七等生部分〕　「文季」文學集團研究——以系
　　　列刊物爲觀察對象　中央大學中國文學系　博士論文　李瑞騰教
　　　授指導　2008 年 7 月　頁 103—104

383. 曾萍萍　鬍子底下冒什麼火：《文學》雙月刊內容分析——兩個油漆匠：小
　　　說與詩〔七等生部分〕　「文季」文學集團研究——以系列刊物
　　　爲觀察對象　中央大學中國文學系　博士論文　李瑞騰教授指導
　　　2008 年 7 月　頁 161—162

384. 劉慧珠　沙河的眞實與夢幻——七等生的在地書寫[27]　修平人文社會學報
　　　第 11 期　2008 年 9 月　頁 55—86

385. 蕭義玲　觀看與身分認同——七等生小說的「局外人」形象塑造及其意義[28]

---

[26]本文主要參照盧卡奇《小說理論》，指出七等生小說中的浪漫主義特質。
[27]本文運用文化地理學的角度去探討七等生作品的在地書寫。全文共 5 小節：1.前言；2.沙河書寫
　　的雙重意義；3.沙河的悲歌淺唱；4.重返沙河；5.結論。
[28]本文主要探討七等生小說中「局外人」的形象。全文共 5 小節：1.前言：「局外人」的原型意象；
　　2.局外人身分特徵與理論架構之建立；3.從觀看到自我認同；4.以「局外人」形象塑造展開書寫
　　實踐之意義；5.罪惡意識、精神淨化與創傷和解。

成大中文學報　第 22 期　2008 年 10 月　頁 121—160

386. 蕭義玲　觀看與身分認同——七等生小說的「局外人」形象塑造及其意義
　　　　　七等生及其作品詮釋：藝術・家園・自我認同　臺北　里仁書局
　　　　　2010 年 11 月　頁 305—351

387. 蕭義玲　自我追尋與他人認同——從「自律作家」論七等生的寫作風格及
　　　　　其意義[29]　中央大學人文學報　第 37 期　2009 年 1 月　頁 105—
　　　　　162

388. 蕭義玲　自我追尋與他人認同——從「自律作家」論七等生的寫作風格及
　　　　　其爭議　七等生及其作品詮釋：藝術・家園・自我認同　臺北
　　　　　里仁書局　2010 年 11 月　頁 247—304

389. 游昇俯　六〇年代現代主義精神底層——七等生的另類實踐　第三屆臺
　　　　　大、政大臺文所研究生學術交流研討會　臺北　臺灣大學臺灣文
　　　　　學研究所，政治大學臺灣文學研究所主辦　2009 年 11 月 28 日

390. 亞　菁　讀《臺灣作家全集（短篇小說）》——以七等生、陳若曦、張系國
　　　　　為例　書海浮生錄　臺北　文史哲出版社　2010 年 1 月　頁 61—
　　　　　66

391. 彭婉蕙　論七等生早期小說與《現代文學》的關係　全國博士生學術論
　　　　　壇：海外華文文學與詩學　廣州　中國教育部學位管理與研究生
　　　　　教育司，國務院學位委員會辦公室主辦　2010 年 3 月 7—11 日

392. 林欣怡　從小鎮到城市的靈魂漫遊——論七等生與阮慶岳短篇小說中的自
　　　　　我與人我關係[30]　第五屆有鳳初鳴——漢學多元化領域之探索學術
　　　　　研討會　臺北　東吳大學中國文學系主辦　2010 年 6 月 10 日

---

[29] 本文從「自律作家」的概念討論七等生的寫作風格及其爭議。全文共 4 小節：1.前言：兩種不同的閱讀與寫作類型；2.七等生創作方向的展開：「追尋自我」和「尋求他人認同」的交織張力；3.「自律作家」與七等生的寫作風格；4.結論：建立七等生作品研究之理論基礎。本文後改篇名為〈自我追尋與他人認同——從「自律作家」論七等生的寫作風格及其爭議〉。

[30] 本文藉由七等生與阮慶岳作品中人我關係的面向，來比較此兩代作家作品中呈顯精神之異同。全文共 4 小節：1.緒論：七等生與阮慶岳的獨舞；2.靈魂的漫遊：我與「我」的對話；3.從小鎮到城市的追尋：人與我的錯身交集；4.結語。

〔13〕頁

393. 林欣怡　從小鎮到城市的靈魂漫遊——論七等生與阮慶岳短篇小說中的自
　　　　　　　我與人我關係　有鳳初鳴年刊　第 6 期　2010 年 10 月　頁 171—
　　　　　　　184

394. 陳芳明　一九六○年代臺灣現代小說的藝術成就——內心世界的探索〔七
　　　　　　　等生部分〕　臺灣新文學史　臺北　聯經出版社　2011 年 10 月
　　　　　　　頁 397—400

395. 顏崑陽　由變格而創體——七等生文學世界　文訊雜誌　第 301 期　2010
　　　　　　　年 11 月　頁 16—19

396. 應鳳凰，傅月庵　七等生——《我愛黑眼珠》　冊頁流轉——臺灣文學書
　　　　　　　入門 108　臺北　印刻文學生活雜誌出版公司　2011 年 3 月　頁
　　　　　　　80—81

397. 朱立立　七等生：超驗的想像與陰鬱孤寂的浪漫寫作　臺灣現代派小說研
　　　　　　　究　臺北　人間出版社　2011 年 3 月　頁 216—236

398. 宋澤萊　論施明正與七等生小說的反諷性　臺灣文學三百年　臺北　印刻
　　　　　　　文學生活雜誌出版公司　2011 年 4 月　頁 319—332

399. 朱雙一　「自由派」和現代主義文學的興衰和特點——現代主義文學高潮
　　　　　　　及其特徵——存在主義與現代派文學的抽象化特徵〔七等生部
　　　　　　　分〕　臺灣文學創作思潮簡史　臺北　人間出版社　2011 年 5 月
　　　　　　　頁 280　282

400. 胡忠信、廖淑芳對談；張怡寧側寫　臺灣文學的隱遁者七等生　作家的心
　　　　　　　靈地圖——臺灣文學大解讀　臺南　國立臺灣文學館　2011 年 8
　　　　　　　月　頁 107—129

401. 廖淑芳　在一個沒人注意或有意疏忽的角落，固執地種植我的花朵　第十
　　　　　　　四屆國家文藝獎頒獎典禮專刊　臺北　財團法人國家文化藝術基
　　　　　　　金會　2010 年 10 月　頁 10—18

402. 〔九彎十八拐〕　七等生　九彎十八拐　第 40 期　2011 年 11 月　頁 20

403. 邱雅芳　　尋找一座荒島：七等生作品中的都市記憶與孤島意象[31]　臺灣文學
　　　　　　　學報　第 20 期　2012 年 6 月　頁 75—98

404. 林欣誼　　《七等生精選集》‧一個瘋子的獨白　中國時報　2012 年 8 月 22
　　　　　　　日　A11 版

405. 張恆豪　　編者序——讓理想與熱情再度燃燒　為何堅持：七等生精選集
　　　　　　　臺北　遠景出版社　2012 年 8 月　頁 8—22

406. 劉懷拙　　個人主義的前瞻者——給勇於自我的年輕人及敬愛的七等生　為
　　　　　　　何堅持：七等生精選集　臺北　遠景出版社　2012 年 8 月　頁
　　　　　　　392—405

407. 余昭玟　　低音主調——《臺灣文藝》的寫實路線——戰後第二代作家——
　　　　　　　孤獨的隱遁者七等生　從邊緣發聲——臺灣五、六〇年代崛起的
　　　　　　　省籍作家群　臺南　國立臺灣文學館　2012 年 10 月　頁 211—
　　　　　　　216

分論
◆單行本作品
散文
《耶穌的藝術》

408. 文　涓　　《耶穌的藝術》　書評書目　第 76 期　1979 年 8 月　頁 126—
　　　　　　　130

409. 陳濟民　　中國小說家談耶穌——評《耶穌的藝術》　校園雜誌　第 21 卷第
　　　　　　　8 期　1979 年 8 月　頁 74—79

410. 蔡松柏講；劉慧珠整理　　專訪蔡松柏牧師談《耶穌的藝術》（節錄）　在介
　　　　　　　入與隱遁之間——七等生文學中的沙河象徵　東海大學中國文學
　　　　　　　系　博士論文　周芬伶教授指導　2008 年 6 月　頁 362—367

411. 〔蘇怡如，秦雅君編〕　　作品選介——《耶穌的藝術》　第十四屆國家文

---

[31] 本文建構七等生持續追求現代主義的身影，並探討他作品中的都市記憶與孤島意象。全文共 4 小
節：1.引言：我失落了一座城市；2.此岸與彼岸：都市、沙河、孤島；3.期待白馬而顯現唐倩；4.
結語：文明及其不滿。

藝獎頒獎典禮專刊　臺北　財團法人國家文化藝術基金會　2010
年 10 月　頁 21

《重回沙河》

412. 梁景峰　七等生的《重回沙河》　中國時報　1986 年 9 月 12 日　8 版

413. 梁景峰　七等生的《重回沙河》　鄉土與現代・臺灣文學的片段　臺北
臺北縣立文化中心　1995 年 6 月　頁 105—112

414. 周本驥　多情勝造景——由七等生的《重回沙河》談起　當代　第 6 期
1986 年 10 月　頁 104—109

415. 蕭義玲　走在一條建造家屋之路——論七等生《重回沙河》中的時間光影
與生命家屋[32]　中正大學中文學術年刊　第 12 期　2008 年 12 月
頁 201—240

416. 蕭義玲　走在一條建造家屋之路——論七等生《重回沙河》中的時間光影
與生命家屋　七等生及其作品詮釋：藝術・家園・自我認同　臺
北　里仁書局　2010 年 11 月　頁 149—198

小說
《僵局》

417. 葉石濤　論七等生的《僵局》　臺灣文藝　第 31 期　1971 年 4 月　頁 63
—68

418. 葉石濤　論七等生的《僵局》　現代文學　第 43 期　1971 年 5 月　頁 153
—156

419. 葉石濤　論七等生的《僵局》　巨蟹集　臺南　新風出版社　1972 年 3 月
頁 147—160

420. 葉石濤　論七等生的《僵局》　葉石濤作家論集　高雄　三信出版社
1973 年 3 月　頁 237—248

421. 葉石濤　論七等生的《僵局》　火獄的自焚　臺北　遠行出版社　1977 年

---

[32]本文討論七等生的《重回沙河》中的時間光影與生命家屋。全文共 5 小節：1.前言：重回沙河之
路；2.觀看與建造：「找出一條可讓我心平氣和的生活之路」；3.在世俗生活建造生命之屋；4.轉
換澄清的建造之旅：詩與神性的宗教性歷程；5.自然：生命的旅程，書寫的重新啟程。

9 月　頁 9—22

422. 葉石濤　　論七等生的《僵局》　臺灣鄉土作家論集　臺北　遠景出版公司
　　　　　　　1979 年 3 月　頁 225—237

423. 葉石濤　　論七等生的《僵局》　葉石濤全集·評論卷一　臺南，高雄　國
　　　　　　　家臺灣文學館，高雄市文化局　2008 年 3 月　頁 337—350

424. 雷　驤　　《僵局》之凝聚及其解脫　現代文學　第 48 期　1972 年 11 月
　　　　　　　頁 41—44

425. 雷　驤　　《僵局》之凝聚及其解脫　火獄的自焚　臺北　遠行出版社
　　　　　　　1977 年 9 月　頁 43—47

426. 楊熾宏　　關於七等生《僵局》的一點隨想　臺灣文藝　第 55 期　1977 年 6
　　　　　　　月　頁 146—149

427.〔蘇怡如，秦雅君編〕　　作品選介——《僵局》　第十四屆國家文藝獎頒
　　　　　　　獎典禮專刊　臺北　財團法人國家文化藝術基金會　2010 年 10 月
　　　　　　　頁 19

《放生鼠》

428. 吳而斌　　七等生的《放生鼠》　四季　第 1 期　1972 年 11 月　頁 74—78

429. 吳而斌　　七等生的《放生鼠》　火獄的自焚　臺北　遠行出版社　1977 年
　　　　　　　9 月　頁 49—57

430. 吳而斌　　七等生的《放生鼠》　中國現代作家論　臺北　聯經出版公司
　　　　　　　1979 年 7 月　頁 525—532

431. 陳媛裕　　我看《放生鼠》　文心　第 4 期　1976 年 5 月　頁 90

《離城記》

432. 金沙寒〔黃克全〕　　不完整就是我的本質——釋七等生的《離城記》　書
　　　　　　　評書目　第 82 期　1980 年 2 月　頁 65—74

433. 金沙寒　　不完整就是我的本質——釋七等生的《離城記》　認識七等生
　　　　　　　苗栗　苗栗縣立文化中心　1993 年 6 月　頁 125—136

434. 黃克全　　不完整就是我的本質——釋七等生中篇《離城記》　七等生論

苗栗　苗栗縣國際文化觀光局　2008 年 1 月　頁 96—109

435. 小　布　　　阮慶岳、鴻鴻對談七等生小說《離城記》　中央日報　2000 年 10
月 4 日　20 版

436. 紀慧玲　　　《離城記》有七等生原味的文字風格　民生報　2000 年 10 月 7 日
6 版

437. 陳正熙　　　文學與劇場相互掣肘　民生報　2000 年 11 月 12 日　6 版

《我愛黑眼珠續記》

438. 金恆杰　　　失去了純真的晴子——評七等生《我愛黑眼珠續記》　聯合文學
第 53 期　1989 年 3 月　頁 195—198

439. 金恆杰　　　失去了純真的晴子——評七等生《我愛黑眼珠續記》　認識七等
生　苗栗　苗栗縣立文化中心　1993 年 6 月　頁 163—168

440. 徐　學　　　政治文學〔《我愛黑眼珠續記》部分〕　臺灣新文學概觀（下）
福建　鷺江出版社　1991 年 6 月　頁 276—277

441. 李漢偉　　　臺灣小說的「政治之悲」模式探索——拯救意涵的終極關懷
〔《我愛黑眼珠續記》部分〕　臺灣小說的三種悲情　臺北　駱
駝出版社　1997 年 10 月　頁 169—170

《沙河悲歌》

442. 法　蘭　　　讀七等生《沙河悲歌》的界限　書評書目　第 42 期　1976 年 10
月　頁 30—33

443. 弦外音　　　七等生的《沙河悲歌》　臺灣日報　1976 年 11 月 24，12 月 1 日
9 版

444. 胡幸雄　　　《沙河悲歌》中藝術家的執著與退讓　臺灣文藝　第 55 期　1977
年 6 月　頁 153—155

445. 胡幸雄　　　《沙河悲歌》中藝術家的執著與退讓　火獄的自焚　臺北　遠行
出版社　1977 年 9 月　頁 233—237

446. 胡幸雄　　　《沙河悲歌》中藝術家的執著與退讓　七等生全集・沙河悲歌
臺北　遠景出版公司　2000 年 7 月　頁 351—354

447. 靜　圓　破裂的年代裡的一個破裂的生命——我看七等生的《沙河悲歌》
　　　客舍青青　臺北　皇冠雜誌社　1978 年 11 月　頁 62—77

448. 黃克全　《沙河悲歌》中的三個關鍵題旨（1—7）　臺灣新聞報　1993 年
　　　3 月 18—24 日　13 版

449. 黃克全　七等生《沙河悲歌》中的三個關鍵題旨　七等生論　苗栗　苗栗
　　　縣國際文化觀光局　2008 年 1 月　頁 61—79

450. 萬榮華　《沙河悲歌》　中國時報　1993 年 7 月 29 日　27 版

451. 李　進　七等生重彈《沙河悲歌》「外」章　聯合報　1998 年 9 月 28 日
　　　41 版

452. 邱榮襄　七等生的《沙河悲歌》電影　民眾日報　2000 年 9 月 14 日　17
　　　版

453. 許俊雅　七等生的《沙河悲歌》　見樹又見林——文學看臺灣　臺北　渤
　　　海堂文化公司　2005 年 2 月　頁 179—181

454. 蕭義玲　內在甦醒的地方，才是吹奏開始的地方——從七等生《沙河悲
　　　歌》論生命藝術性的探求[33]　東華漢學　第 5 期　2007 年 6 月　頁
　　　173—212

455. 蕭義玲　內在甦醒的地方，才是吹奏開始的地方——論七等生《沙河悲
　　　歌》對生命藝術性的探求　臺灣近五十年現代小說論文集　高雄
　　　中山大學文學院，人文社會科學中心　2007 年 8 月　頁 219—250

456. 蕭義玲　內在甦醒的地方，才是吹奏開始的地方——從七等生《沙河悲
　　　歌》論生命藝術性的探求　七等生及其作品詮釋：藝術・家園・
　　　自我認同　臺北　里仁書局　2010 年 11 月　頁 53—96

457. 林定杰導讀；葉衽榤校訂　　嘶聲的沙河，枯涸的悲歌——七等生《沙河悲
　　　歌》　明道文藝　第 408 期　2010 年 3 月　頁 76—80

---

[33]本文以生命、河水與音樂的相互隱喻，討論《沙河悲歌》。全文共 8 小節：1.前言：聽「沙河淺流
潺潺細唱」；2.生命之流與沙河之流；3.「這條河有兩條發源」：你要離開父親、母親，離開沙河
鎮；4.試煉——我的藝術在哪裡？我要從哪裡著手尋求它？；5.內在感覺甦醒的地方，才是吹奏
開始的地方；6.望進傳奇的內部：生命的憂患本質都是相同的；7.在死亡前，聽「沙河淺流潺潺
細唱」；8.結論——追求技藝藝術到最後會來發現自我。

458.〔蘇怡如，秦雅君編〕　　作品選介──《沙河悲歌》　第十四屆國家文藝
獎頒獎典禮專刊　臺北　財團法人國家文化藝術基金會　2010 年
10 月　頁 20

459. 解昆樺　明亮的理想，黯淡的哀鳴──電影《沙河悲歌》中李文龍的音景
與情景　愛、理想與淚光：文學電影與土地的故事（下）　臺南
國立臺灣文學館　2010 年 12 月　頁 206—279

460. 小　野，陳傳興　臺灣的作家們──從「他們在島與寫作」談起〔《沙河
悲歌》部分〕　聯合報　2011 年 7 月 8 日　D3 版

461. 黃　仁　新臺灣電影代表作──《沙河悲歌》　新臺灣電影──臺語電影
文化的演變與創新　臺北　臺灣商務印書館　2013 年 2 月　頁
281—282

《削瘦的靈魂》

462. 瑩　瑩　作者的影子──讀《削瘦的靈魂》　書評書目　第 45 期　1977 年
1 月　頁 148—149

463. 亞　菁　作者的影子──讀七等生的《削瘦的靈魂》　現代文學評論　臺
北　東大圖書公司　1983 年 2 月　頁 92—94

464. 呂正惠　社會與個人──現代中國的成長小說〔《削瘦的靈魂》部分〕
幼獅文藝　第 492 期　1994 年 12 月　頁 20

《隱遁者》

465.〔蘇怡如，秦雅君編〕　　作品選介──《隱遁者》　第十四屆國家文藝獎
頒獎典禮專刊　臺北　財團法人國家文化藝術基金會　2010 年 10
月　頁 20

《老婦人》

466. 應鳳凰　十、十一月的文學出版〔《老婦人》部分〕　文訊雜誌　第 15 期
1984 年 12 月　頁 347

467. 黃克全　關於七等生的《老婦人》　文訊雜誌　第 17 期　1985 年 4 月　頁
124—129

468. 一　思　《老婦人》　洪範雜誌　第 21 期　1985 年 4 月　3 版

469. 康來新　廣角的關懷　聯合文學　第 7 期　1985 年 5 月　頁 153—154

470. 康來新　廣角的關懷　洪範雜誌　第 32 期　1987 年 8 月　4 版

471. 廖本瑞　漂泊者的追尋和失落——評析七等生的《老婦人》　文星　第 114
期　1987 年 12 月　頁 129—135

472. 廖本瑞　漂泊者的追尋和失落——評析七等生的《老婦人》　認識七等生
苗栗　苗栗縣立文化中心　1993 年 6 月　頁 137—152

《譚郎的書信》

473. 馬　森　我看《譚郎的書信》　中國時報　1985 年 9 月 7 日　8 版

474. 馬　森　七等生《譚郎的書信》　離心的辯證：世華小說評析　臺北　唐
山出版社　2004 年 5 月　頁 86—92

475. 蔡源煌　隱遁者日記　聯合文學　第 17 期　1986 年 3 月　頁 214

476. 胡錦媛　書寫自我——《譚郎的書信》中的書信形式　中外文學　第 22 卷
第 11 期　1994 年 4 月　頁 71—96

477. 胡錦媛　書寫自我——《譚郎的書信》中的書信形式　性／別研究讀本
臺北　城邦文化公司　1998 年 8 月　頁 61—94

478. 蕭義玲　獻給永恆女神的禱詞——從七等生《譚郎的書信》論藝術實踐與
自我完成[34] 臺灣文學研究集刊　第 5 期　2009 年 2 月　頁 85—
124

479. 蕭義玲　獻給永恆女神的禱詞——從七等生《譚郎的書信》論藝術實踐與
自我完成　七等生及其作品詮釋：藝術・家園・自我認同　臺北
里仁書局　2010 年 11 月　頁 199—245

480. 朱芳玲　隱遁者的生存美學——七等生《譚郎的書信》的自我書寫與自我

---

[34]本文從七等生的《譚郎的書信》論他的藝術實踐與自我完成。全文共 5 小節：1.前言：定位《譚
郎的書信》；2.《譚郎的書信》解碼：獨白或對話？剝奪或奉獻？；3.對話的開始：在妻子與女友
之間——「生命啊，何時找到你的安寧呢？」；4.此岸與彼岸之間的對話交流：書信歷程與生命
歷程；5.「獻給黛安娜女神」的無言之說：從傾訴到聆聽。

建構[35]　興大中文學報　第 30 期　2011 年 12 月　頁 3—28

《兩種文體》

481. 吳繼文　《兩種文體》　中國時報　1991 年 10 月 4 日　34 版

482. 楊　照　兩顆不可相見的寂寞心靈——《兩種文體——阿平之死》　聯合文學　第 319 期　2011 年 5 月　頁 96—99

文集

《我愛黑眼珠》

483. 黃重添，莊明萱，闕豐齡　現代派小說——現代文學的流行〔《我愛黑眼珠》部分〕　臺灣新文學概觀（上）　廈門　鷺江出版社　1991年 6 月　頁 116—119

484. 黃　啓　七等生《我愛黑眼珠》　臺灣新聞報　1992 年 2 月 2 日　9 版

485. 陸士清　《我愛黑眼珠》之謎　臺灣文學新論　上海　復旦大學出版社　1993 年 6 月　頁 286—290

486. 李瑞騰　期待晴子而出現妓女——論七等生《我愛黑眼珠》　臺灣文學經典研討會論文集　臺北　聯經出版公司　1999 年 6 月　頁 91—98

487. 歲　涵　存在意義的追尋——七等生《我愛黑眼珠》的哲學隱喻　海南師範學院學報　2000 年第 4 期　2000 年 12 月　頁 80—83

488. 歲　涵　存在意義的追尋——七等生《我愛黑眼珠》的哲學隱喻　現代中國文學論叢（一）　北京　中國社會科學出版社　2007 年 7 月　頁 334—339

489. 應鳳凰　七等生的《我愛黑眼珠》　臺灣文學花園　臺北　玉山社出版公司　2003 年 1 月　頁 55—69

490. 蘇曼如　七等生——《我愛黑眼珠》　第一屆苗栗縣文學——野地繁花研討會　苗栗　苗栗縣政府主辦　2003 年 7 月 29—30 日

---

[35] 本文探討以「隱遁者」自我定位的譚郎以「不完整的本質」完成自我建構的方式、過程以及結果，以了解譚郎以書寫技藝，將自身特有安身立命方式以風格化的形式呈現，以發展出「隱遁者的生存美學」。全文共 6 小節：1.前言；2.轉向與回歸——我這一生唯一具有意義的事就是完成自我；3.書寫，作為一種自我技藝：「自我書寫」與「自我建構」；4.隱遁者的生存美學：成為越界/生活/寫作的藝術家；5.藝術家的永恆回歸——成為我從來沒有成為的人；6.結論。

491. 廖玉蕙　《我愛黑眼珠》賞析　繁花盛景——臺灣當代文學精選　臺北　正中書局　2003 年 8 月　頁 256—257

492. 蘇曼如　從原型意涵看《我愛黑眼珠》　第一屆苗栗縣文學野地繁花研討會論文集　苗栗　苗栗縣文化局，財團法人苗栗縣文化基金會　2003 年 11 月　頁 21—35

493. 姜　萍　即食的存在——簡析七等生《我愛黑眼珠》　現代語文　2009 年第 7 期　2009 年 3 月　頁 100—101

494. 吳俞萱　做人的條件　人籟辯論月刊　第 83 期　2011 年 6 月　頁 96—99

495. 陳怡伶　他者之眼與自我重估——七等生與《我愛黑眼珠》　人籟辯論月刊　第 83 期　2011 年 6 月　頁 99

496. 朱芳玲　我能首先選擇的就是我自己——論七等生《我愛黑眼珠》的現代性[36]　臺北教育大學語文集刊　第 21 期　2012 年 1 月　頁 115—159

497. 丁允恭　找尋反向哥吉拉——探勘臺灣小說的災難（作為）譬喻〔《我愛黑眼珠》部分〕　聯合文學　第 345 期　2013 年 7 月　頁 77—78

《七等生全集》

498. 洪士惠　《七等生全集》出版　文訊雜誌　第 217 期　2003 年 11 月　頁 103

499. 許素貞　2003 遠流版的《七等生全集》　2003 臺灣文學年鑑　臺北　行政院文建會　2004 年 8 月　頁 188—190

500. 潘　罡　自喻蠶絲吐盡，七等生出版全集　中國時報　2004 年 10 月 2 日　8 版

《思慕微微》

501. 東　年　迷失的人無法找尋迷失的他人　聯合報　1997 年 10 月 13 日　47

---

[36]本文以《我愛黑眼珠》為文本，探究當西方現代性浪潮席捲而來時，七等生如何透過創作回應現代性帶來的精神危機。全文共 5 小節：1.前言：不道德的抉擇？——《我愛黑眼珠》詮釋架構的轉向；2.瞬間的洪水，情感的鴻溝；3.我能首先選擇的就是我自己——現代性態度的轉向與回歸；4.寓言，作為一種救贖——憂鬱沉思者的寓言書寫；5.結論。

版

502. 王仲偉　　七等生《思慕微微》　1997 臺灣文學年鑑　臺北　行政院文建會　1998 年 6 月　頁 275—277

503. 如　風　　極度自戀的　中央日報　1998 年 7 月 24 日　22 版

504. 采　昇　　引人沉浸於富含愛的哲思中　中央日報　1998 年 7 月 24 日　22 版

505. 思　忘　　寫作成就了愛戀　中央日報　1998 年 7 月 24 日　22 版

506. 呂季芃　　對人世的深情注視　中央日報　1998 年 7 月 24 日　22 版

507. 楊　照　　「自戀書寫」中完成的自我——重讀七等生的小說《思慕微微》　在閱讀的密林中　臺北　印刻出版公司　2003 年 6 月　頁 119—124

508. 〔蘇怡如，秦雅君編〕　作品選介——《思慕微微》　第十四屆國家文藝獎頒獎典禮專刊　臺北　財團法人國家文化藝術基金會　2010 年 10 月　頁 21

◆多部作品

《譚郎的書信》、《我愛黑眼珠》、《寓言》

509. 李元貞　　女性主義文學批評下的臺灣文壇——立基於一九八六年的省察——七等生的愛情珞珈山　1986 臺灣年度評論　臺北　圓神出版社　1987 年 3 月　頁 226—229

《我愛黑眼珠》、《我愛黑眼珠續記》

510. 李瑞騰等[37]　洪水：在人性與社會現實中滾動——七等生《我愛黑眼珠》及其「續記」的討論　文藝月刊　第 237 期　1989 年 3 月　頁 27—39

511. 李敏忠　　六零年代與八零年代的對照——論七等生《我愛黑眼珠》及《我愛黑眼珠續記》　成功大學臺灣文學研究所第一屆研究生論文發表會　臺南　成功大學臺灣文學研究所　2002 年 5 月 2 日

---

[37]與會者：李瑞騰、楊旻瑋、顧蕙倩、馬銘浩、潘正德、胡正之；紀錄：陳明德。

512. 李敏忠　六零年代與八零年代的對照——論七等生《我愛黑眼珠》及《我愛黑眼珠續記》[38]　第三十屆鳳凰樹文學獎　臺南　成功大學中國文學系　2002 年 6 月　頁 580—630

513. 劉慧珠　七等生的文體越界——以「黑眼珠」系列作品爲例　2004 年戰後臺灣文學學術研討會論文集　臺中　修平技術學院，通識教育中心，國文科教學研究會　2004 年 3 月　頁 62—82

514. 劉慧珠　七等生「黑眼珠」系列作品的文本互涉[39]　修平人文社會學報　第 6 期　2005 年 3 月　頁 25—51

《跳出學園的圍牆》、《精神病患》

515. 呂正惠　現代主義在臺灣——從文藝社會學的角度來考察〔《跳出學園的圍牆》、《精神病患》部分〕　臺灣文學二十年集 1978—1998：評論二十家　臺北　九歌出版社　1998 年 3 月　頁 147—148

《沙河悲歌》到《一紙相思》

516. 劉慧珠　從《沙河悲歌》到《一紙相思》　第 7 屆青年文學會議論文集　臺北　文訊雜誌社　2003 年 11 月　頁 393—429

單篇作品

517. 鍾肇政　第一屆「臺灣文學獎」評選委員選後感——我選七等生的〈回鄉的人〉　臺灣文藝　第 11 期　1966 年 4 月　頁 39—40

518. 楊全瑛　死亡因素及主題——戰爭的愚昧與烙痕〔〈回鄉的人〉部分〕　六〇年代臺灣小說死亡主題研究　南華大學文學研究所　碩士論文　陳啓佑教授指導　2002 年 12 月　頁 153

519. 吳瀛濤等[40]　作品合評〔〈周末之夜〉部分〕　笠　第 15 期　1966 年 10 月　頁 35—36

---

[38]本文藉六〇年代與八〇台灣社會環境與文學發展情形，探討七等生《我愛黑眼珠》以及《我愛黑眼珠續集》。全文共 3 小節：1.前言；2.《我愛黑眼珠》(1967)的分析；3.80 年代的狂飆現實。

[39]本文以七等生「黑眼珠」文本互涉爲觀照角度，觸及文體演變與文類混雜性問題。全文共 6 小節：1.前言；2.「黑眼珠」的隱喻結構；3.〈黑眼珠與我〉的文體特徵；4.從〈黑眼珠與我〉到〈我愛黑眼珠續記〉；5.越界的異質之美；6.結語。

[40]與會者：吳瀛濤、桓夫、詹冰；紀錄：張彥勳。

520. 吳瀛濤　作品欣賞：大家評〔〈相信唯有妳乃是夜的因素〉部分〕　笠
　　　第 16 期　1966 年 12 月　頁 41—42

521. 鄭清文　第二屆臺灣文學獎評選委員選後感——選後感〔〈灰色鳥〉部
　　　分〕　臺灣文藝　第 15 期　1967 年 4 月　頁 39

522. 鍾肇政　第二屆臺灣文學獎評選委員選後感——七等生的〈灰色鳥〉　臺
　　　灣文藝　第 15 期　1967 年 4 月　頁 39—40

523. 文　心　第二屆臺灣文學獎評選委員選後感——選後感〔〈灰色鳥〉部
　　　分〕　臺灣文藝　第 15 期　1967 年 4 月　頁 40

524. 廖清秀　第二屆臺灣文學獎評選委員選後感——藝術與時代氣息〔〈灰色
　　　鳥〉部分〕　臺灣文藝　第 15 期　1967 年 4 月　頁 41

525. 隱　地　七等生〈結婚〉　隱地看小說　臺北　大江出版社　1967 年 9 月
　　　頁 243—249

526. 隱　地　七等生〈結婚〉——原載《純文學》第三期，約一萬二千字　隱
　　　地看小說　臺北　爾雅出版社　1981 年 6 月　頁 223—238

527. 徐會文　〈結婚〉　新潮　第 32 期　1976 年 9 月　頁 62—63

528. 徐會文　〈結婚〉　火獄的自焚　臺北　遠行出版社　1977 年 9 月　頁
　　　157—160

529. 金沙寒　開放道德與關閉道德的衝突及弭解——七等生短篇〈結婚〉之探
　　　討　書評書目　第 92 期　1980 年 12 月　頁 65—74

530. 林永昌　讀《這一代小說》〔〈結婚〉部分〕　年度小說選資料篇　臺北
　　　爾雅出版社　1983 年 2 月　頁 243

531. 馬　森　原著和電影之間的〈結婚〉　中華日報　1986 年 6 月 12 日　11
　　　版

532. 廖淑芳　諷刺鬧劇或感傷寫實——七等生短篇小說〈結婚〉之探討　文心
　　　第 16 期　1988 年 9 月　頁 40—44

533. 廖淑芳　諷刺鬧劇或感傷寫實——七等生短篇小說〈結婚〉之探討　新地
　　　第 5 期　1990 年 12 月　頁 12—21

534. 廖淑芳　諷刺鬧劇或感傷寫實——七等生短篇小說〈結婚〉之探討　七等生全集‧僵局　臺北　遠景出版公司　2003 年 10 月　頁 333—341

535. 李漢偉　臺灣小說的「女性之悲」模式探索——農業社會女性的悲劇探索〔〈結婚〉部分〕　臺灣小說的三種悲情　臺北　駱駝出版社　1997 年 10 月　頁 86—88

536. 楊全瑛　死亡因素及主題——反抗傳統的禁錮〔〈結婚〉部分〕　六○年代臺灣小說死亡主題研究　南華大學文學研究所　碩士論文　陳啓佑教授指導　2002 年 12 月　頁 124—126

537. 黃克全　開放道德與關閉道德的衝突及弭解——釋七等生短篇〈結婚〉　七等生論　苗栗　苗栗縣國際文化觀光局　2008 年 1 月　頁 122—137

538. 廖淑芳　人媒到鬼媒——由七等生小說〈結婚〉的媒婆角色論婚姻的傳統與現代　新愛情學媒情研討會　臺北　創意出版社主辦；舊視界文化藝術公司協辦　2009 年 2 月 21—22

539. 張恆豪　火焚的女神——從《結婚》看現代與傳統的角力　愛、理想與淚光：文學電影與土地的故事（下）　臺南　國立臺灣文學館　2010 年 12 月　頁 50—75

540. 黃守誠　這一代的小說〔〈等〉部分〕　一個里程　臺北　華美出版社　1968 年 6 月　頁 214—217

541. P. A.　七等生的〈僵局〉　青溪　第 3 卷第 1 期　1969 年 7 月　頁 84—87

542. 柳　亭　七等生談〈僵局〉　民聲日報　1976 年 12 月 13 日　9 版

543. 陳國城　剖視現代文學之象徵主義——引證七等生作品〈十七章〉　成大青年　第 24 期　1972 年 4 月　頁 24

544. 陳國城　現代文學之象徵主義——引證七等生作品〈十七章〉　火獄的自焚　臺北　遠行出版社　1977 年 9 月　頁 29—38

545. 林寶芬　　可愛的叛逆——論七等生〈十七章〉的主題意識　文風　第 33 卷
　　　　　　　1978 年 6 月　頁 113—115

546. 周　寧　　論七等生的〈我愛黑眼珠〉[41]　中外文學　第 3 卷第 9 期　1975
　　　　　　　年 2 月　頁 142—152

547. 周　寧　　論七等生的〈我愛黑眼珠〉　橄欖樹　臺北　書評書目出版社
　　　　　　　1976 年 2 月　頁 85—99

548. 周　寧　　論七等生的〈我愛黑眼珠〉——李龍第的信念與本性　我愛黑眼
　　　　　　　珠　臺北　遠行出版社　1976 年 5 月　頁 203—217

549. 周　寧　　論七等生的〈我愛黑眼珠〉——李龍第的信念與本性　中國文學
　　　　　　　批評年選　臺北　巨人出版社　1976 年 8 月　頁 538—547

550. 周　寧　　論七等生的〈我愛黑眼珠〉——李龍第的信念與本性　火獄的自
　　　　　　　焚　臺北　遠行出版社　1977 年 9 月　頁 63—76

551. 周　寧　　論七等生的〈我愛黑眼珠〉——李龍第的信念與本性　七等生全
　　　　　　　集・我愛黑眼珠　臺北　遠景出版公司　2003 年 10 月　頁 321—
　　　　　　　333

552. 葉石濤　　葉石濤的評論〔〈我愛黑眼珠〉部分〕　橄欖樹　臺北　書評書
　　　　　　　目出版社　1976 年 2 月　頁 114—115

553. 劉紹銘　　劉紹銘的評論〔〈我愛黑眼珠〉部分〕　橄欖樹　臺北　書評書
　　　　　　　目出版社　1976 年 2 月　頁 116—119

554. 陳明福　　李龍第——理性的頹廢主義者，再論七等生的〈我愛黑眼珠〉[42]
　　　　　　　中外文學　第 4 卷第 11 期　1976 年 4 月　頁 148—165

555. 陳明福　　李龍第：理性的頹廢主義者——再論七等生的〈我愛黑眼珠〉
　　　　　　　火獄的自焚　臺北　遠行出版社　1977 年 9 月　頁 113—139

556. 張恆豪　　《火獄的自焚》序——〈我愛黑眼珠〉的試金過程　火獄的自焚

---

[41]本文後改篇名爲〈論七等生的〈我愛黑眼珠〉——李龍第的信念與本性〉。
[42]本文探討三篇討論〈我愛黑眼珠〉評論文章，以此爲基礎再深入探討〈我愛黑眼珠〉。全文共 5
　　小節：1.前言；2.我對三篇評論的意見；3.李龍第與晴子的愛及挫折；4.李龍第的基本理念；5.結
　　論。

臺北　遠行出版社　1977 年 9 月　頁 1—13

557. 劉紹銘　現代中國小說之時間與現實觀念〔〈我愛黑眼珠〉〕[43]　火獄的自焚　臺北　遠行出版社　1977 年 9 月　頁 59—62

558. 黃克全　管窺七等生及其〈我愛黑眼珠〉　火獄的自焚　臺北　遠行出版社　1977 年 9 月　頁 191—197

559. 黃克全　恐懼與顫怖——論七等生〈我愛黑眼珠〉中李龍第生命信仰之辯證性　中外文學　第 8 卷第 2 期　1979 年 7 月　頁 142—164

560. 黃克全　恐懼與顫怖——論七等生〈我愛黑眼珠〉中李龍第生命信仰之辯證性　中華現代文學大系・評論卷 1　臺北　九歌出版社　1989 年 5 月　頁 437—466

561. 黃克全　恐懼與顫怖——論七等生〈我愛黑眼珠〉中李龍第生命信仰之辯證性　七等生論　苗栗　苗栗縣國際文化觀光局　2008 年 1 月　頁 5—36

562. 黃克全　〈我愛黑眼珠〉之寓義轉化過程　益世雜誌　第 2 卷第 3 期　1981 年 12 月　頁 44—47

563. 黃克全　〈我愛黑眼珠〉之寓義轉化過程　七等生論　苗栗　苗栗縣國際文化觀光局　2008 年 1 月　頁 49—60

564. 呂正惠　簡析〈我愛黑眼珠〉　中國現代短篇小說選析 2　臺北　長安出版社　1984 年 2 月　頁 699—700

565. 封祖盛　〈我愛黑眼珠〉評析　臺灣現代派小說評析　福州　海峽文藝出版社　1986 年 5 月　頁 37—45

566. 洪銘水　〈我愛黑眼珠〉的道德挑戰　先人之血，土地之花　臺北　前衛出版社　1989 年 8 月　頁 205—213

567. 洪銘水　〈我愛黑眼珠〉的道德挑戰　認識七等生　苗栗　苗栗縣立文化中心　1993 年 6 月　頁 117—124

568. 洪銘水　〈我愛黑眼珠〉的道德挑戰　七等生集（臺灣作家全集）　臺北

---

[43]本文由原篇〈現代中國小說之時間與現實觀念〉所節錄。

前衛出版社　1993 年 12 月　頁 245—253

569. 洪銘水　七等生〈我愛黑眼珠〉的道德挑戰　臺灣文學散論——傳統與現
代　臺北　文津出版社　1999 年 12 月　頁 247—256

570. 林初枝　存在的荒謬與抉擇——讀〈我愛黑眼珠〉　真實與虛幻——現代
小說探論　花蓮　花蓮師院人文教育研究中心　1993 年 5 月　頁
107—112

571. 張麗香　〈黑眼珠〉的幻想與現實　真實與虛幻——現代小說探論　花蓮
花蓮師院人文教育研究中心　1993 年 5 月　頁 113—118

572. 張　曦　〈我愛黑眼珠〉作品鑒賞　臺港小說鑒賞辭典　北京　中央民族
學院出版社　1994 年 1 月　頁 487—490

573. 柯慶明　六〇年代現代主義文學？〔〈我愛黑眼珠〉部分〕　聯合文學
第 115 期　1994 年 5 月　頁 96

574. 楊匡漢　現代主義在兩岸〔〈我愛黑眼珠〉部分〕　揚子江與阿里山的對
話——海峽兩岸文學比較　上海　上海文藝出版社　1995 年 12 月
頁 198

575. 呂素端　佛洛伊德〈作家與白日夢〉之理論檢討與應用——以七等生小說
〈我愛黑眼珠〉為例　國文天地　第 156 期　1998 年 5 月　頁 69
—78

576. 黃克全　七等生〈我愛黑眼珠〉　永恆意象：經典名作導讀　臺北　爾雅
出版社　1998 年 7 月　頁 65—67

577. 〔游喚，徐華中，張鴻聲編〕　〈我愛黑眼珠〉賞析　現代小說精讀　臺
北　五南出版公司　1998 年 11 月　頁 255—257

578. 楊全瑛　死亡因素及主題——生存價值的否定〔〈我愛黑眼珠〉部分〕
六〇年代臺灣小說死亡主題研究　南華大學文學研究所　碩士論
文　陳啓佑教授指導　2002 年 12 月　頁 142—144

579. 陳美美　現代主義文學作品——現代主義小說：七等生〈我愛黑眼珠〉
臺灣現代主義文學的萌芽與再起　佛光人文社會學院文學研究所

碩士論文　馬森教授指導　2004 年 6 月　頁 105—108

580. 楊瀅靜　〈我愛黑眼珠〉中對「人」的認識的再探討　問學集　第 13 期
2006 年 6 月　頁 43—54

581. 王岫林　七等生的長句——以〈我愛黑眼珠〉爲例　臺灣文學評論　第 8
卷第 1 期　2008 年 1 月　頁 20—31

582. 黃克全　存在的祕徑——七等生〈我愛黑眼珠〉中李龍第人格本質再議
七等生論　苗栗　苗栗縣國際文化觀光局　2008 年 1 月　頁 172
—180

583. 張窈慈　論七等生〈我愛黑眼珠〉符號與意象的運用　臺灣文學評論　第 8
卷第 2 期　2008 年 4 月　頁 112—130

584. 曾守正　存在主義理論視域下的〈我愛黑眼珠〉[44]　中文創意教學示例　臺
北　里仁書局　2009 年 6 月　頁 197—218

585. 尹子玉　回顧 1971—1979 年七等生〈我愛黑眼珠〉爭議　文學扮妝——第
三+1 屆「文學學論文研討會」　臺北　東吳大學中國文學系，佛
光大學文學系主辦　2010 年 6 月 4 日

586. 朱芳玲　我能首先選擇的就是我自己——論七等生〈我愛黑眼珠〉的現代
性[45]　臺北教育大學語文集刊　第 21 期　2012 年 1 月　頁 115—
159

587. 廖淑芳　愛、犧牲與沉默——七等生〈我愛黑眼珠〉與陳映真〈山路〉中
人物倫理行動比較閱讀　2012 海峽兩岸華文文學學術研討會　桃
園　中國現代文學學會，中原大學通識教育中心，東華大學合辦
2012 年 4 月 28—29 日

588. 朱宥勳　針尖上可以有幾種道德？——七等生〈我愛黑眼珠〉　幼獅文藝
第 701 期　2012 年 5 月　頁 28—30

---

[44] 本文從存在主義的角度出發，分析〈我愛黑眼珠〉。全文共 3 小節：1.背景知識與準備工作；2.主題論述；3.相關作品舉隅。

[45] 本文藉七等生〈我愛黑眼珠〉探討在當西方現代性浪潮席捲而來時，以得知七等生以何方式回應現代性帶來的精神危機。

589. 鍾文榛　臺灣現代小說前階段所透顯得孤獨與疏離——心理疏離與社會疏
離的交錯展演——與政治保持疏離關係的戒嚴時期〔〈我愛黑眼
珠〉部分〕　孤獨與疏離：從臺灣現代小說透視時代心靈的變遷
臺北　秀威資訊科技　2012 年 12 月　頁 155—158

590. 周　寧　人類的良心——試論七等生的〈聖·月芬〉　書評書目　第 37 期
1976 年 5 月　頁 11—14

591. 李　紡　〈讚賞〉　新潮　第 32 期　1976 年 9 月　頁 61—62

592. 李　紡　〈讚賞〉　火獄的自焚　臺北　遠行出版社　1977 年 9 月　頁
153—157

593. 歐陽子　七等生〈讚賞〉　現代文學小說選集 1　臺北　爾雅出版社　1977
年 6 月　頁 193

594. 郭誌光　登高後開展的地平線：向死存在〔〈讚賞〉〕　戰後臺灣勞工題
材小說的異化主題（1945—2005）　清華大學臺灣文學研究所
碩士論文　陳萬益教授指導　2006 年 8 月　頁 128—130

595. 郭玉雯　《現代文學小說選集》的現代主義特色〔〈讚賞〉部分〕　臺灣
文學研究集刊　第 6 期　2009 年 8 月　頁 89—90

596. 于　洋　〈漫遊者〉　新潮　第 32 期　1976 年 9 月　頁 63—64

597. 于　洋　〈漫遊者〉　火獄的自焚　臺北　遠行出版社　1977 年 9 月　頁
161—163

598. 劉學紓　〈絲瓜布〉　新潮　第 32 期　1976 年 9 月　頁 64

599. 劉學舒　〈絲瓜布〉　火獄的自焚　臺北　遠行出版社　1977 年 9 月　頁
164—165

600. 陳韻珊　〈訪問〉　新潮　第 32 期　1976 年 9 月　頁 64—65

601. 陳韻珊　〈訪問〉　火獄的自焚　臺北　遠行出版社　1977 年 9 月　頁
166—169

602. 王安祈　〈蘇君夢鳳〉　新潮　第 32 期　1976 年 9 月　頁 65—66

603. 王安祈　〈蘇君夢鳳〉　火獄的自焚　臺北　遠行出版社　1977 年 9 月

頁 169—172

604. 陳克環　評《當代中國小說大展》──七等生〈蘇君夢鳳〉　書評書目
　　　第 23 期　1985 年 3 月　頁 89—91

605. 蔡慧怡　〈綢絲綠巾〉　新潮　第 32 期　1976 年 9 月　頁 66—67

606. 蔡慧怡　〈綢絲綠巾〉　火獄的自焚　臺北　遠行出版社　1977 年 9 月
　　　頁 172—175

607. 楊全瑛　死亡因素及主題──反抗傳統的禁錮〔〈綢絲綠巾〉部分〕　六
　　　〇年代臺灣小說死亡主題研究　南華大學文學研究所　碩士論文
　　　陳啓佑教授指導　2002 年 12 月　頁 128—129

608. 高麗絨　〈分道〉　新潮　第 32 期　1976 年 9 月　頁 67

609. 高麗絨　〈分道〉　火獄的自焚　臺北　遠行出版社　1977 年 9 月　頁
　　　175—177

610. 石基琳　〈初見曙光〉　新潮　第 32 期　1976 年 9 月　頁 68—69

611. 石基琳　〈初見曙光〉　火獄的自焚　臺北　遠行出版社　1977 年 9 月
　　　頁 177—180

612. 王禮娟　〈來到小鎮的亞茲別〉　新潮　第 32 期　1976 年 9 月　頁 69

613. 王禮娟　〈來到小鎮的亞茲別〉　火獄的自焚　臺北　遠行出版社　1977
　　　年 9 月　頁 181—184

614. 林積萍　文學創作表現出的幾個特色──追求藝術形式的創新〔〈來到小
　　　鎮的亞茲別〉部分〕　「現代文學」新視界　臺北　讀冊文化公
　　　司　2005 年 5 月　頁 108—109

615. 余　素　隱遁的小角色？從聯合報小說獎談起〔〈大榕樹〉部分〕　中華
　　　文藝　第 69 期　1976 年 11 月　頁 34—38

616. 花　村　我看七等生〈大榕樹〉　聯合報　1977 年 3 月 14 日　12 版

617. 季　季　七等生的〈大榕樹〉　書評書目　第 48 期　1977 年 4 月　頁 155
　　　—158

618. 季　季　七等生〈大榕樹〉評介　六十五年短篇小說選　臺北　爾雅出版

社　1977 年 5 月　頁 74—78

619. 張靜二　論啓蒙的故事〔〈大榕樹〉部分〕　文學史學哲學——施友忠先
生八十壽辰紀念論文集　臺北　時報文化出版公司　1982 年 2 月
頁 242—243

620. 廖淑芳　七等生短篇小說〈大榕樹〉的啓悟主題　光武學報　第 19 期
1994 年 4 月　頁 265—272

621. 陳昌明　七等生的〈精神病患〉——賴哲森的心態研究　文心　第 5 期
1977 年 6 月　頁 49—52

622. 陳昌明　論七等生的〈精神病患〉——賴哲森的心態研究　火獄的自焚
臺北　遠行出版社　1977 年 9 月　頁 219—232

623. 李靜玫　七等生〈精神病患〉和舞鶴〈悲傷〉精神疾病書寫之比較與探討
臺北師範學院臺灣文學研究所第一屆研究生學術研討會　臺北師
範學院國際會議廳　臺北師範學院臺灣文學研究所主辦　2004 年
4 月 10 日

624. 蕭義玲　愛、冷漠與暴力——論七等生〈精神病患〉中的疾病與醫療之路[46]
文與哲　第 13 期　2008 年 12 月　頁 299—339

625. 蕭義玲　愛、疏離與暴力——七等生〈精神病患〉中的疾病與醫療之路
七等生及其作品詮釋：藝術・家園・自我認同　臺北　里仁書局
2010 年 11 月　頁 1—52

626. 林秀蓉　反抗與真理：臺灣小說「瘋癲」之敘事意涵——臺灣戰後小說
「瘋癲」形象及其特質——頹廢者：映射存在虛無的異化〔〈精
神病患〉〕　眾身顯影：臺灣小說疾病敘事意涵之探究（1929—
2000）　高雄　春暉出版社　2013 年 2 月　頁 111—113

627. 胡幸雄　有關〈離城記〉的一封信　臺灣文藝　第 55 期　1977 年 6 月　頁

---

[46]本文討論七等生的中篇小說〈精神病患〉中「精神病患」的疾病隱喻。全文共 5 小節：1.前言：
在「疾病」中召喚「醫療」；2.「精神病患」的隱喻：從「症狀表象」到「生命意向性」的治
療；3.致死冷漠之病：無愛的馬束小鎮；4..醫療內的真實：疾病變是「人與自己、世界的關係之
病」；5.結論：走在一條疾病／醫療的路上。本文後改篇名〈愛、疏離與暴力——七等生〈精神
病患〉中的疾病與醫療之路〉。

156—157

628. 亞　菁　哲學的囈語——七等生的〈離城記〉　現代文學評論　臺北　東大圖書出版公司　1983 年 2 月　頁 148—151

629. 亞　菁　一則故事兩種寫法——以陳映真的〈唐倩的喜劇〉和七等生的〈期待白馬而顯現唐倩〉爲例　中外文學　第 7 卷第 9 期　1978 年 2 月　頁 142—149

630. 亞　菁　一則故事兩種寫法——以陳映真的〈唐倩的喜劇〉和七等生的〈期待白馬而顯現唐倩〉爲例　現代文學評論　臺北　東大圖書公司　1983 年 2 月　頁 124—134

631. 無葉子　七等生〈流徙〉的象徵寓意　福爾摩沙的明天　臺北　鴻蒙文學出版公司　1978 年 10 月　頁 123—131

632. 葉石濤　一九八二年的臺灣小說界〔〈憧憬船〉部分〕　小說筆記　臺北　前衛出版社　1983 年 1 月　頁 98—99

633. 葉石濤　一九八二年的臺灣小說界（上、中、下）〔〈憧憬船〉部分〕　自立晚報　1983 年 2 月 7—9 日　10 版

634. 葉石濤　序〔〈憧憬船〉部分〕　1982 年臺灣小說選　臺北　前衛出版社　1983 年 2 月　頁 9—10

635. 葉石濤　一九八二年的臺灣小說界〔〈憧憬船〉部分〕　葉石濤全集・隨筆卷一　臺南，高雄　國家臺灣文學館，高雄市文化局　2008 年 3 月　頁 342

636. 周　寧　喜悅之種種編序〔〈幻象〉部分〕　七十一年短篇小說選　臺北　爾雅出版社　1983 年 2 月　頁 2

637. 周　寧　喜悅之種種——《七十一年短篇小說選》編序〔〈幻象〉部分〕　年度小說選資料篇　臺北　爾雅出版社　1983 年 2 月　頁 117—118

638. 周　寧　〈幻象〉附註　七十一年短篇小說選　臺北　爾雅出版社　1983 年 2 月　頁 163—167

639. 周　寧　〈幻象〉附註　認識七等生　苗栗　苗栗縣立文化中心　1993 年
　　　6 月　頁 153—158

640. 周　寧　關於〈幻象〉　洪範雜誌　第 22 期　1985 年 6 月 30 日　2 版

641. 呂正惠　簡析〈跳遠選手退休了〉　中國現代短篇小說選析 2　臺北　長安
　　　出版社　1984 年 2 月　頁 710—711

642. 彭瑞金　〈垃圾〉簡介——還我生活的淨土　1983 年臺灣小說選　臺北
　　　前衛出版社　1984 年 4 月　頁 232—234

643. 彭瑞金　還我生活的淨土〔〈垃圾〉部分〕　洪範雜誌　第 23 期　1985 年
　　　9 月 10 日　2 版

644. 彭瑞金　〈垃圾〉簡介——還我生活的淨土　認識七等生　苗栗　苗栗縣
　　　立文化中心　1993 年 6 月　頁 159—162

645. 馬　森　七等生的〈環虛〉[47]　新書月刊　第 18 期　1985 年 3 月　頁 43

646. 馬　森　〈環虛〉簡析　七十三年短篇小說選　臺北　爾雅出版社　1985
　　　年 4 月　頁 70—72

647. 馬　森　〈環虛〉　洪範雜誌　第 23 期　1985 年 9 月 10 日　2 版

648. 王德威　里程碑下的沉思——當代臺灣小說的神話性與歷史感〔〈環虛〉
　　　部分〕　世界中文小說選（上）　臺北　時報文化出版公司
　　　1987 年 10 月　頁 11—12

649. 沈花末　〈無題〉詩評　1985 臺灣詩選　臺北　前衛出版社　1986 年 2 月
　　　10 日　頁 77

650. 詹宏志　閱讀的反叛——《七十七年短篇小說選》編選前言〔〈我愛黑眼
　　　珠續記〉部分〕　七十七年短篇小說選　臺北　爾雅出版社
　　　1989 年 3 月　頁 11

651. 詹宏志　評介〈我愛黑眼珠續記〉　七十七年短篇小說選　臺北　爾雅出
　　　版社　1989 年 3 月　頁 146—147

652. 詹宏志　十個短篇——洪水的道德處境〔〈我愛黑眼珠續記〉部分〕　閱

[47]本文後改篇名〈環虛〉。

讀的反叛　臺北　遠流出版公司　1990 年 9 月　頁 44—46

653. 周慶華　同情與批判——八〇年代小說的街頭活動〔〈我愛黑眼珠續記〉
部分〕　臺灣文學中的社會：五十年來臺灣文學研討會論文集
（一）　臺北　行政院文建會　1996 年 5 月　頁 233—234

654. 朱　炎　短篇小說所反映的臺灣社會文化的變遷——民國六十八年—七十
八年〔〈我愛黑眼珠續記〉部分〕　情繫文心　臺北　九歌出版
社　1998 年 1 月　頁 152，168—177

655. 古繼堂　在世界主義的陡坡上——臺灣現代小說的表現藝術〔〈放生鼠〉
部分〕　臺灣地區文學透視　西安　陝西人民教育出版社　1991
年 7 月　頁 26—27，29—30

656. 汪啓疆　說不出的情語——晚近臺灣小說裡的「愛情私語」〔〈哭泣的墾
丁門〉部分〕　臺灣當代情色文學論：蕾絲與鞭子的交歡　臺北
時報文化出版公司　1997 年 3 月　頁 77—80

657. 〔莫渝，王幼華編〕　〈回鄉印象〉——七等生作品解析　土地的戀歌
苗栗　苗栗縣立文化中心　1997 年 12 月　頁 177—179

658. 莫　渝　領悟生存的宿命〔〈斷樹吟〉〕[48] 國語日報　1998 年 8 月 27 日
5 版

659. 莫　渝　〈斷樹吟〉　新詩隨筆　臺北　臺北縣文化局　2001 年 12 月　頁
162—165

660. 鄭振偉　讀者的角色——七等生小說〈隱遁者〉[49] 中文文學拾論　香港
天地圖書公司　2000 年 7 月　頁 53—72

661. 楊　照　自知脆弱的神明〔〈貓〉〕　中國時報　2002 年 1 月 16 日　39
版

662. 楊　照　自知脆弱的神明〔〈貓〉〕　爲了詩　臺北　印刻出版公司

---

[48] 本文後改篇名爲〈斷樹吟〉。
[49] 本文從讀者反應論探討〈隱遁者〉和存在主義的關係。全文共 7 小節：1.前言；2.伊瑟爾的讀者
理論；3.過去和現在的交疊——凝望沙河對岸的城鎮；4.走訪湯阿米老師——抗拒集體主義；5.
魯道夫和雀斑女郎——巨蟒的象徵；6.七等生和克爾凱戈爾——沙河的象徵意義；7.結論。

2002 年 9 月　頁 139—142

663. 楊全瑛　　死亡因素及主題——女性出走的衝突〔〈私奔〉部分〕　六〇年
　　　　　　　代臺灣小說死亡主題研究　南華大學文學研究所　碩士論文　陳
　　　　　　　啓佑教授指導　2002 年 12 月　頁 132—133

664. 廖淑芳　　青春啓蒙與原始場景：論「青年」小說家七等生的誕生〔〈我年
　　　　　　　輕的時候〉〕[50] 光武通識學報　第 1 期　2004 年 3 月　頁 55—
　　　　　　　78

665. 郭誌光　　他人注目下的卑偪遊魂：失業者的尊嚴〔〈失業・撲克・炸魷
　　　　　　　魚〉〕　戰後臺灣勞工題材小說的異化主題（1945—2005）　清
　　　　　　　華大學臺灣文學研究所　碩士論文　陳萬益教授指導　2006 年 8
　　　　　　　月　頁 152

666. 郭誌光　　浮士德的交易：尊嚴之價〔〈囂浮〉〕　戰後臺灣勞工題材小說
　　　　　　　的異化主題（1945—2005）　清華大學臺灣文學研究所　碩士論
　　　　　　　文　陳萬益教授指導　2006 年 8 月　頁 159—160

667. 廖淑芳　　文學敘事的在地演繹——由七等生小說〈散步去黑橋〉的「在地
　　　　　　　性」談起　文化自主性與臺灣文史藝術再現跨學科國際研討會
　　　　　　　苗栗　聯合大學臺灣語文傳播系主辦；教育部臺灣文史藝術計畫
　　　　　　　辦公室協辦　2009 年 9 月 25—26 日

668. 尉天驄講，廖任彰記錄　　尉天驄訪談稿——請尉老師談談陳映真的〈唐倩
　　　　　　　的喜劇〉、七等生的〈期待白馬顯現唐倩〉以及您所寫的〈唐倩回
　　　　　　　臺灣〉三篇小說　尉天驄與臺灣現代主義文學運動　政治大學國
　　　　　　　文教學碩士在職專班　碩士論文　陳芳明教授指導　2011 年 6 月
　　　　　　　頁 257—258

669. 吳正任　　李昂〈殺夫〉與七等生〈阿水的黃金稻穗〉文本內容／人物／主
　　　　　　　題／情節及鄉土書寫比較　第四十屆鳳凰樹文學獎入選作品集

---

[50] 本文深入探討〈我年輕的時候〉該篇文章，並以此文探討七等生的青春啓蒙。全文共 5 小節：1.
前言；2.啓蒙儀式與原始場景；3.「凝視」與「書寫」；4.書寫自我——自我與書寫形式；5.原始
的召喚與永恆的青春。

臺南　成功大學中國文學系　2012 年 5 月　頁 302—306

多篇作品

670. 葉石濤　論七等生的小說〔〈放生鼠〉、〈精神病患〉〕　臺灣日報　1967
年 12 月 21 日　8 版

671. 葉石濤　論七等生的小說〔〈放生鼠〉、〈精神病患〉〕　葉石濤評論集
臺北　蘭開書局　1968 年 9 月　頁 23—31

672. 葉石濤　論七等生的小說〔〈放生鼠〉、〈精神病患〉〕　火獄的自焚　臺
北　遠行出版社　1977 年 9 月　頁 1—8

673. 葉石濤　論七等生的小說〔〈放生鼠〉、〈精神病患〉〕　臺灣鄉土作家論
集　臺北　遠景出版公司　1979 年 3 月　頁 217—223

674. 彭瑞金　試論兩篇「垃圾」小說〔〈垃圾〉、〈一場骯髒的戰爭〉〕　自立
晚報　1983 年 12 月 23 日　10 版

675. 馬　森　小說推薦獎——《老婦人》中〈憧憬船〉等四篇〔〈幻象〉、〈憧
憬船〉、〈垃圾〉、〈環虛〉〕　一週大事——第八屆「時報文學
獎」得獎作品集　臺北　時報文化出版公司　1985 年 11 月 1 日
頁 104—110

676. 李元貞　女性主義文學批評下的臺灣文壇——七等生的愛情珞珈山〔〈我
愛黑眼珠〉、〈譚郎的書信〉〕　解放愛與美　臺北　婦女新知基
金會出版部　1990 年 1 月　頁 198—201

677. 林于弘　〈我愛黑眼珠〉與〈我愛黑眼珠續記〉裡晴子角色與性格的變化
臺灣文學評論　第 2 卷第 2 期　2002 年 4 月　頁 53—56

678. 林于弘　〈我愛黑眼珠〉與〈我愛黑眼珠續記〉裡晴子角色與性格的變化
光與影的對話：語文教學新論　臺北　檗研筆墨公司　2008 年 10
月　頁 88—90

679. 楊全瑛　死亡因素及主題——理想與現實的衝突〔〈阿水的黃金稻穗〉、
〈精神病患〉部分〕　六〇年代臺灣小說死亡主題研究　南華大
學文學研究所　碩士論文　陳啓佑教授指導　2002 年 12 月　頁

---

[51]本文從七等生〈小林阿達〉、〈回鄉印象〉、〈迷失的蝶〉、〈散步去黑橋〉論其對內在生命的闡述。全文共 8 小節：1.前言：存在的關切，隱喻的探求；2.存在歷程與小說敘事；3.觀看與詮釋的起點：命運事件與存在感受；4.內轉的歷程：愛慾、自然與覺和；5.奧秘：對立與交融；6.游牧與道路，個體化與宗教歷程；7.路與橋：生命與書寫歷程；8.結論：面向存在之思。

國家圖書館出版品預行編目資料

七等生 / 蕭義玲編選. -- 初版. -- 臺南市：臺灣文學
館, 2013.12
　　面；　　公分. -- (臺灣現當代作家研究資料彙編；47)
ISBN 978-986-03-9157-2 (平裝)

1.七等生　2.作家　3.文學評論

783.3886　　　　　　　　　　　　　　　102024133

【臺灣現當代作家研究資料彙編】47

七等生

發　行　人／　李瑞騰
指導單位／　文化部
出版單位／　國立台灣文學館
　　　　　　地址／70041 台南市中西區中正路 1 號
　　　　　　電話／06-2217201　　　　傳真／06-2218952
　　　　　　網址／www.nmtl.gov.tw　　電子信箱／pba@nmtl.gov.tw

總 策 畫／　封德屏
顧　　問／　林淇瀁　張恆豪　許俊雅　陳信元　陳義芝　須文蔚　應鳳凰
工作小組／　王雅嫺　杜秀卿　汪黛姁　張純昌　張傳欣　莊雅晴　陳欣怡
　　　　　　黃寁婷　練麗敏　蘇琬鈞
編　　選／　蕭義玲
責任編輯／　陳欣怡
校　　對／　王雅嫺　林英勳　陳欣怡　黃敏琪　黃寁婷　趙慶華　潘佳君
　　　　　　練麗敏　蘇琬鈞
計畫團隊／　財團法人台灣文學發展基金會
美術設計／　翁國鈞・不倒翁視覺創意
印　　刷／　松霖彩色印刷事業有限公司

著作財產權人／國立台灣文學館
本書保留所有權利。欲利用本書全部或部分內容者，須徵求著作財產權人同意或書面授
權。請洽國立台灣文學館研典組（電話：06-2217201）

經銷展售／　國家書店松江門市（02-25180207）
　　　　　　國立台灣文學館—雪芙瑞文學咖啡坊（06-2214632）
　　　　　　南天書局（02-23620190）　　　唐山出版社（02-23633072）
　　　　　　府城舊冊店（06-2763093）　　台灣的店（02-23625799）
　　　　　　啓發文化（02-29586713）　　　三民書局（02-23617511）
　　　　　　草祭二手書店（06-2216872）　五南文化廣場（04-22260330）
網路書店／　國家書店網路書店 www.govbooks.com.tw
　　　　　　五南文化廣場網路書店 www.wunanbooks.com.tw
　　　　　　三民書局網路書店 www.sanmin.com.tw

初版一刷／2013 年 12 月
定　　價／新臺幣 370 元整
　　　　　　第一階段 15 冊新臺幣 5500 元整　第二階段 12 冊新臺幣 4500 元整
　　　　　　第三階段 23 冊新臺幣 8500 元整　全套 50 冊新臺幣 18500 元整
　　　　　　全套 50 冊合購特惠新臺幣 16500 元整

GPN／1010202822（單本）　　ISBN／978-986-03-9157-2（單本）
　　　1010000407（套）　　　　　　978-986-02-7266-6（套）

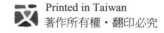